Reprint Publishing

Für Menschen, Die Auf Originale Stehen.

www.reprintpublishing.com

Führer für Sammler

von

Porzellan und Fayence,

Steinzeug, Steingut usw.

Führer für Sammler
von

Porzellan und Fayence, Steinzeug, Steingut usw.

Vollständiges Verzeichnis der auf älterem Porzellan, Fayence, Steingut usw. befindlichen Marken
von

Dr. J. G. Th. Graesse und E. Jaennicke

Vollständig umgearbeitet, vermehrt und mit wissenschaftlichen Belegen, Erläuterungen und Registern ausgestattet
von

Professor Dr. E. Zimmermann
Direktor der Porzellansammlung in Dresden

Fünfzehnte Auflage

BERLIN W 62
Richard Carl Schmidt & Co.
1919

Vorwort zur XIII. Auflage.

Vorliegende neue Auflage des Graesseschen Markenbuches erscheint fast in ganz neuer Gestalt. Als ich vor einiger Zeit von der Verlagsbuchhandlung gebeten wurde, die neue Auflage dieses Werkes zu besorgen, war mir sofort klar, daß diesem, obwohl es ganz unbestreitbar immer das am meisten benutzte keramische Markenbuch der Welt gewesen ist, dennoch zwei Dinge bisher eigentlich immer gefehlt hatten: Klarheit und Übersichtlichkeit der Anordnung, sowie wissenschaftliche Grundlage. Was die fehlende Klarheit anbetrifft, so wird sie jeder nur zu sehr bemerkt haben, der die letzten Auflagen dieses Werkes in Benutzung gezogen hat. Durch das beständige Einfügen neuer Marken in die schon von früher her feststehenden und schwer umzuändernden Markengruppierungen war schließlich das Bild jeder Seite so verwirrt und unübersichtlich geworden, daß vielfach ein nicht ungewöhnliches Maß von Geduld erforderlich war, wollte man aus diesem Wirrwarr eine bestimmte Marke herausfinden. Diese Mühe wurde bisher auch durch kein Register erleichtert. In wissenschaftlicher Beziehung aber war das Werk insofern völlig unzureichend, als bei so gut wie keiner der in demselben wiedergegebenen Marken ihr Ursprung, ihre Quelle genannt, mithin auch nirgends die Möglichkeit einer Nachprüfung gegeben war. So mußte, wer dieses Buch benutzen wollte, dem Verfasser unbedingten Glauben schenken.

Diesen beiden Übelständen abzuhelfen, schien mir daher bei Durchführung vorliegender Arbeit meine erste Pflicht zu sein, dann aber weiter das ganze Werk noch einmal gründlich durchzukontrollieren, um möglichst alle im Laufe der Zeit entstandenen Fehler auszumerzen, schließlich aber vor allem auch die jüngsten Resultate der keramischen Forschung, die ja in der letzten Zeit auf gewissen Gebieten besonders lebhaft gewesen ist, aufzunehmen.

Wie weit dies alles gelungen ist, möge die vorliegende Auflage selber zeigen. Doch muß hier gleich bemerkt werden, daß die Kürze der Zeit, die zur Bearbeitung derselben zur Verfügung stand, noch nicht gestattete, alle Abteilungen des Werkes schon in völlig gleicher Weise durchzuarbeiten. Es mußte daher hier je nach ihrer Wichtigkeit für den Benutzer ein Unterschied gemacht werden. So wurde einerseits der Ursprung aller Marken festgestellt, soweit dies heute noch möglich war, mit alleiniger Ausnahme der japanischen, deren Zahl bekanntlich Legion ist, weshalb von diesen doch nur einige wenige Beispiele gegeben werden konnten. Wer hier wirklich ernste Studien machen will, der muß das treffliche Werk von Morse, Catalogue of Japanese Pottery (Museum of fine Arts, Boston 1897) zur Hand nehmen, woselbst er diese Marken finden kann. Überhaupt muß hier gleich betont werden, daß wirkliche Vollständigkeit hinsichtlich der bisher festgestellten keramischen Marken in einem Werke, das als Handbuch einen gewissen Umfang nicht überschreiten darf, nicht erwartet werden kann. Dies gilt ganz besonders von den Marken unserer eigenen Zeit, die allein ein so starkes Werk bilden würden, wie das hier vorliegende, von denen daher hier nur mehr oder weniger zufällige Proben gegeben werden konnten. Ein wirklich vollständiges keramisches Markenbuch gibt es ja überhaupt noch nicht und wird es wohl auch sobald noch nicht geben. Auf der anderen Seite aber wurden dann alle Marken der neu bearbeiteten Teile in möglichst klaren Systemen angeordnet mit Ausnahme eines Teiles der Majoliken, welcher Mangel jedoch wohl in Anbetracht der geringen Anzahl von Majolikensammlern kaum sehr empfunden werden wird. Gänzlich neu bearbeitet wurde die Porzellanabteilung und die Abteilung der deutschen Fayencen, Steinzeuge usw. Dann aber ward auch das bisher immer so sehr vermißte alphabetische Verzeichnis der Buchstabenmarken hinzugefügt, ohne welches ein derartiges Werk eigentlich ziemlich nutzlos ist. Schließlich wurde hinsichtlich der Angaben des Ursprungs der einzelnen Marken, die im Anhange wiedergegeben sind, das Prinzip durchgeführt, daß bei allen Stücken, die in öffentlichen Museen od. dgl. sich befinden, nur diese angegeben wurden, bei allen übrigen dagegen die Werke, die die Titel der Marken zuerst in die Öffentlichkeit gebracht haben. Nur bei den immer wiederkehrenden Marken, den eigentlichen Fabrikmarken, wurde kein besonderer Beleg gegeben, dafür aber ihr ständiges Vorkommen erwähnt. Wo kein Beleg zu einer Marke sich befindet, konnte demnach bisher ihr Ursprung nicht aufgefunden werden. Der Verfasser ist aber jedem Benutzer dieses Werkes zu großem Dank verpflichtet, der ihm für solche Marken den Ursprung so nachzuweisen in der Lage ist, daß er für wissenschaftlich gesichert gelten kann, wie gleichfalls jedem, der ihn auf Fehler und Irrtümer aufmerksam macht, die bei der Kürze der Zeit, die zur Bearbeitung dieser Auflage zur Verfügung stand, nicht ganz werden ausgeblieben sein. Schon jetzt aber möchte er seinen besten Dank allen denen sagen, die ihm bereits bei dieser Auflage geholfen haben, ohne deren Hilfe sie nicht so rasch hätte vollendet werden können, ganz besonders aber den Herren Dir. von Falke, Berlin, Dir. Brinckmann, Hamburg, Dir. Graul und Kurzwelly, Leipzig, Dir. Lenz, Zürich, Dir. Pollazek, Straßburg, Staatsanwalt Riesebieter, Odenburg, Prof. Scherer, Braunschweig und Architekt Stöhr, Würzburg.

Zum ersten Male wird mit dieser Auflage auch der Versuch gemacht, das bisher immer nur in französischer Sprache herausgegebene Werk auch in deutscher erscheinen zu lassen. Die Schwierigkeit, die mit einer solchen Umarbeitung verbunden, möge entschuldigen, wenn hier sich noch vielfach Ungleichheiten und Inkonsequenzen bemerkbar machen werden, die bei einer späteren Auflage verschwinden werden.

Allen Anfängern keramischen Sammelns aber sei zum Schluß gesagt, daß das Auffinden von Marken in diesem Buche noch keine Gewähr gibt für die Echtheit der Stücke, die solche tragen, da, wenn man ganze Stücke, so auch Marken auf denselben fälschen kann.

Dresden, Januar 1910.

Ernst Zimmermann.

Vorwort zur XIV. Auflage.

Für die vorliegende XIV. Auflage wurden die Abteilungen der deutschen Fayence, des deutschen Porzellans und der chinesischen Keramik, zu denen in den letzten Jahren eine reiche Fülle neuer Marken durch emsige Forschung hinzugekommen war, völlig umgearbeitet und ergänzt, sowie die bisher in keiner Weise ausreichenden Abteilungen der englischen und japanischen Keramik völlig neu angelegt. Daneben fanden auf Grund der Forschungen der letzten Jahre mannigfache Ergänzungen aller übrigen Abteilungen statt. Auch wurde den bisherigen Registern ein solches mit den in den Marken sich vorfindenden bildlichen Darstellungen hinzugefügt, so daß sich nun wohl mit Hilfe der Register so ziemlich jede Marke auf den Tafeln mit leichter Mühe wird auffinden lassen.

Auch bei Abfassung dieser Auflage ward mir wiederum die bereitwilligste Unterstützung vieler zuteil, denen ich hier wieder meinen aufrichtigen Dank aussprechen möchte, ganz besonders aber dem leider inzwischen verstorbenen Dir. Brinckmann in Hamburg, Dir. Pollazek in Straßburg, Dir. Pazaurek in Stuttgart, Kustos Stelljes in Eisenach, Dir. Ballanti in Faenza, Dir. Stöhr in Würzburg, Staatsanwalt Riesebieter in Oldenburg und Rentner Lockner in Würzburg.

März 1915, Porzellansammlung.

Ernst Zimmermann.

Vorwort zur XV. Auflage.

Die vorliegende, nunmehr 15. Auflage dieses Markenbuches, stellt nur einen unveränderten Wiederabdruck der 14. Ausgabe vor. Bearbeiter und Verlag hatten nicht damit gerechnet, daß noch vor der endgültigen Beendigung des großen Krieges sich eine Neuauflage nötig machen würde. Um ein vollständiges Fehlen dieses sehr begehrten Nachschlagebuches zu vermeiden und da es unter den jetzigen Verhältnissen außerordentlich schwer, ja fast unmöglich war, das für eine Neubearbeitung nötige Material zu erlangen, hielten es daher Bearbeiter und Verlag im Interesse der Sammler und sonstiger Käufer des Buches am zweckmäßigsten, für diesmal nur einen Wiederabdruck der vorhergehenden Auflage zu bringen.

Berlin W 62, Februar 1919

Richard Carl Schmidt & Co.

Inhaltsverzeichnis.

I. Europäische Keramik.

II. Ostasiatische Keramik.

EUROPÄISCHE KERAMIK

I.

MAJOLIKA, FAYENCE, STEINGUT usw.

(MAJOLIQUE, FAIENCE, GRÈS, POTERIE etc.)

Italienische Majolika

Majolique Italienne

Florenz (Florence)

1 2 3 4 5 6 7

8 9 10 11 12 13

14 15 16 17 18 19

20 21 22

23 24 25 26 27

28 29 30

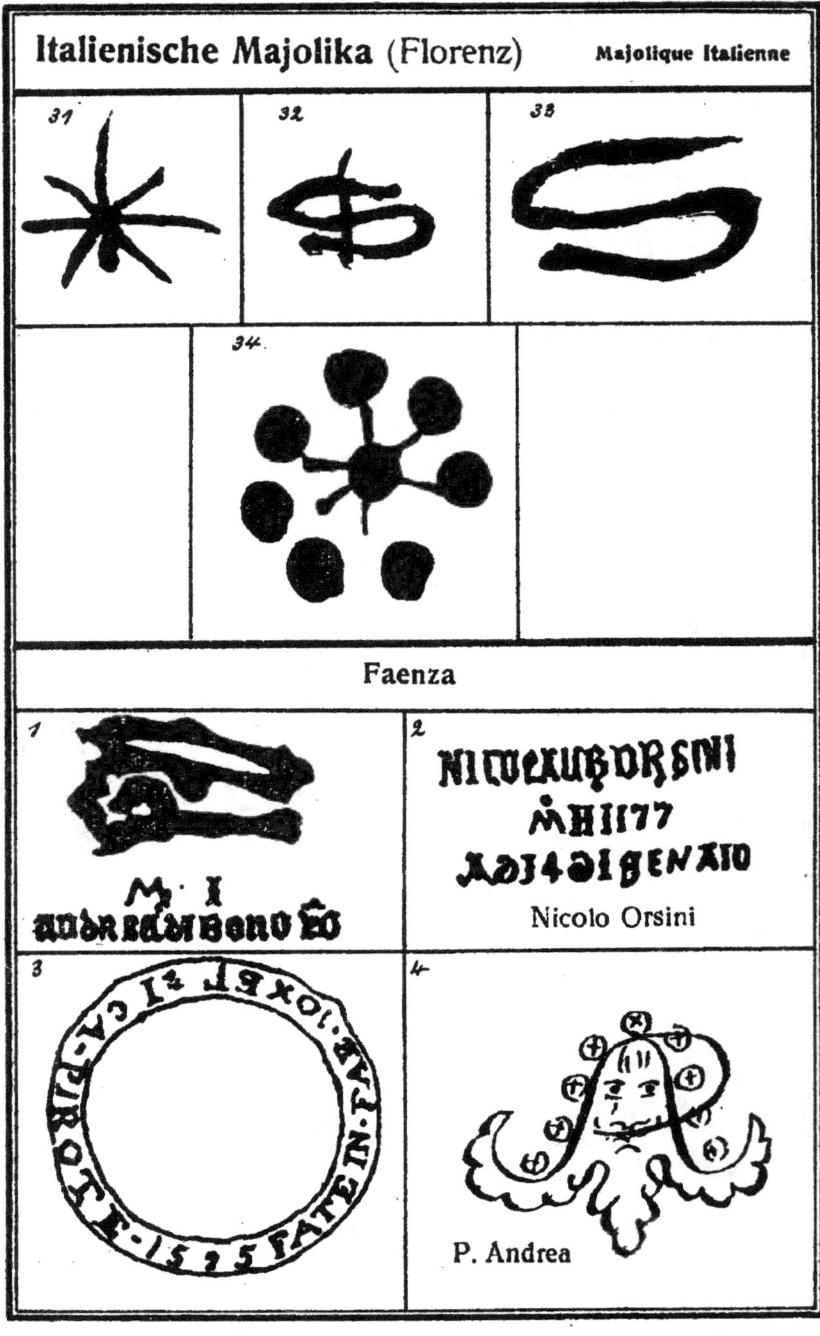
Italienische Majolika (Florenz)
Majolique Italienne
31
32
33
34.
Faenza
1
2
Nicolo Orsini
3
4
P. Andrea

Italienische Majolika	Majolique Italienne

(Faenza)

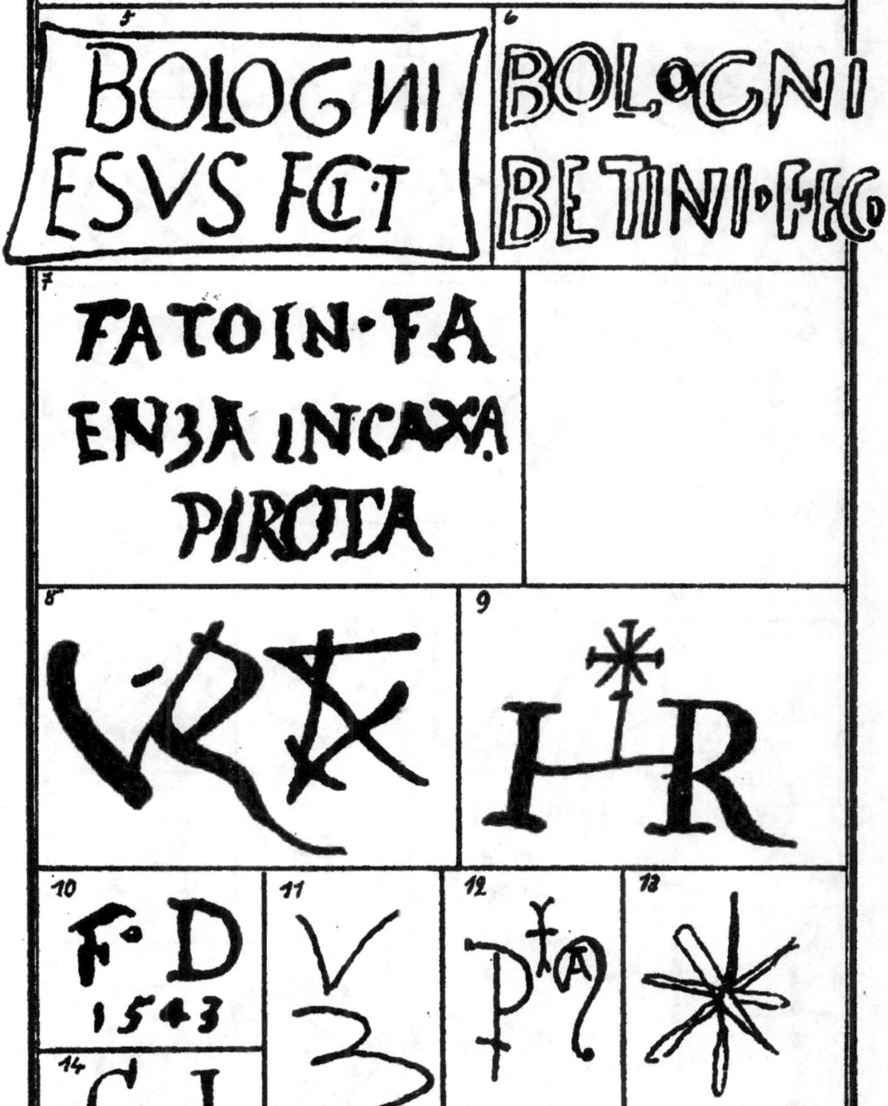

5 BOLOGNI ESVS FCIT	6 BOLOGNI BETINI·FEC
7 FATOIN·FA ENZA INCAXA PIROTA	
8	9

10 F·D 1543	11	12	13
14 C. I.			

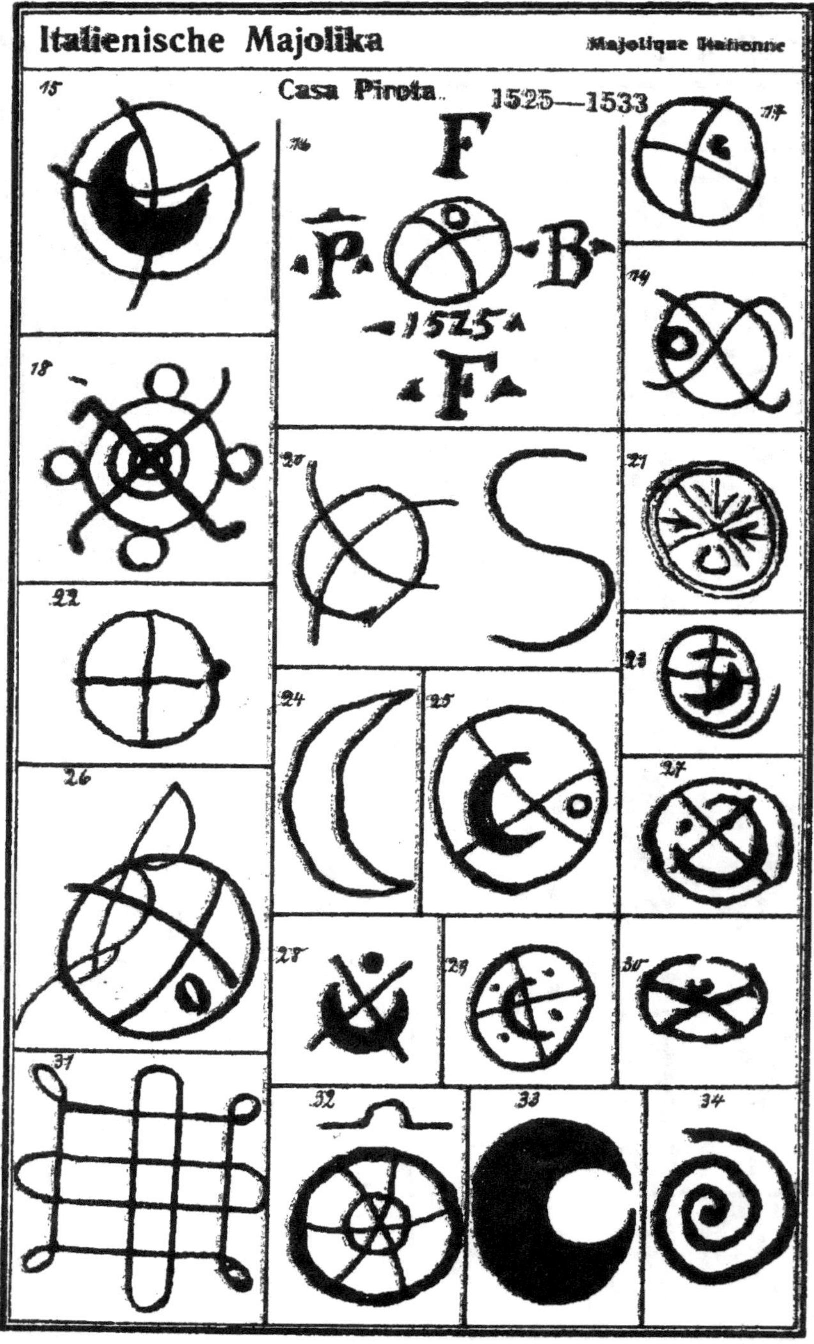

Italienische Majolika
Majolique Italienne
Casa Pirota 1525—1533
15
16
F
P
B
1525
F
17
18
19
20
21
22
23
24
25
26
27
28
29
30
31
32
33
34

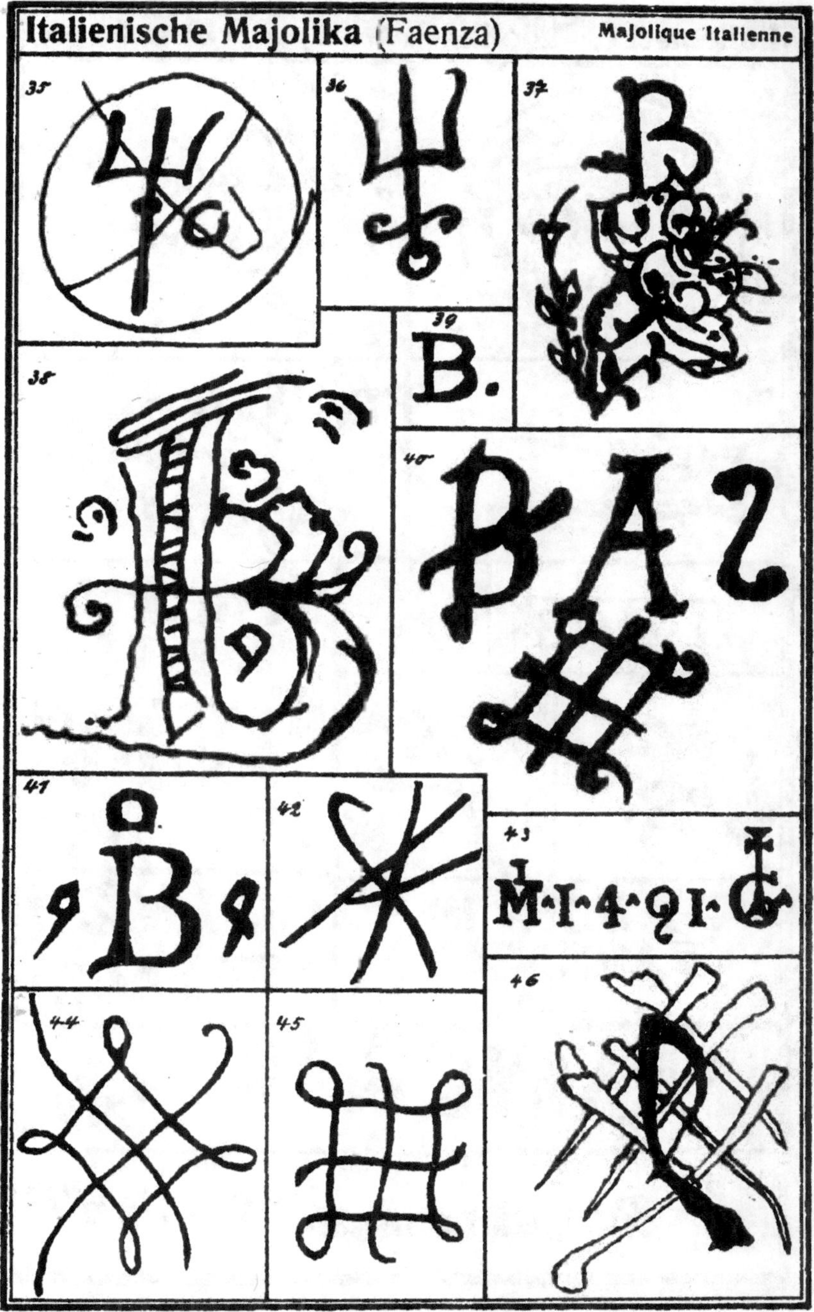

Italienische Majolika (Faenza)
Majolique Italienne
35
36
37
38
39
B.
40
BAl
41
B
42
43
M·I·4·9I·G
44
45
46

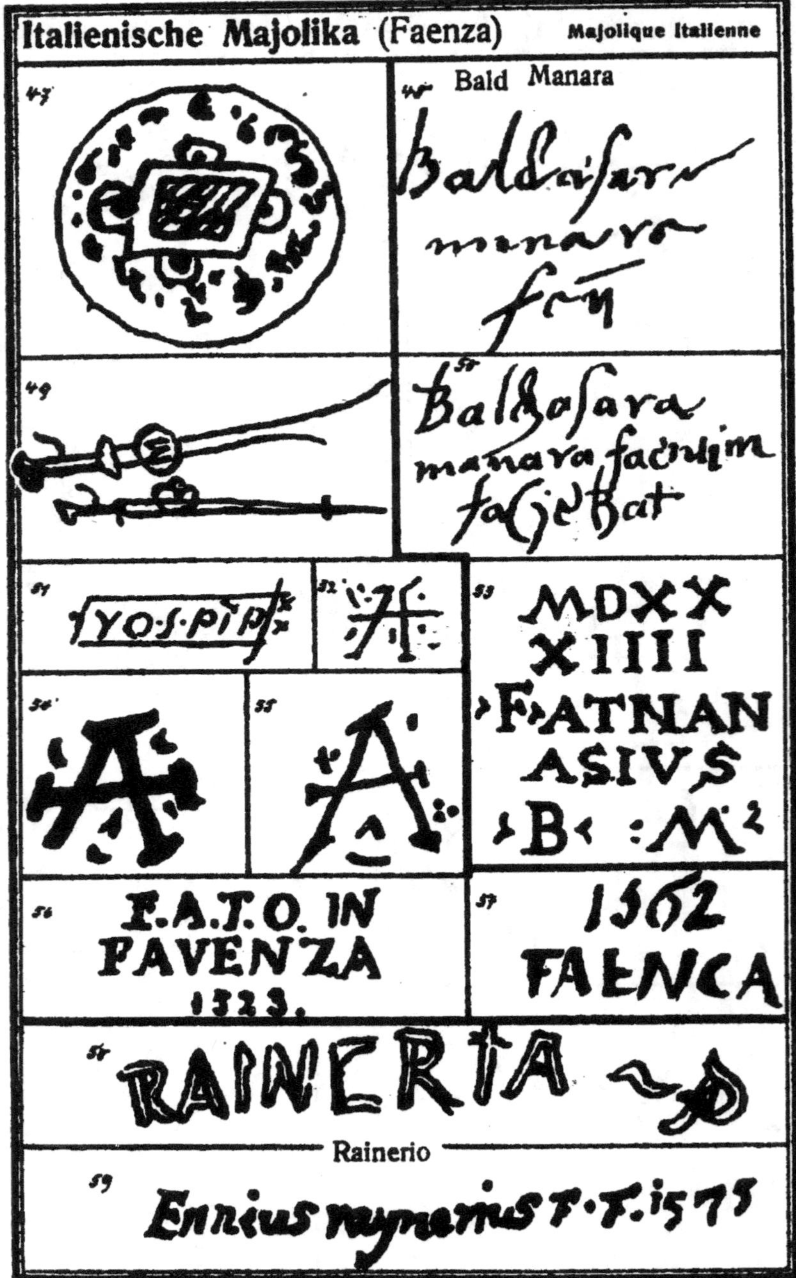
Italienische Majolika (Faenza)
Majolique Italienne
Bald Manara
Rainerio

Italienische Majolika (Faenza)

Majolique Italienne

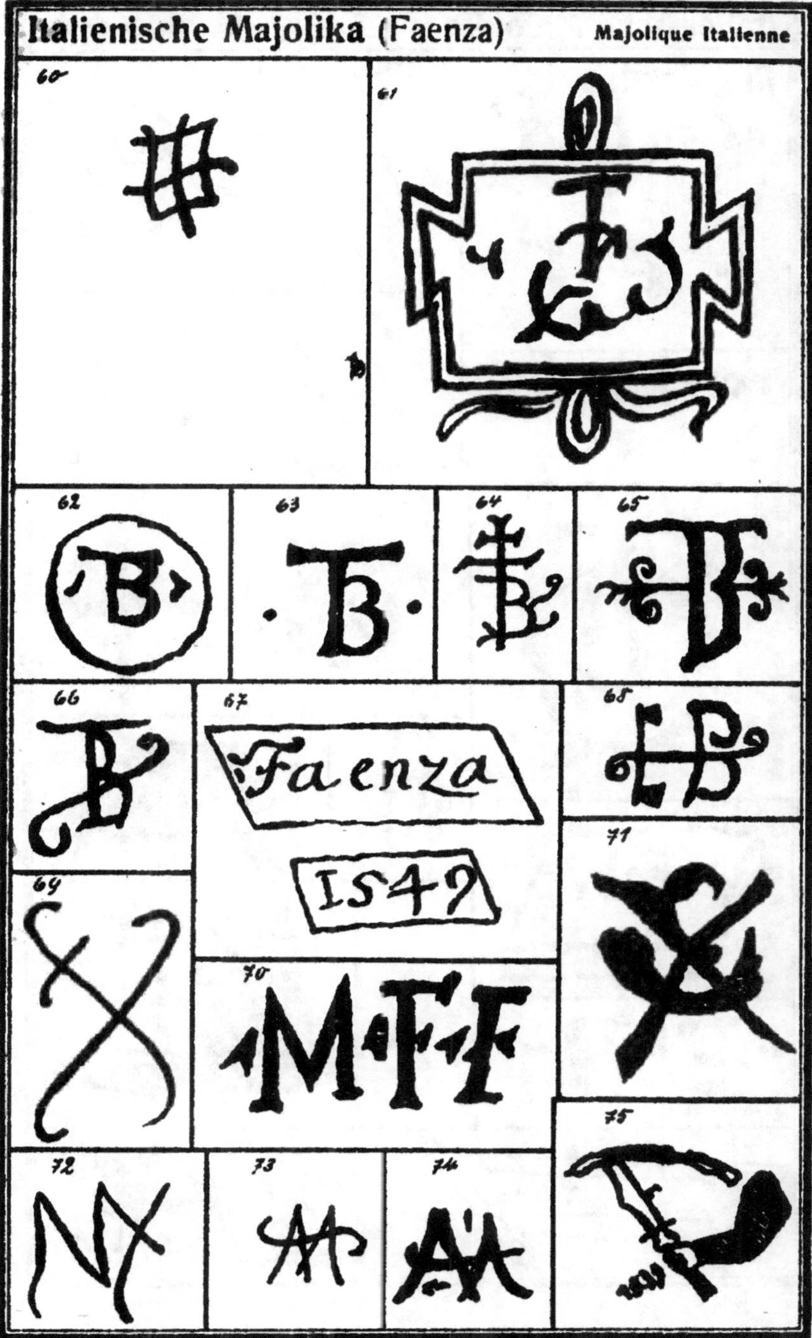

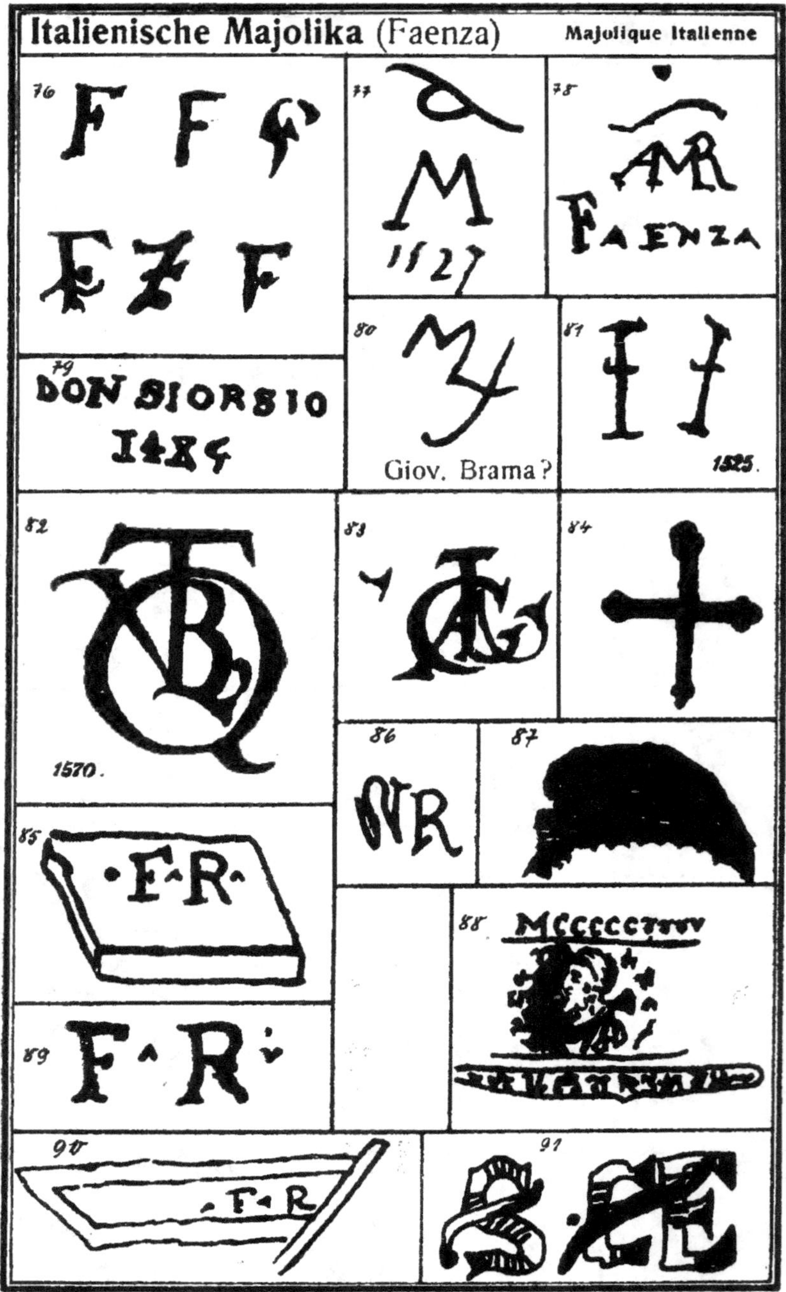
Italienische Majolika (Faenza)
Majolique Italienne
76
77
1527
78
FAENZA
79
DON SIORSIO
1485
80
Giov. Brama?
81
1525.
82
1570.
83
84
85
·F^R^
86
87
88
MCCCCCXXV
89
F^R^v
90
·F^R
91

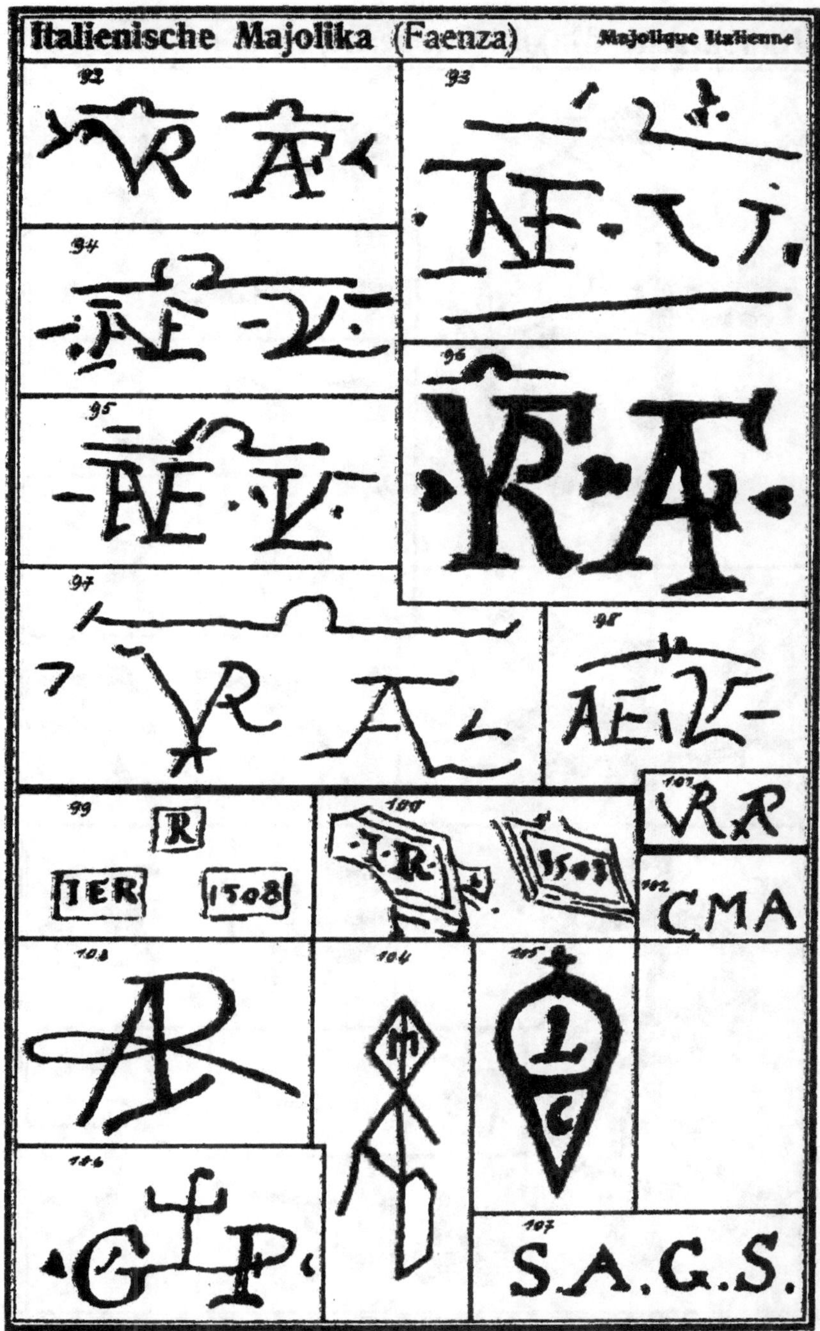
Italienische Majolika (Faenza)
Majolique Italienne
92
93
94
95
96
97
98
99
IER
1508
100
101
102
CMA
103
104
105
106
107
S.A.G.S.

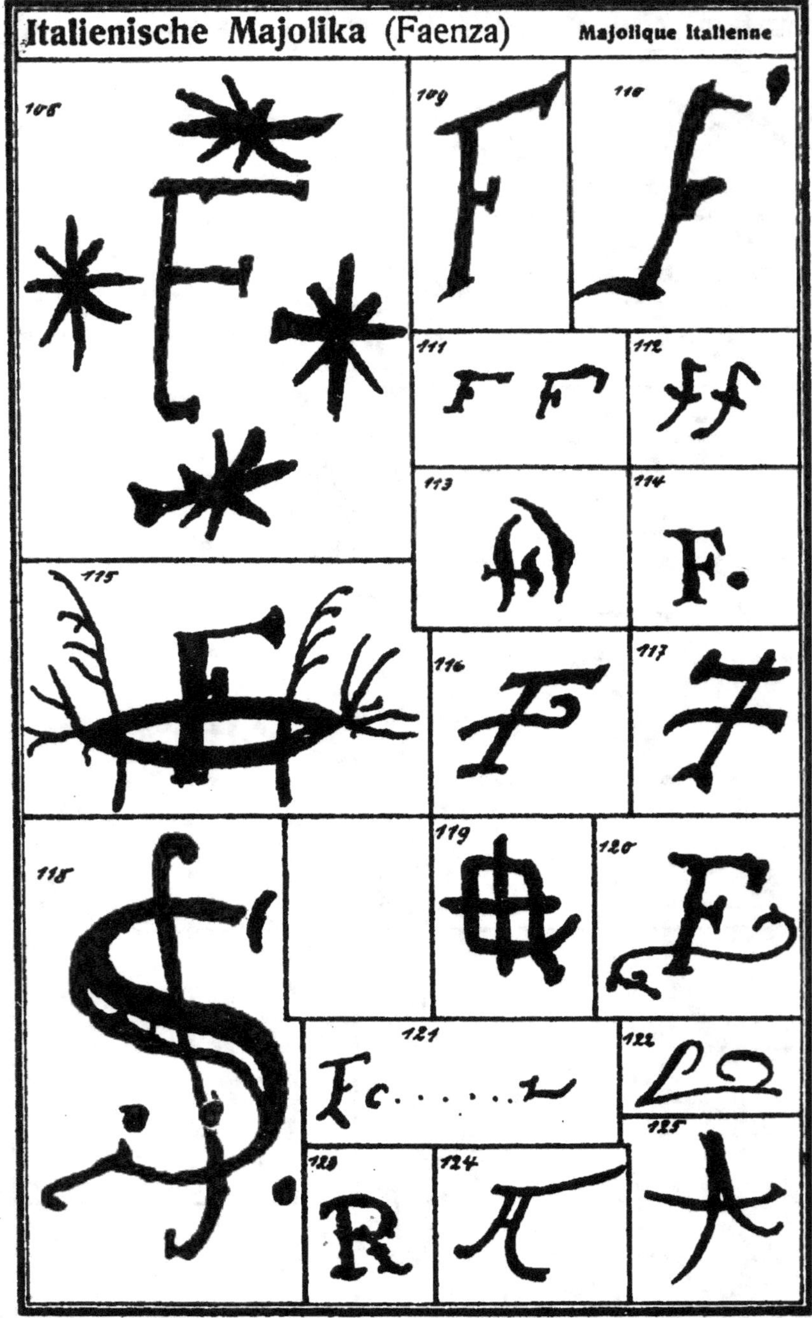
Italienische Majolika (Faenza)
Majolique Italienne
108
109
110
111
112
113
114
115
116
117
118
119
120
121
122
123
124
125

Italienische Majolika (Faenza) — Majolique italienne

126 R B F 1777. Benini

127 1724

128 Fabbrica Ferniani

129 F B F F. Ballanti

130 C N:

19. Jahrh.

131 FAVENCÆ F. Farini

132 Zacharia Valaresso 1651 in Faenza

133 G A L 1697

Verona

1 1563 adi 15 gennaro Jo giovan. Batista da faenza In Verona

2 1541 in Verona

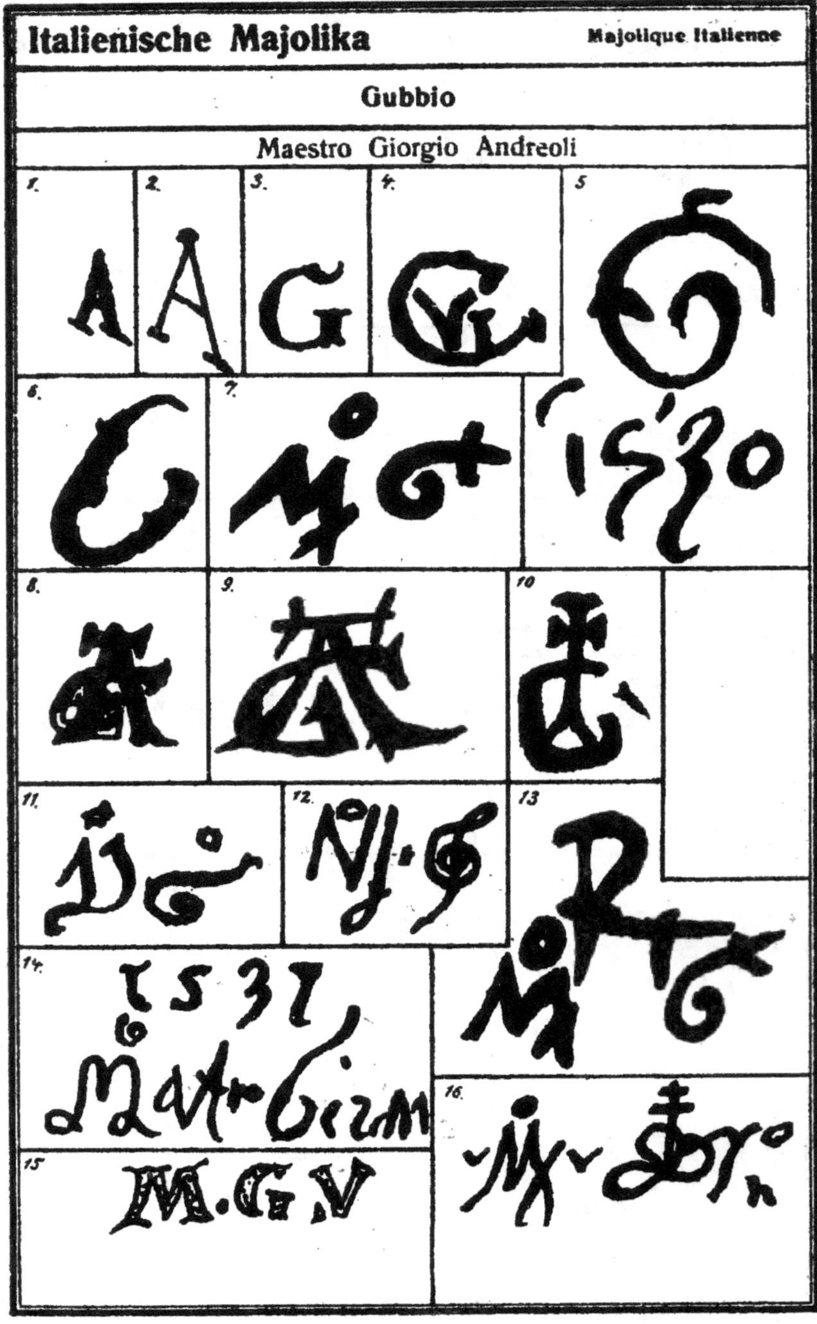

Italienische Majolika
Majolique Italienne
Gubbio
Maestro Giorgio Andreoli
1.
2.
3.
4.
5
6.
7.
8.
9.
10
11.
12.
13
14.
15
16.

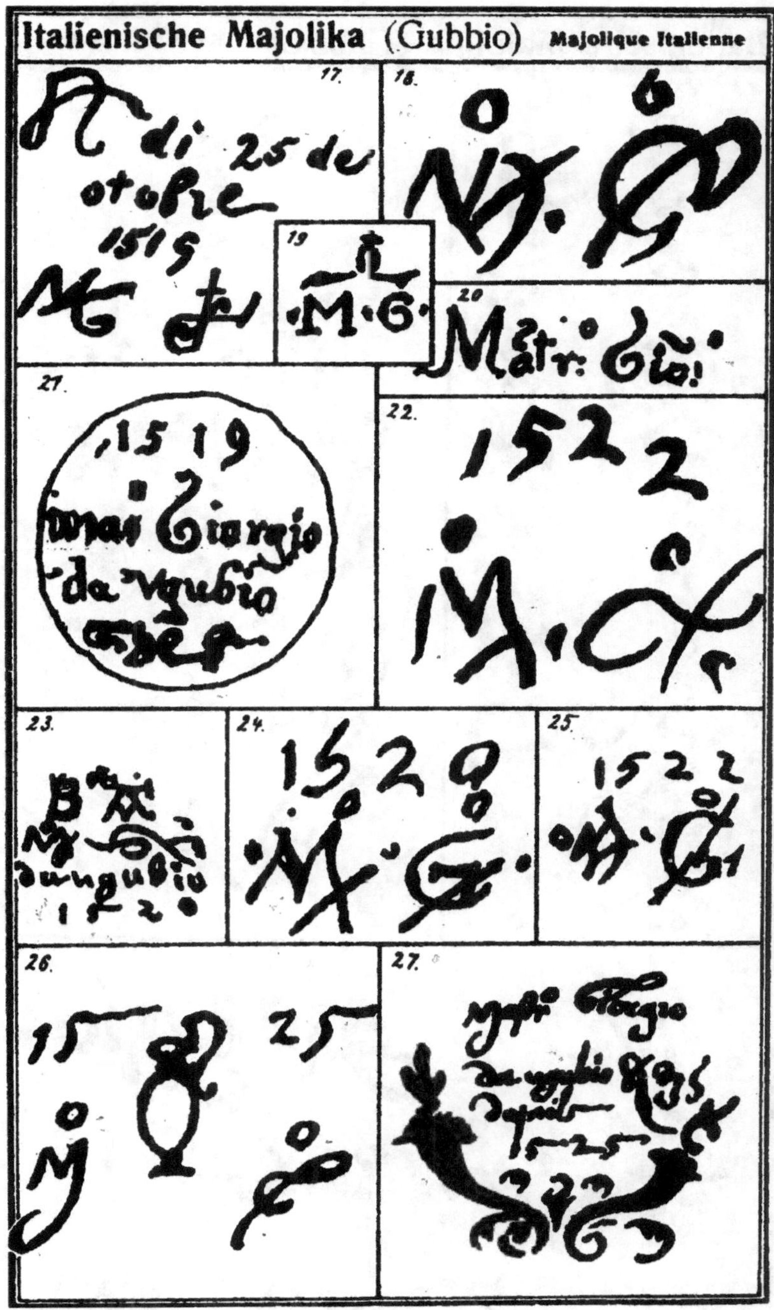
Italienische Majolika (Gubbio) Majolique Italienne
17.
18.
19
20
21.
22.
23.
24.
25.
26.
27.

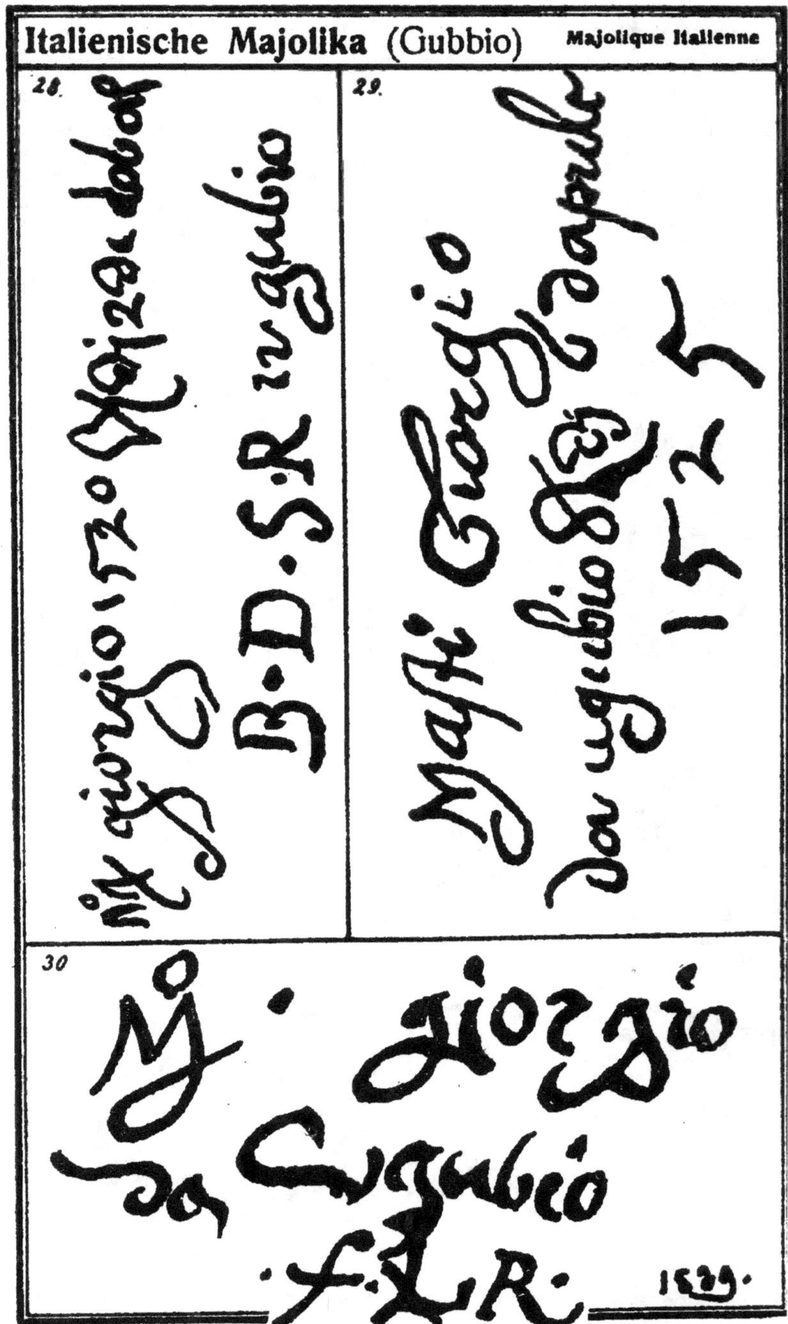
Italienische Majolika (Gubbio)
Majolique Italienne
28.
29.
30

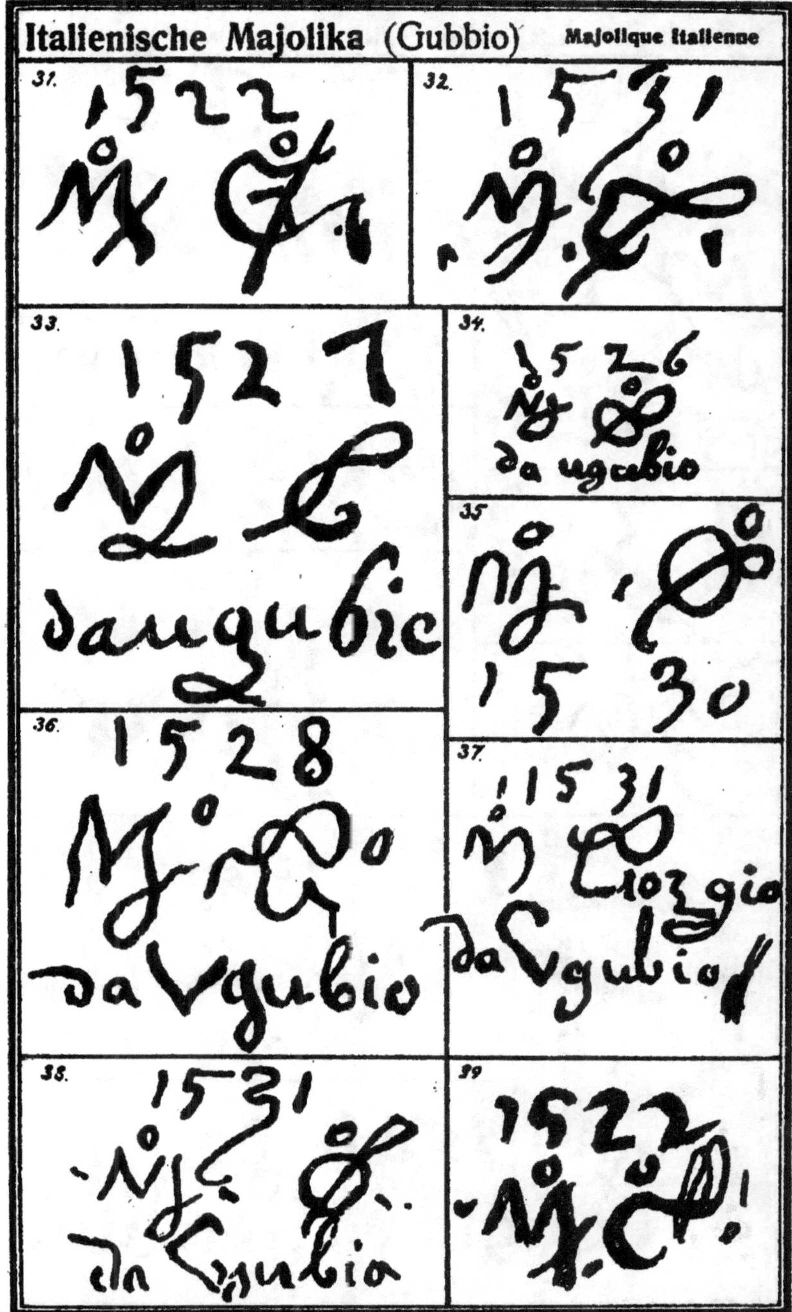
Italienische Majolika (Gubbio)
Majolique italienne
31.
1522
32.
1531
33.
1527
dauguBic
34.
1526
da ugubio
35
1530
36.
1528
da Vgubio
37.
1531
Giorgio
da Vgubio
38.
1531
da Gubia
39
1522

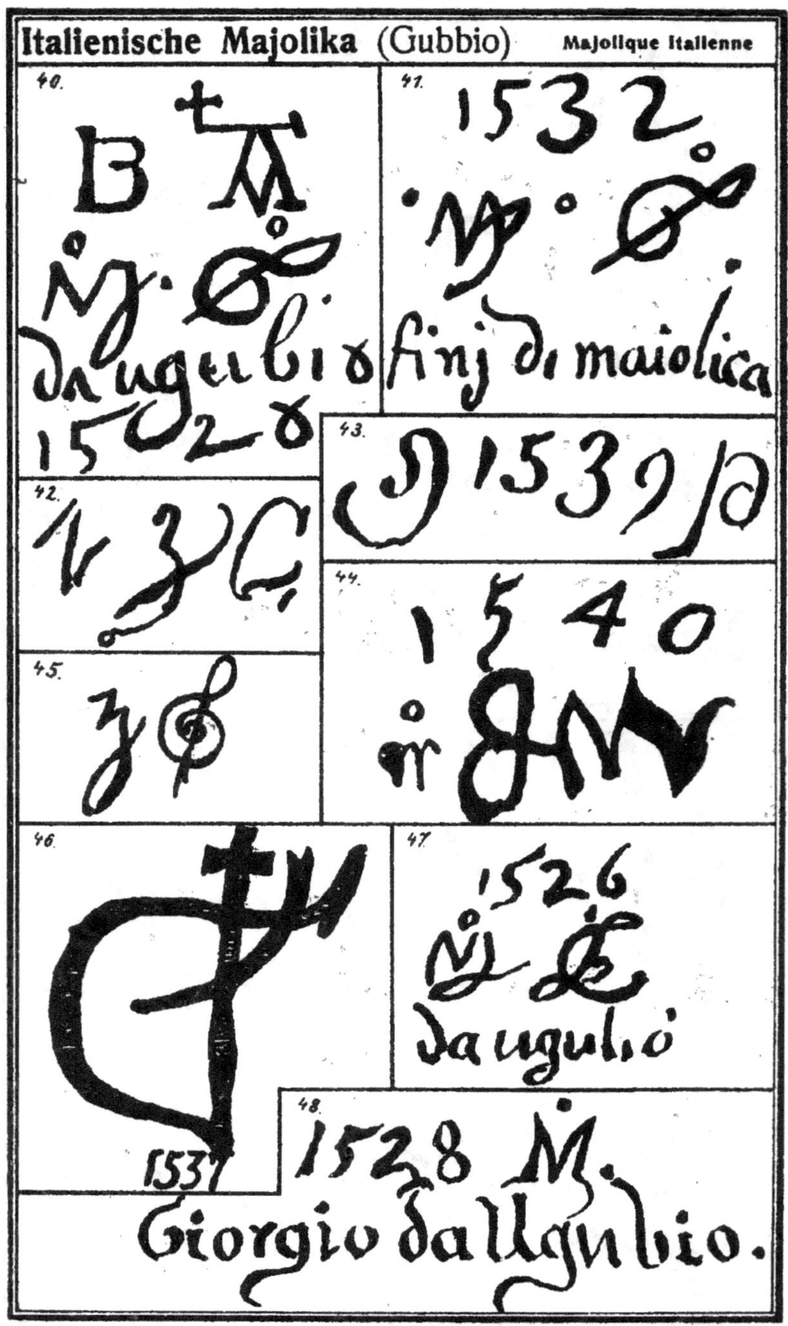
Italienische Majolika (Gubbio)
Majolique Italienne
40.
da ugubio
1528
41.
1532
finj di maiolica
42.
43.
1539
44.
1540
45.
46.
1537
47.
1526
da ugubio
48.
1528
Giorgio dall Ugubio.

Italienische Majolika (Gubbio) — Majolique Italienne

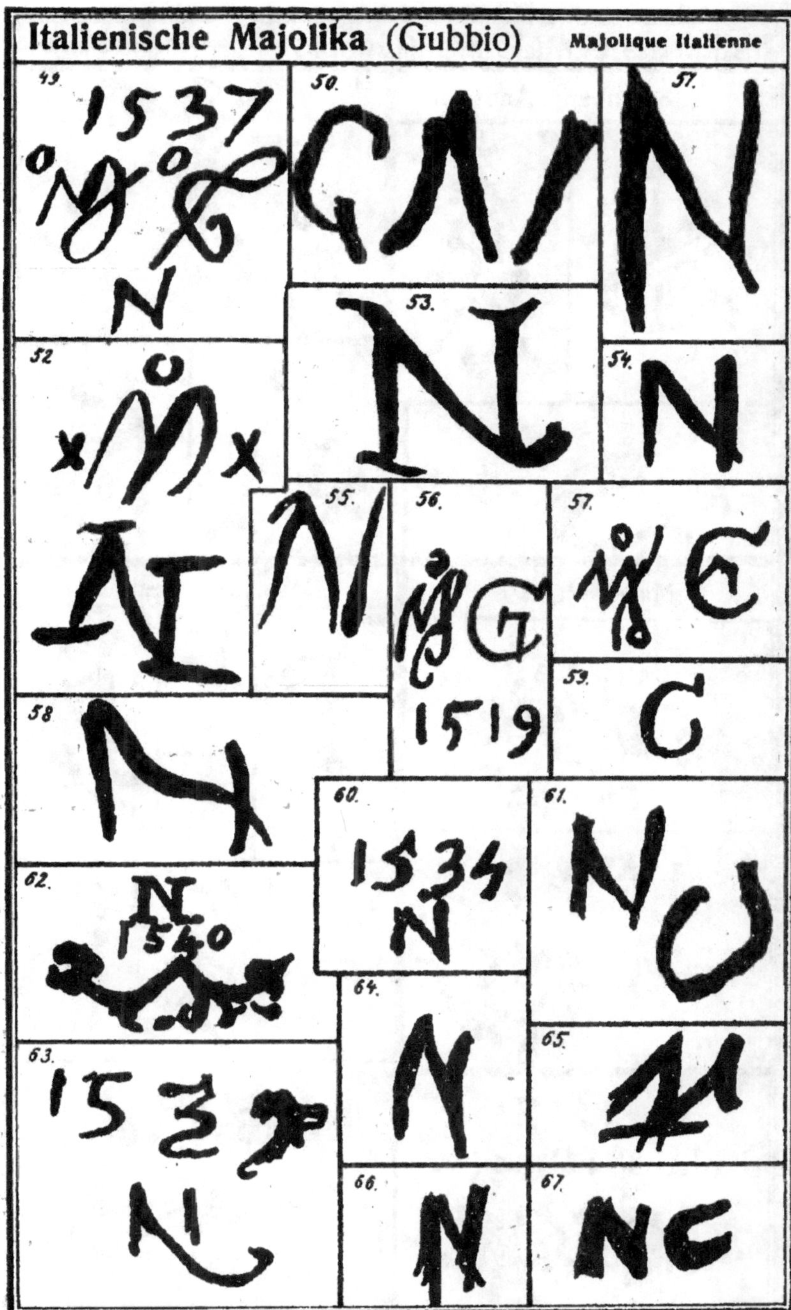

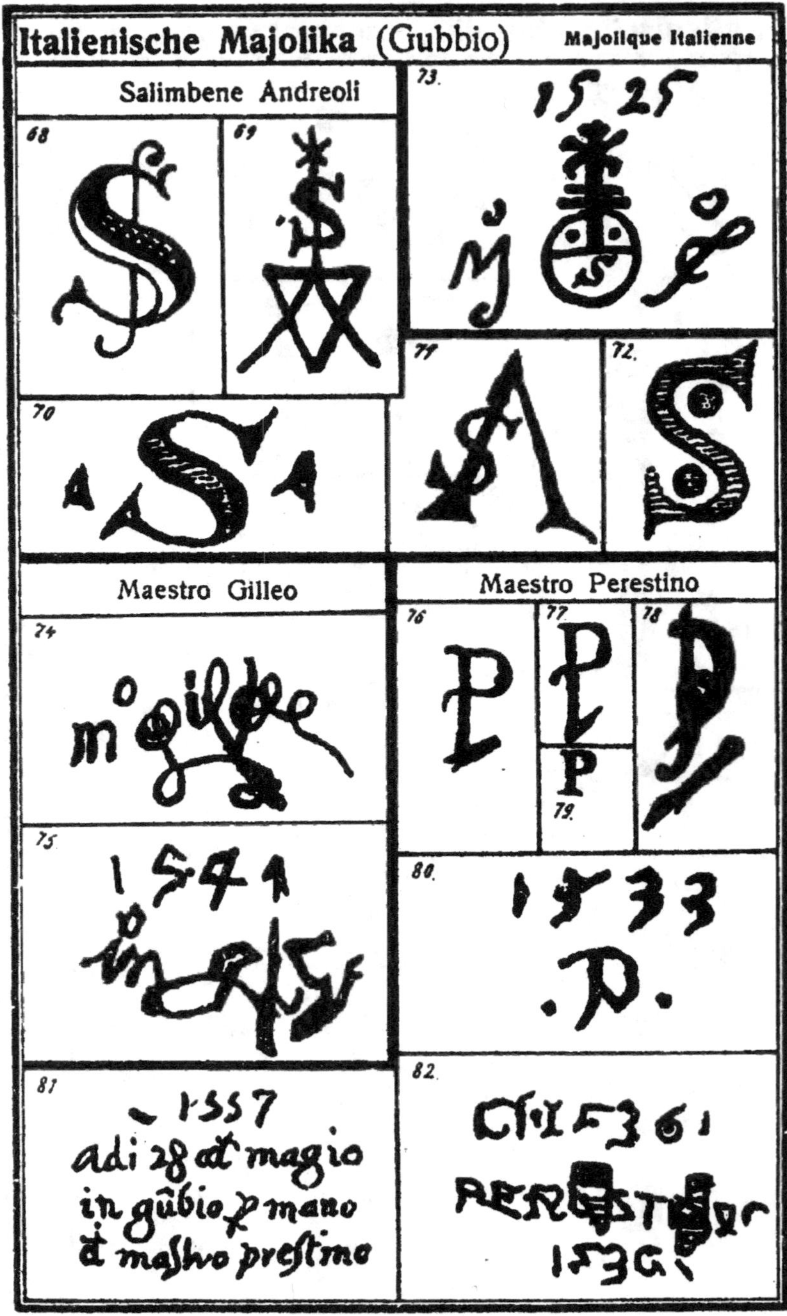

Italienische Majolika (Gubbio)
Majolique Italienne
Salimbene Andreoli
68
69
70
71
72
73.
1525
Maestro Gilleo
74
75
1541
Maestro Perestino
76
77
78
79.
80.
1533
81
1557
adi 28 de magio
in gubio p mano
de maestro prestino
82.
1536

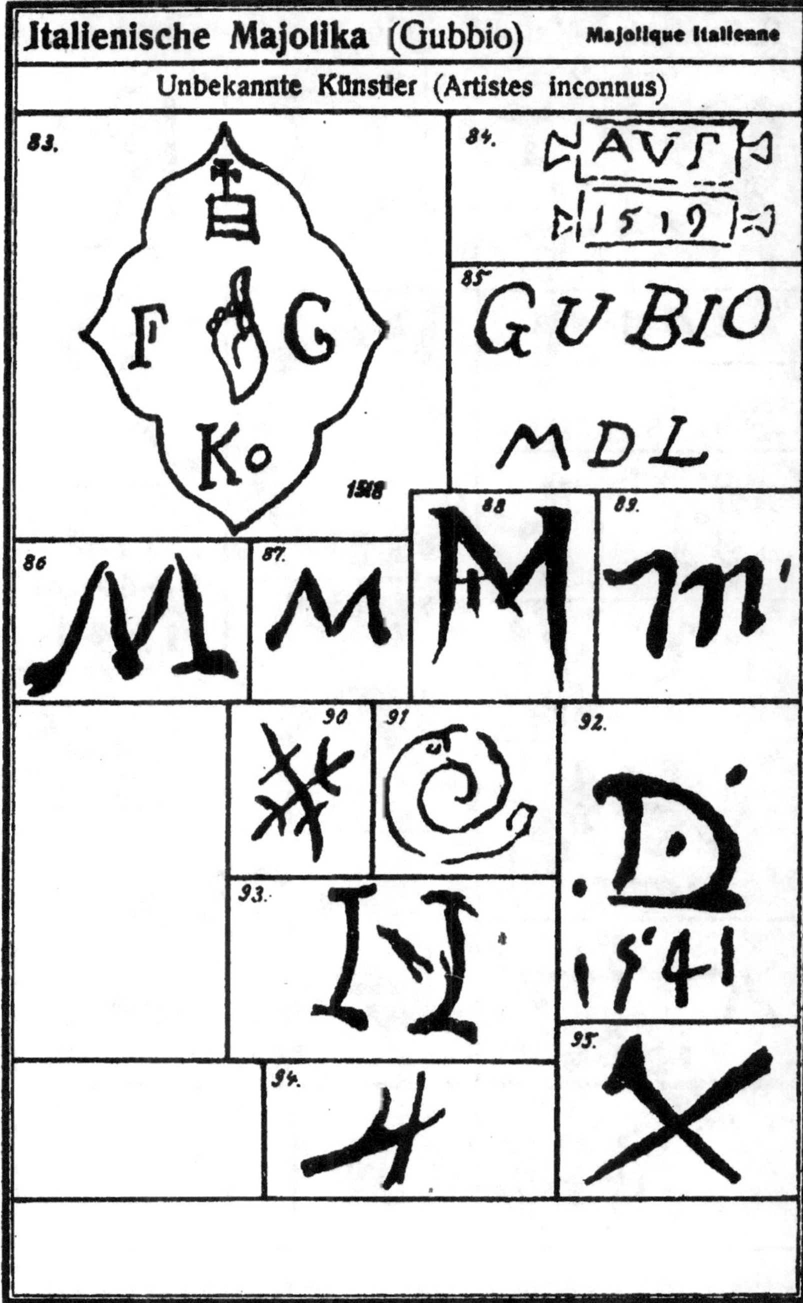
Italienische Majolika (Gubbio)
Majolique Italienne
Unbekannte Künstler (Artistes inconnus)
83.
F G
Ko
1518
84.
AVΓ
1519
85
GUBIO
MDL
86
87.
88
89.
90
91
92.
1541
93.
94.
95.

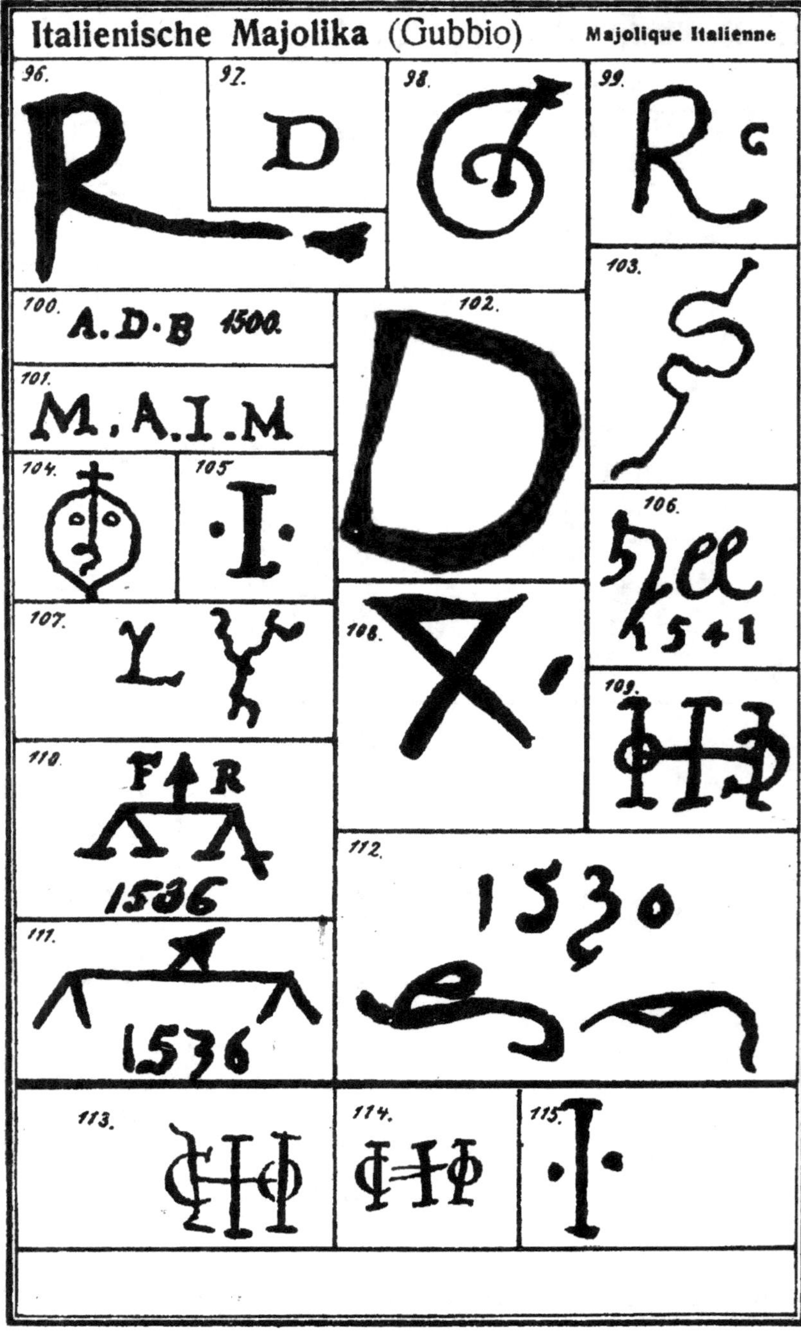
Italienische Majolika (Gubbio)
Majolique Italienne
96.
97.
D
98.
99.
100.
A.D·B 1500.
101.
M.A.I.M
102.
103.
104.
105
106.
1541
107.
L
108.
109.
110.
F R
1536
111.
1536
112.
1530
113.
114.
115.

Italienische Majolika

Majolique Italienne

Caffagiolo

1.

2.

3. GONELA

4.

5.

6.

7.

8.

9.

10.

11.

12.

13.

14.

16.

17.

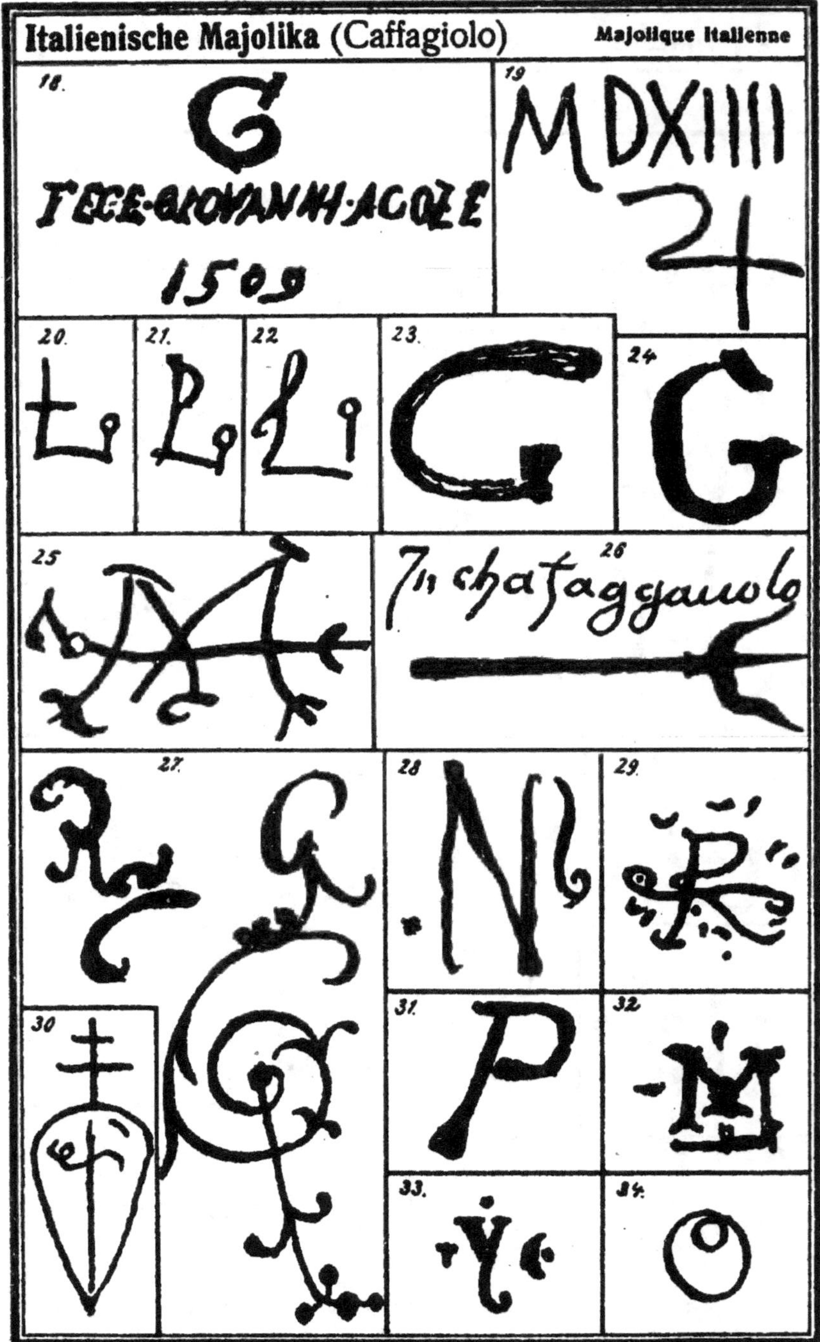
Italienische Majolika (Caffagiolo)
Majolique Italienne
18.
19
MDXIIII
20.
21.
22
23.
24
25
26
27.
28
29.
30
31.
32
33.
34.

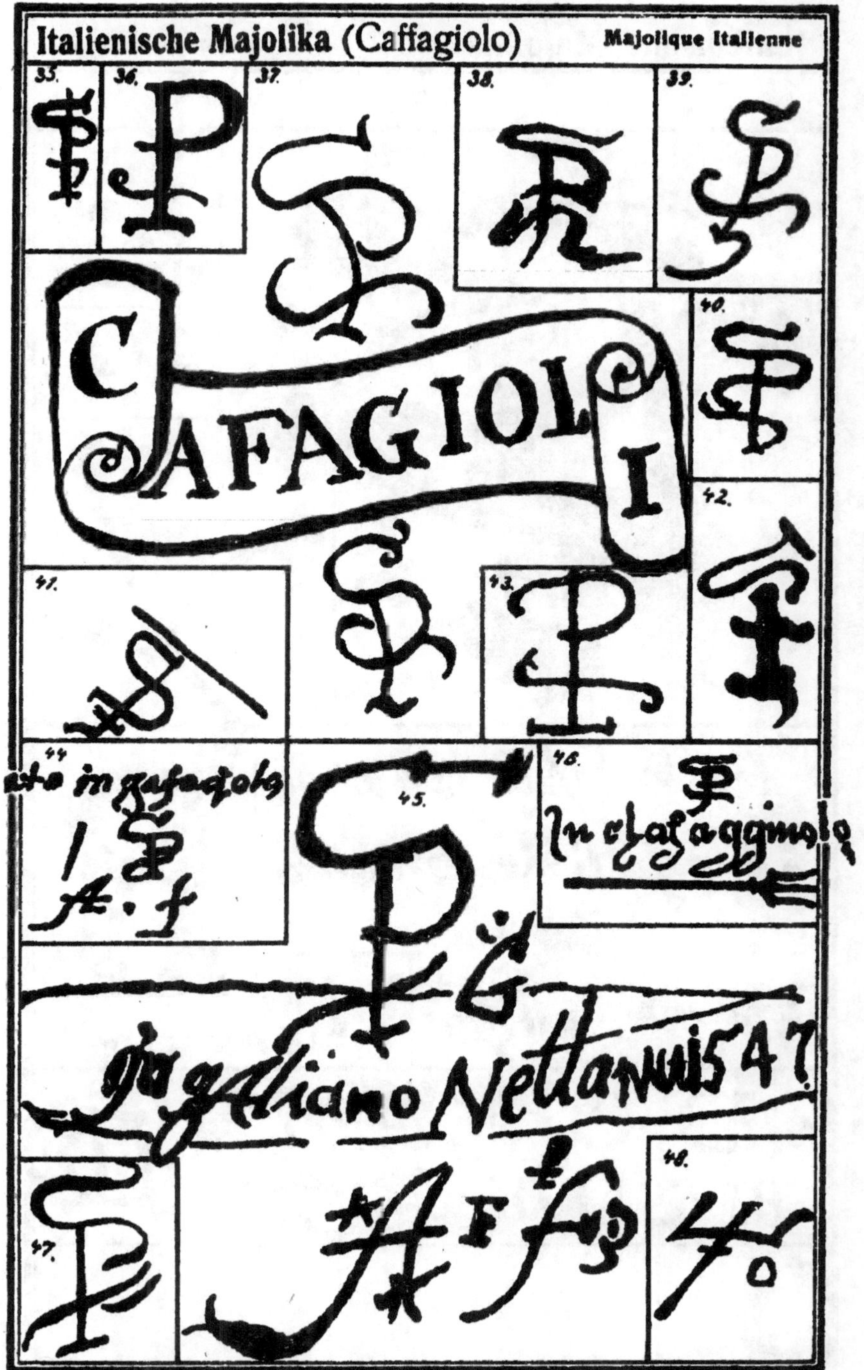
Italienische Majolika (Caffagiolo)
Majolique Italienne
35.
36.
37.
38.
39.
40.
41.
42.
43.
44
45.
46.
47.
48.
CAFAGIOLI
Nettanni 1547

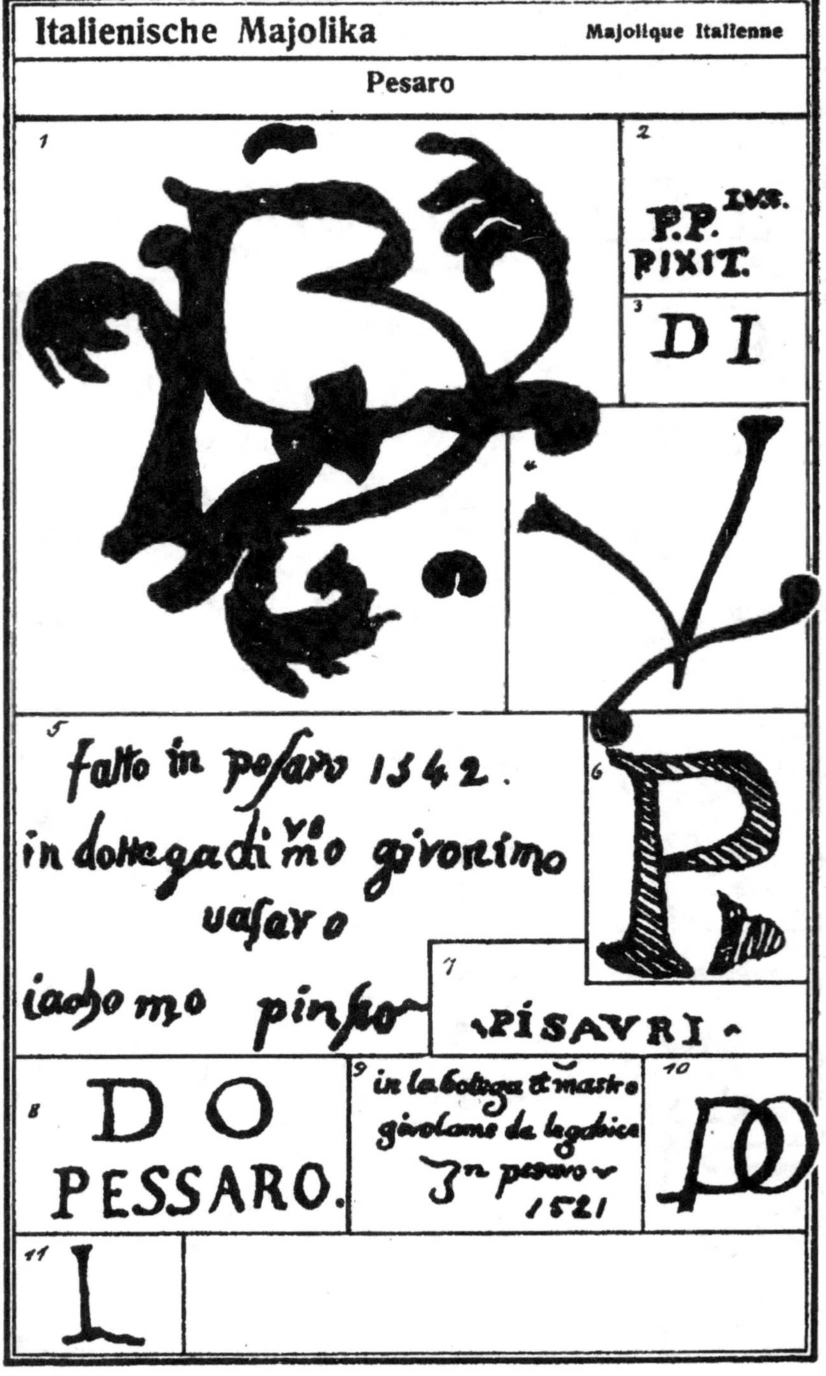
Italienische Majolika
Majolique Italienne
Pesaro
1
2
P.P. IVS.
PIXIT.
3
DI
4
5
1542
6
7
PISAVRI
8
DO
PESSARO.
9
1521
10
11

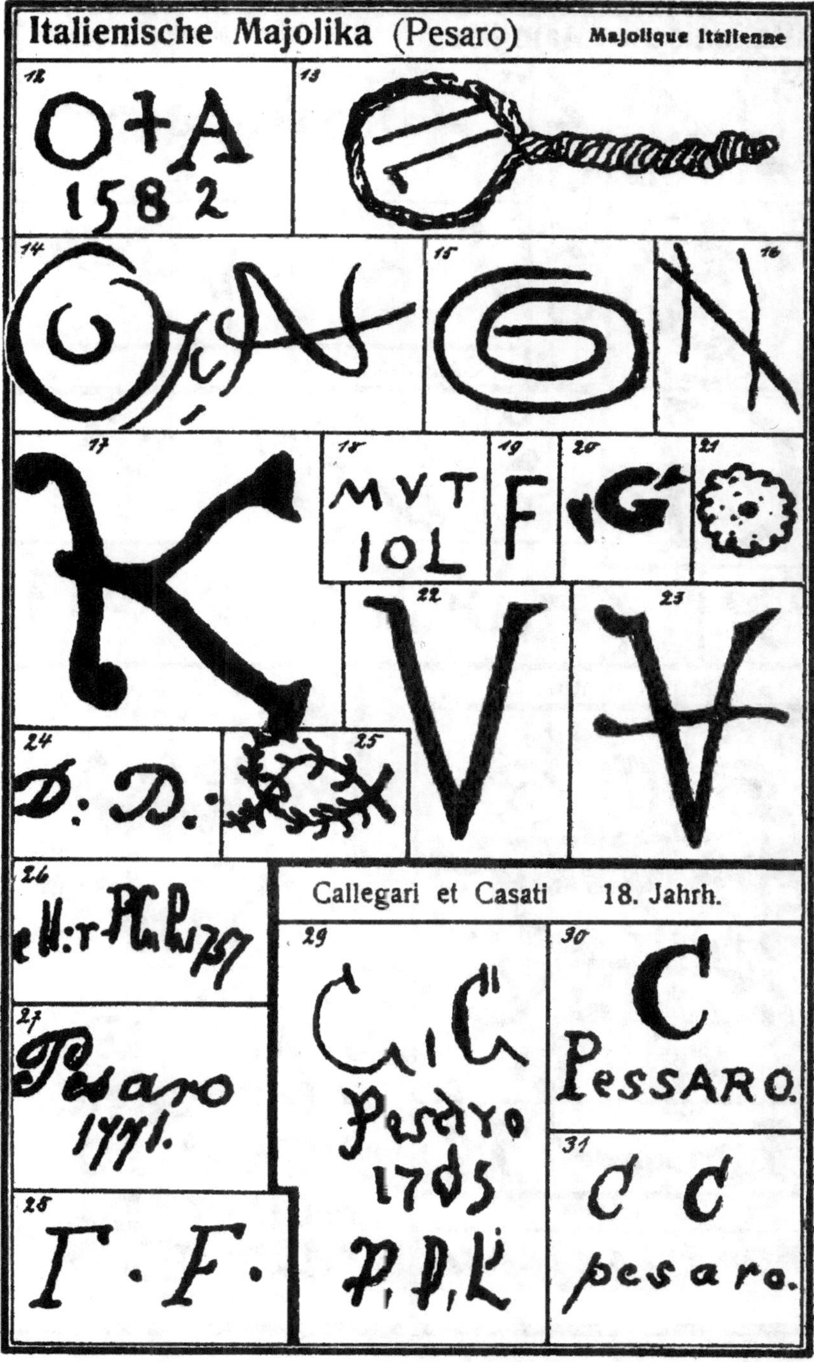
Italienische Majolika (Pesaro)
Majolique italienne
O+A 1582
MVT IOL
Callegari et Casati 18. Jahrh.
Pesaro 1771.
Pesaro 1765
PESSARO.
pesaro.

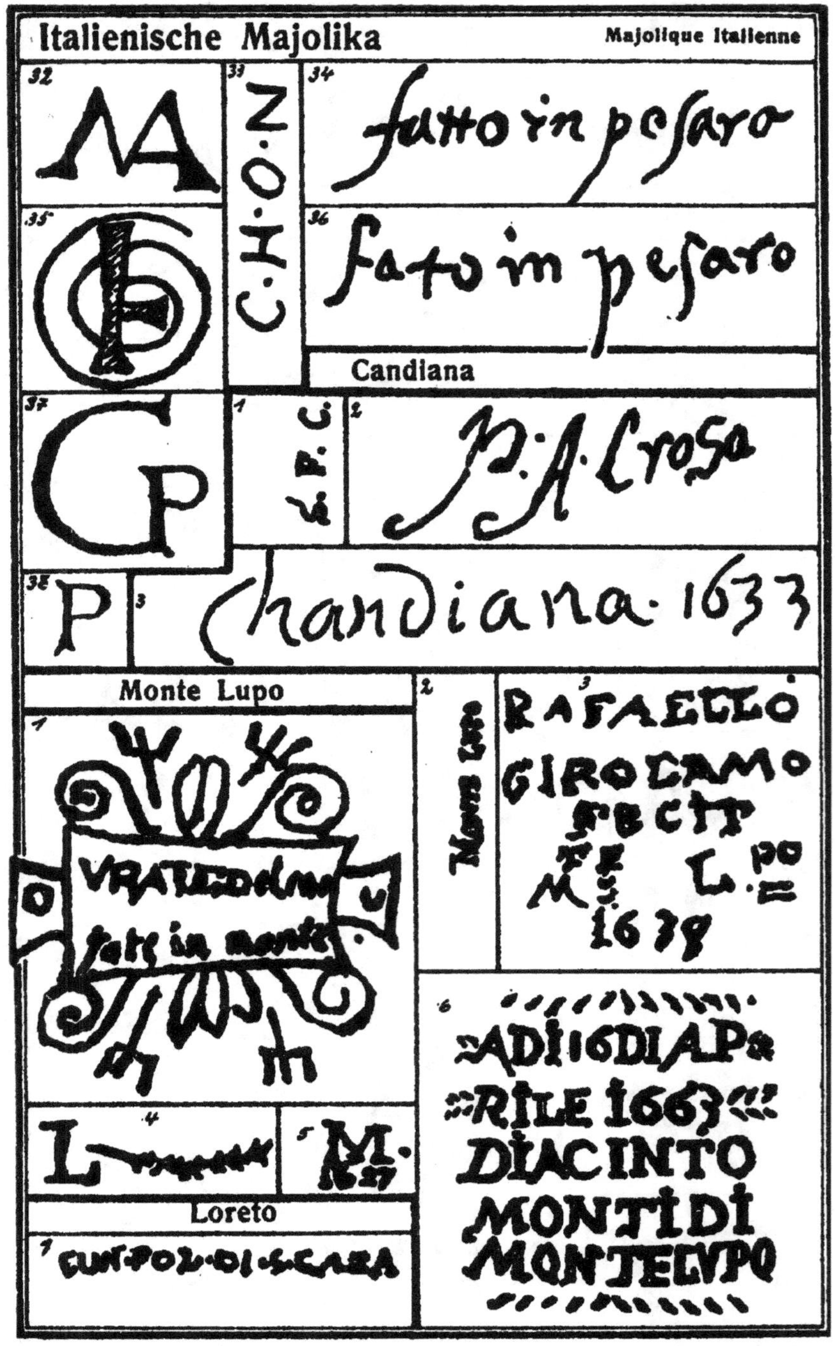

Italienische Majolika
Majolique Italienne
32
33
34
fatto in pesaro
35
36
fato in pesaro
C.H.O.N
Candiana
37
1
2
P.A. Crosa
38
3
Chandiana 1633
Monte Lupo
RAFAELLO
GIROLAMO
FECIT
1639
ADI 16 DI A
PRILE 1663
DIACINTO
MONTI DI
MONTELVPO
Loreto

Italienische Majolika Majolique Italienne

Urbino

1. Guido Fontana

fatte jn Urbino jn Botega de
M° Guido fontana
Vasaro:

2. In botega de M° Guido
durantino jn Ur
bino

3. Nella Botega
di M° Guido
Durantino
In Urbino

4. 1543
G F

5. In botega di M°
Guido durā
tino
1532

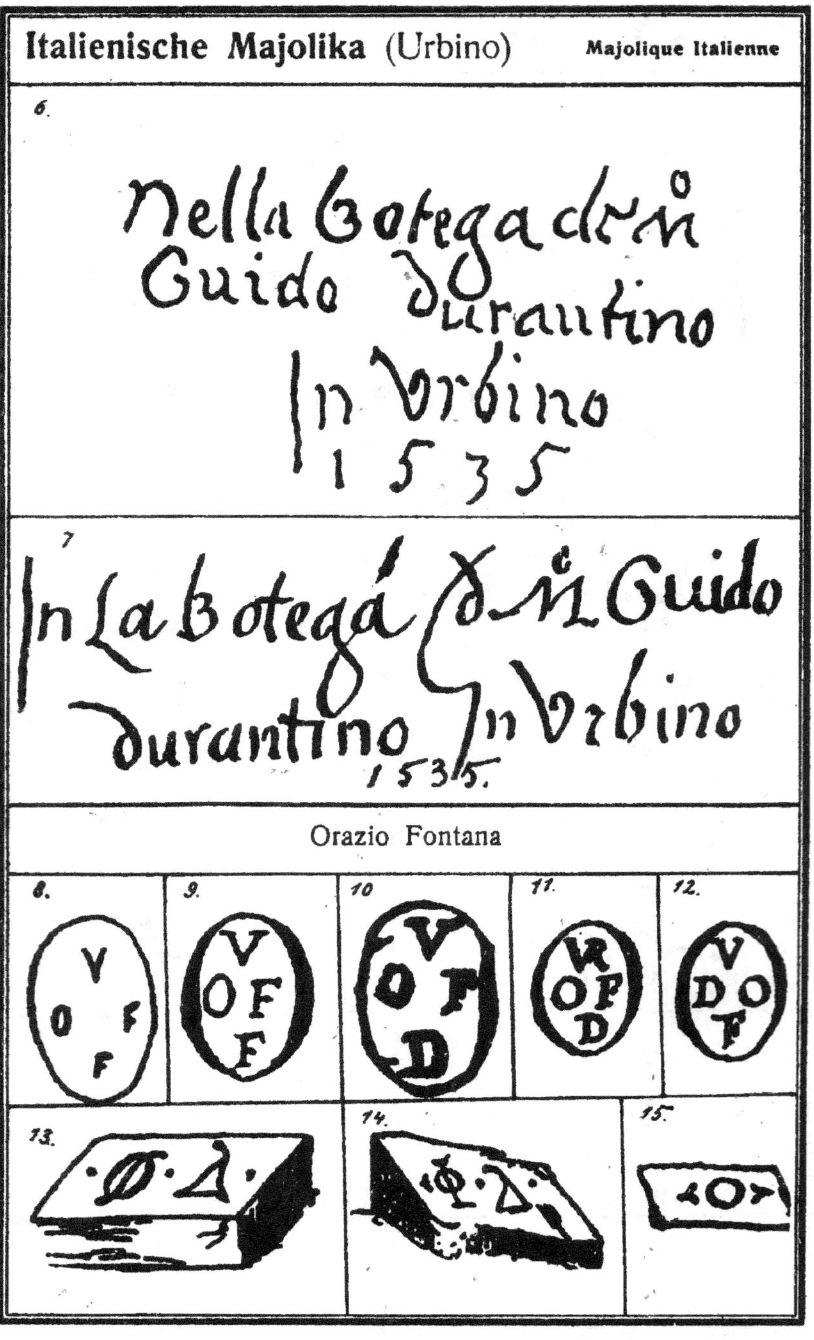
Italienische Majolika (Urbino)
Majolique Italienne
6.
Nella botega de m°
Guido durantino
In Urbino
1535
7
In La botegá d. m° Guido
durantino In Vrbino
1535.
Orazio Fontana
8.
V
O F
F
9.
V
O F
F
10
V
O F
D
11.
V
O F
D
12.
V
D O
F
13.
14.
15.

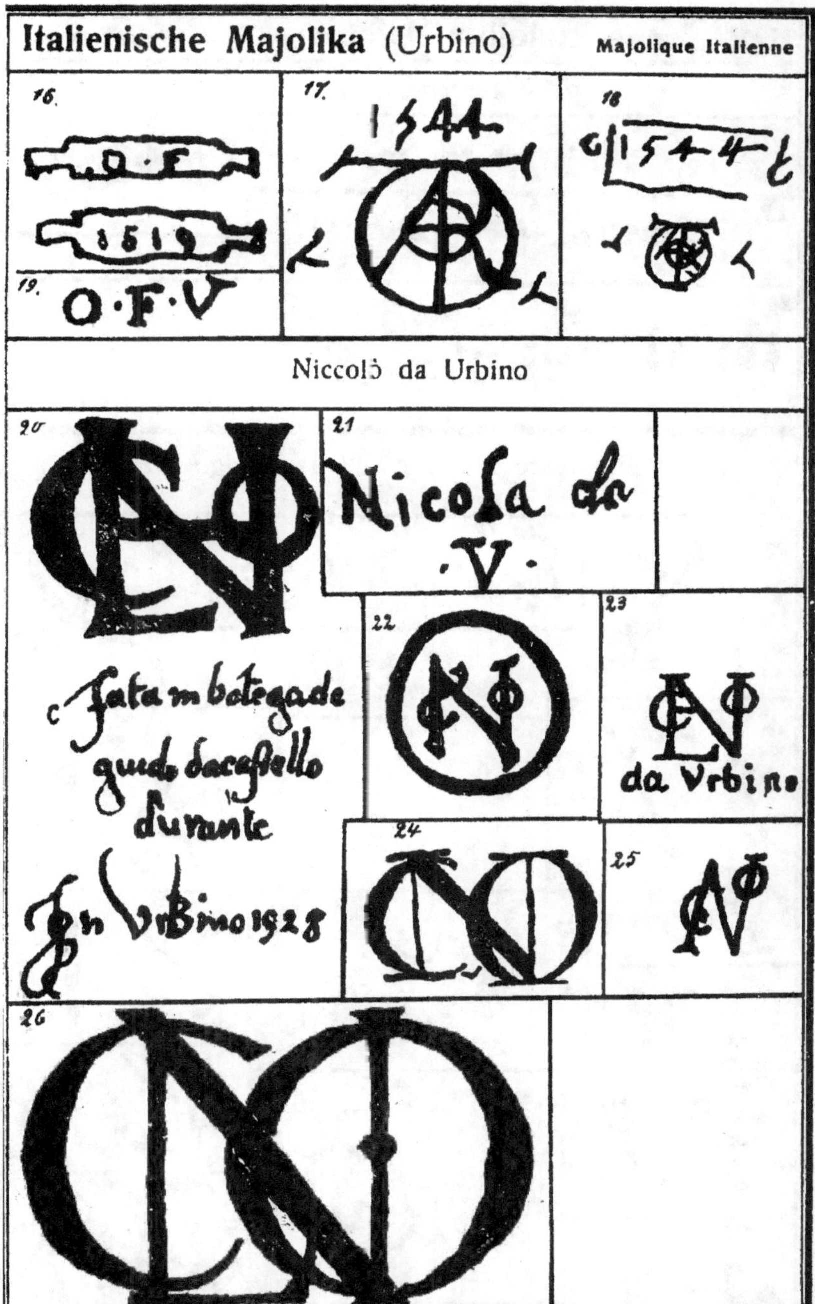
Italienische Majolika (Urbino)
Majolique Italienne
16.
1519
17.
1544
18.
1544
19.
O·F·V
Niccolò da Urbino
20
21
Nicola da
·V·
22
23
da Vrbino
in Vrbino 1528
24
25
26

Italienische Majolika (Urbino)

Majolique Italienne

Battista Franco

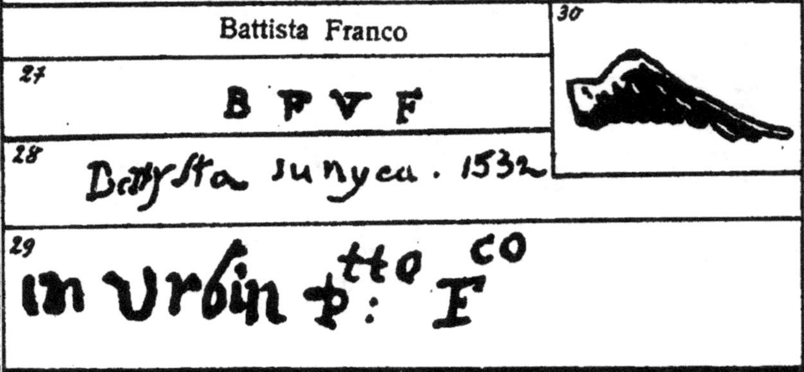

27 B F V F

28 Battista ... 1532

29 in Urbin ... F^co

30

Francesco Xanto Avelli da Rovigo

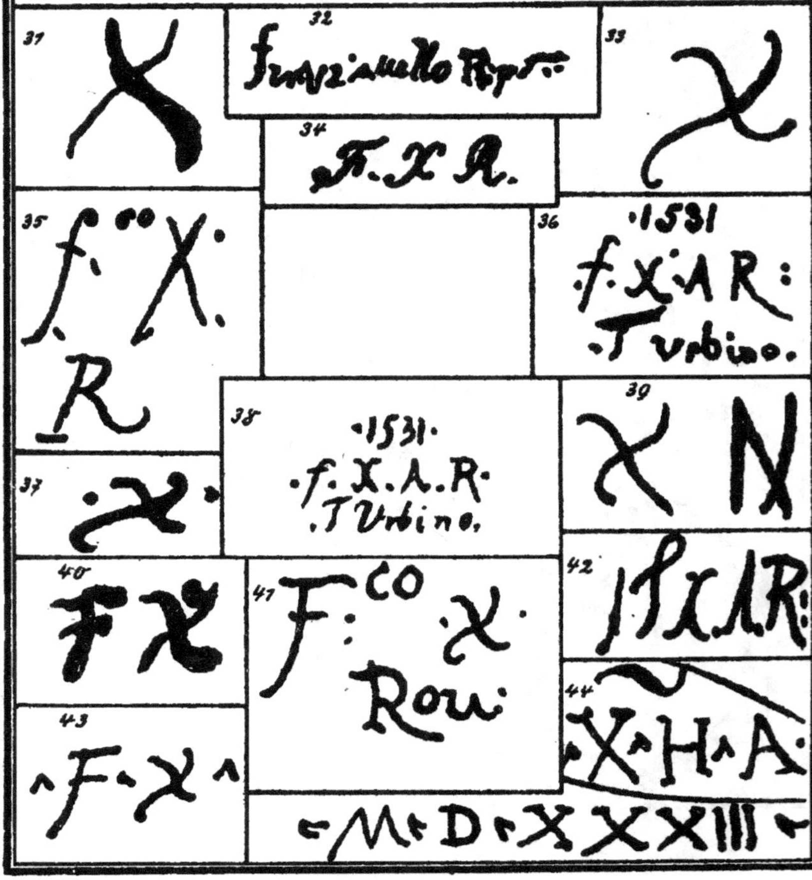

31 X

32 fran... Rov...

33 X

34 F. X. R.

35 f.^co X. R

36 ·1531 f. X. A R: T urbino.

37 ·X·

38 ·1531· ·f. X. A. R· ·T Urbino.

39 X N

40 F X

41 F:^co ·X· Rou:

42 ... X A R:

43 ^F^X^

44 X^H^A ·M·D·XXXIII·

Italienische Majolika (Urbino) — Majolique Italienne

45 F. X. A. R. i Urbino · 1530

46 1536 × F X R

47 F.X.A.R.P.

48 X 1544

49 F.X.A.R Urbino

50 fra : Xanto A da Rovigo, D. M. D. XXXIIII

51 fra : X. · R ·

52 francesco Xanto Avelli da Rovigo pinse.

53 Xanto Ave Rovigiese pinse Urbino

54 fra : Xanto · A · da Rovigo. Urbino ·

55 1541 X

56 1537 F · X · · R ·

57 M · D · XXXIII fra Xanto A. da Rovigo Urbino

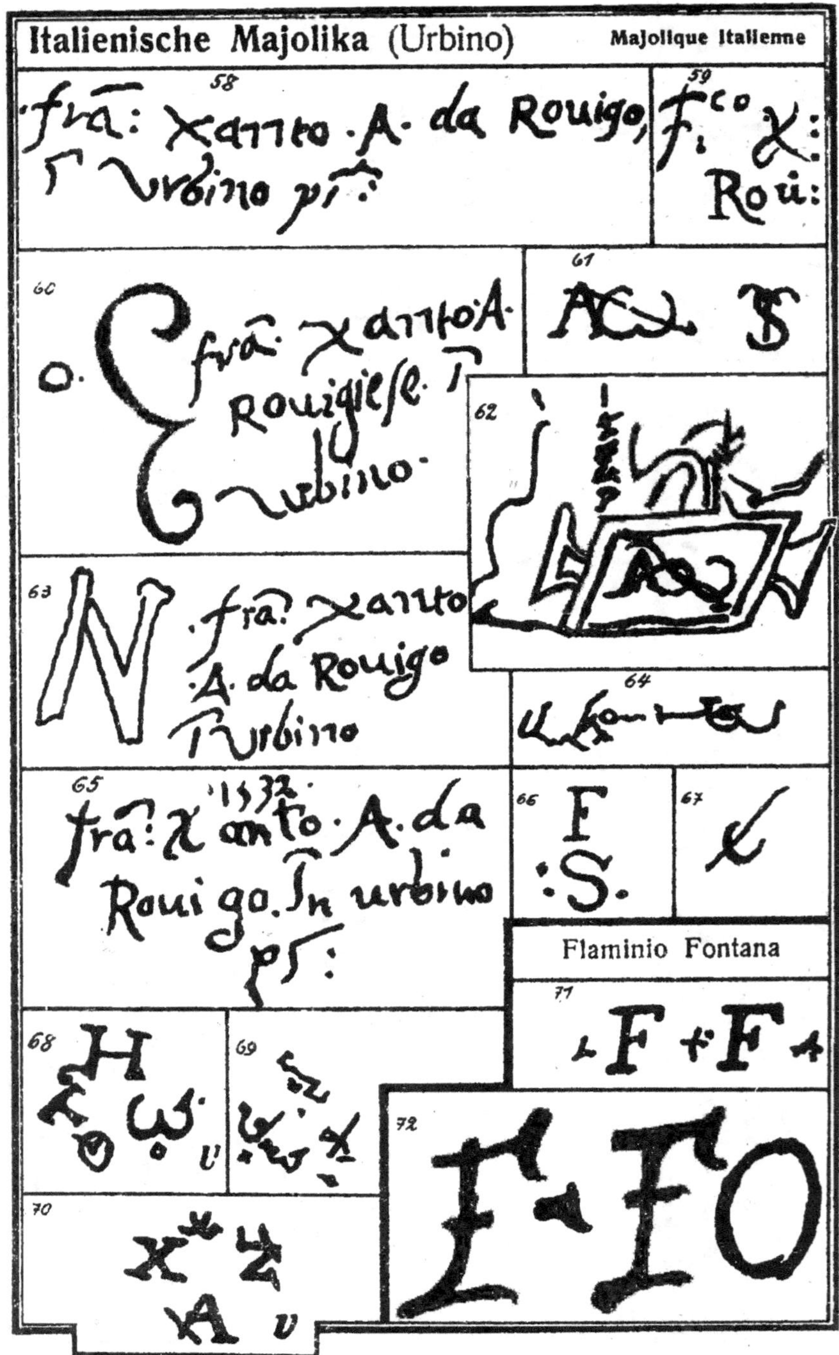

Italienische Majolika (Urbino)
Majolique Italienne
58
fra: Xanto · A · da Rouigo, I Urbino pi:
59
F^co X: Rou:
60
fra: Xanto · A · Rouigiese · I urbino
61
62
63
fra: Xanto · A · da Rouigo I urbino
64
65
1532 · fra: X anto · A · da Rouigo · In urbino p.
66
F :S·
67
Flaminio Fontana
71
F F
68
69
70
72
F · FO

Italienische Majolika (Urbino) — Majolique Italienne

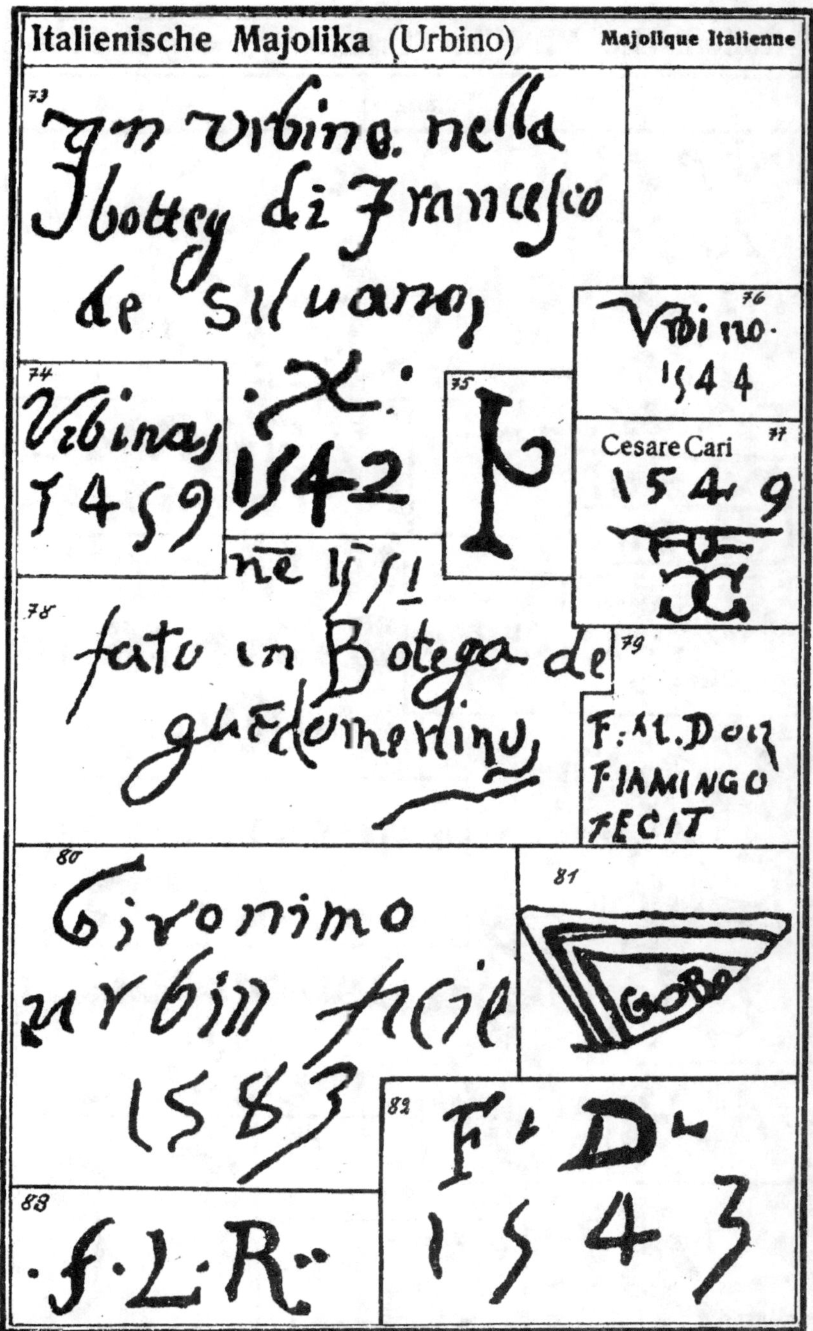

Italienische Majolika (Urbino) Majolique Italienne

Patanazzi

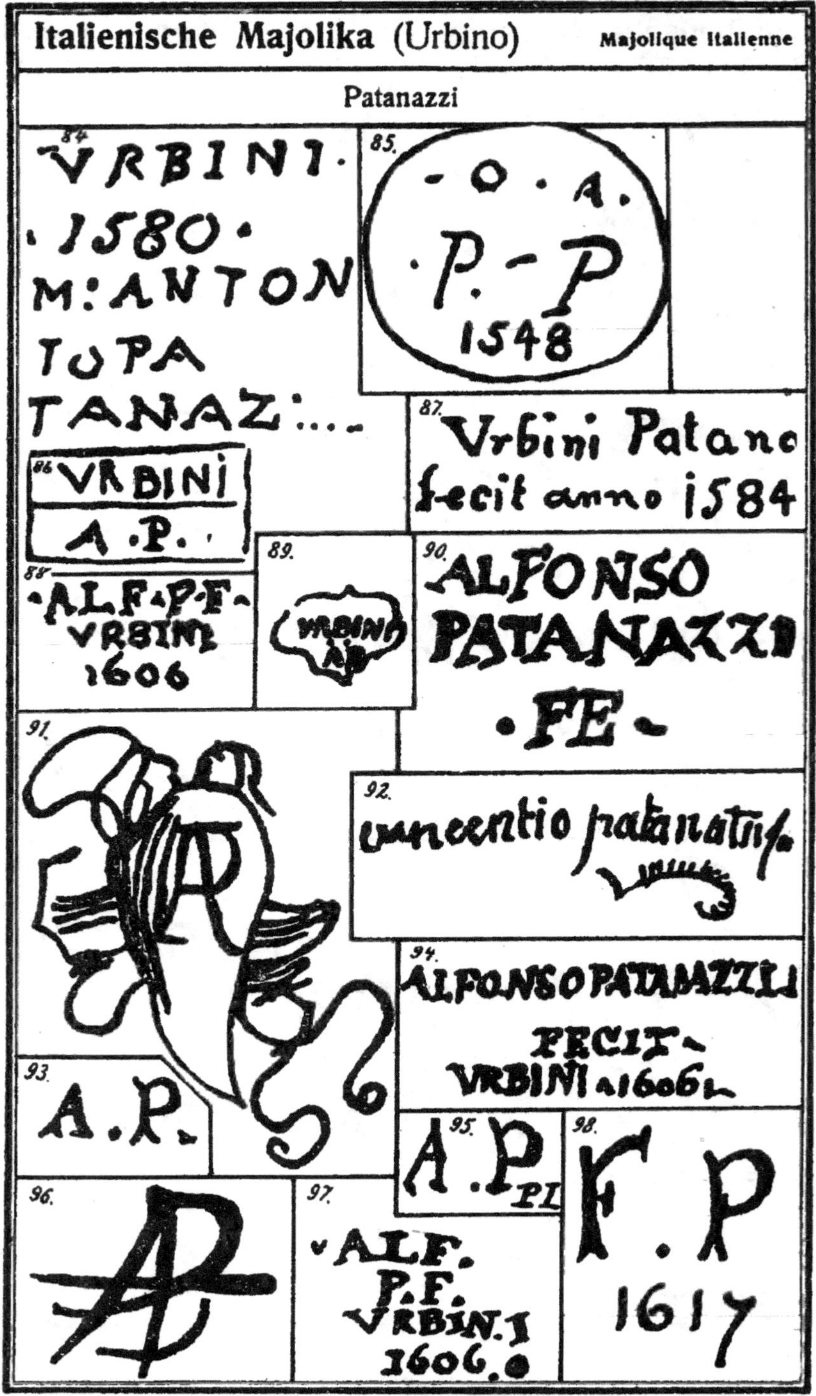

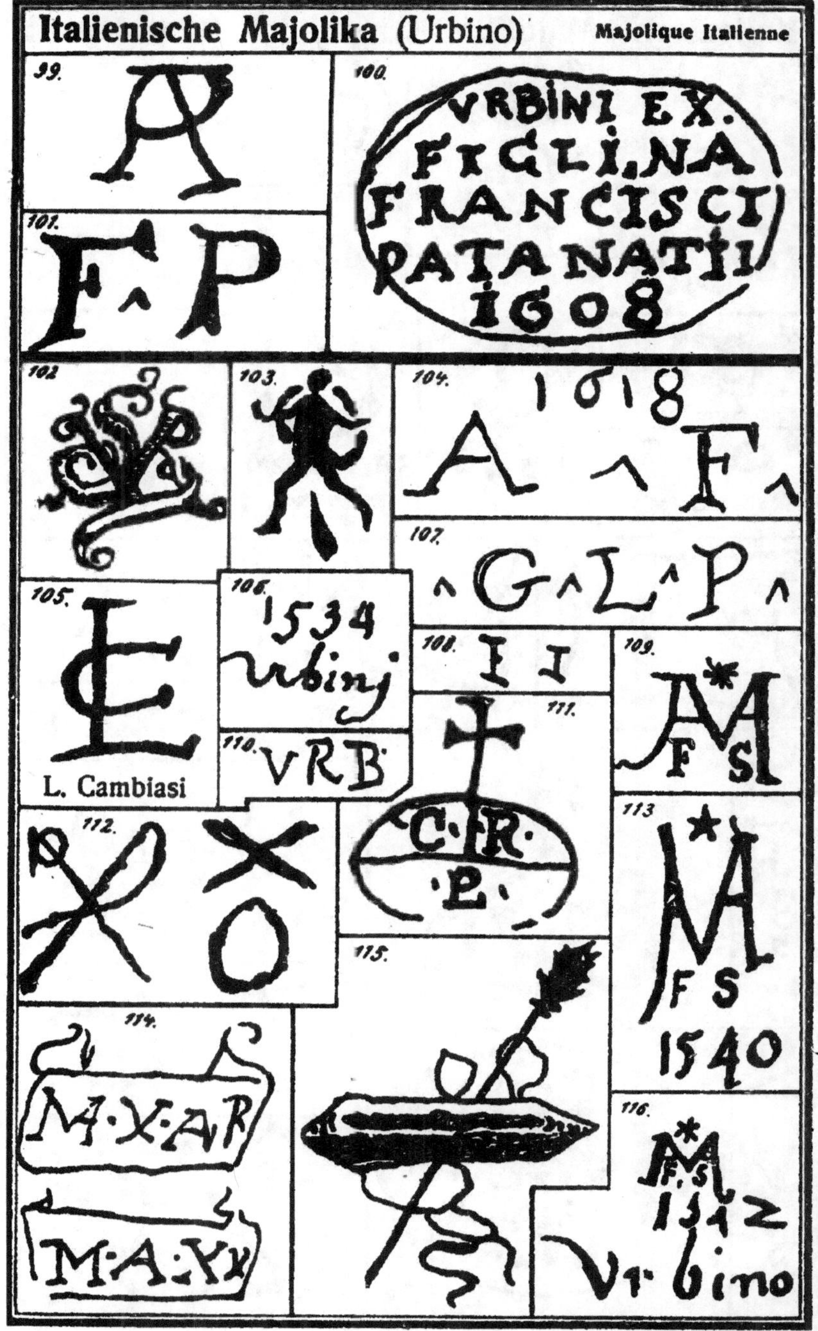
Italienische Majolika (Urbino)
Majolique Italienne
99.
100.
VRBINI EX.
FIGLINA
FRANCISCI
PATANATII
1608
101.
F P
102.
103.
104.
1618
A F
105.
L. Cambiasi
106.
1534
urbinj
107.
G L P
108.
109.
F S
110.
VRB
111.
C. R.
P.
112.
113.
F S
1540
114.
M·X·A·R
M·A·X
115.
116.
F. S.
1542
Vr bino

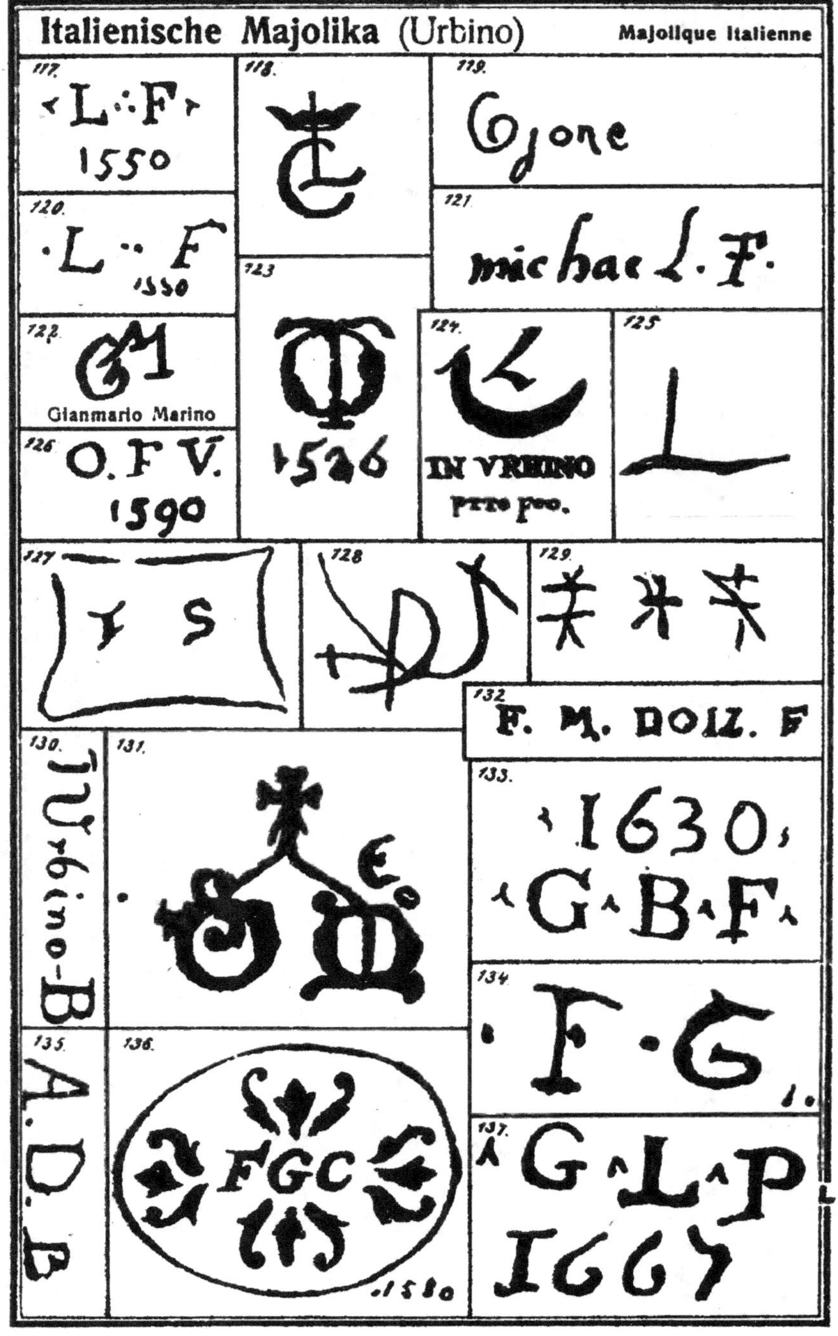
Italienische Majolika (Urbino)
Majolique italienne
117. L F 1550
118.
119.
120. L F 1550
121. michael. F.
122. Gianmario Marino
123. 1526
124. IN VRBINO
125.
126. O. F V. 1590
127. S
128.
129.
130. Urbino-B
131.
132. F. M. DOIZ. F
133. 1630 G B F
134. F G
135. A.D.B
136. FGC 1580
137. G L P 1667

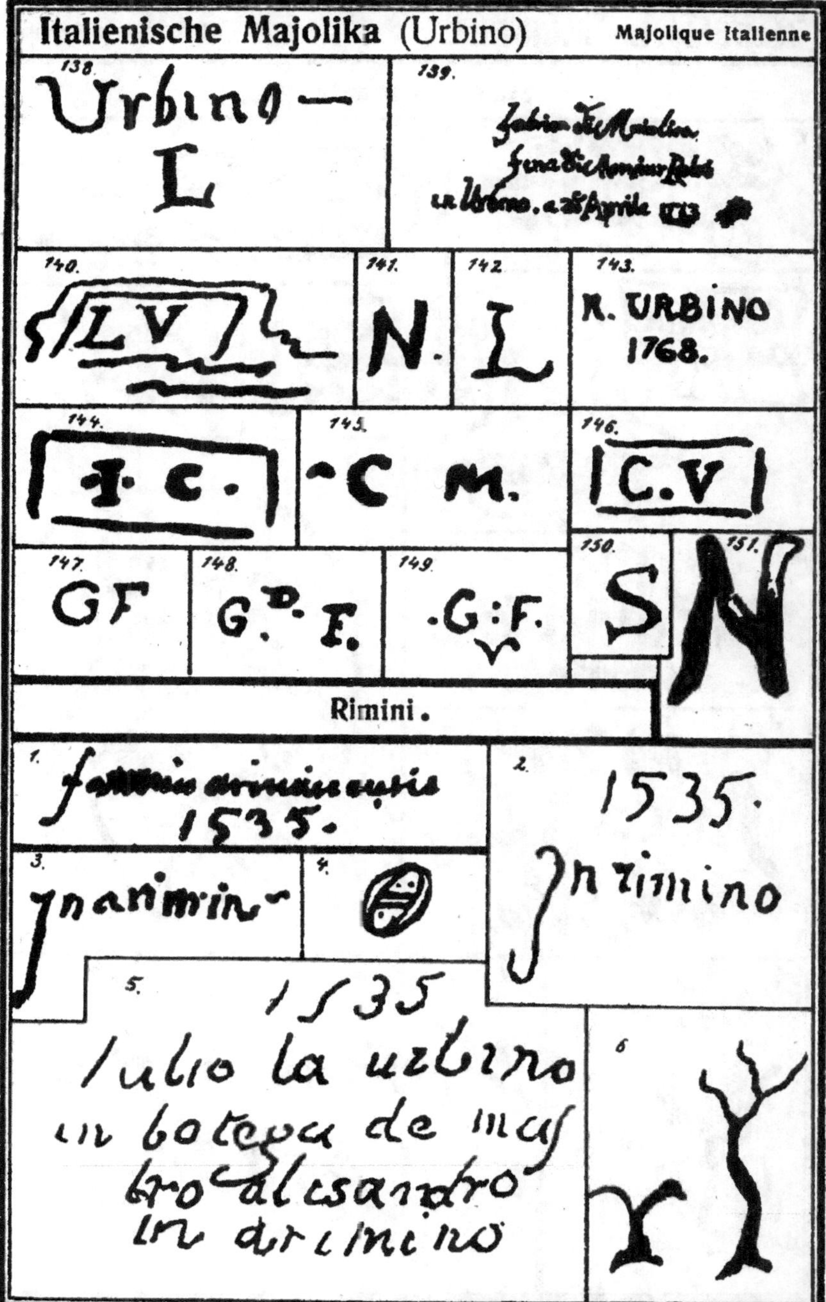
Italienische Majolika (Urbino)
Majolique italienne
138. Urbino — L
139.
140. LV
141. N.
142. L
143. R. URBINO 1768.
144. I. C.
145. C M.
146. C.V
147. GF
148. G.D. F.
149. .G:F.
150. S
151. N
Rimini.
1. 1535.
2. 1535. Jn rimino
3.
4.
5. 1535 lulio la urbino in botega de mas tro alesandro in arimino
6

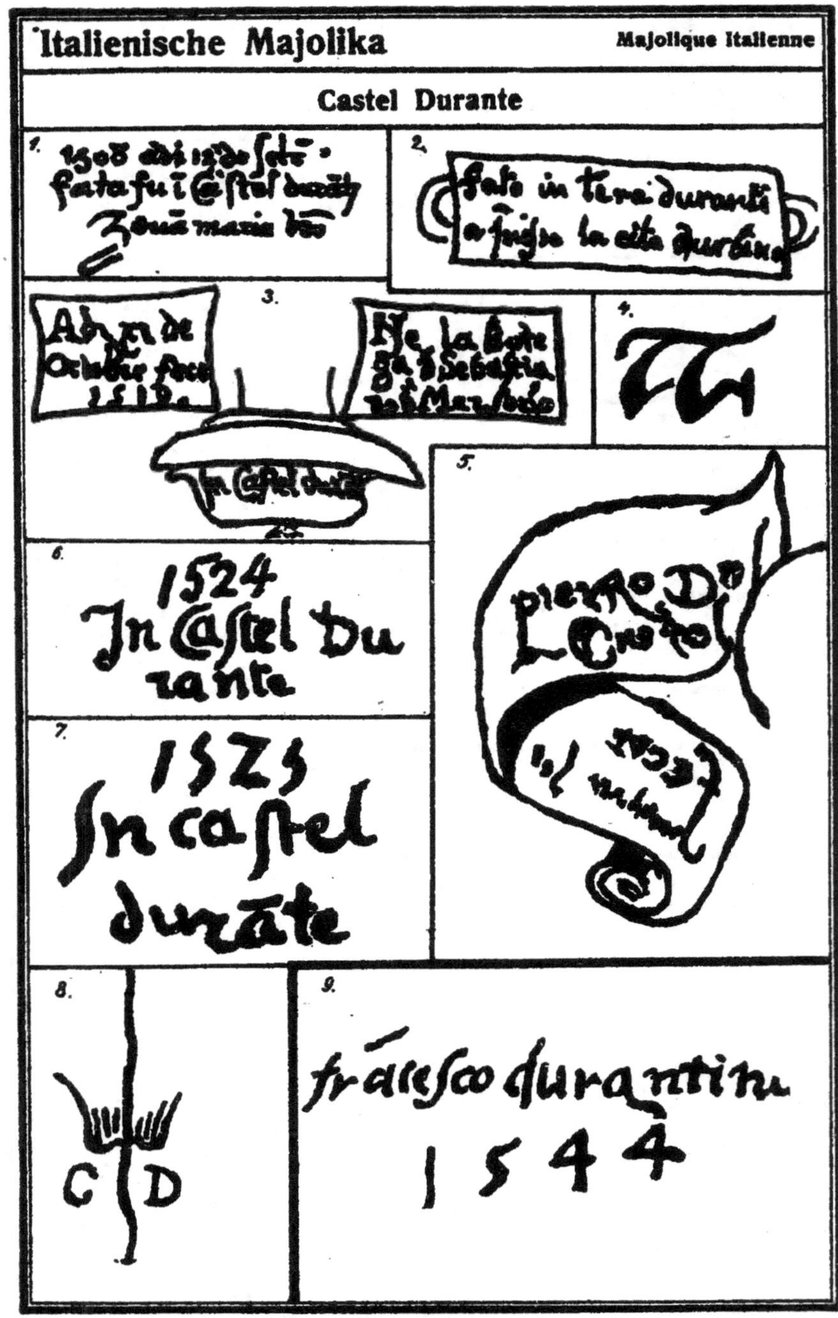

Italienische Majolika
Majolique Italienne
Castel Durante
1.
2.
3.
4.
5.
6.
1524
In Castel Du
rante
7.
1525
In castel
durāte
8.
C D
9.
1544

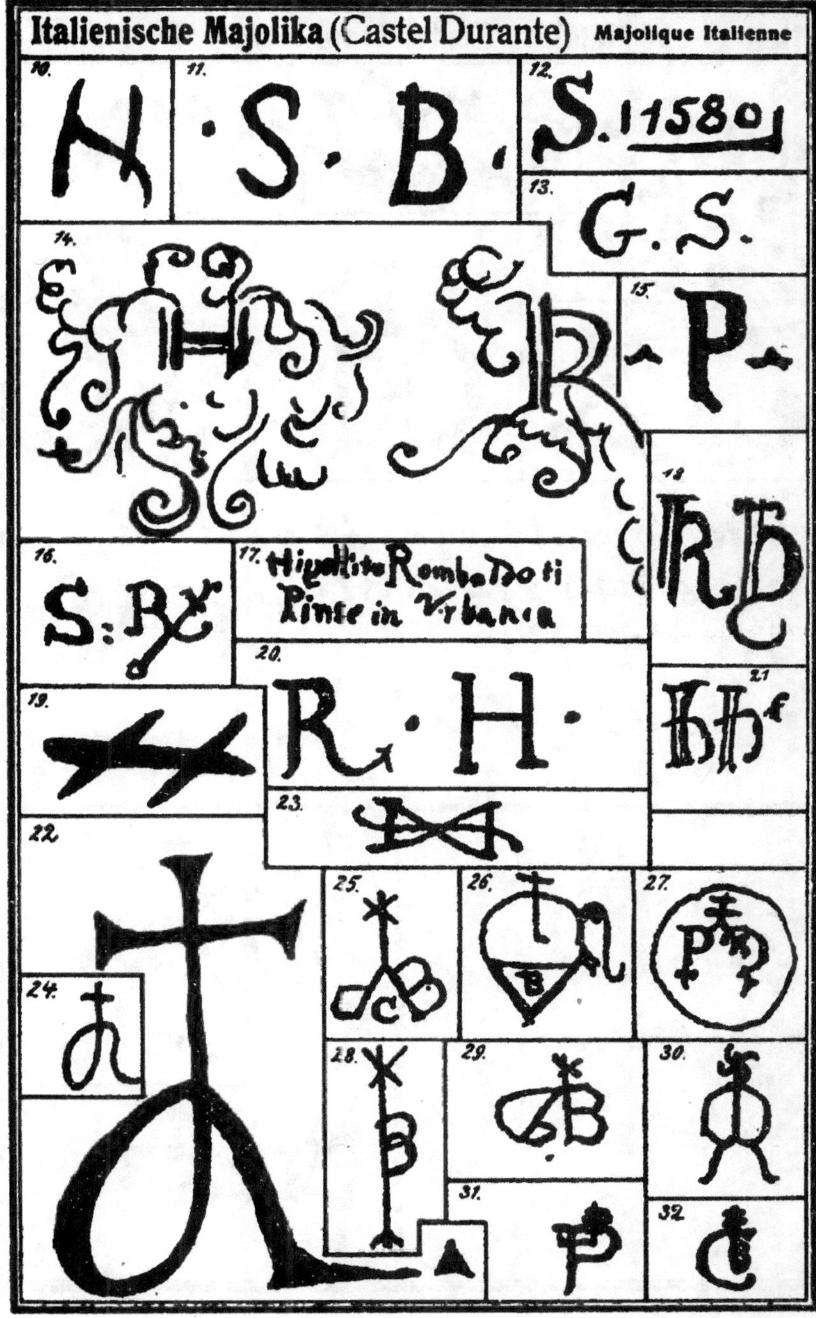
Italienische Majolika (Castel Durante) Majolique Italienne
10.
11.
H · S · B ·
12.
S. 1580
13.
G. S.
14.
15.
P
16.
S: R
17.
Hipolito Rombaldo ti
Pinse in Vrbania
18.
19.
20.
R · H ·
21
22
23.
24.
25.
26.
27.
28.
29.
30.
31.
32.

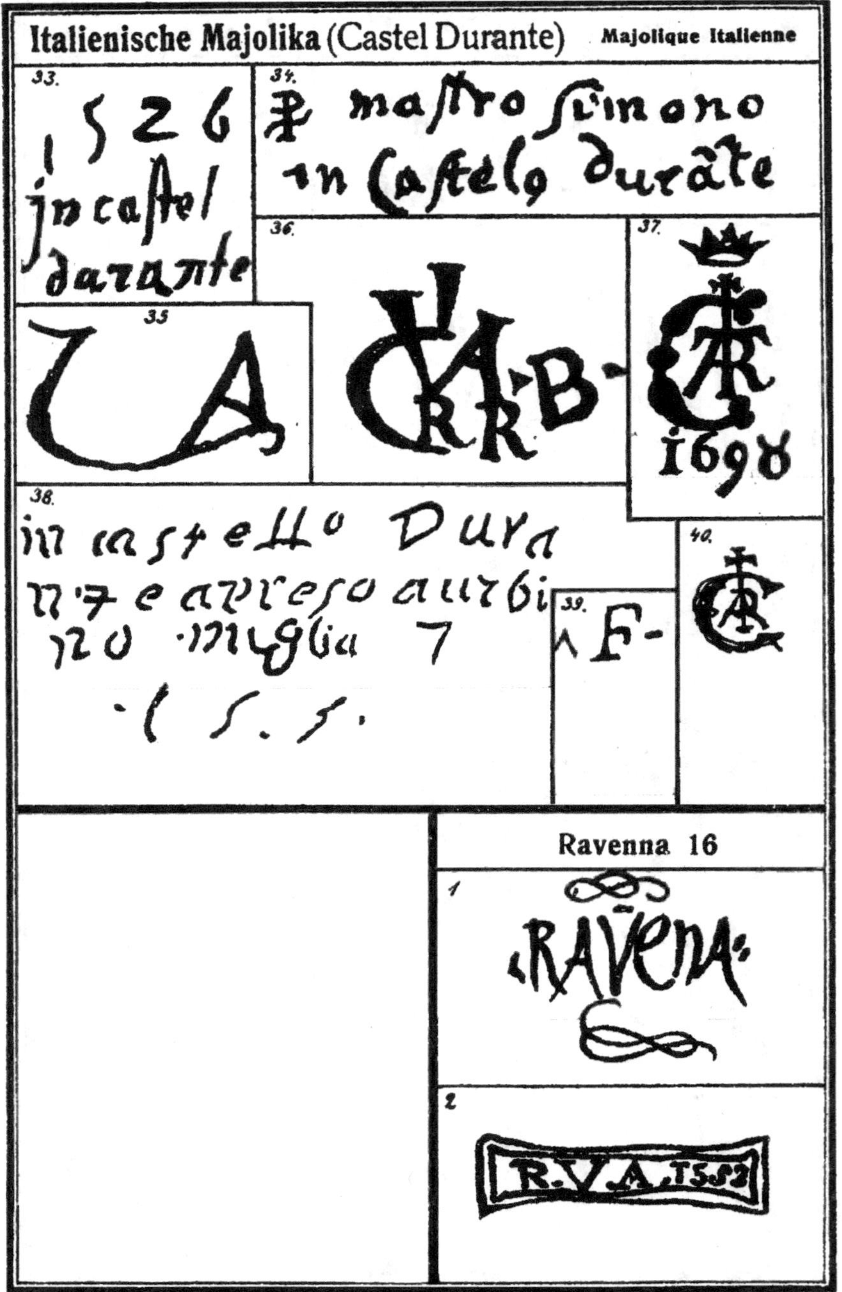
Italienische Majolika (Castel Durante)
Majolique Italienne
33.
34.
35
36.
37.
38.
39.
40.
Ravenna 16
1
2

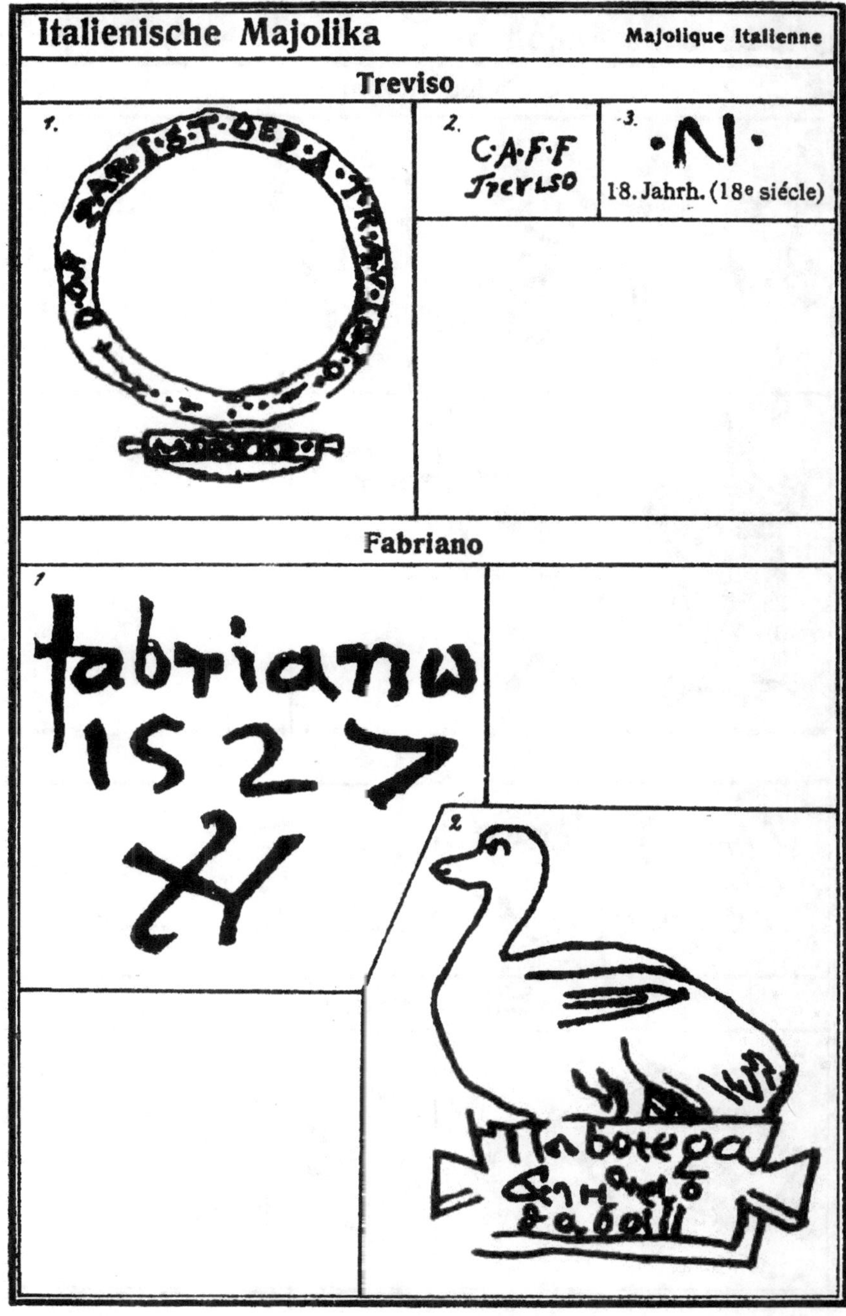
Italienische Majolika
Majolique Italienne
Treviso
1.
2.
C·A·F·F
Treviso
3.
·N·
18. Jahrh. (18e siécle)
Fabriano
1
fabriano
1527
2

Italienische Majolika

Majolique Italienne

Padua (Padoue)

1. 1563 N. F. F.

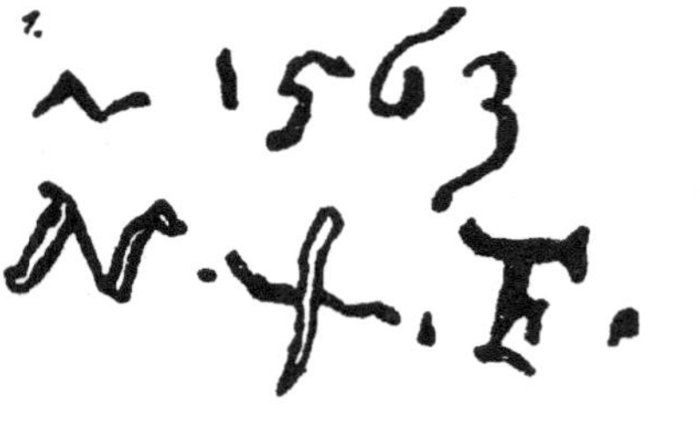

2. X 1563 a padoa

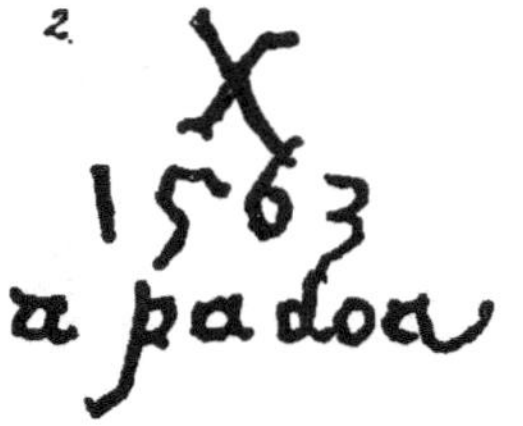

3. NICO LETI

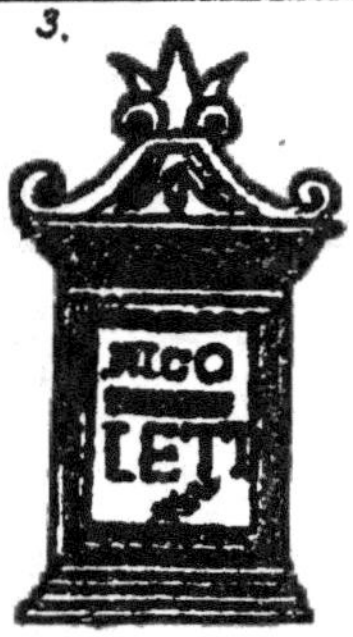

4.

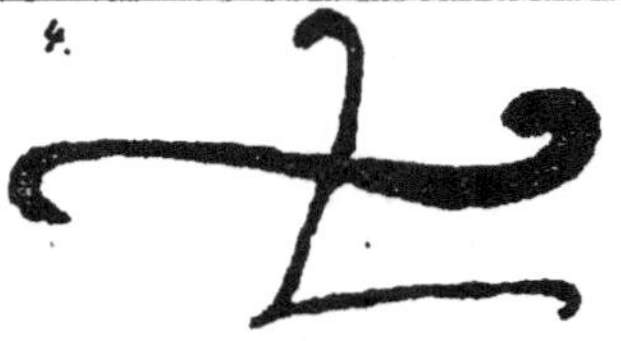

5. X

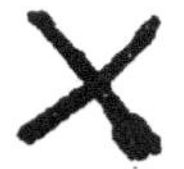

6. +

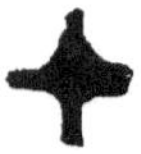

Ferrara

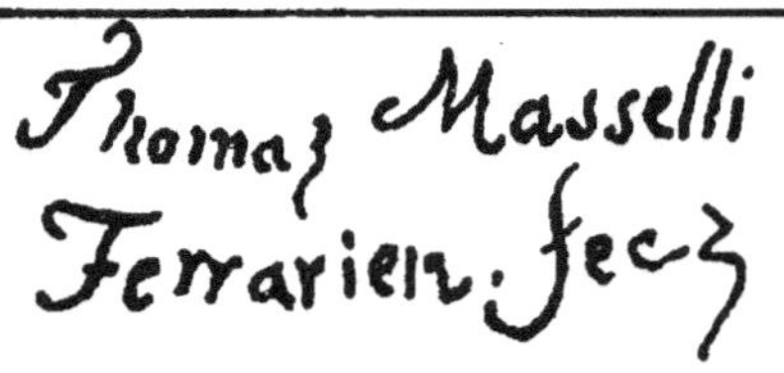

Thomas Masselli Ferrarien. fec.

Este

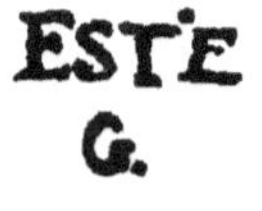

ESTE G.

Città di Castello

1. G. p. i.

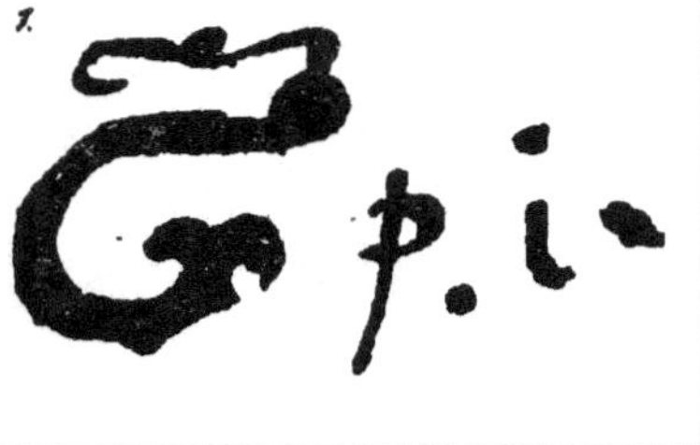

2. PG

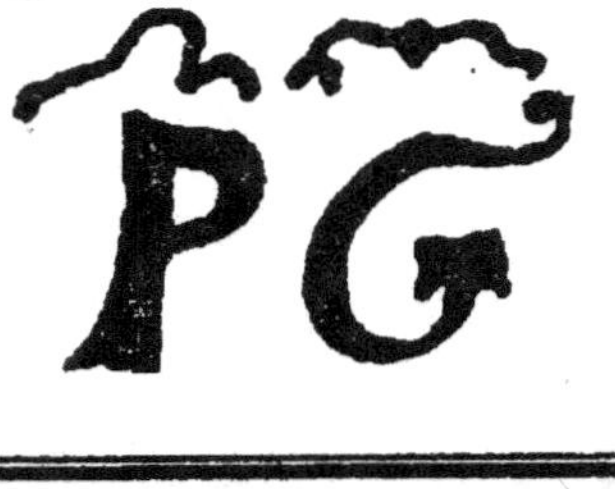

Italienische Majolika

Majolique Italienne

Deruta

1\. 1537. fran^co^. Urbini i deruta

2\. de ruta ... el frate pe ...

3\. 1545. In deruta frate fecit

4\. D. I 1539 G. S.

5\. 1544

6\.

7\. f. U. D.

8\. I. DERVTA

9\. F. C

10\.

11\.

12\. jn deruta 1554

13\. S. A

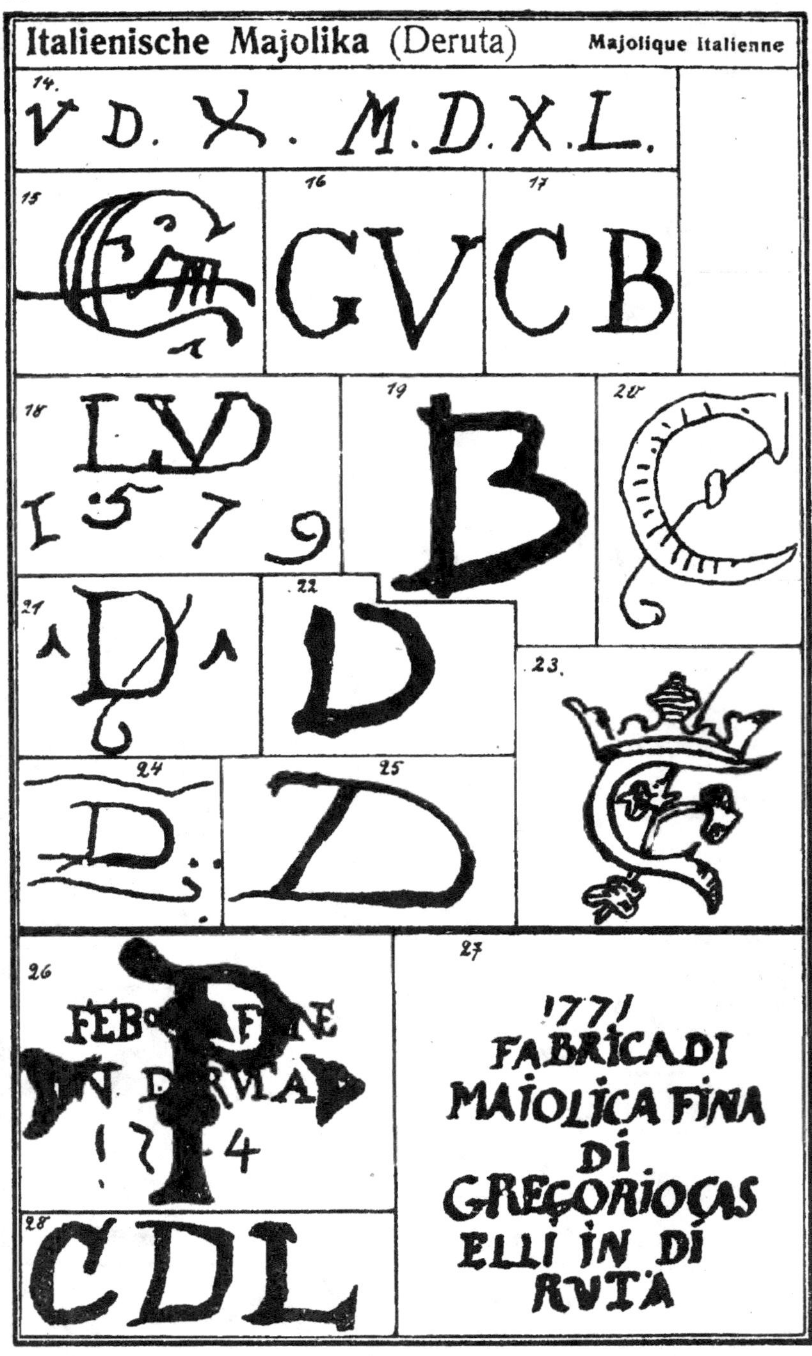
Italienische Majolika (Deruta)
Majolique italienne
14.
V D. X. M.D.X.L.
15
16
GV
17
CB
18
LVD
1579
19
B
20
21
D
22
D
23.
24
D.
25
D
26
FEB
IN D RVTA
174
27
1771
FABRICADI
MAIOLICA FINA
DI
GREGORIOCAS
ELLI IN DI
RVTA
28
CDL

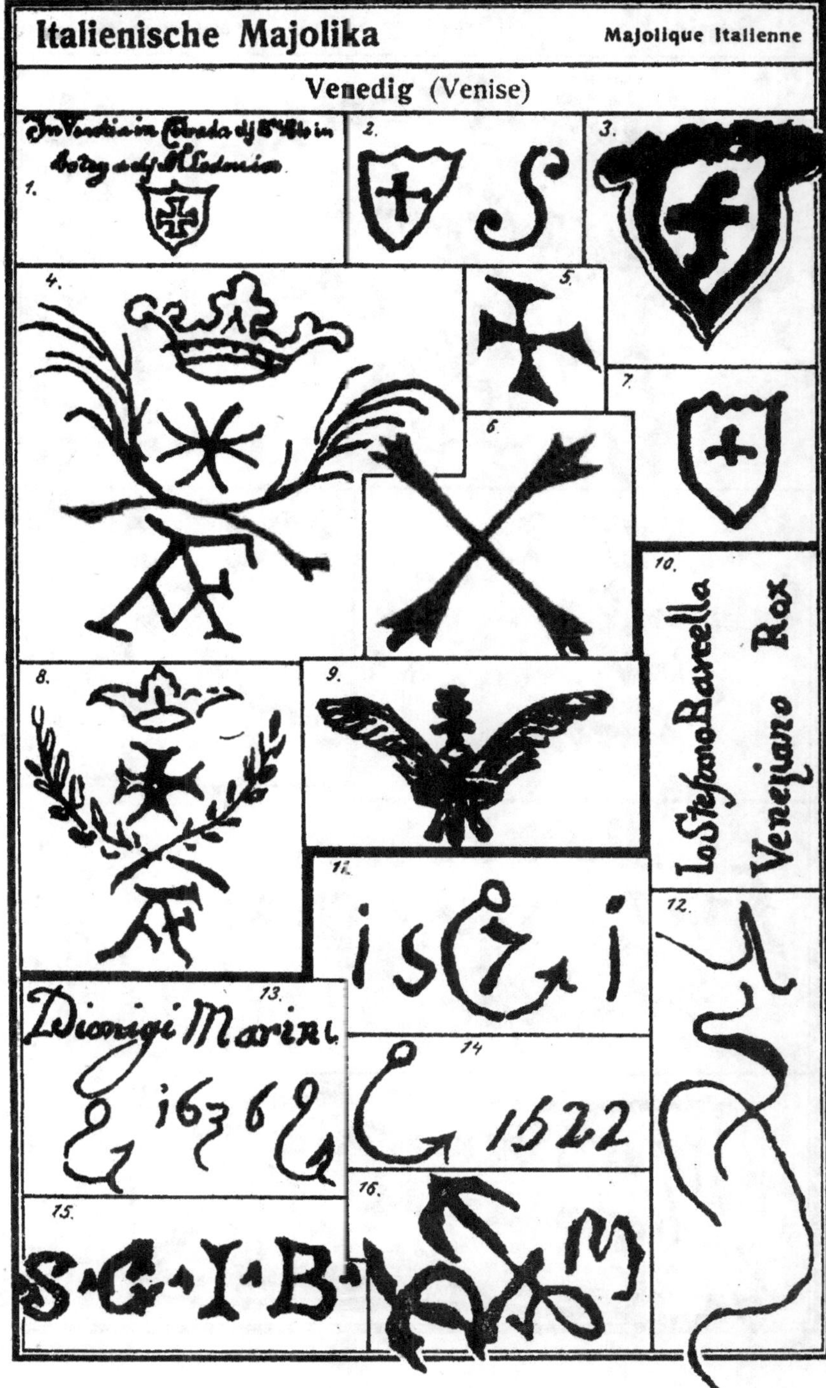
Italienische Majolika
Majolique Italienne
Venedig (Venise)
Lo Stefano Barcella
Veneziano Rox
Dionigi Marini
1636
1622
S·G·I·B

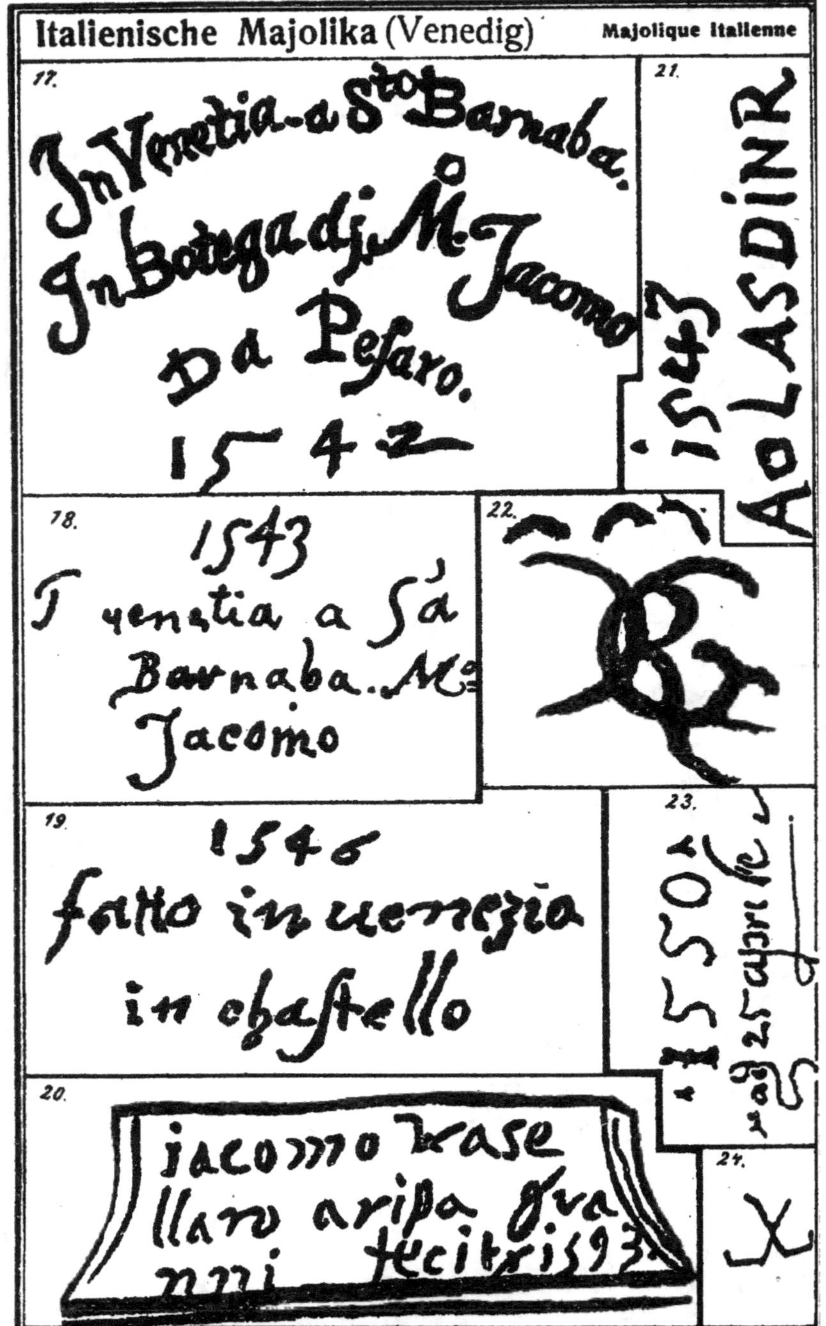
Italienische Majolika (Venedig)
Majolique italienne
17.
In Venetia a S^to Barnaba. In Botega dj M^o Jacomo da Pesaro. 1542
18.
1543 I venetia a S^a Barnaba. M^o Jacomo
19.
1546 fatto in venezia in chastello
20.
iacomo vase llaro aripa grani fecit 1593
21.
A O L A S D I N R
1543
22.
23.
24.

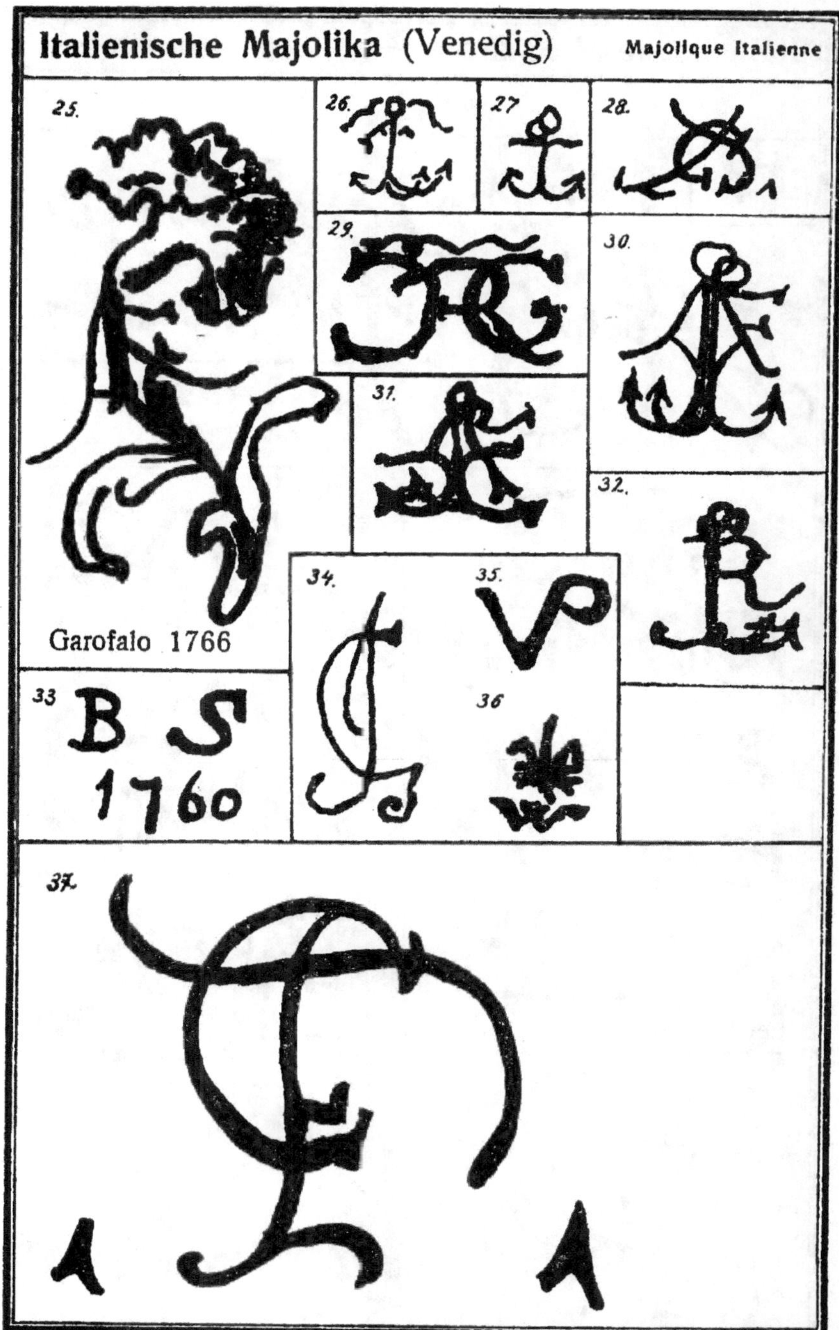
Italienische Majolika (Venedig)
Majolique Italienne
25.
Garofalo 1766
26.
27
28.
29.
30.
31.
32.
33
B S
1760
34.
35.
36
37.

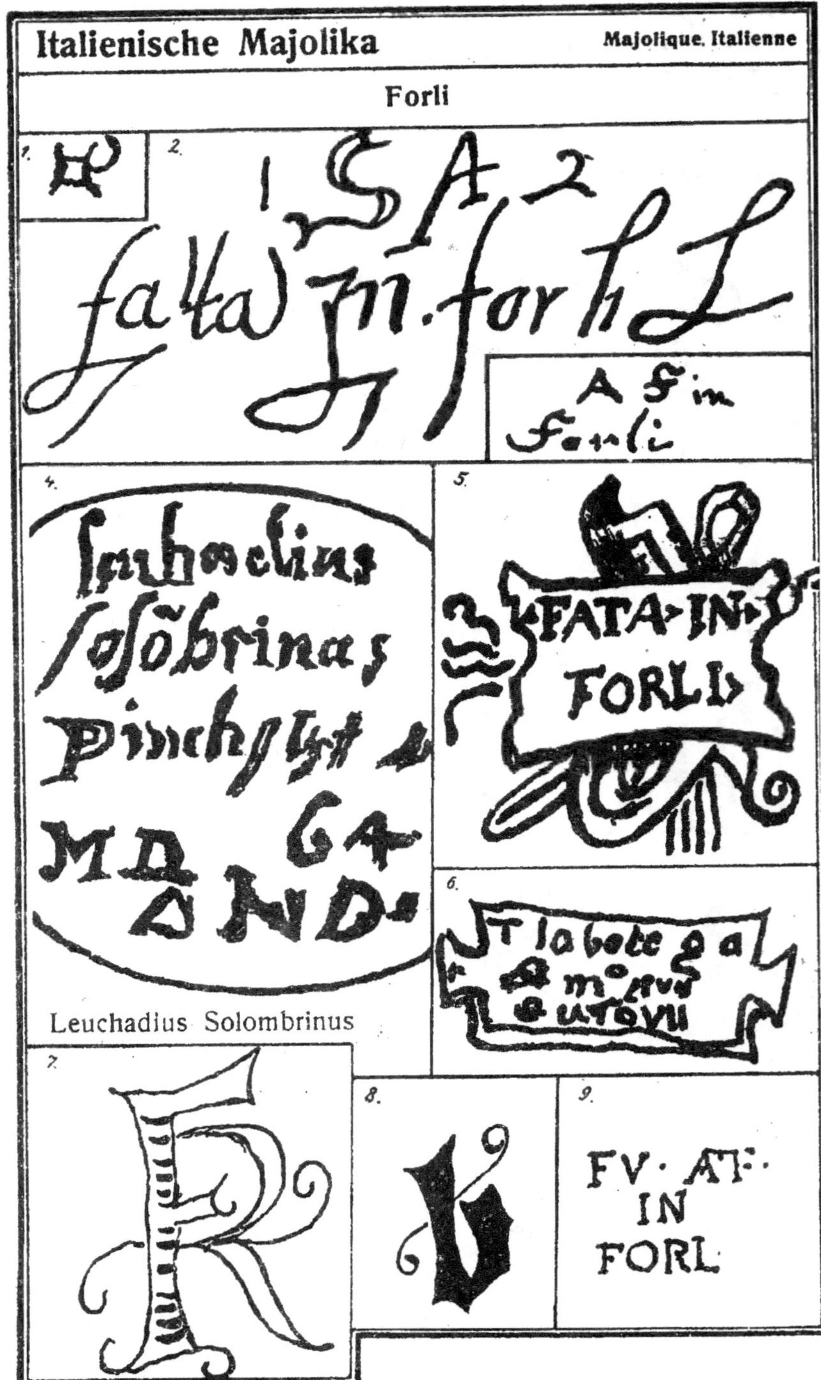
Italienische Majolika
Majolique. Italienne
Forli
1.
2.
1 S A 2
fatta in forli
A f in
Forli
4.
5.
FATA IN
FORLI
6.
Leuchadius Solombrinus
7.
8.
9.
FV · AT
IN
FORL

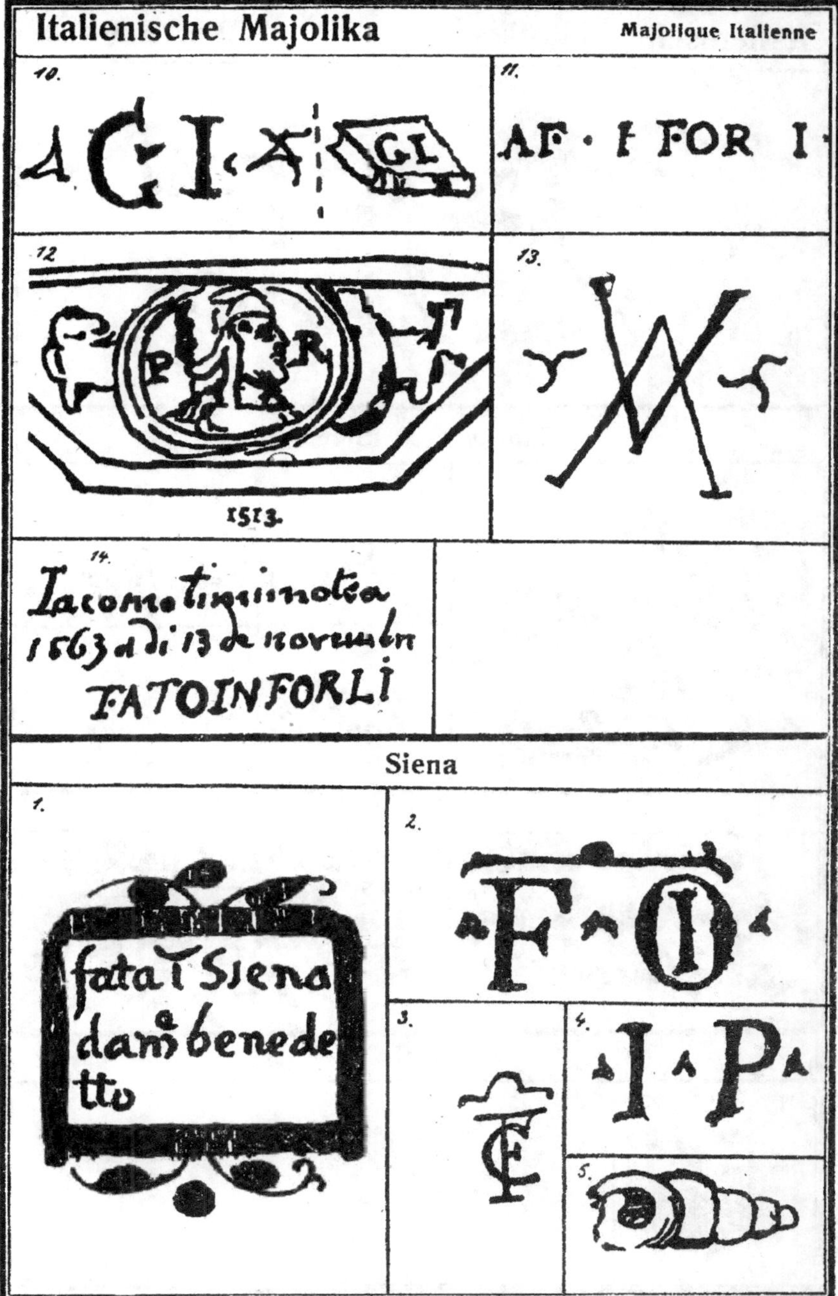
Italienische Majolika
Majolique Italienne
10.
GL
11.
AF · F FOR I
12
P
R
1513.
13.
14.
FATOINFORLI
Siena
1.
fata i Siena
2.
F O
3.
4.
I P
5.

Italienische Majolika	Majolique Italienne

6.

Ferdinando Maria Campani Senese dipinse 1733

San Quirico (Siena)

1. S R 1723

2. Bar: Terchi Rumano

3. 668. Bar. Terchi Romano.

Perugia

1. Francesco Durantino Vasaro A mote Bagnolo di Perosia 1553

2. ·IO SILVESTRO DA ACHEI OTRINCI DA DERVTA FATT IN BAGNIOREA ·1691·

Asolo

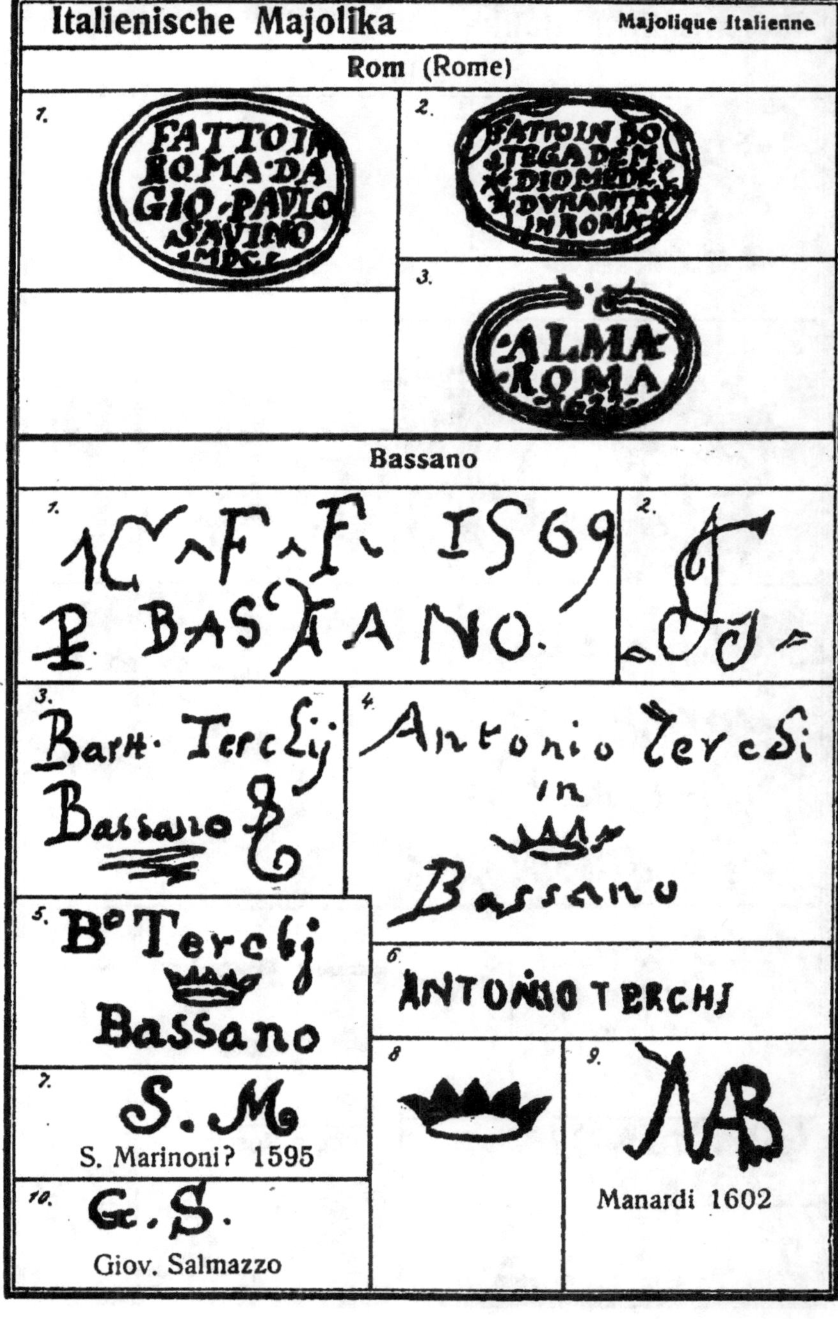

S. Marinoni? 1595

Manardi 1602

Giov. Salmazzo

Italienische Majolika

Majolique Italienne

Turin

1.

Fatta in Torino adi 12 d. Setebre 1577

2.

3.

4.

5.

6.

7.

Fabricce de Torino 1736 dipinte da Fiore Giacinto Rosett

8.

9.

Fabrica Reale di Torino 1737

10.

T

11. 18. Jahrh. (Rosetti)

12.

GRATAPAGLIA ·FE.TAVR·

13.

T G

14.

Borgano 1823.

Giorgio Rosetti

15.

16.

17.

Italienische Majolika

Majolique Italienne

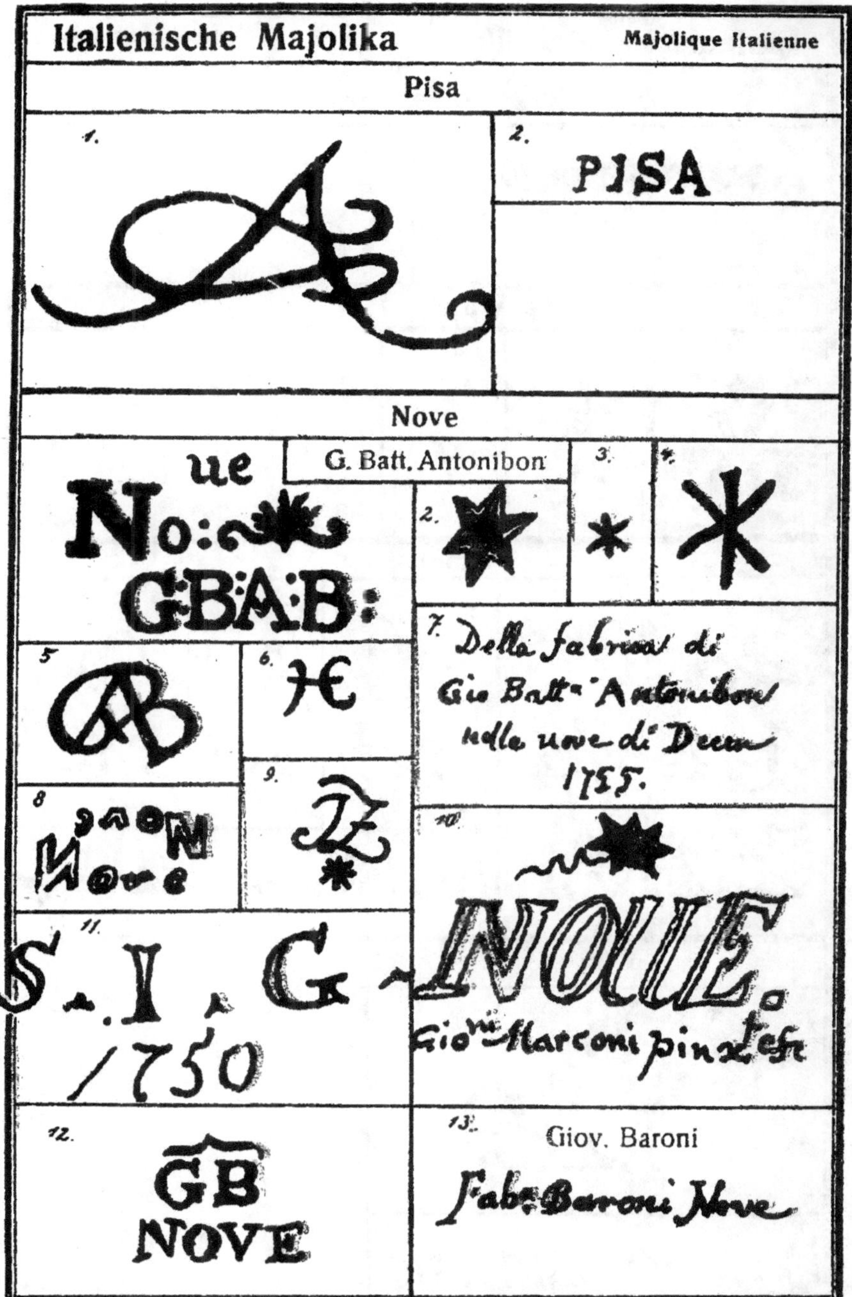

Italienische Majolika

Majolique Italienne

Borgo S. Sepolcro

GEO:BATA:MERCATI
1649

Vinovo

1. 2. 3.

Lodi

1. Lodi 1764

2. 3. 4. Lodi 5. Lodi

6. Fabbrica di Rosetti in Lodi

7. Felix Crevani Fecit 1767

Viterbo

1

2 I.F.R. VITERRIEN.

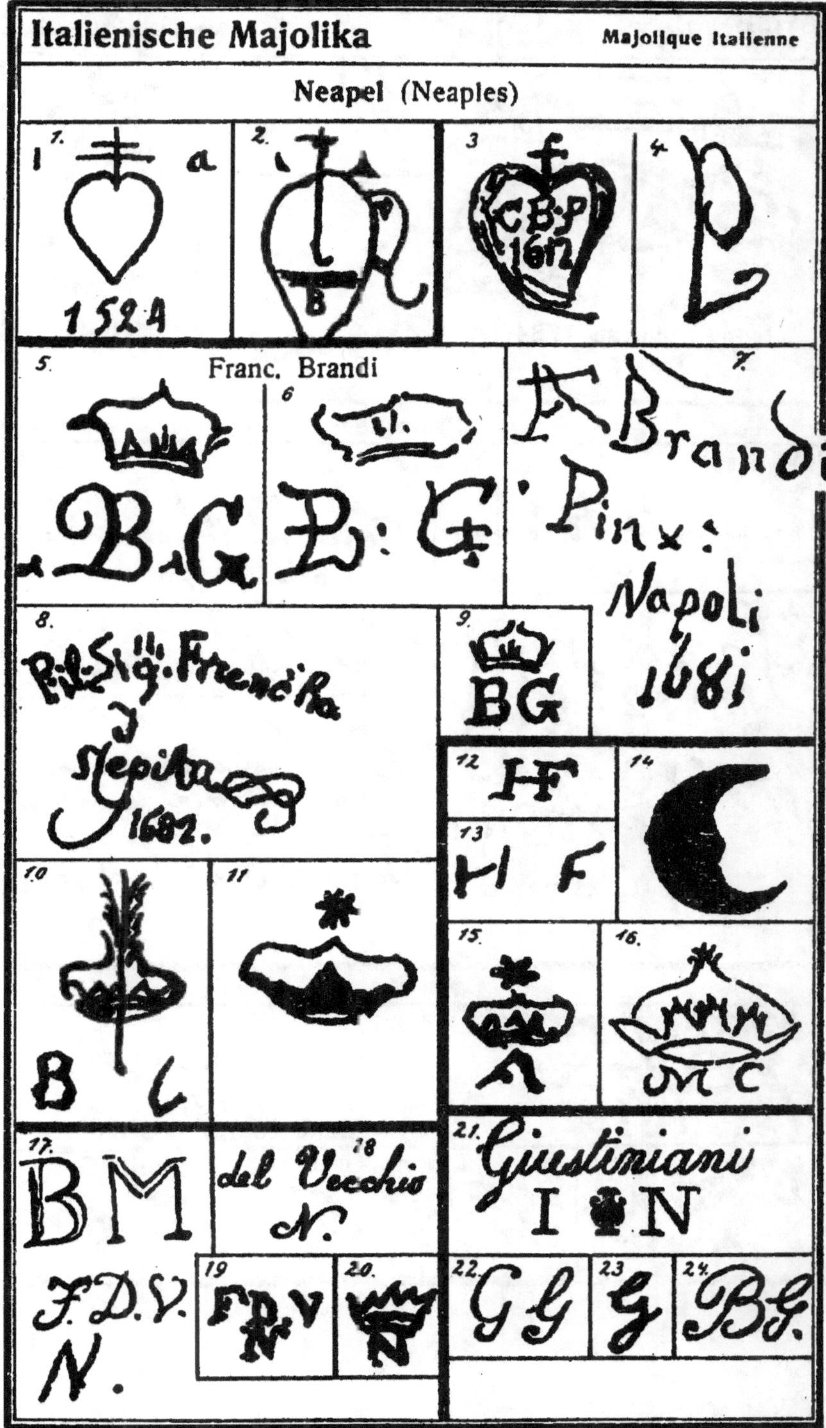
Italienische Majolika
Majolique Italienne
Neapel (Neaples)
1524
CB·P 1612
Franc. Brandi
B G
F. Brandi · Pinx: Napoli 1681
BG
HF
H F
B L
M C
BM
del Vecchio N.
Giustiniani I N
F.D.V. N.
F D V N
G G
G
B G.

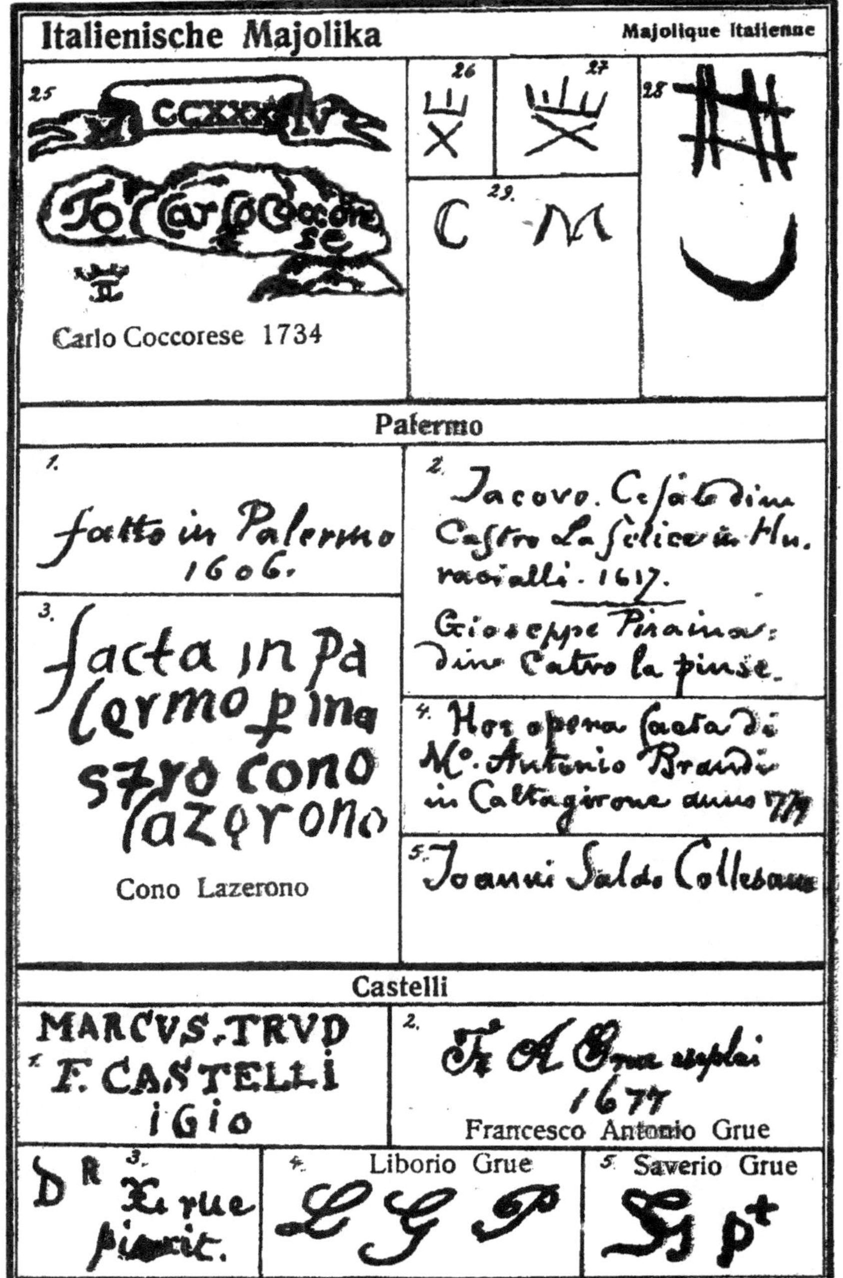

Italienische Majolika
Majolique italienne
25
26
27
28
29.
Carlo Coccorese 1734
Palermo
1.
fatto in Palermo 1606.
2.
3.
Cono Lazerono
4.
5.
Castelli
MARCVS.TRVD F. CASTELLI 1610
1.
2.
1677
Francesco Antonio Grue
3.
4.
Liborio Grue
5.
Saverio Grue

Italienische Majolika

Majolique Italienne

6. S. G. P

7. S. Grue.

8. G. P.

9. GRVE PINXIT

10. D' F GRVE P

11. IOANES GRVA FECIT

12. GBE

13. berardillo Genti P.

14. Benardino Gentile 1670

15. Liborius Grue P.

16.

17. C. G. P.

18. C.^{to} G.^{le} p.

19. GEINTILI P.

20. Grue.

21. Gentili p.

22. G. Rocco di Castelli 1732

23. F.

24. H·F·

25. Luc: Ant.^o Cianico P. 1733

26. Fuina

Gesualdo Fuina

27.

28. Matth Roselli fec.

29.

30. Dr F. A. Grue P. A. 1727.

31. 1755 Grue p.

32. FC. P. 1757.

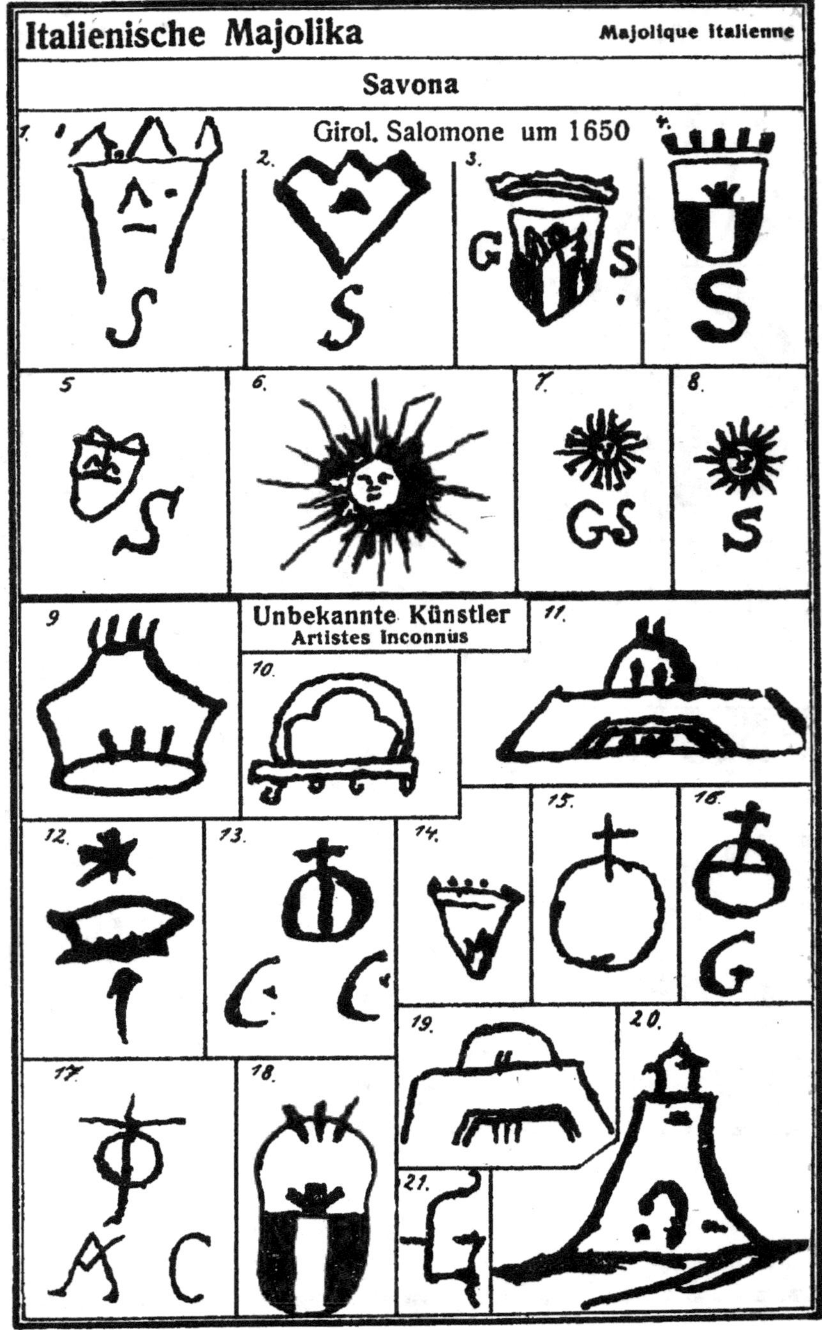
Italienische Majolika
Majolique italienne
Savona
Girol. Salomone um 1650
Unbekannte Künstler
Artistes Inconnus
1.
2.
3.
4.
5
6.
7.
8.
9
10.
11.
12.
13.
14.
15.
16.
17.
18.
19.
20.
21.

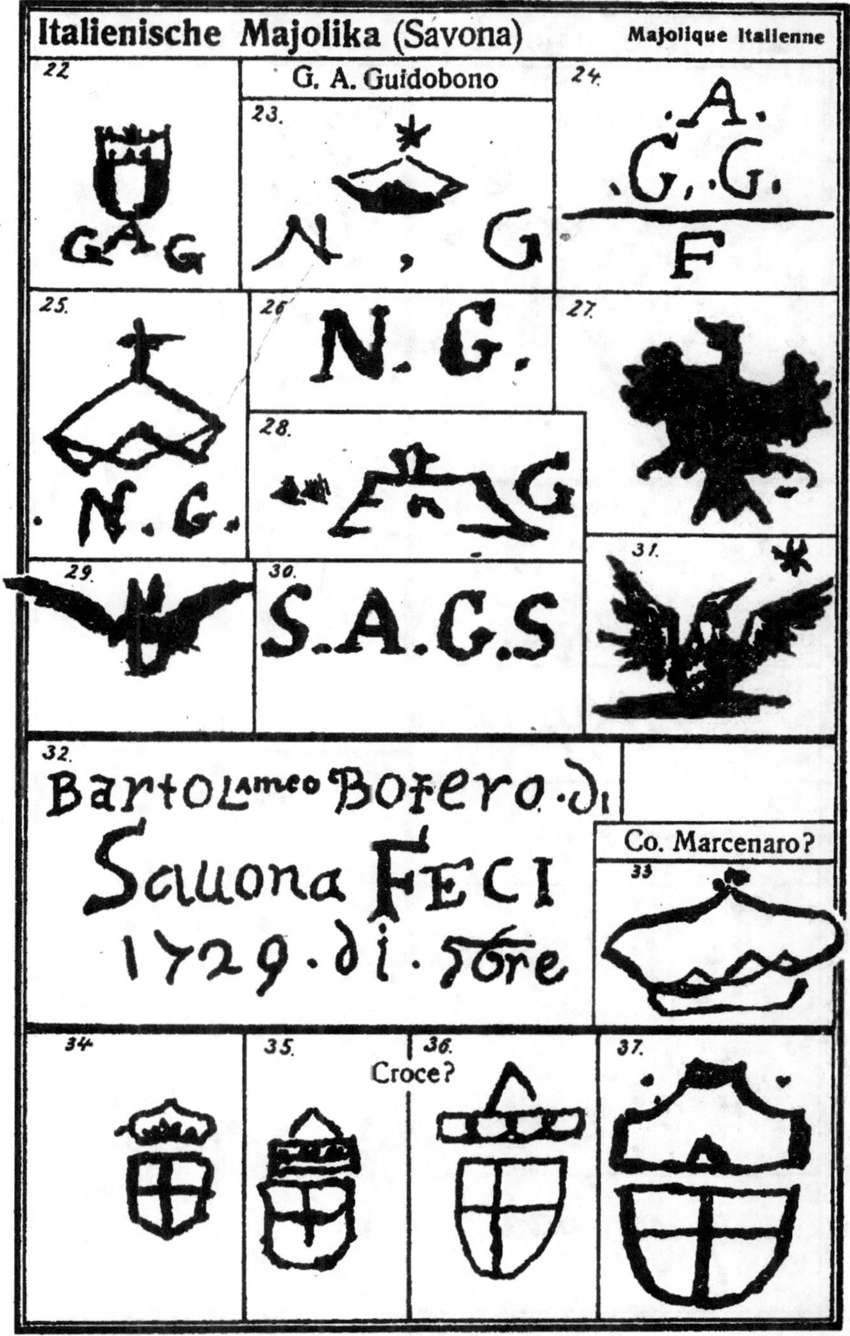
Italienische Majolika (Savona)
Majolique Italienne
22
GAG
G. A. Guidobono
23.
N , G
24.
A
G. G.
F
25.
N. G.
26
N. G.
27.
28.
G
29.
30.
S. A. G. S
31.
32.
BartoLameo Bofero. di
Sauona FECI
1729. di. 5bre
Co. Marcenaro?
33
34
35.
36.
Croce?
37.

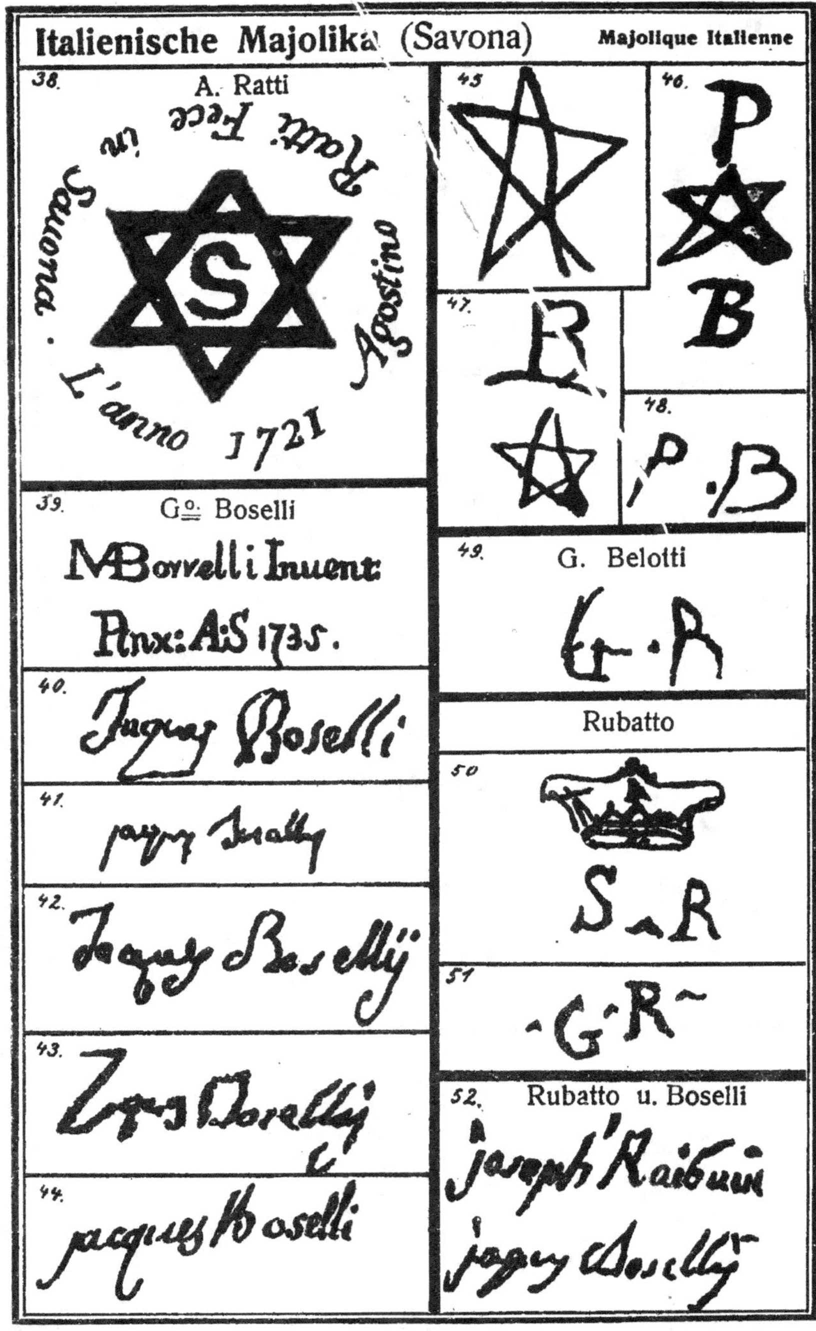
Italienische Majolika (Savona)
Majolique Italienne
38.
A. Ratti
Agostino Ratti Fece in Savona · L'anno 1721
S
39.
G.º Boselli
40.
41.
42.
43.
44.
45
46.
P
B
47.
48.
49.
G. Belotti
G·R
Rubatto
50
S R
51
·G·R
52.
Rubatto u. Boselli

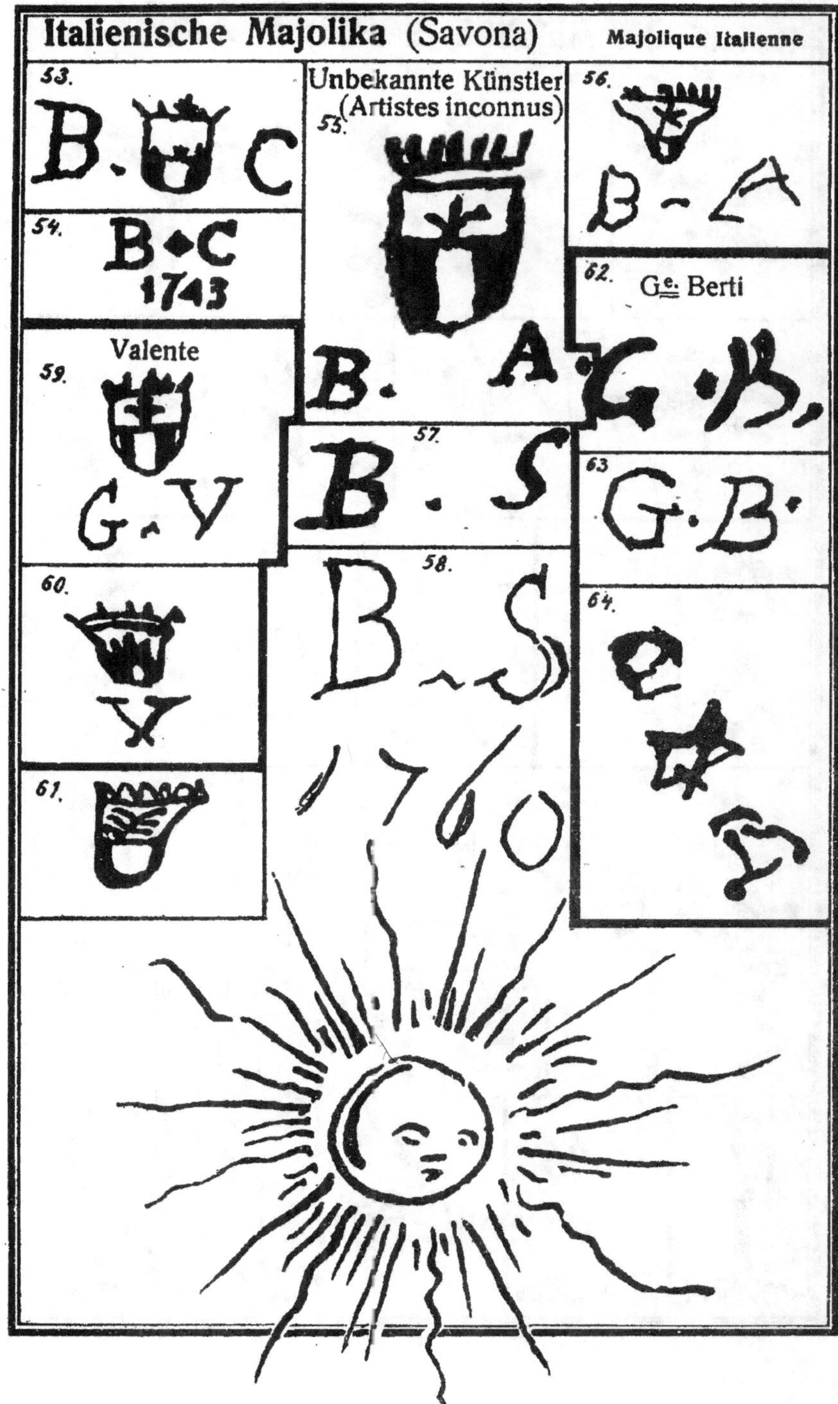
Italienische Majolika (Savona)
Majolique Italienne
53.
B. C
54.
B•C
1743
Unbekannte Künstler
(Artistes inconnus)
55.
B. A.
56.
B - A
62.
Ge. Berti
G. B.
59.
Valente
G. V
57.
B. S
63
G. B.
60.
V
58.
B. S
1760
61.
64.

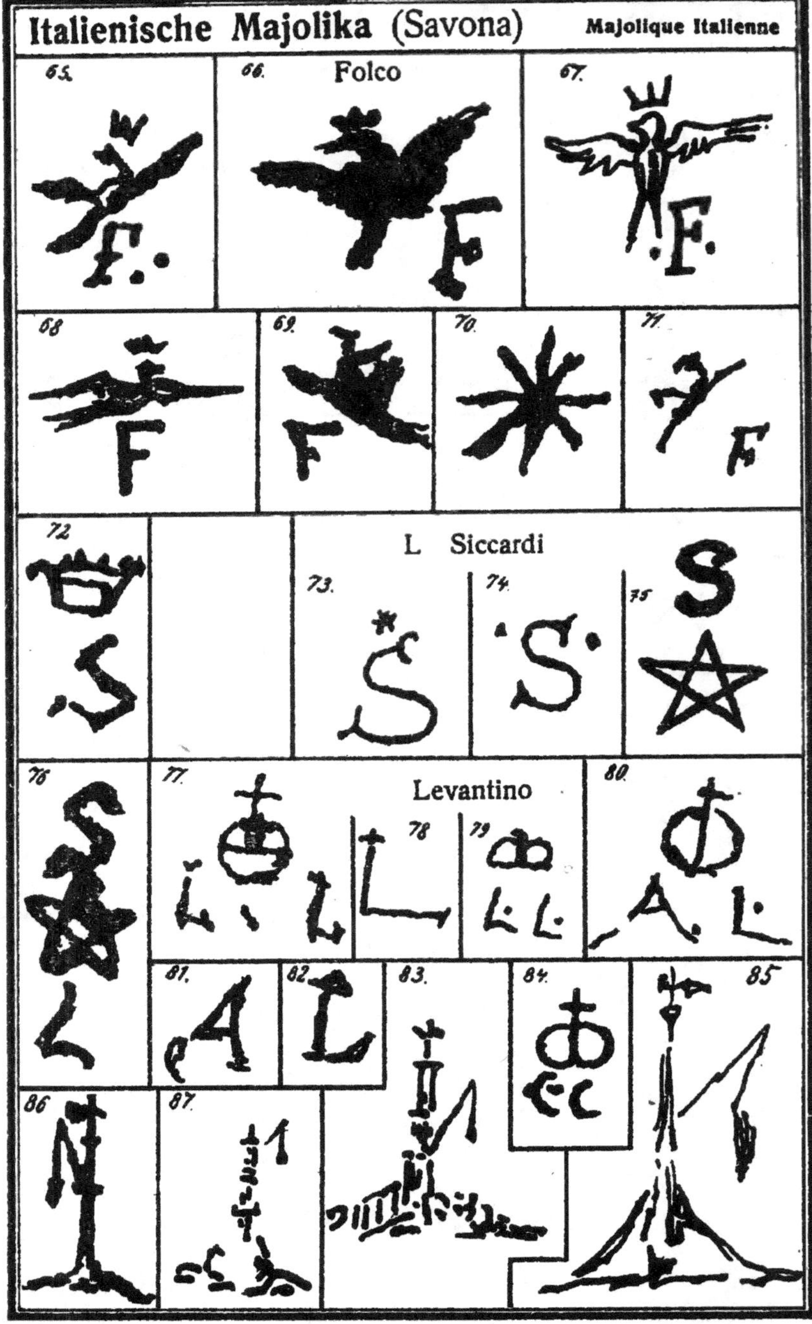
Italienische Majolika (Savona)
Majolique Italienne
65.
66. Folco
67.
68
69.
70.
71.
72
L Siccardi
73.
74.
75
76
77.
Levantino
78
79
80.
81.
82.
83.
84.
85
86
87.

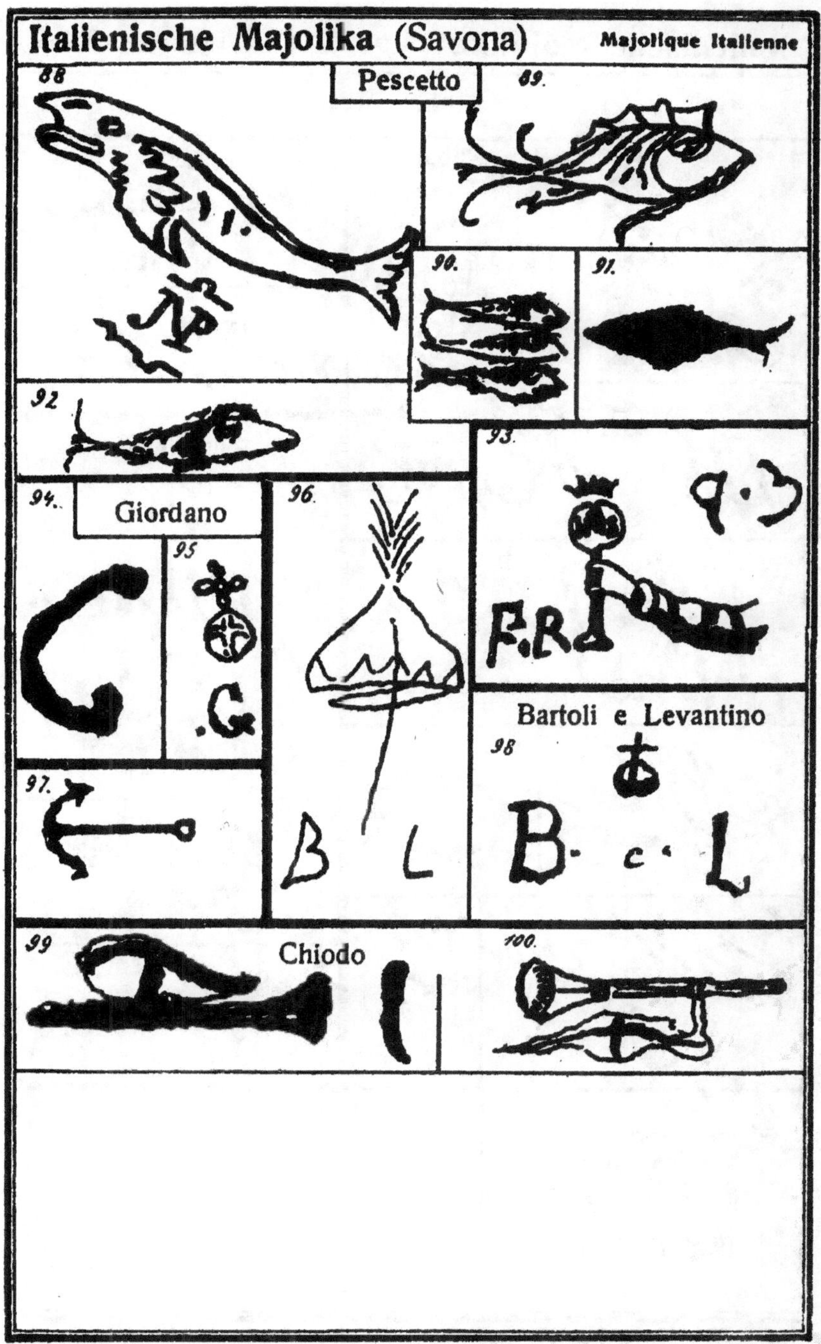
Italienische Majolika (Savona)
Majolique Italienne
88
Pescetto
89.
90.
91.
92
93.
9·3
F.R
94.
Giordano
95
.G
96.
B L
Bartoli e Levantino
98
B· c· L
97.
99
Chiodo
100.

Italienische Majolika

Majolique Italienne

Mailand (Milan)

Rubati

1. F. L R Mil.no

2. F P R Mo

3. F Pasquale Rubati Mil.o

4. M.ra Trecchi

5. Mil. no R Rub. Fi

6. Milno

7. Milan

8.

9. Mil. 170

10. M

11. F.S.C.

Fabbrica Santa Cristina

Felice Clerici

12. Milano F C

13. Milano F C

14. Milano

Italienische Majolika

Majolique Italienne

Albissola

1. A

2.

3. A

Pavia

1. G. A. O. F. A Di 7 di hagosto 1708

Fratelli Cantu

2. .F. .C.

3. .M. A. M

4. Pauia.

Genua (Gênes)

1. H / G

2. G.

3.

Italienische Majolika

Majolique italienne

Asciano

1\. T. P
Asciani die xij Maij
1600

2\. T. T. D.
fortunatus Phillizellus
P. Asciani. 1578.

Venedig (Venise)

1\. Domenego da venecia
feci

2\. Domengo Brear feci
1568.

3\. Baldantonio
1551 in Venicia

4\. 1568 Zuuer Domenigo
da Venecia feci in la
botega al ponte sito del
Andar a San Pado

Bologna (Minghetti)

19\. Jahrh.

1\. M

2\. M

3\. AP

4\. A

San Christoforo

J. Richard & Co.

1\. R V

2\. R.

3\. G. R.

Mondovi. 19. Jahrh.

1\. M M.

2\. MA

Musso

3\. B G.

G. Besio

Doccia

1\. G

2\. Ginori

Spanische Majolika

Majolique Espagnole

Hispano-Maurisch (hispano moresque)

1.

2.

3.

4.

5.

6.

Puente di Arzobispo

Arzobispo

Talavera

J albarez t.

Spanische Fayencen — Faïence Espagnole

Alcora

1. A
2. A
3. AL
4. AL
5. Fab^ca de Aranda A
6. CO
7. AL
8. MOX
9. Soliua
10. Miguel
11. Vilarca
12. F^o
13. Granzel
14. GROS
15. Fev
16. VIC^o
17. ALCORA ESPAÑA Soliva.

Sevilla

1. A
2. S L

Manises

16 10

M

Valencia

Real Fabrica de D^a. Maria Salvadora

Disdier
1808

Portugiesische Fayencen

Faïence Portugaise

Porto

Masarello 1738—1833

Miragaïa

MIRAGAÏA. M.P.

Rato

Viana de Castello

Coimbra

Rossi 1785

Lissabon (Lisbonne)

JAG

Französische Fayencen

Faience Française

Beauvais

1.

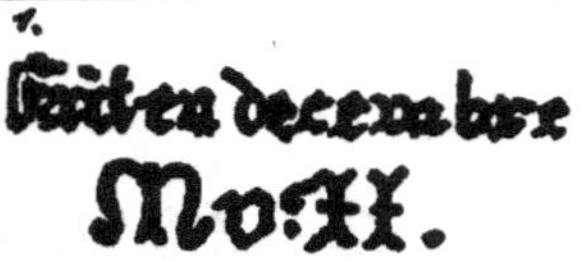

2.

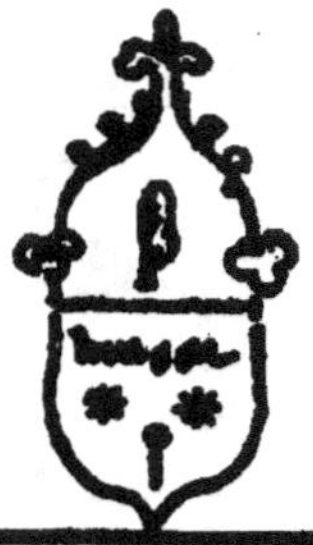

Paris

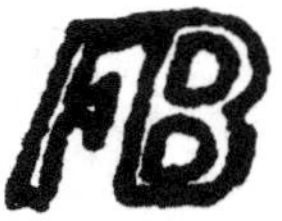

.F Briot 1550

St. Porchaire

1.

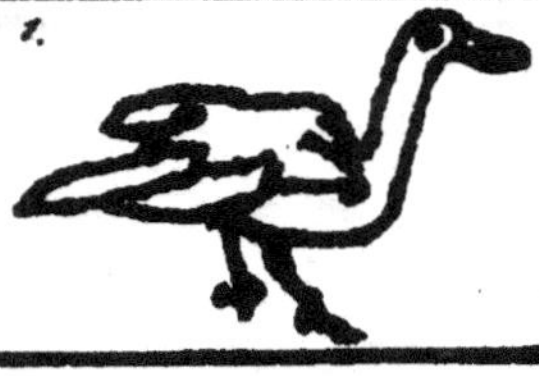

2.

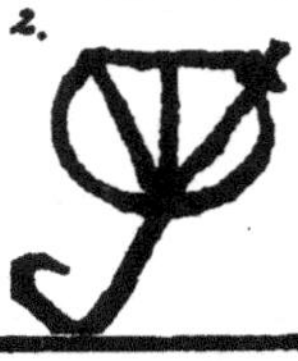

Lisieux

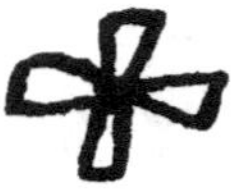

Nachahmer Palissy's (Imitateurs de Palissy)

1.

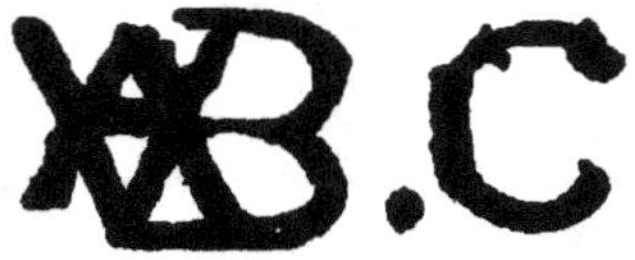

2.

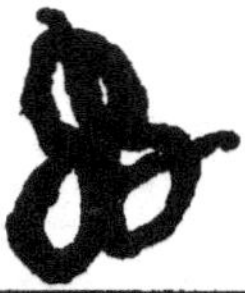

3

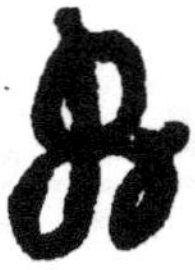

Lyon

1.

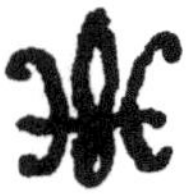

2.

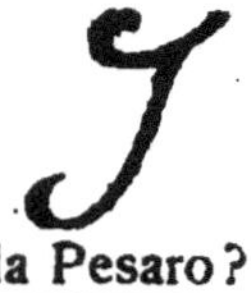

Gio. Fr. da Pesaro?

3. I.P.S A LYON 177'

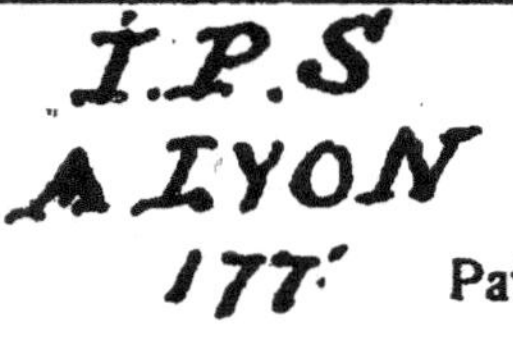

Patras?

4.

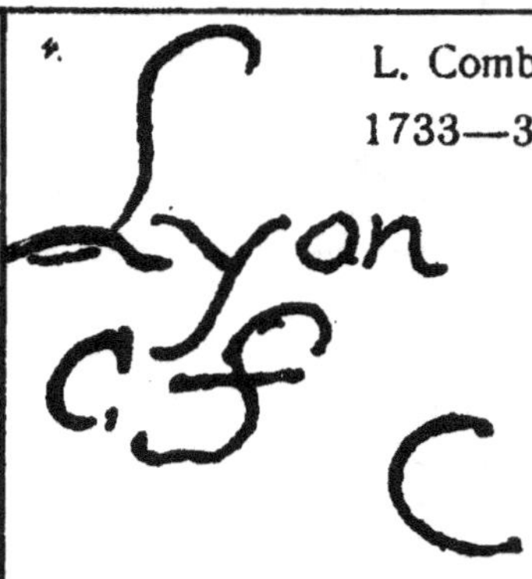

L. Combe 1733—38

Französische Fayencen

Faïence Française

Nantes

I·R·BAIVAGEAV·
1643

Nevers

1.

2. J Boulard
a Neuerr
1622

3. J. Bourdu
1602—20

4. de conrade
Aneuers
1650—1672

5. Jacq. Seigne

6. N
Nic. Viode (?)

7. de Courade
a neuers

8. HB
1689

9. H.B
1689

Henri Borne

10. Jehan Custode ff.
1602—1660

11. E Borne
1689

12. Ihaly
1772

Französische Fayencen

Faïence Française

(Nevers)

13
1790
C LYOM
NEVERS

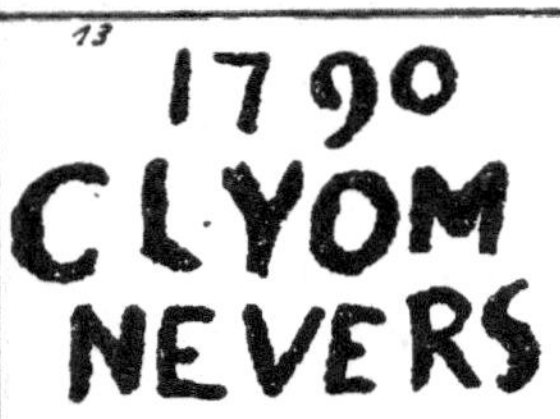

14 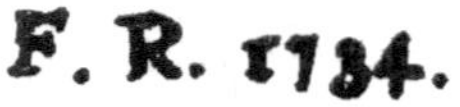
F. R. 1734.
Fr. Rodrigue

Unbekannte Künstler (Artistes inconnus)

15
IDF
1636

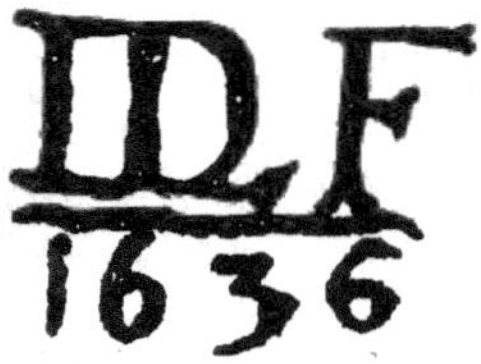

16
P. C

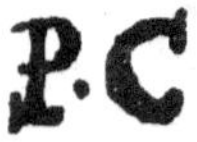

17
P. S.
1630

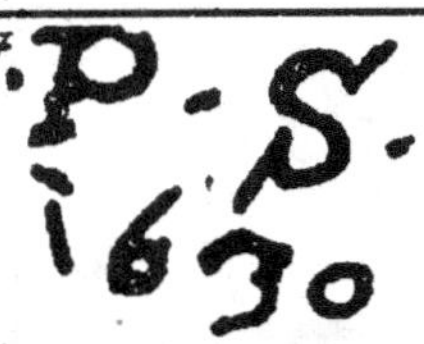

18

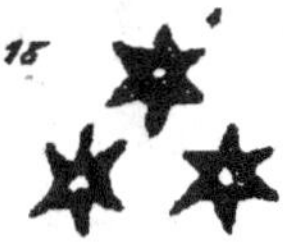

19
H.

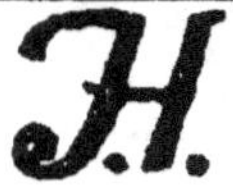

20 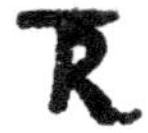
R
Tite Ristori

21 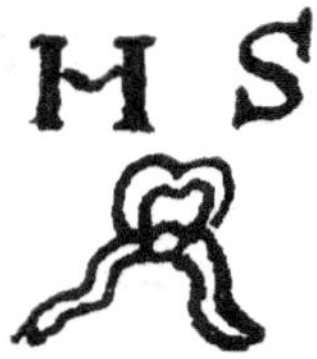
H S
M. H. Signoret 1870

St. Verain

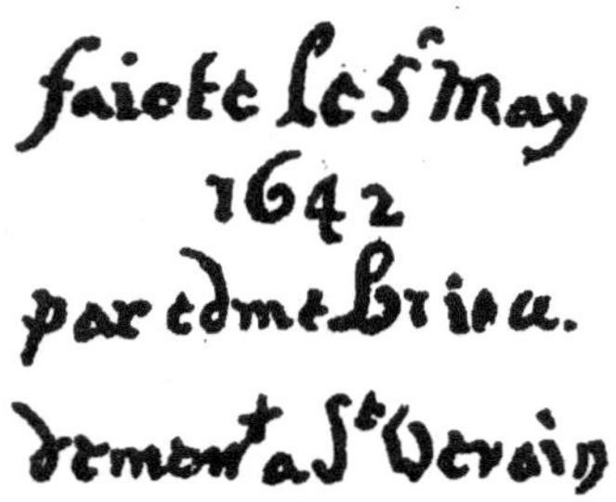

faicte le 5 May
1642
par edme Briou.
demont a St Verain

Französische Fayencen

Faïence Française

Rouen

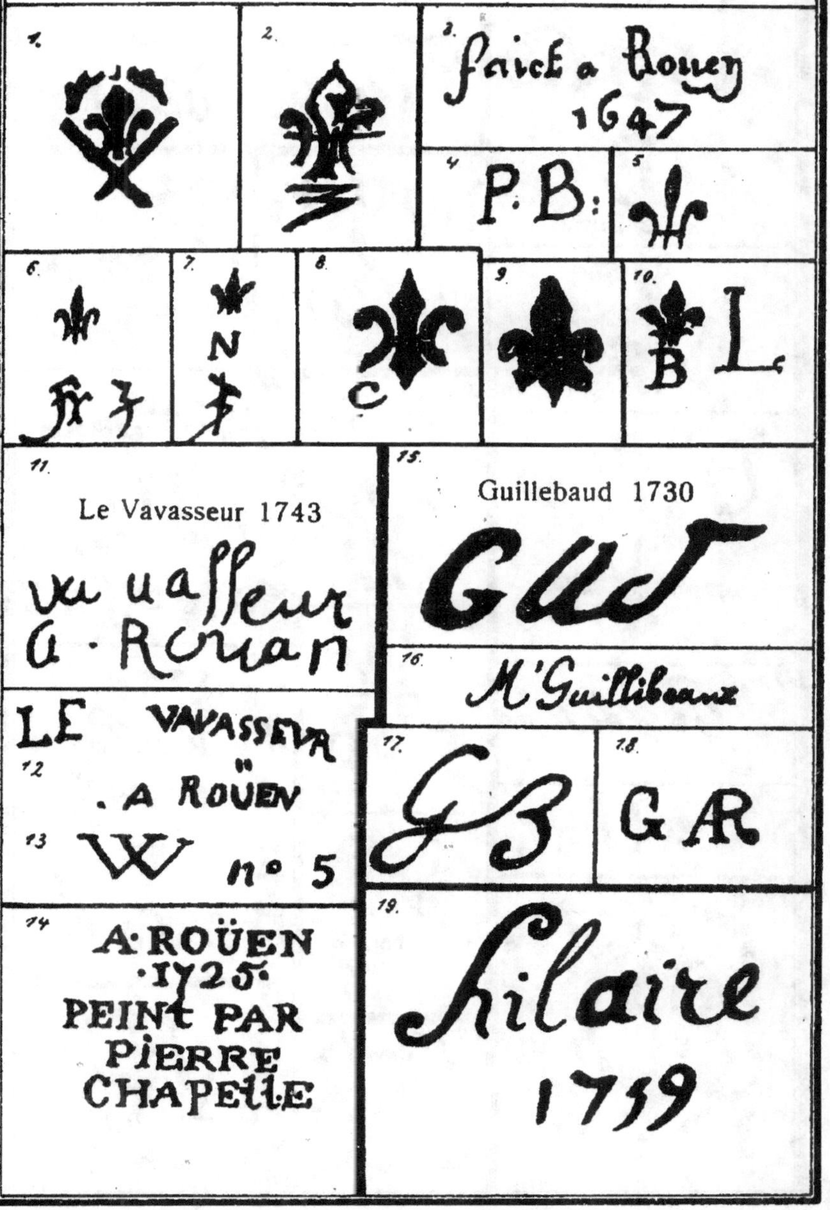

1.

2.

3. faict a Rouen 1647

4. P·B:

5.

6. Fr 7

7. N

8. C

9.

10. B L

11. Le Vavasseur 1743

vauasseur a·Rouan

LE VAVASSEVR

12. · A ROÜEN

13. W n° 5

14. A·ROÜEN ·1725· PEINT PAR PIERRE CHAPELLE

15. Guillebaud 1730

GUL

16. M'Guillibeaux

17. GB

18. G AR

19. hilaire 1759

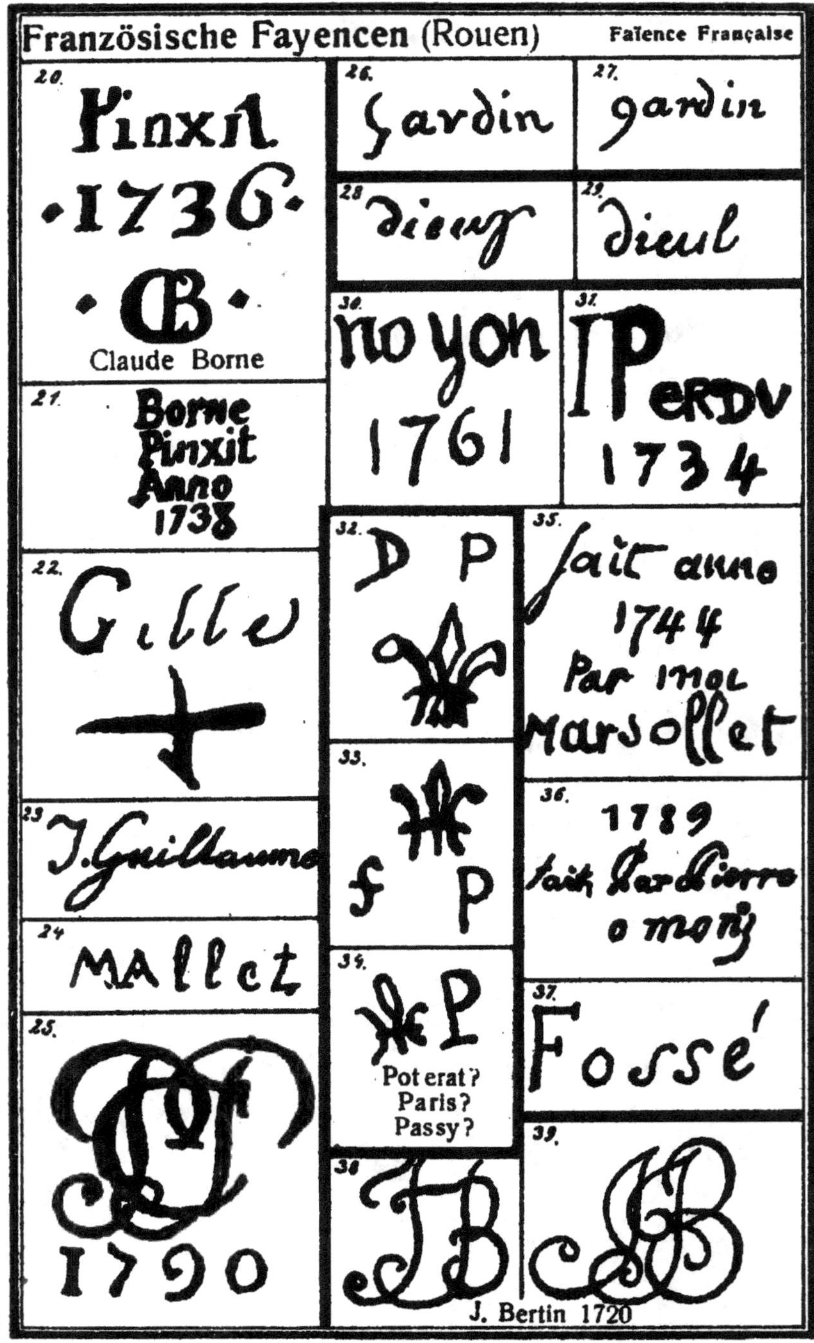

Französische Fayencen (Rouen)
Faïence Française
20.
Pinxit
1736
CB
Claude Borne
21.
Borne
Pinxit
Anno
1738
22.
Gille
23
J. Guillaume
24
MAllet
25.
1790
26.
gardin
27.
gardin
28
dieux
29.
dieul
30.
noyon
1761
31.
PERDU
1734
32.
D P
33.
f P
34.
P
Poterat?
Paris?
Passy?
35.
fait anno
1744
Par moi
Marsollet
36.
1789
fait Par Pierre
o moriz
37.
Fossé
38
39.
J. Bertin 1720

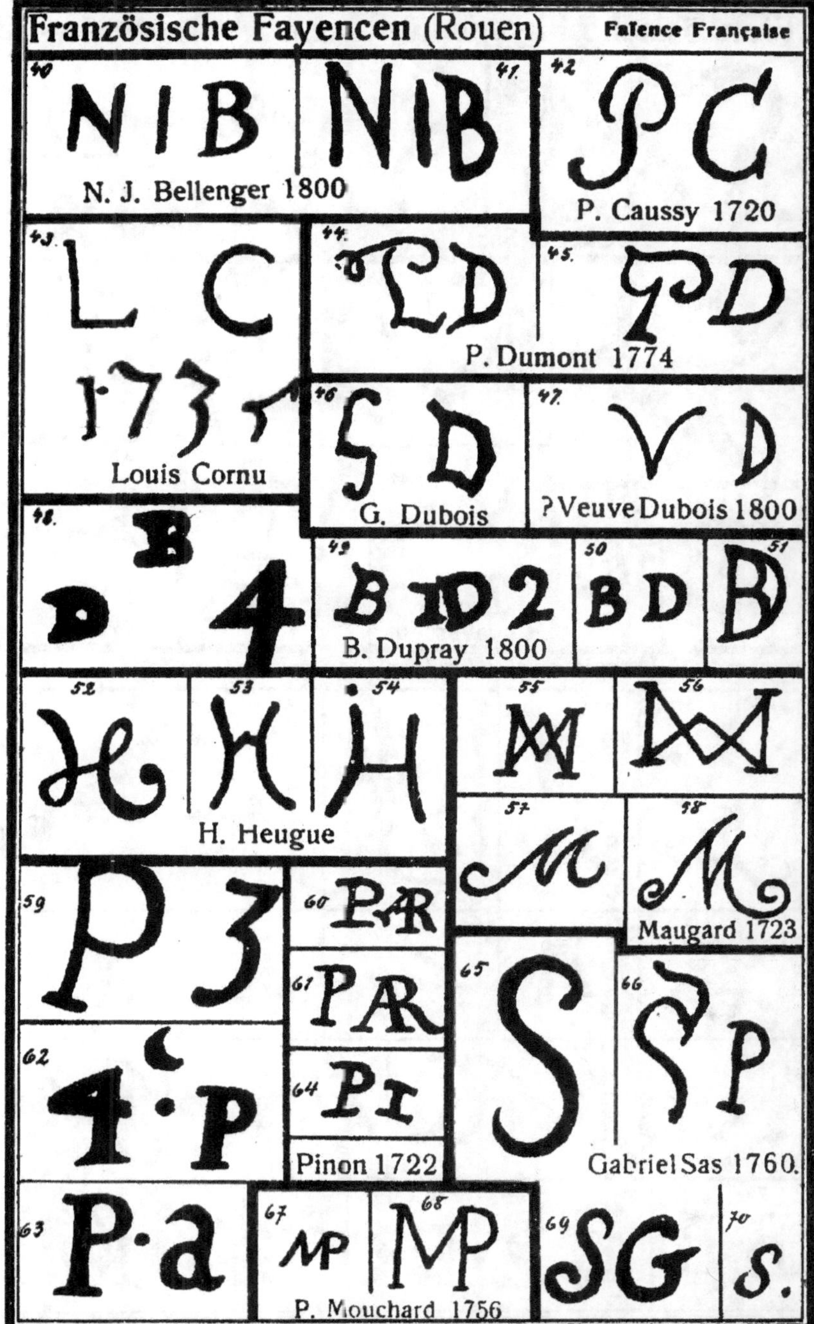
Französische Fayencen (Rouen)
Faïence Française
40
NIB
41.
NIB
N. J. Bellenger 1800
42
PC
P. Caussy 1720
43.
L C
1737
Louis Cornu
44.
LD
45.
PD
P. Dumont 1774
46
GD
G. Dubois
47.
VD
? Veuve Dubois 1800
48.
B
D
4
49
B D 2
50
BD
51
B. Dupray 1800
52
53
54
H. Heugue
55
56
57
58
Maugard 1723
59
P 3
60
PAR
61
PAR
64
PI
Pinon 1722
62
4·P
65
S
66
SP
Gabriel Sas 1760.
63
P·a
67
MP
68
MP
P. Mouchard 1756
69
SG
70
S.

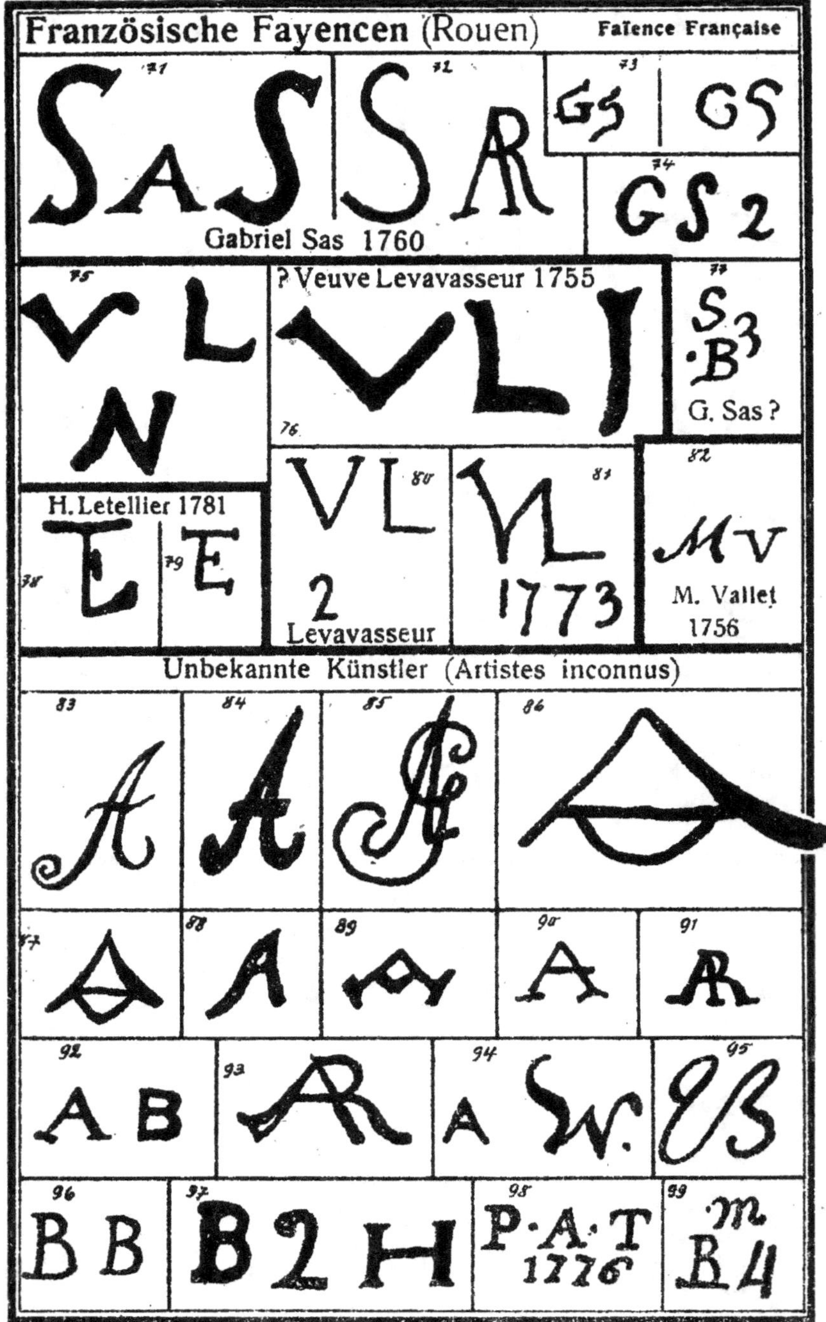
Französische Fayencen (Rouen)
Faïence Française
71
72
73
74
Gabriel Sas 1760
75
? Veuve Levavasseur 1755
76
77
G. Sas ?
H. Letellier 1781
78
79
80
Levavasseur
81
1773
82
M. Vallet
1756
Unbekannte Künstler (Artistes inconnus)
83
84
85
86
87
88
89
90
91
92
93
94
95
96
97
98
P·A·T
1776
99

Französische Fayencen (Rouen) **Faïence Française**

100 F	101 F	102 f	103 f P	104 f P
105	106	107 f	108 F	109 B P
111 R	112 fR	113 P C	110 FB 4	
114 fr B	115 G	116 G	117 GR	
118 GR	119 GR	120 GA	121 GA	
122 GB	123 BC	124 Gin 2	125 G a G	
126 6	127 6 IB	128 C	129 PA	
130 GD	131 GG	132 Gha	133 GL	134 P R

Französische Fayencen (Rouen)

Faïence Française

135 C
136 Cb
137 Cb
138 C
139 C 15
140 CH
141 CH
142 GA
143 CH
144 C. S.
145 C
146 C I B
147 Co
148 CO
149 D
150 D
151 DA 1708
152 D.
153 DL
154 4D
155 DB
156 D
157 D
158 D
159 DV
160 DV
161 DM
162 Dg
163 DD y
164 DN
165 DP
166 B
167 B 3 IB
168 4 Ene
169 C
170 B · L
171 6 FB B

Französische Fayencen (Rouen) Faïence Française

- 172 GL
- 173 G.MD
- 174 GM
- 175 +GL×
- 176 G Md2*
- 177 GN 1733
- 178 GMd
- 179 G A
- 180 Grid
- 181 G◇
- 182 GRD2
- 183 MIMS
- 184 G3 | G3
- 185 GW
- 186 G·3
- 187 Gm
- 188 G3
- 189 B.
- 190 B / IB
- 191 Gm
- 192 h
- 193 HCO
- 194 HM
- 195 h / h
- 196 h
- 197 HB
- 198 HC
- 199 h T 1732
- 200 HM
- 201 HR
- 202 HT
- 203 H J 4
- 204 PA
- 205 PP
- 206 HV

Französische Fayencen (Rouen) **Faience Française**

207 IVLR 1734

208 IB 10

209 IN

210 B B A

211 L I

212

213 L m

214 LD

215 B B

216 L S

217 L D

218 L

219 LR

220 6 FB B

221 LA

222 PA

223 PS

224 ·M·

225 MD

226 MD

227 PB

228 M·D·

229 M

230 PX

231 MS

232 Mo

233 M

234 GA

235 Ha

236 nH

237 Mg

238 G

239 H C

240 n2

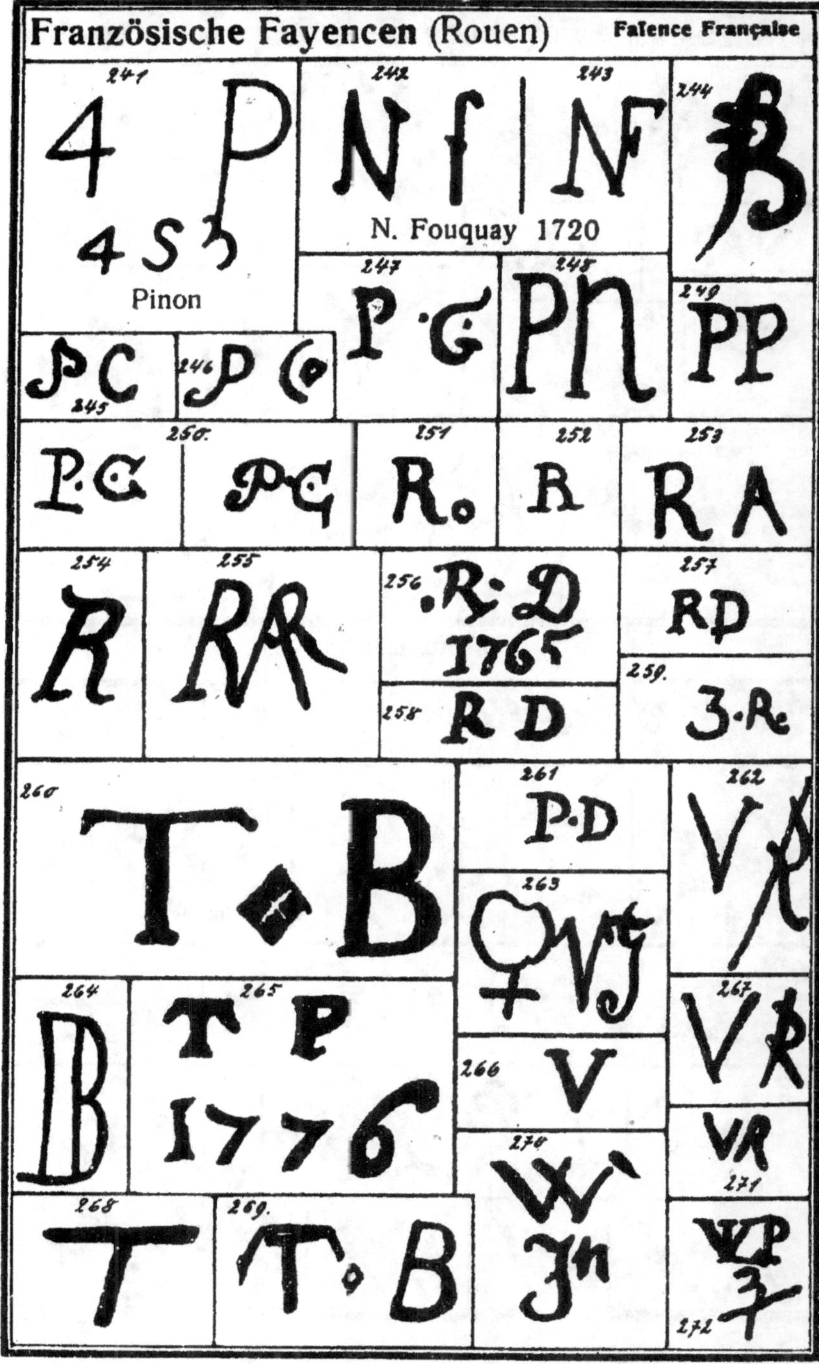
Französische Fayencen (Rouen)
Faience Française
N. Fouquay 1720
Pinon

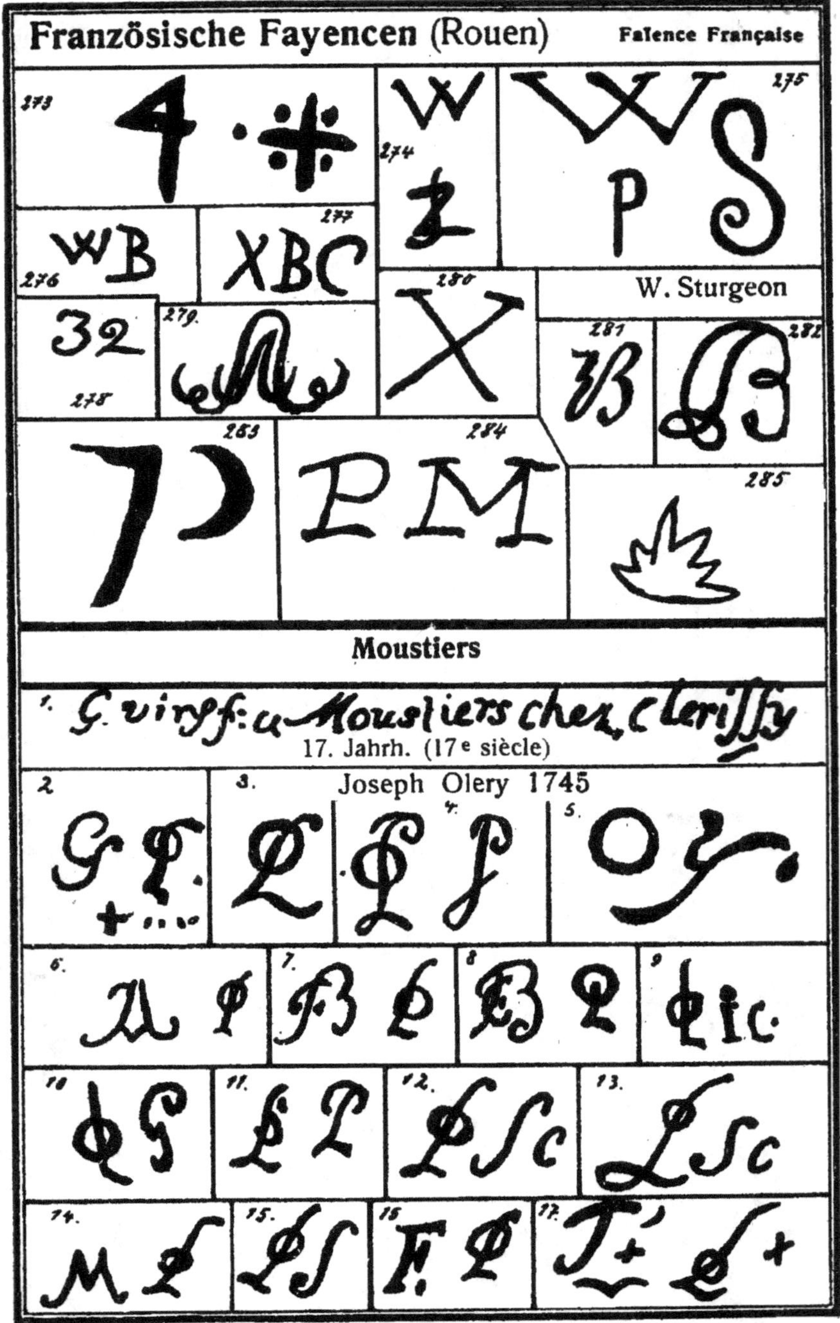
Französische Fayencen (Rouen)
Faïence Française
273
274
275
276
277
278
279
280
W. Sturgeon
281
282
283
284
285
Moustiers
1. G. virgf: u Moustiers chez clerissy
17. Jahrh. (17e siècle)
2.
3.
Joseph Olery 1745
4.
5.
6.
7.
8
9
10
11.
12.
13.
14.
15.
16
17.

Französische Fayencen (Moustiers)

Faïence Française

18. 19. 20. 21. 22.

23. 24. 25. 26.

27. Olery 28.

29. Achard?

30.

31. 32. 33. 34.

35. 36. 37.

38. 39. 40.

41.

Ant. Guichard 1763

42. 43.

44. 45

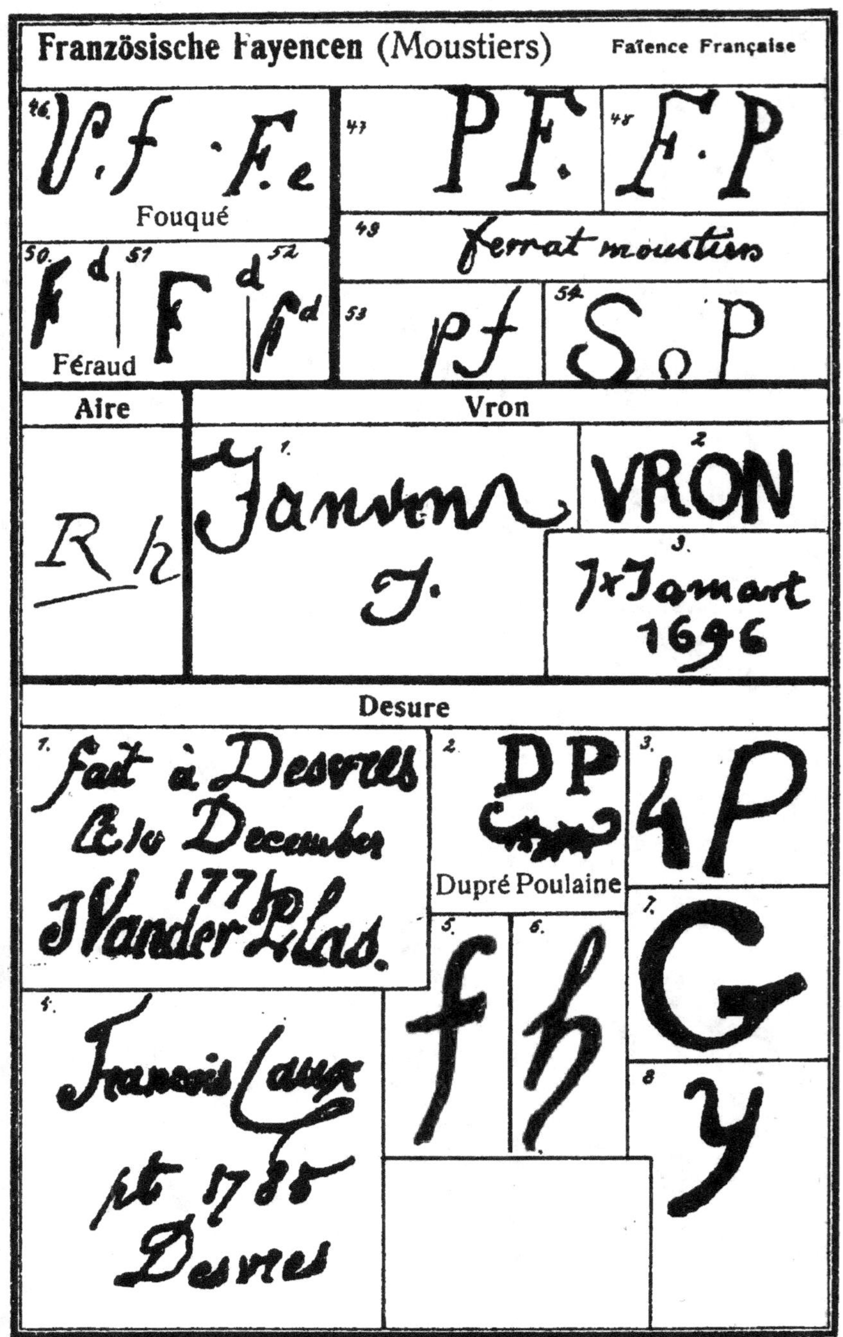
Französische Fayencen (Moustiers)
Faïence Française
46
Fouqué
47
48
49
ferrat moustiers
50.
51
52
Féraud
53
54
Aire
Vron
1.
2.
VRON
3.
1696
Desure
1.
fait à Desvres
le 10 December
1771
J Vander Plas.
2.
DP
Dupré Poulaine
3.
4.
Francois Caux
1785
Desvres
5.
6.
7.
8.

Französische Fayencen

Faïence Française

9 CO 4P

10

Saint Paul

St. Paul

Epinal

EPINAL

Saint-Omer

1. 2. 3. 4.

Douai

1. 2. 3. DOUAI

4. 4B 1 13

Leigh et Cie. 1761

5. W 2 x

Houzé, de l'Aulnoit et Co. 1784

HALFORT

6. I S

7. DC R

8. BRA (sculpteur)

BLONDEL

10 Martin Dammann

Französische Fayencen

Faïence Française

Lille (Veuve Februrier et Boussemart)

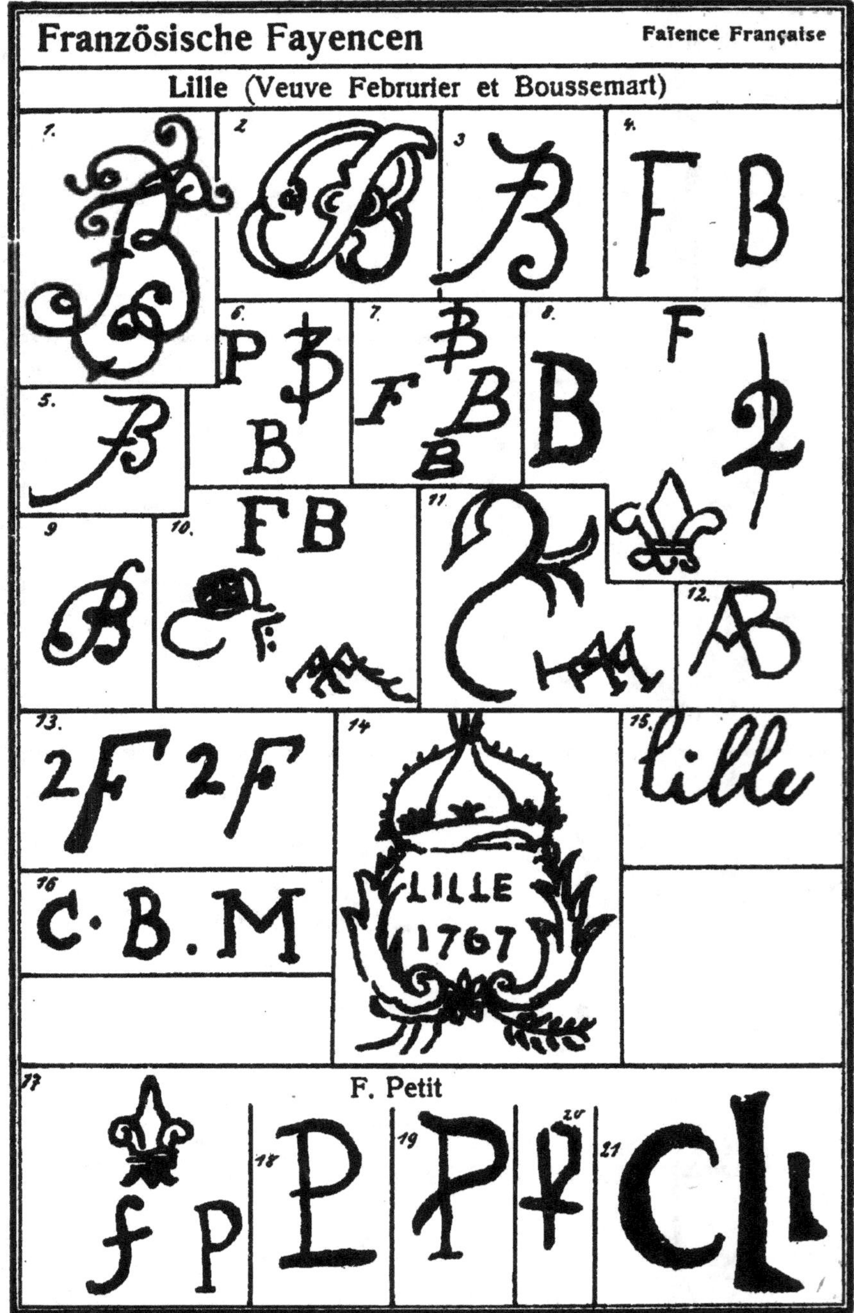

Französische Fayencen (Lille)

Faïence Française

B. Dorez. 1711—55

22 N·A: DOREZ. 1748

23 DB

24 D

25 DB

26 D D

27

28

29 D 7

30 D 10

Masquelier

31 M

32 M B

33 M

34 Joannes franciscus Jacquie pinxit Lille

35 JR/S

36 ILF

37 I I

Samadet

Samadet 1732

Französische Fayencen

Faïence Française

St. Amand

P. J. Fauquez 1718—73

1.

2.

3.

4.

5

6

7

8

9

10

11.

12.

13.

14.

15.

16.

17.

18.

19

FAIT
PARMOŸ
GILOT
1773
St Amand

20

21

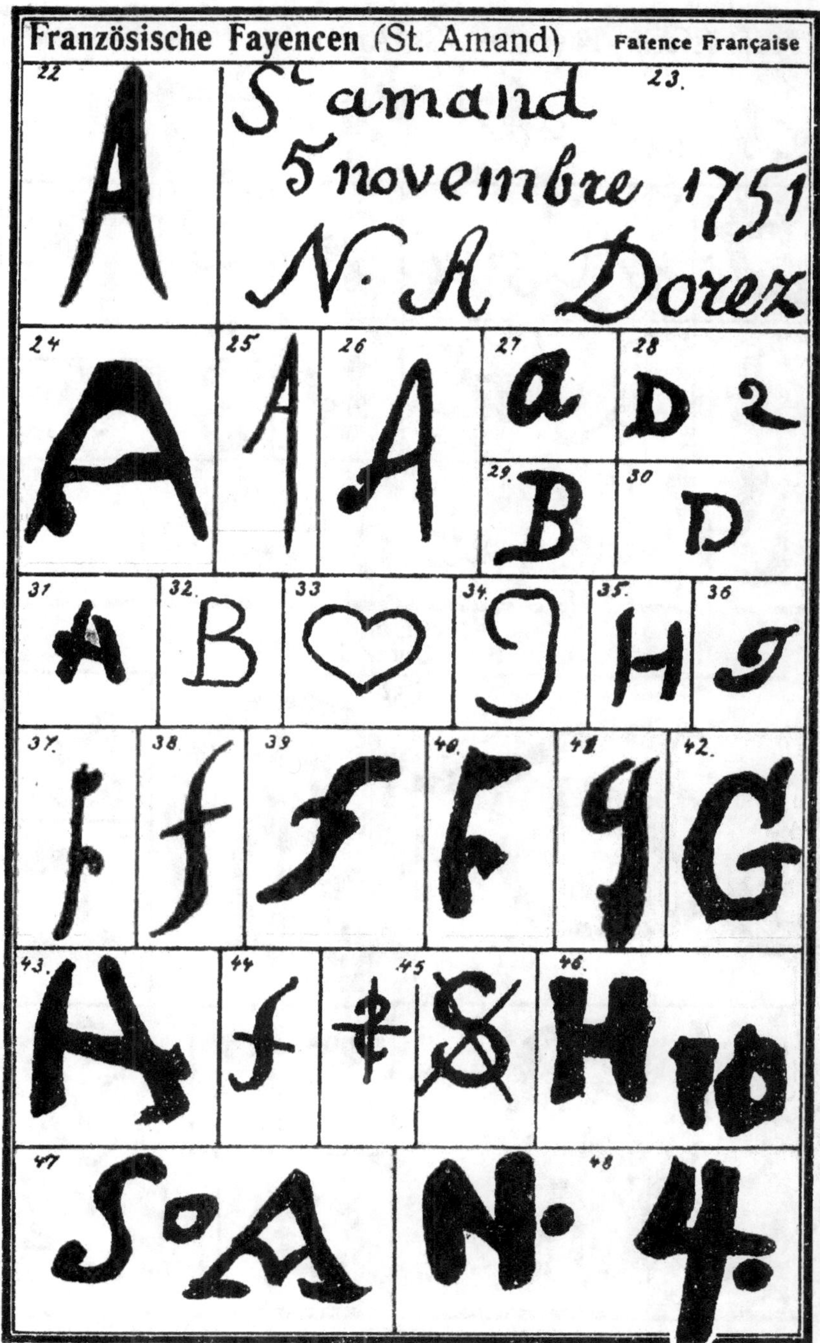
Französische Fayencen (St. Amand)
Faïence Française
22
23.
St amand
5 novembre 1751
N. A Dorez
24
25
26
27
28
29.
30
31
32.
33
34.
35.
36
37.
38
39
40.
41
42.
43.
44
45
46.
47
48
S°A
N. 4.

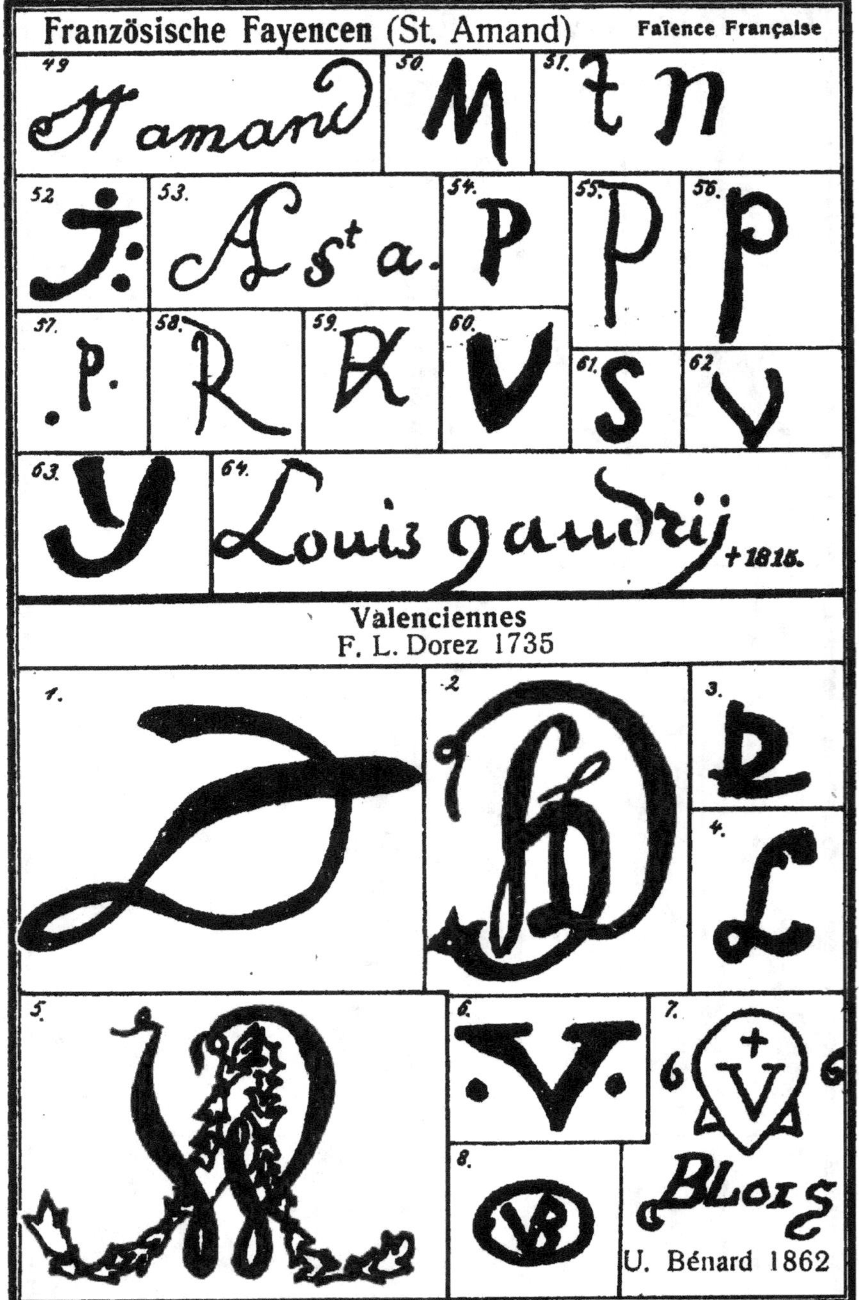
Französische Fayencen (St. Amand)
Faïence Française
49
St amand
50.
M
51.
t n
52
J:
53.
A St a.
54.
P
55.
P
56.
P
57.
.P.
58.
R
59.
R
60.
V
61.
S
62.
V
63.
Y
64.
Louis gaudrij
+ 1815.
Valenciennes
F. L. Dorez 1735
1.
2
3.
4.
5.
6.
V
7.
V
8.
VB
BLOIS
U. Bénard 1862

Französische Fayencen

Faïence Française

Paris

1. A. Bidot
2. E. Lessore
3. MB
4. M Bouquet — M. Bouquet
5. Hélène Bossé
6. A.G — A. Gouvrion
7. Jules C. Houry
8. Charles Houry
9. Société de la Rue chaptal
10. L. Toselli
11. A Portalès-Brize
13. J. Gouillet
14. Th. Deck
15. B V — V. Barbizet
16. Genlis et Rudhardt
17.
18. Jean — A. Jean 1860
19. PASCAL — F. M. Pascal
20. Terre-cuites
21. OLLIVIER A PARIS
22. ollivier a paris
23. J.P. — J. Petit
24. H. Pinart
25. H PINART PARIS.
26. Pull

I.D. — J. Devers

Französische Fayencen
Faïence Française

Sinceny

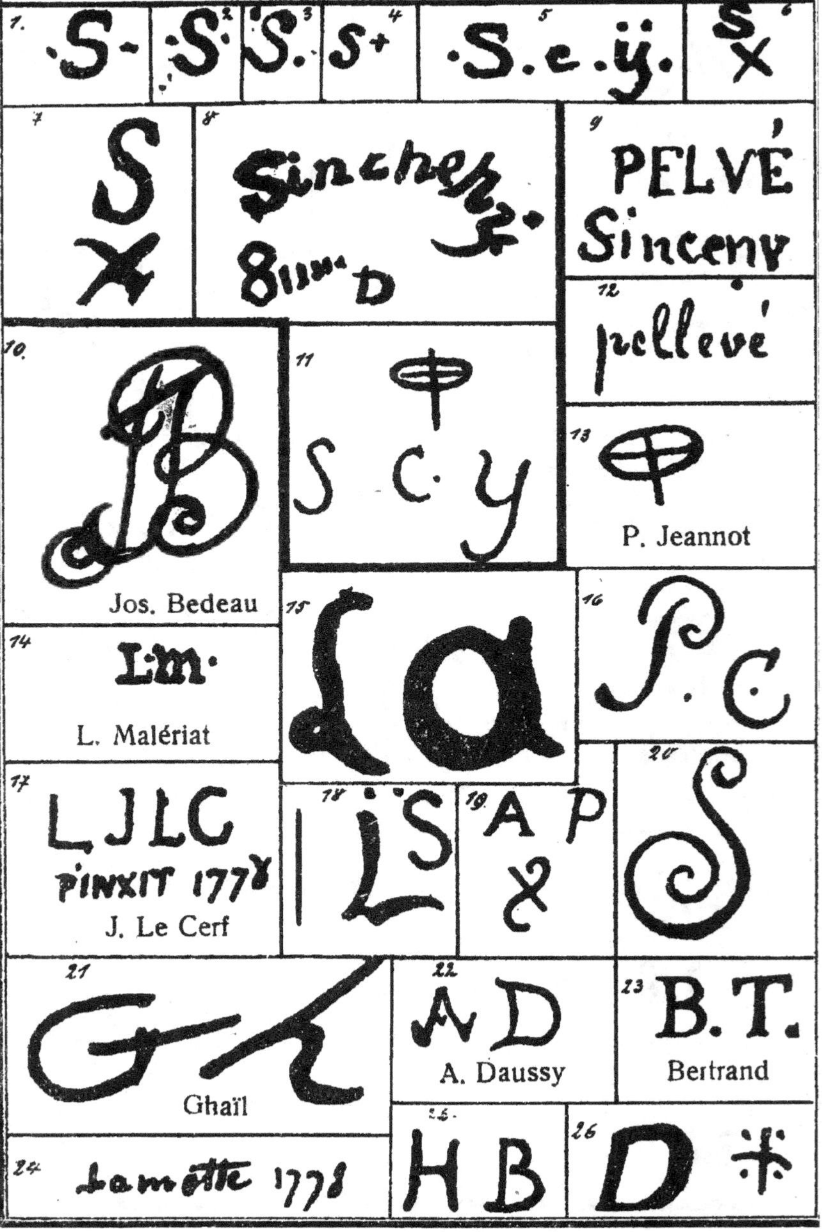

1\. S

2\. S

3\. S

4\. S+

5\. S.c.ÿ.

6\. S X

7\. S X

8\. Sincheny 8 D

9\. PELVÉ Sinceny

10\. Jos. Bedeau

11\. S C Y

12\. pellevé

13\. P. Jeannot

14\. L.M. L. Malériat

15\.

16\. P.C

17\. LJLC PINXIT 1778 J. Le Cerf

18\. LS

19\. A P

20\. S

21\. Ghaïl

22\. AD A. Daussy

23\. B.T. Bertrand

24\. Lamotte 1778

25\. HB

26\. D

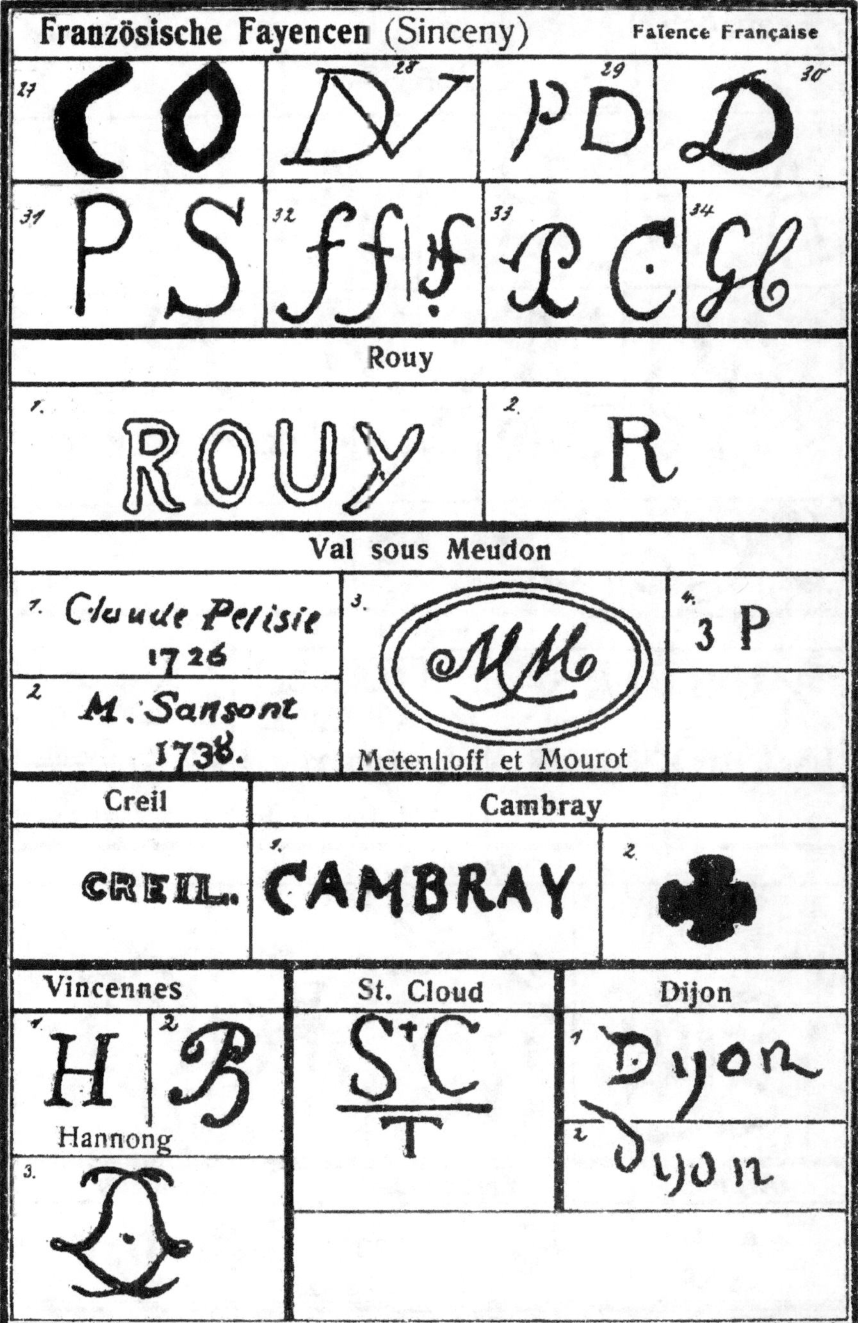

Französische Fayencen (Sinceny)
Faïence Française
27
28
29
30
PD
31
PS
32
33
34
Rouy
1.
ROUY
2.
R
Val sous Meudon
1. Claude Pelisie 1726
2 M. Sansont 1738.
3.
Metenhoff et Mourot
4.
3 P
Creil
CREIL.
Cambray
1.
CAMBRAY
2.
Vincennes
1.
H
2
Hannong
3.
St. Cloud
StC
T
Dijon
1
Dijon
2
Dijon

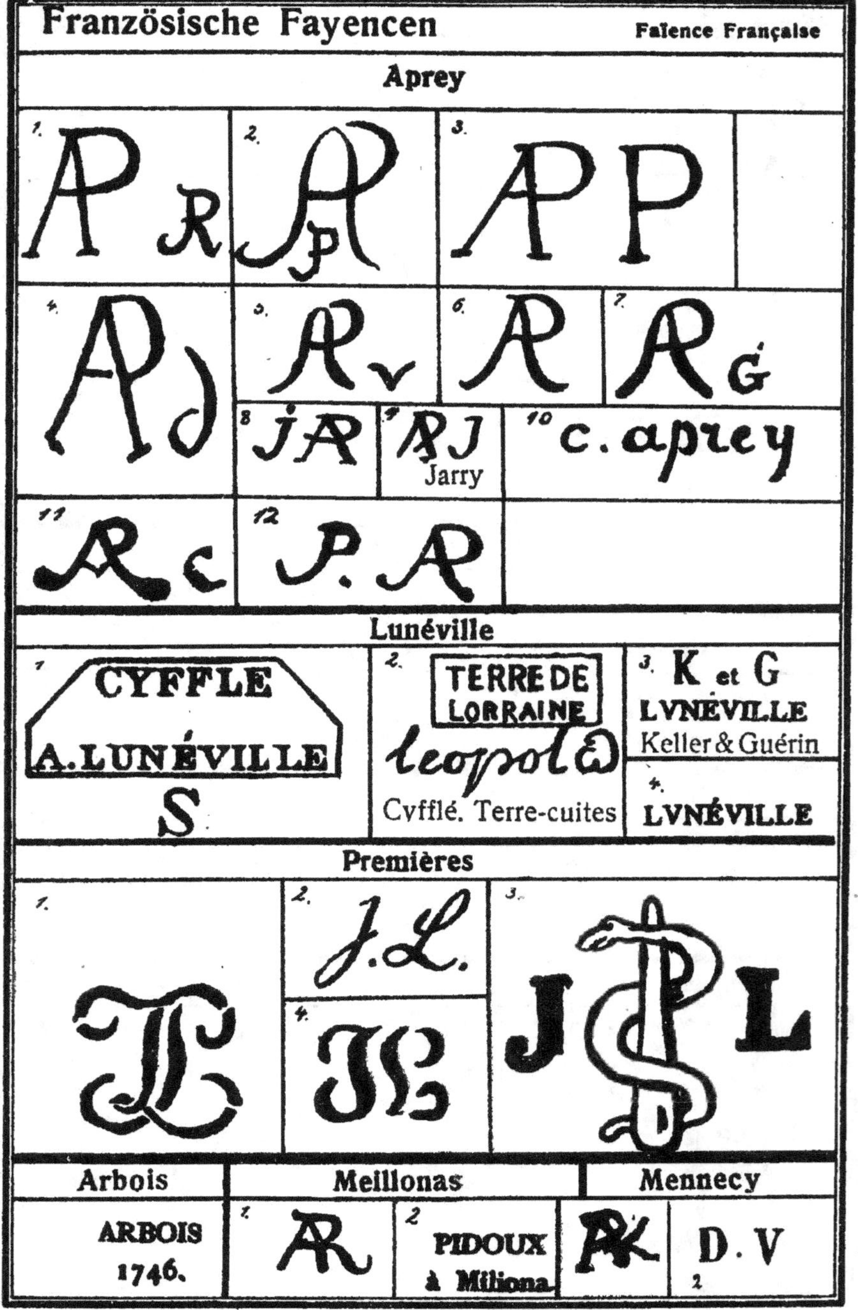
Französische Fayencen
Faïence Française
Aprey
Jarry
c. aprey
Lunéville
CYFFLE
A. LUNÉVILLE
S
TERRE DE LORRAINE
leopold
Cyfflé. Terre-cuites
K et G
LVNÉVILLE
Keller & Guérin
LVNÉVILLE
Premières
J. L.
J L
Arbois
Meillonas
Mennecy
ARBOIS
1746.
PIDOUX
à Miliona
D. V

Französische Fayencen

Faience Française

Englefontaine	Clermont	Mathaux	Ognes
d'Entoine d'englefontaine	J	M.	CH

Varages			St. Clement
1. v.	2. V. v	3. + X	G

Poupres	Bourgos	Toul
poupre a japonne	GA	T J. Aubry ainé

Tavernes			
1. *C*	2. G	3. G.	4. A- N-

Saint-Samson	
ELB	

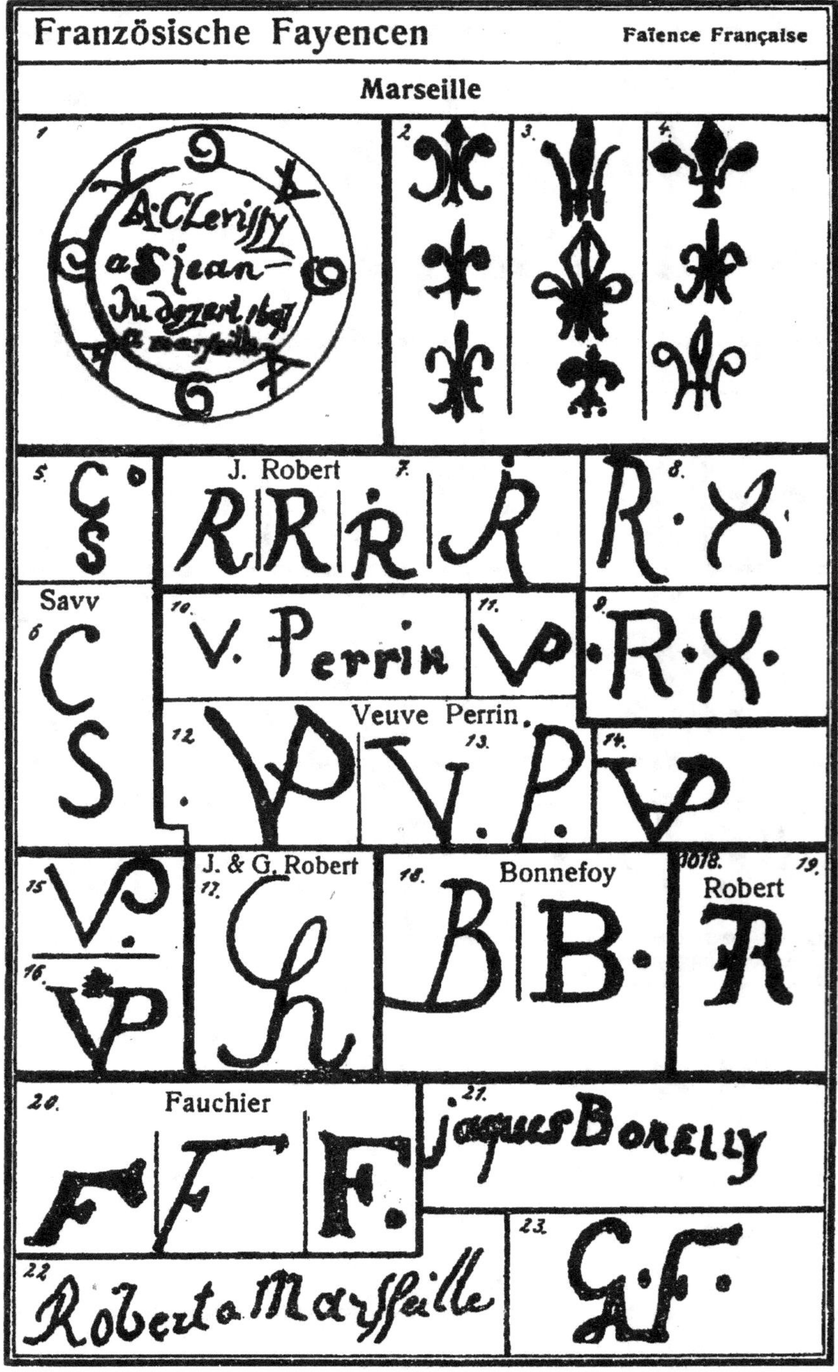
Französische Fayencen
Faïence Française
Marseille
A·CLerissy a S jean du dezert 1697 a marseille
J. Robert
Savv
V. Perrin
Veuve Perrin
J. & G. Robert
Bonnefoy
Robert
Fauchier
jaques Borelly
Roberta Marsseille
G·F·

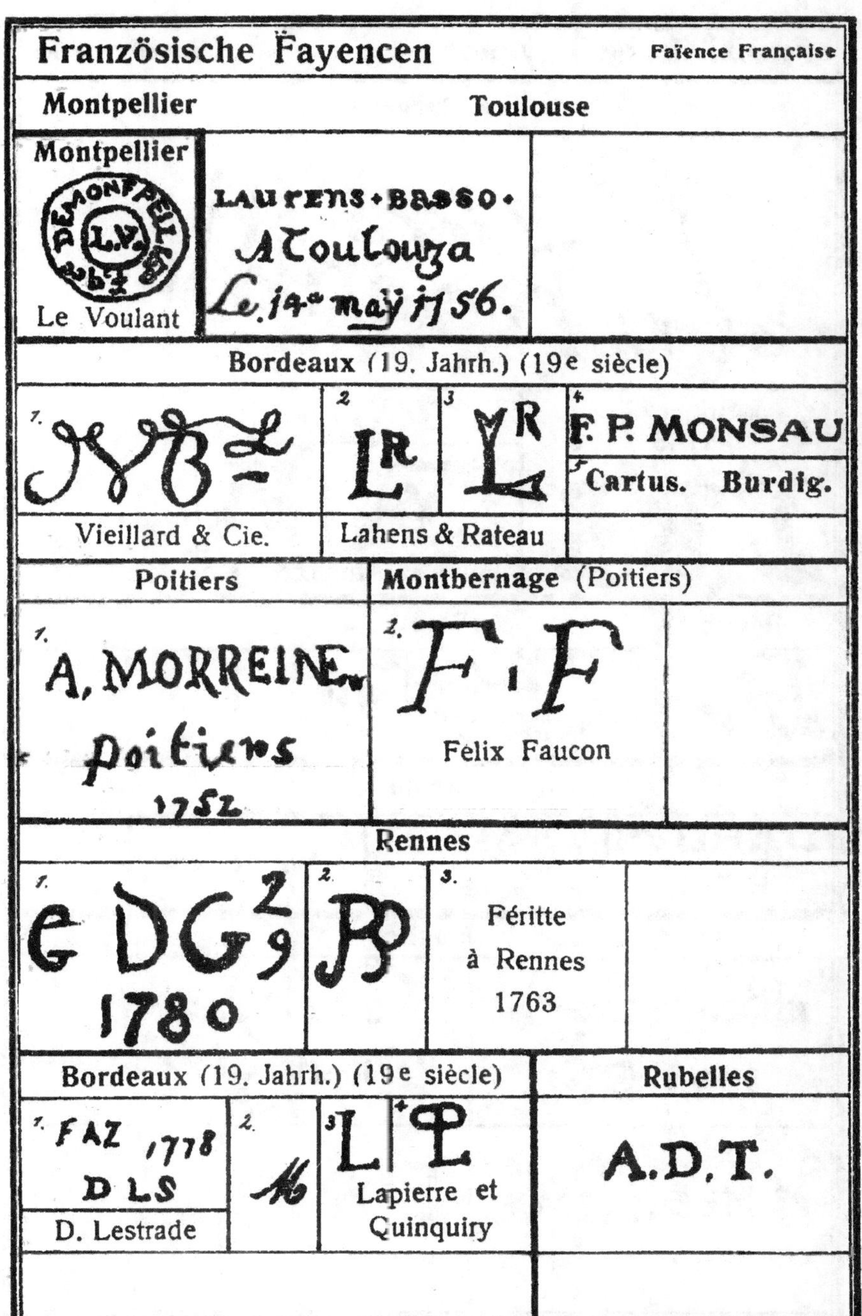
Französische Fayencen
Faïence Française
Montpellier
Toulouse
Montpellier
DE MONTPELLIER
L.V.
Le Voulant
LAURENS + BASSO +
A Toulouza
Le 14e may 1756.
Bordeaux (19. Jahrh.) (19e siècle)
1.
2
3
4
F. P. MONSAU
5
Cartus. Burdig.
Vieillard & Cie.
Lahens & Rateau
Poitiers
Montbernage (Poitiers)
1.
A. MORREINE
poitiers
1752
2.
F F
Felix Faucon
Rennes
1.
2.
3.
Féritte
à Rennes
1763
1780
Bordeaux (19. Jahrh.) (19e siècle)
Rubelles
1.
FAZ 1778
D LS
D. Lestrade
2.
3
4
Lapierre et
Quinquiry
A.D.T.

Französische Fayencen

Faïence Française

La Rochelle

1. La Rochelle 1777

2. J. Briqueville. 1743 IB3

3. I.B.

4. A

5. A

Fouquez, Arnoux & Cie.

Rénac

R

Nimes

1. P.B.C. Plautier Boncoirant & Co. 19. Jahrh.

2. NISMES 1581

Ardus

1. D'ARDVS 1739

2. D Dupré

3. Molimé fecit

Moulins

1. estienne mogin 1741 E.M.

2. chollet fecit de moulain 1742

3. a moulins

4. E M

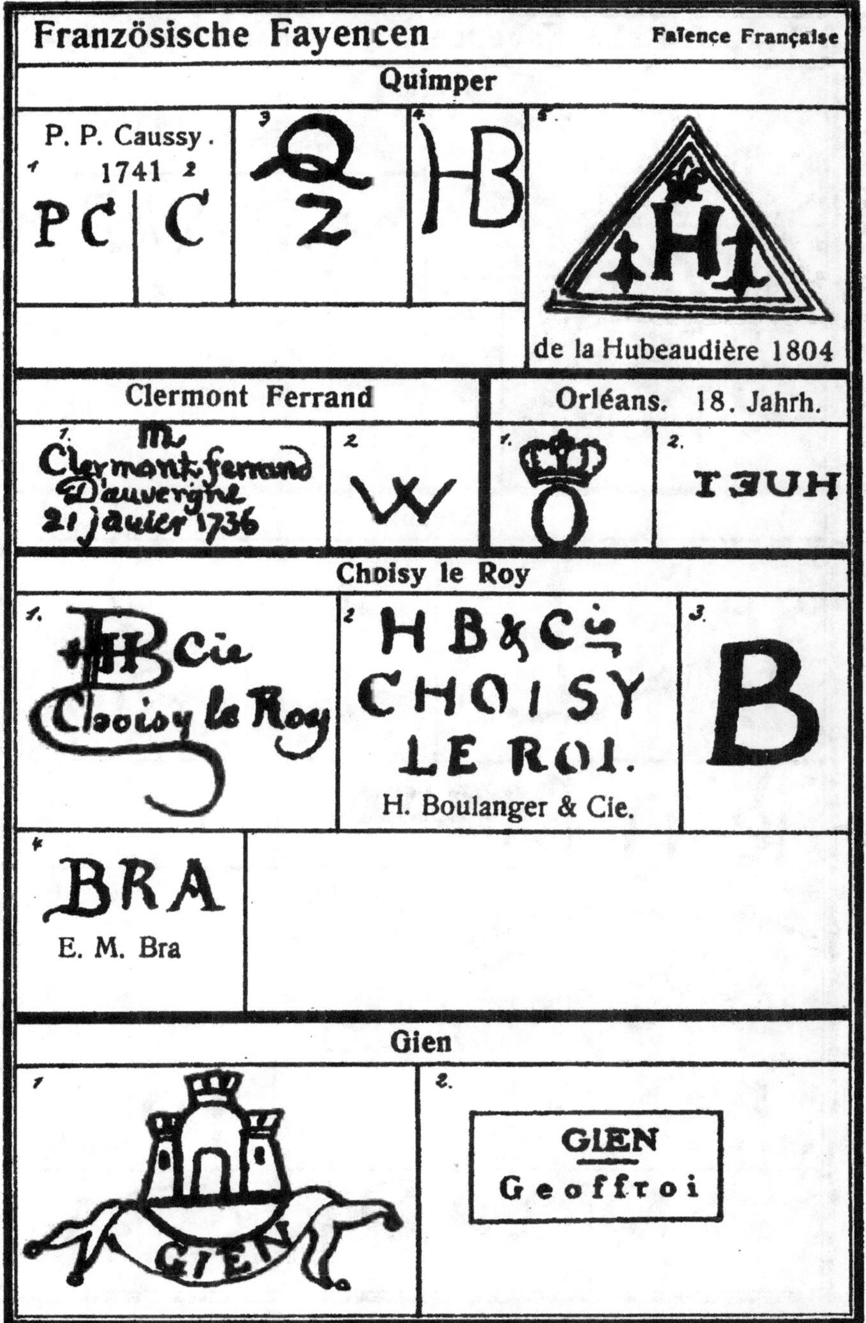
Französische Fayencen
Faïence Française
Quimper
P. P. Caussy.
1741
PC
C
Q
Z
HB
H
de la Hubeaudière 1804
Clermont Ferrand
Clermont ferrand
D'auvergne
21 jauier 1736
W
Orléans. 18. Jahrh.
O
HUET
Choisy le Roy
HB Cie
Choisy le Roy
H B & Cie
CHOISY
LE ROI.
H. Boulanger & Cie.
B
BRA
E. M. Bra
Gien
GIEN
GIEN
Geoffroi

Französische Fayencen — Faience Française

Marans

1. M
2. B 1770
3. J. P. Boussenoq.
4. MARAN 1754
5. M
6. M
7. B
8. R
9. MR
10.

Sceaux

1. SP
2.
3.
4. Sceaux
5. K. D 1756
6. SCEAUX
7. SP

Bourg la Reine

1. BR
2. +oB
3. OP OP OP
4.

Französische Fayencen

Faïence Française

Tour d'Aigues

1\.

2\.

3

4\. fait a la tour Daigues

Tours

1\. fait a tours le 21 Maie 1782 Lovise LIAVTE

2 avisseau a tour 1855

3\.

4

5\.

V. Avisseau 19. Jahrh.

19\. Jahrh M. Landais

Limoges

6\. A. Limoges Le 18me may 1741

Apt	Goult	
R	1. JH	2. +

Französische Fayencen

Faïence Française

Lamarque.
Saint-Amand
Terre-cuites 1835—58

XIX. Jahrh.

Mée
Delartier

R
Marzy (Nièvre)
T. Ristòri, Marzy

A. MAJORELLE
A NANCY.
1867.

Montereau
L. L. et T.
Leboeuf et Thibaut

ONNAING (Nord
MAUZIN.

Montet (Grès)
Laurjorais

Voisinlieu (Grès)

Rubelles
S et M

S. Clément.

Manufacture
de Saint Clément.

Ziegler

F. P
AVZES
Uzès
F. Pichon

GALLE
NANCY.
Saint Clément

(Savoyen)

St. Jean de Maurienne.
Jean. goiy

La Forêst.
Bouchard.
la forest
en savoy
1745

Deutsche Fayencen

Faïence Allemande

Straßburg (Strasbourg)

Carl Franz Hannong 1720—174

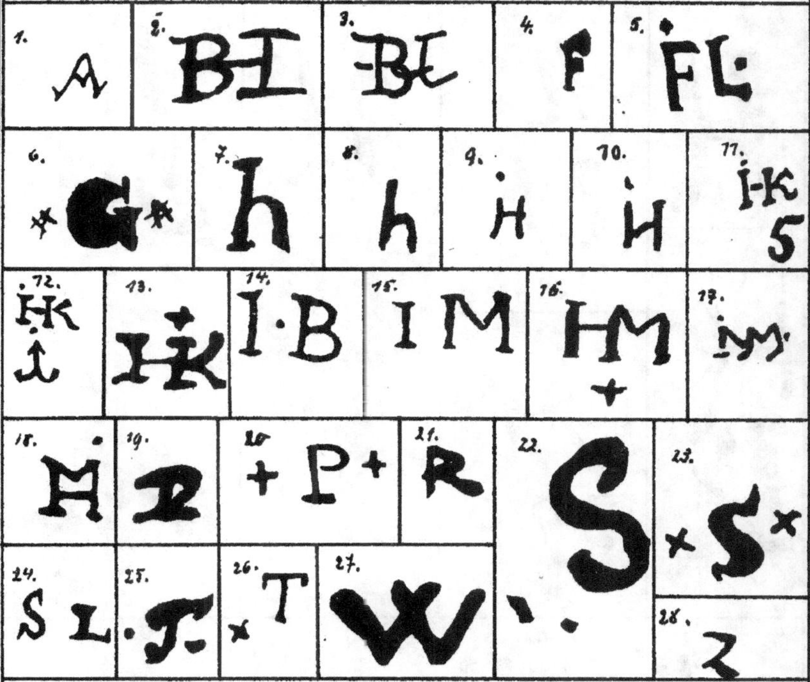

1. A
2. BI
3. BC
4. F
5. FL
6. G
7. h
8. h
9. H
10. H
11. IK 5
12. IK
13. IK
14. I·B
15. IM
16. HM
17. IM
18. H
19. R
20. + P +
21. R
22. S
23. × S ×
24. S L
25. J
26. T
27. W
28. Z

Paul (Anton) Hannong 1739—1760

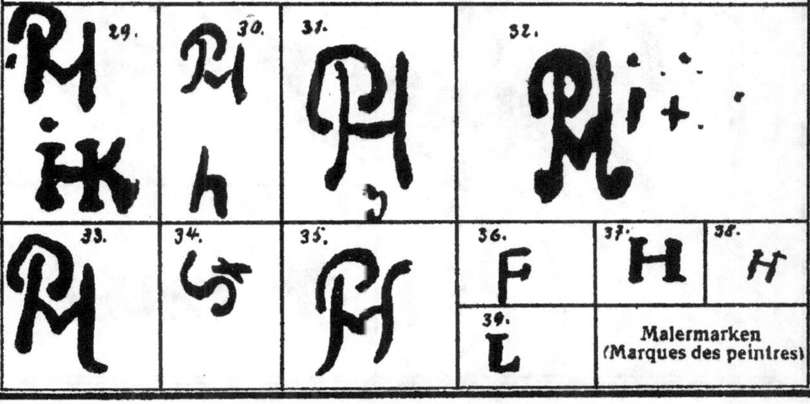

29. PH IK
30. PH h
31. PH
32. PH
33. PH
34.
35. PH
36. F
37. H
38. H
39. L

Malermarken (Marques des peintres)

Deutsche Fayencen

Faïence Allemande

Straßburg

Joseph (Adam) Hannong 1760 — ca. 1780

40. H	41. H 21	42. H 22 42	43. H 34 74
44. H 39	45. H 390		46. H 92 93
47. H 79	48. H 405	49. H J 320	
		50. H 1047	

Deutsche Fayencen

Faïence Allemande

Niederweiler (Niderviller)

Beyerle

1. 2. 3.

Custine, Lanfrey

4. 5. 6. 7. 8.

Bayreuth

Knöller (1720—1745

1. 2.

3. 4. 5. 6.

7. 8

Deutsche Fayencen (Bayreuth) — Faïence Allemande

Fränkel & Schreck

9. BFS / A

10. B.F.S. / S.

11. B∴F∴S / aller Junior / 1744

12. BF

Pfeiffer & Fränkel

13. BP.F

14. B.P.F / 1752 / A

15. B·PF / 17 60

Pfeiffer

16. B.P.

17. BP

18. B.P. / du.S.jonzvie / 1770. G.R.

Deutsche Fayencen

Faïence Allemande

Nürnberg

1. NB. K:·
2. NB F
3. NB:· 4.
4. NB. K:·
5. NB NF I
6. NB NF
7. NB G:·
8. NB:· GM:·
9. NB BO
10. NB
11. NB G:·K:· 1762
12.
13. NB NF
14. N
15. S NB
16. B
17. F
18. S
19. H.
20. HE
21. I.I.H. 61
22. I
23. ·LFM
24. M.
25. NF:
26. JK
27. MK:·
28. MS
29. P
30. ·:R:·
31. R 1526

Deutsche Fayencen

Faïence Allemande

(Nürnberg)

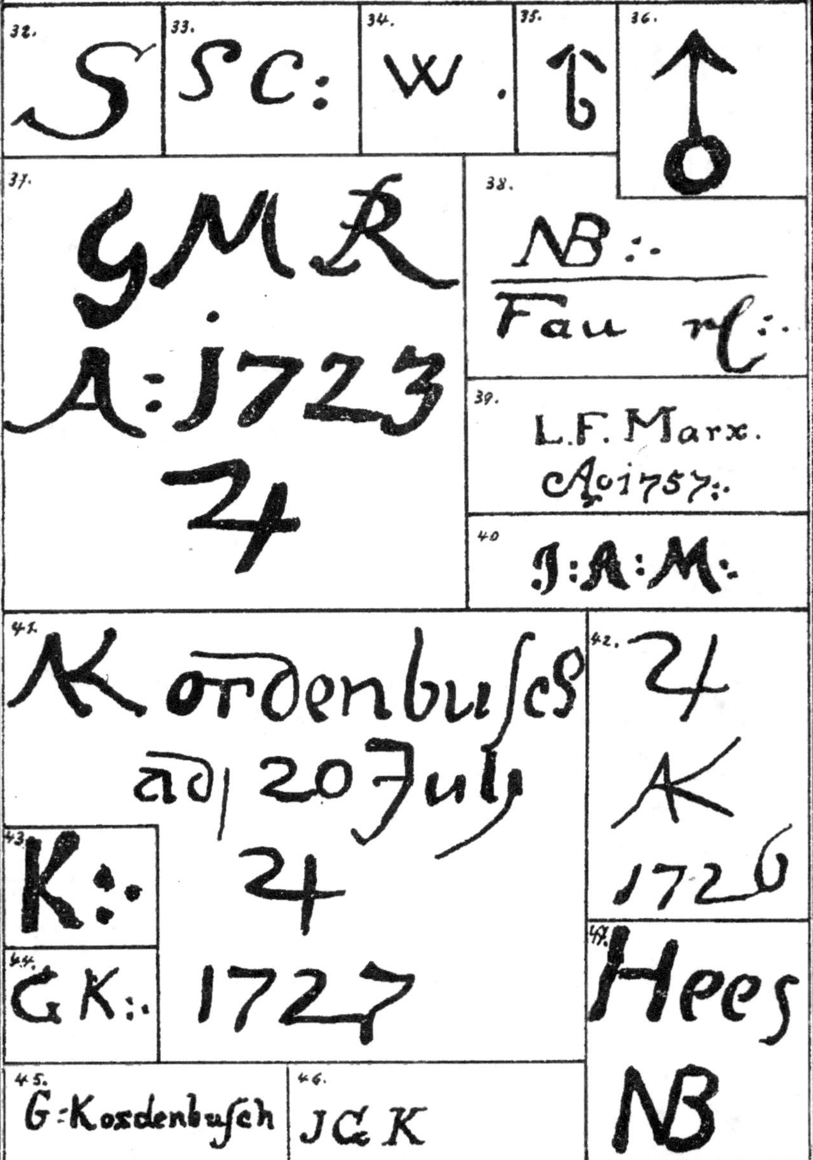

Deutsche Fayencen

Faïence Allemande

(Nürnberg)

48. Georg Michael Tauber Pinxit Año 1720 Die 7 Octobris

49. Ströbel: Ao 1730 D: [illegible]bris

50. Stebner 1771

51. N Pössinger Anno 1725

52. P. C Schwab.

53. P. C S

54. 1723 Glüer.

55. C. Neuner 1721.

56. G. F. Grebner 1731

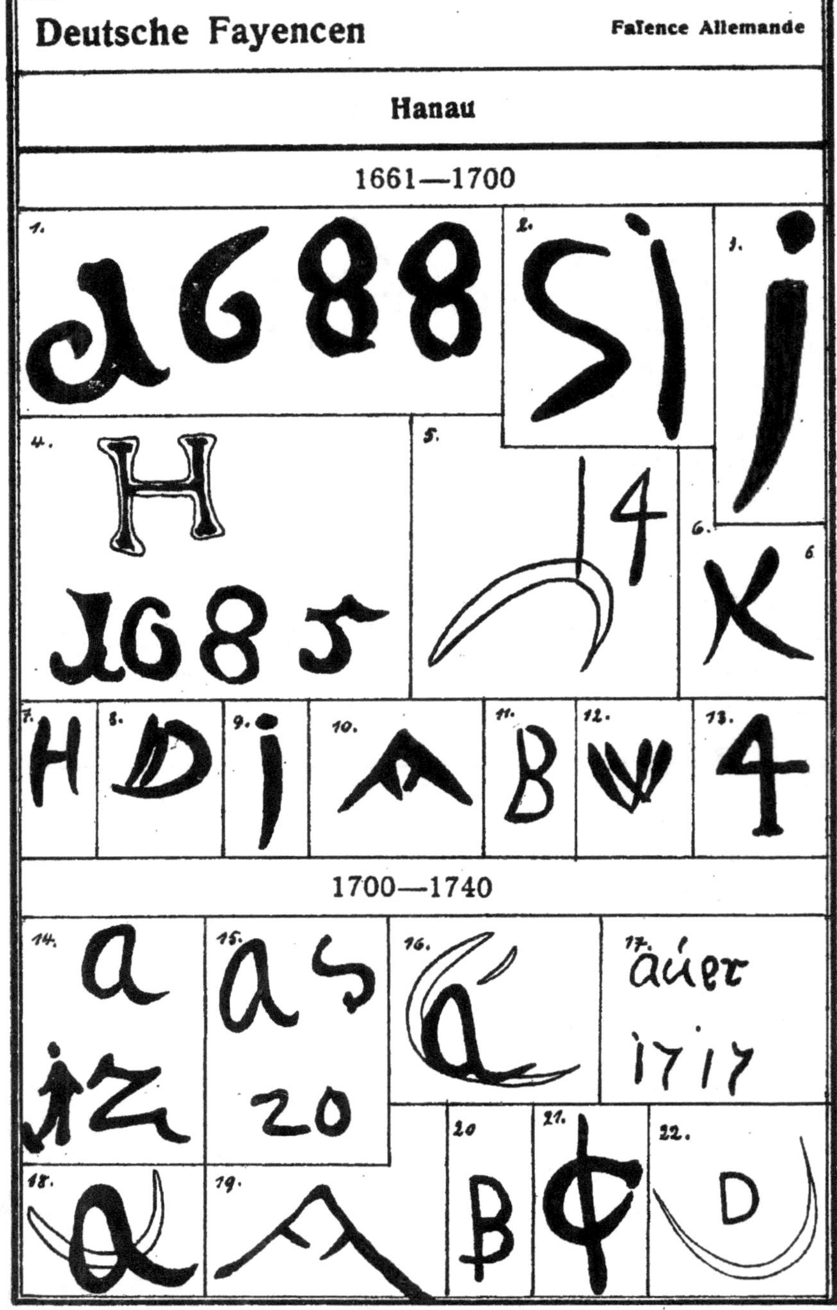
Deutsche Fayencen
Faïence Allemande
Hanau
1661—1700
1700—1740

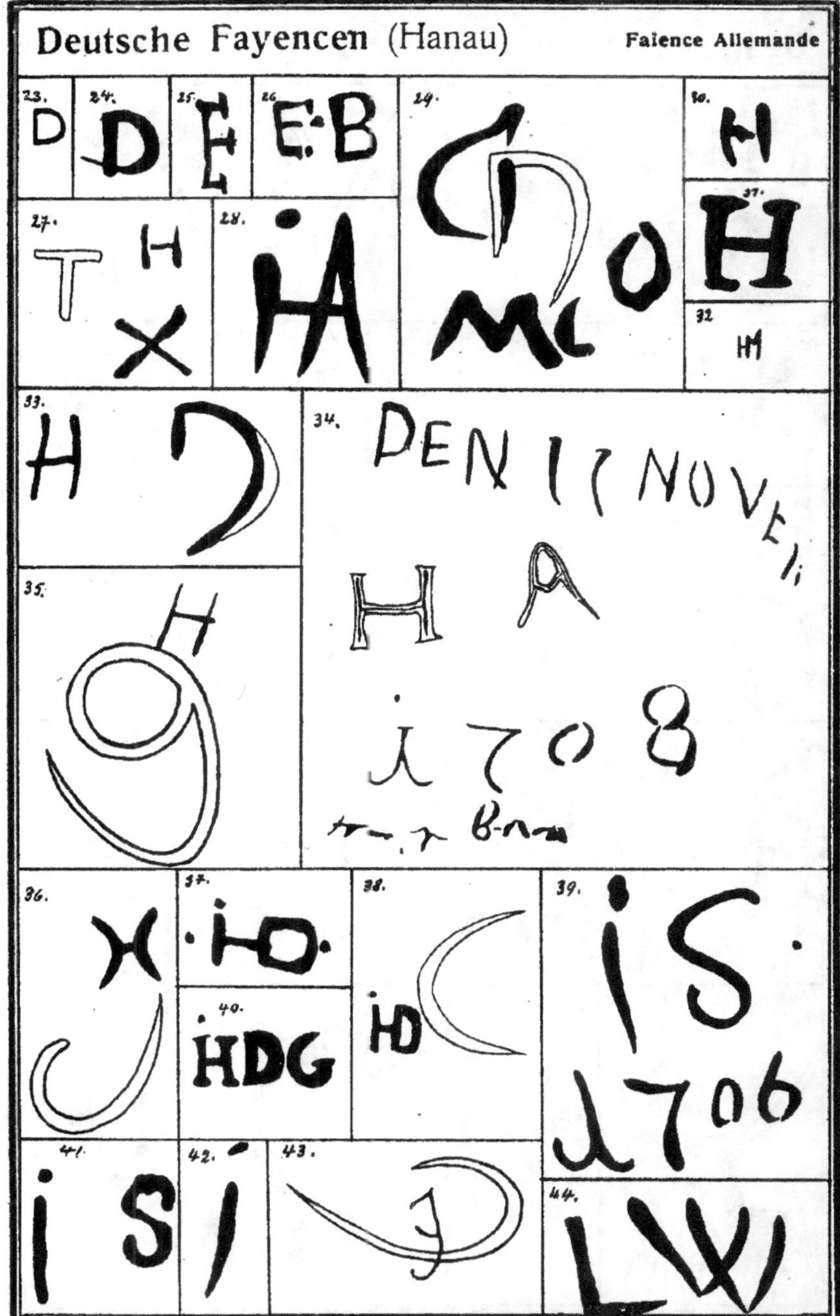
Deutsche Fayencen (Hanau)
Faience Allemande

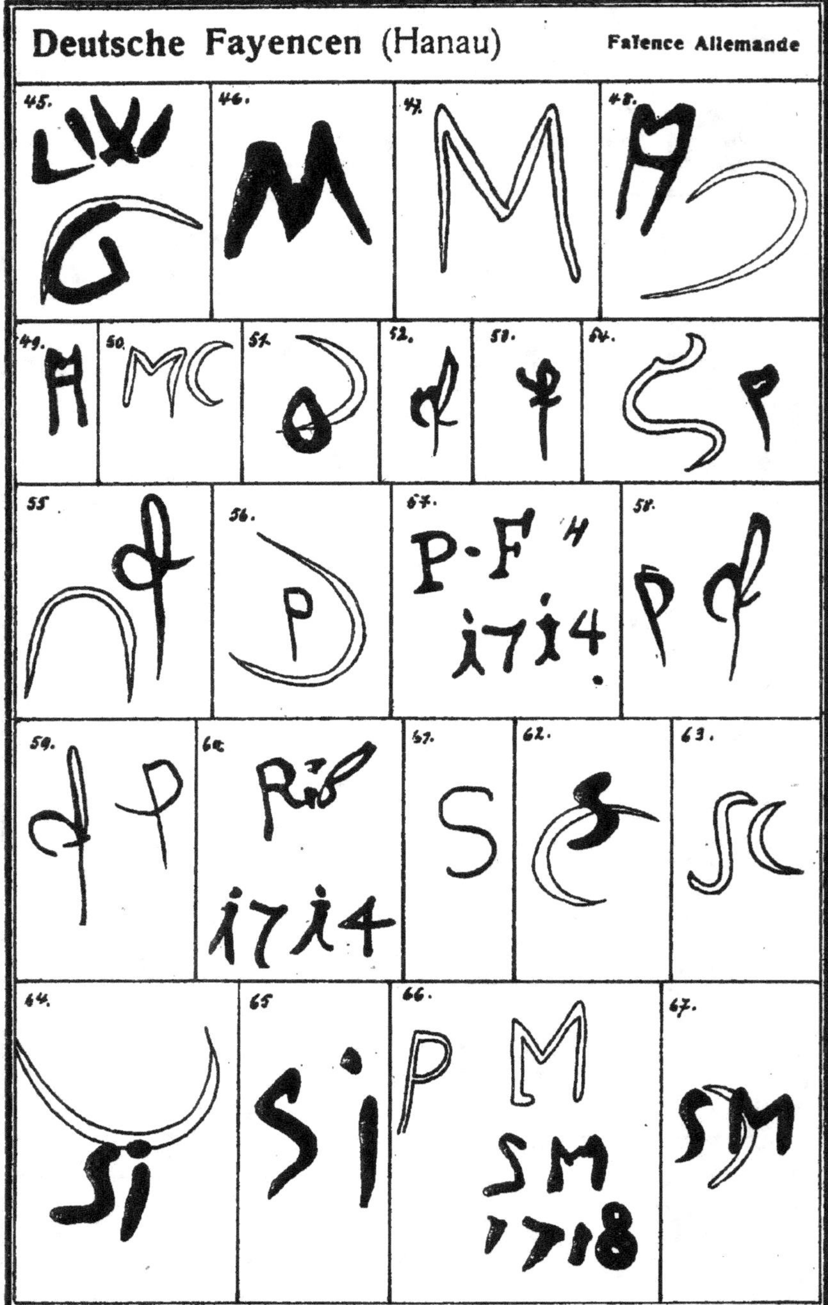
Deutsche Fayencen (Hanau)
Faïence Allemande
45.
46.
47.
48.
49.
50.
51.
52.
53.
54.
55
56.
57.
P·F
H
1714
58.
59.
60.
1714
61.
62.
63.
64.
65
66.
SM
1718
67.

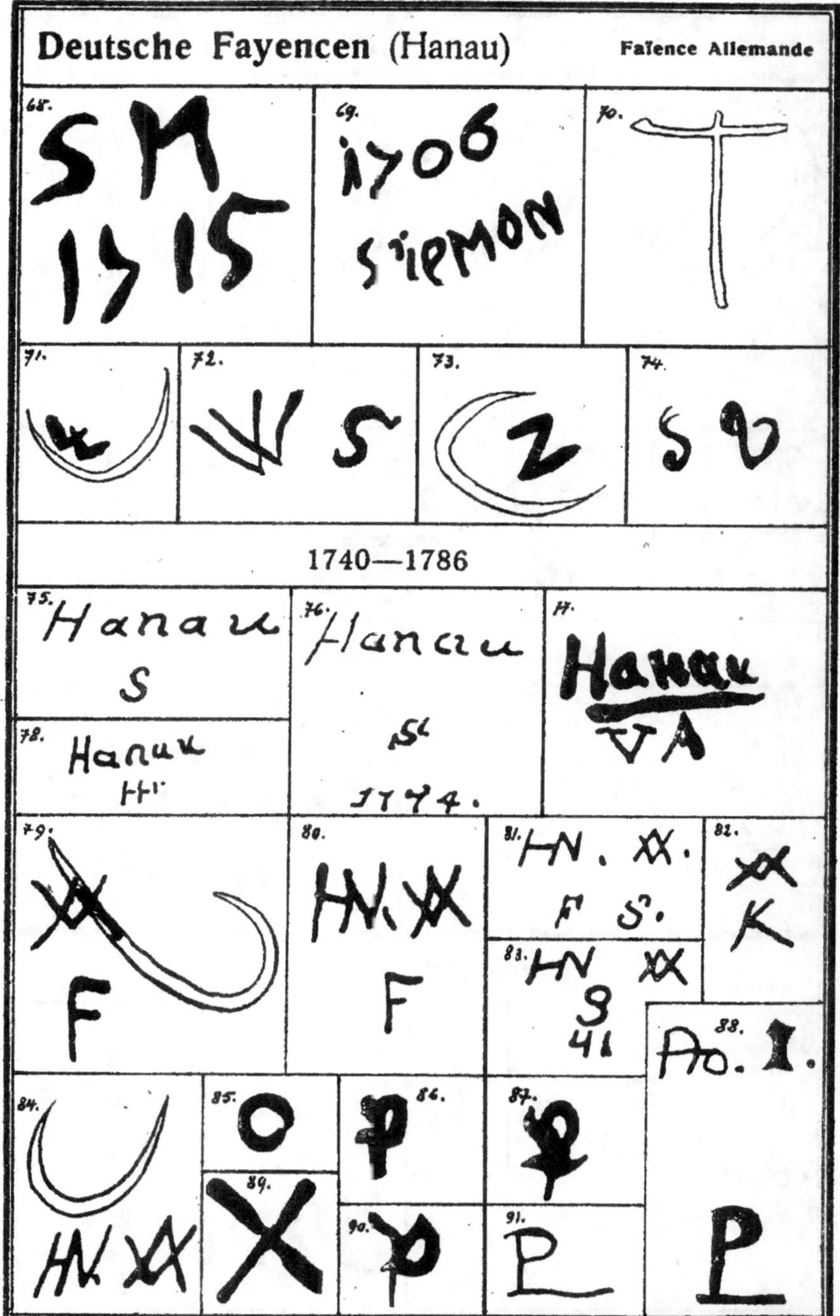
Deutsche Fayencen (Hanau)
Faïence Allemande
1740—1786

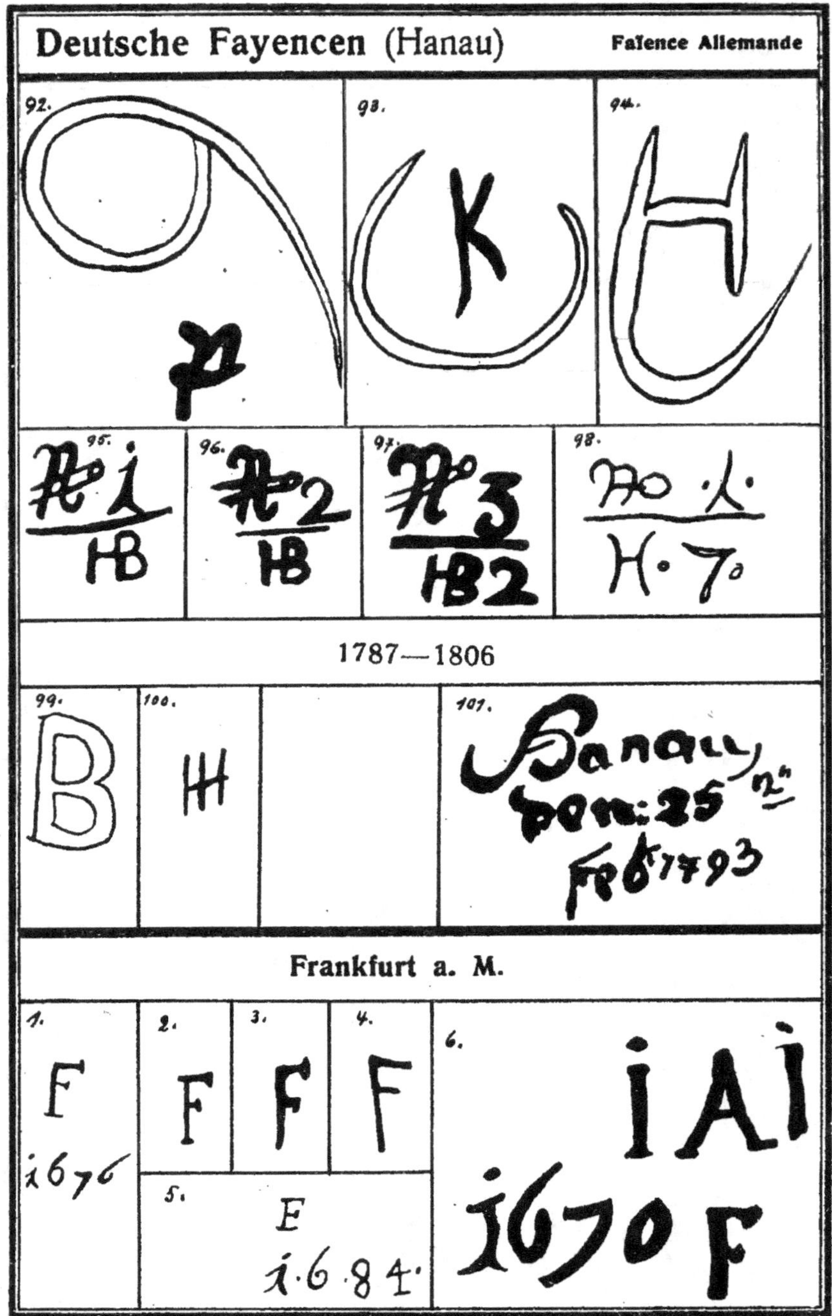
Deutsche Fayencen (Hanau)
Faïence Allemande
92.
93.
94.
95.
96.
97.
98.
1787—1806
99.
100.
101.
Frankfurt a. M.
1.
2.
3.
4.
5.
6.

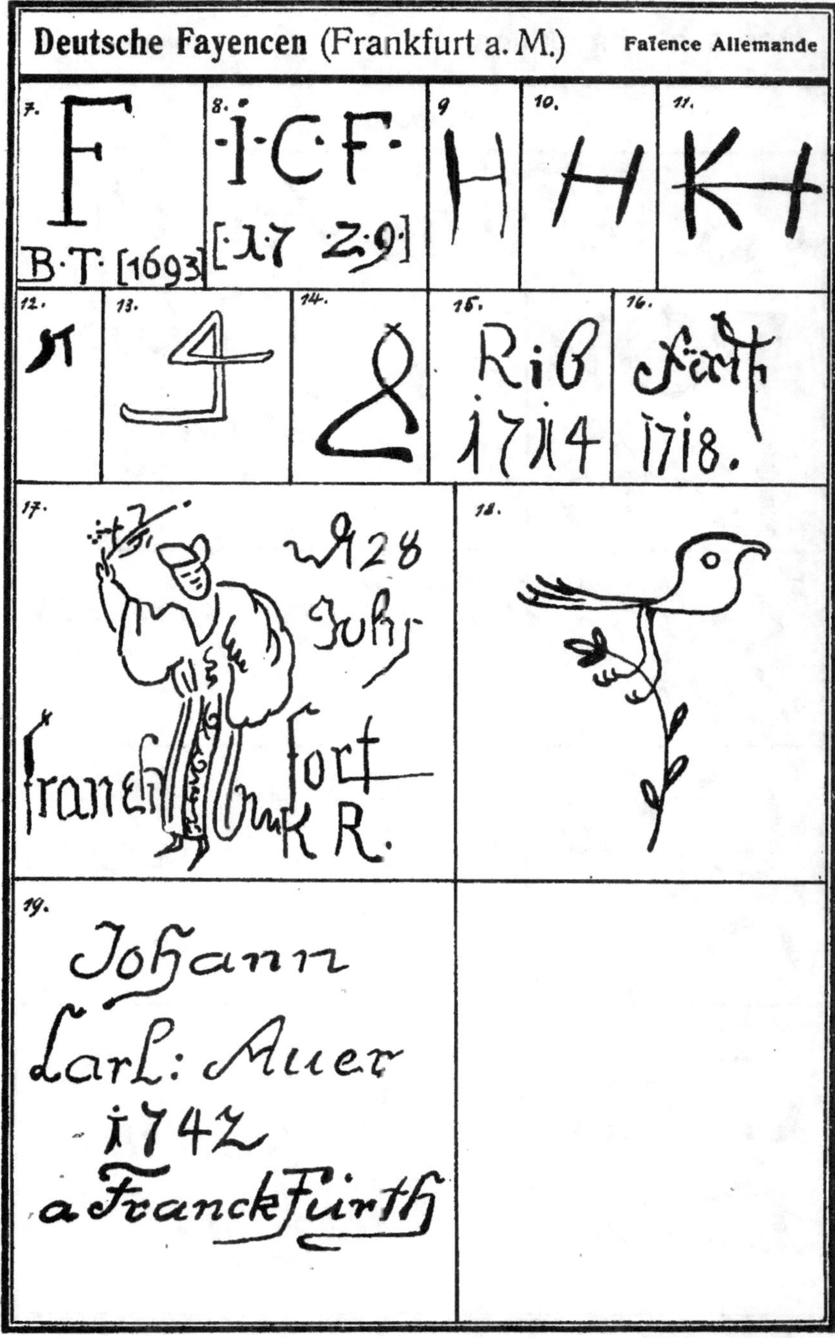
Deutsche Fayencen (Frankfurt a. M.)
Faïence Allemande
7.
F
B·T· [1693]
8.
·I·C·F·
[·1·7 ·2·9·]
9
H
10.
H
11.
KH
12.
13.
14.
15.
Rib
1714
16.
1718.
17.
1728
KR.
18.
19.
Johann
Carl: Auer
1742
a Franckfurth

Deutsche Fayencen — Faïence Allemande

Ansbach

1. Po:
2. Popp
3. AB Po. 1768 MR.
4. POP: 1737.
5. on:. 5
6. OS:. 1711.
7. Ansp: popp. 1768
8. Osw: 1712.
9. G. Oswa: 1713.
10. CRi 1711
11. Ansbach 1805

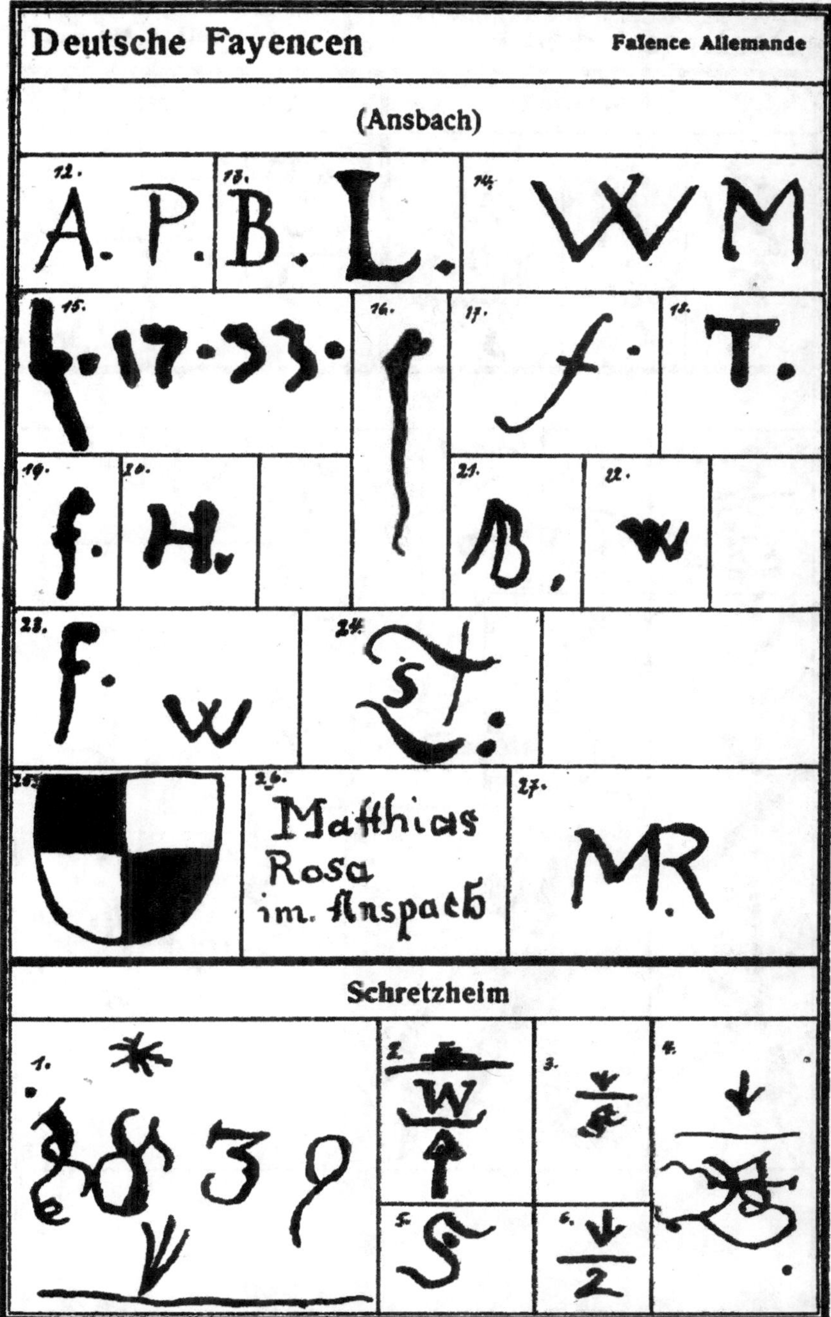
Deutsche Fayencen
Faience Allemande
(Ansbach)
A. P.
B. L.
WM
17·33·
f·
T.
f.
H.
B,
w
f· w
S
Matthias
Rosa
im. Anspach
MR
Schretzheim
W
2

Deutsche Fayencen

Faïence Allemande

Frankenthal

1. 2. 3.

Ludwigsburg

1. 2.

Zerbst

1. 3. 4. 5. 6. 7. 8. 9. 10. 11. 12. 13.

Deutsche Fayencen

Faïence Allemande

Mosbach

1. Mosbach
2. ?
3. ?
4. MB
5. MB
6. F
7. H
8. H
9. H
10. T
11. C : P :
12. C P.
13. Gottlieb. Ziel. 1810
14. C.P. M
15. Pinxit Kiegel 1770
16. ?

Amberg

1. AB
2. AB

Friedberg

1. C.B
2. ?
3. ?
4. CB

Deutsche Fayencen

Faïence Allemande

Offenbach

1. OFF

2. OFF

3. OFF G

4. OFF L. Schmidt

5. OFFenBaK 1807

6. Offenbach

Donauwörth

Donauwörth. 1741 d 20 Julÿ Grebner.

Villingen

1. Hans Kraut 1578

2. HK|HS.K.VN.

Oettingen

1. Öttingen R

2. L. Ö

Deutsche Fayencen

Faïence Allemande

Höchst

1. 2. jZ 3. G 4. 5. 6. I: Z:

7. 8. A 9. Zeschinger.

10. G 11. K 12. F: H: 13. Ign Hess 14. ID

Höchst-Damm

1825 D

Glienitz

1. G 2. G 3. G:

Groß-Stieten

V: H:
Gros: Stitten
Chely
9

Kelsterbach

1 HD 2. HO 3 HD 4 HO 5 K 6 K

7 I.B.M.
Kelsterbach

8 HD 9 HD

Limbach

1. L 2: L

Deutsche Fayencen

Faïence Allemande

Flörsheim

1\.

2\.

3\.

K

4\.

CM

1784

5\.

CM

1781

6\.

7\.

FIM

1780

8\.

Den 4 Fen

mail 1809

9\.

10\.

M·I

W

Dirmstein

Schrattenhofen

Schratten

hoffen

Deutsche Fayencen	**Faïence Allemande**

Crailsheim

1. Creilsheim
2. T
3. Creils. heim W

Göggingen

1. gögging.
2. göggingen HS
3. Göggingen HS

Göppingen

1.
2. 3
3.
4. IMBH

Deutsche Fayencen

Faïence Allemande

Durlach

1. J. V. / 3
2. F
3. B. Löwer
4. Keim
5. 17 ✡ 23 / I · H · W
6. Herzug
7. L
8. Cyriacus Löwer

Fulda

1. Fuld 1743 / B. K.
2. FD
3. L
4. FD / R
5. F. v. L.
6. F D / B K.
7. FD / S

Deutsche Fayencen

Faïence Allemande

Künersberg

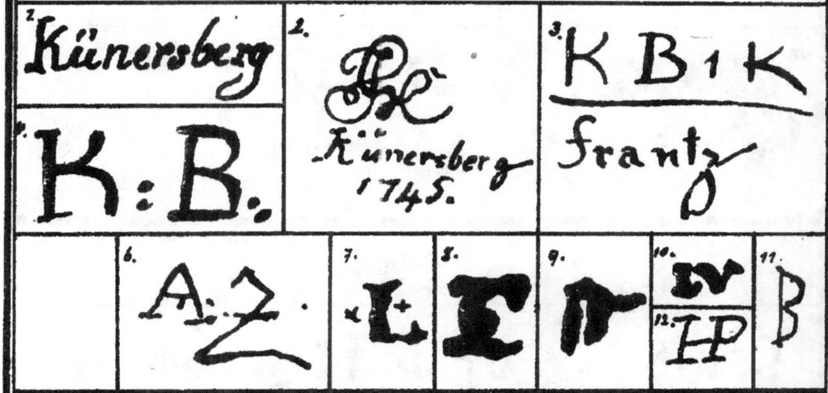

1. Künersberg
2. Künersberg 1745.
3. K B 1 K frantz
4. K:B.
6. A. Z
7. L
8.
9.
10. IV
11. B
12. HP

Cassel

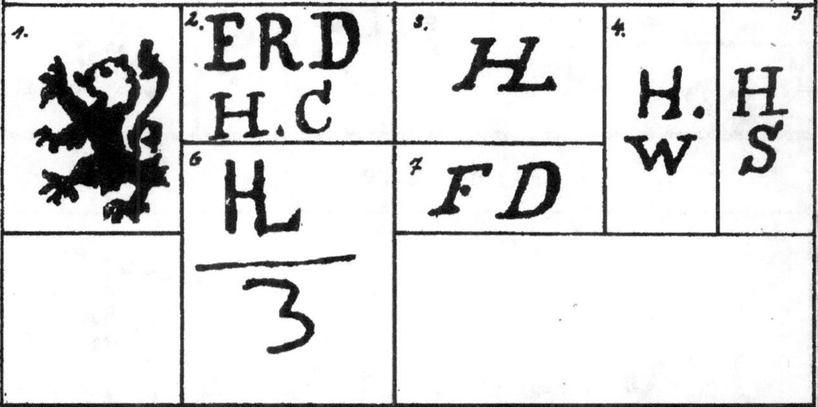

1.
2. ERD H.C
3. HL
4. H. W
5. H S
6. HL 3
7. FD

Münden

F. v. Hanstein

1. M
2. M
3. C C C
4. C C C E
5.
6. 2 D
7. C2
8. B
9. C C C I

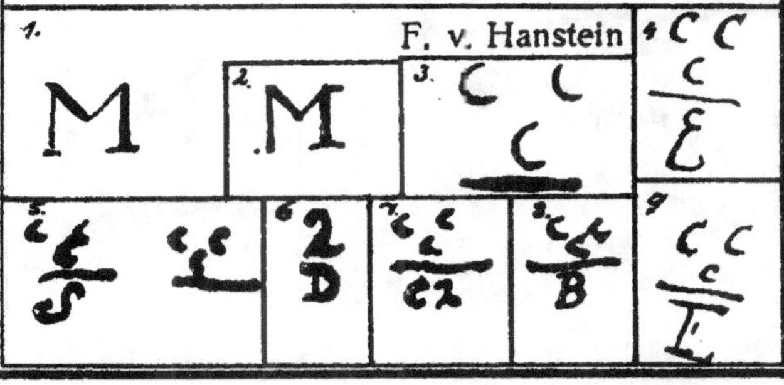

Magdeburg

M

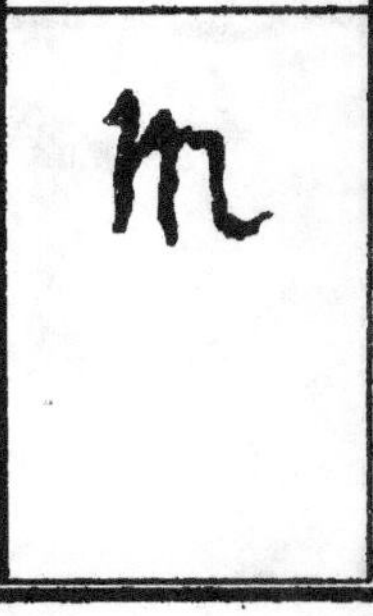

Deutsche Fayencen

Faïence Allemande

Gera

1. Gera.	2. G / E	3.	

Coburg

1. COBVRG / J:H	3. COBVRG / J:H	4. C.B / H.
2. C·B·		

Bernburg

1. Bernburg. / freytag pinxit 1725.	2. Bb. / F.	3.
		4. L.

Deutsche Fayencen

Faïence Allemande

Abtbessingen

1. J G Kiel Ano 1756.
2. K
3. K . Z.
4.
5. D.
6.
7. M
8. E

Dorotheenthal (Arnstadt)

1. Iohan̄. Christoph. ALEX. 1725.

Deutsche Fayencen (Dorotheental-Arnstadt) Faïence Allemande

2. ALEX 1726.

3. AB D

4. AB I

5. AB W

6. AB D

7. RL. 1725

8. RL

9. AL

10. MB

11. MB

12. C

13. E

14. Wekken Dorff. Anno 1735.

15. Pinxit J G. Tiegel. Arnstadt. d. 9 May -1775.-

Erfurt

1. i

2. i

3. i

4. H

5. V H

6. H

7. T.

8. g

Deutsche Fayencen — Faïence Allemande

(Erfurt)

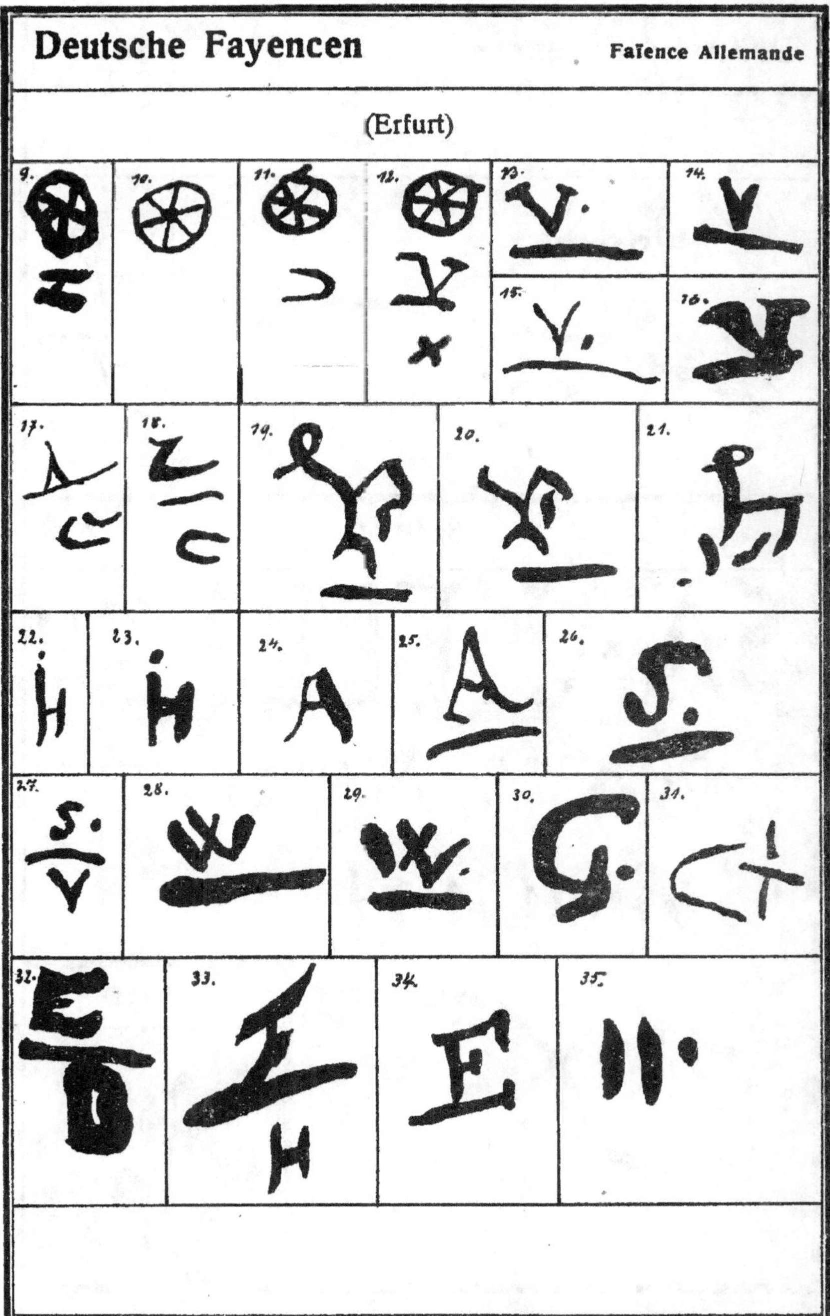

Deutsche Fayencen

Faïence Allemande

Rudolstadt

1. Rudolstadt C

2. R / C

3. R / F

Saalfeld

1. SAALFELT DEN 18. MARZI. Anno 1718

2. SM

Halle?

Deutsche Fayencen

Faïence Allemande

Braunschweig

von Hantelmann, von Horn (1711—1749)

1. VH
2. VH R S
3. VH V Z
4. VH
5. VH

Behling und Reichard 1749 bis ca. 1756

6. B. C. 1.
7. B. C. 1.
8. B L. 2.

Rabe 1773—1807

9. R & C
10. R & C Z

Braunschweig, Chelius

11. K 3.
12.
13.
14. 1

Königsberg

HE 12/7. 87 H

Deutsche Fayencen

Faïence Allemande

Dresden

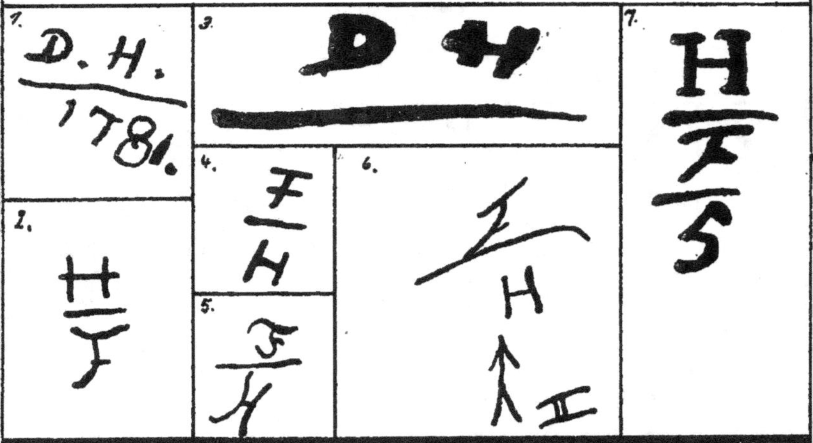

1. D. H. 1781

2. H / F

3. DH

4. F / H

5. F / H

6.

7. H / F / S

Potsdam

1. Potsdam. 1740.

2. P / R

3. *

4.

5. PR

6.

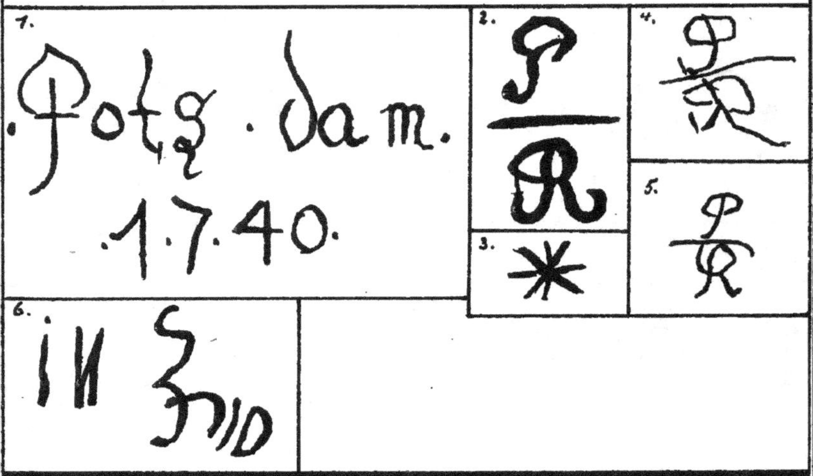

Aumund (Vegesack)

1. D & WT

2. M.T.T / 5

3. AVE / L

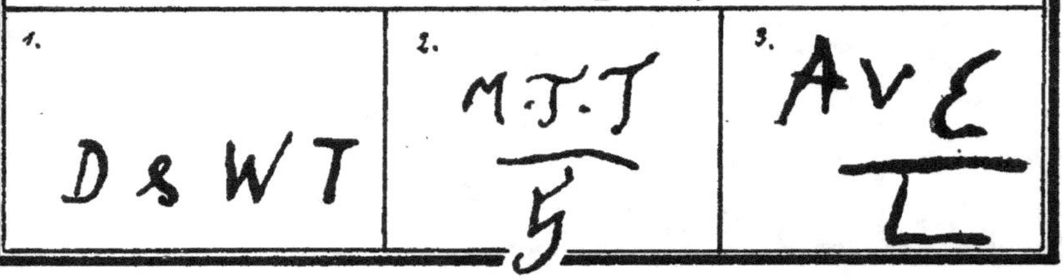

Deutsche Fayencen

Faïence Allemande

Schwerin

1.	2.	3.
A Sverin K	Z	A . S K

Hamburg

1.	2.
I. G	D

Osnabrück

1.	2.	3.
ZO		A. I

Deutsche Krugmaler (Peintres de cruches allemandes)

1.	2.	3.	4.	5.
[illegible] 1682	WR	S	A-I	J. L. F.

Deutsche Fayencen

Faïence Allemande

Lesum

1. JCV 1763

2.

3.

4.

5.

6.

7.

8.

9.

10.

11.

12.

13.

14.

15.

Schleswig

1. S/L

2. S/CB

3. S/CD

4. S/FM

5. S/E

6. S/H

7.

8. S/B/O

9. S/R/B

10. S/R/FM

11. R/S/W

12. Schwig

13. Schleswig

14.

15. S/R

Deutsche Fayencen

Faïence Allemande

Kiel

1. Kiel / F. / No. 1.
2. K / F / M.T
3. Kiel / T / K
4. K. / T. / R.
5. K / B. / K
6. K / T / P
7. K / T. / A
8. K / B. Dir.r / A:L:69
9. K. / B. / R. C
10. K: / B.
11. Kiel / T. / P
12. K / T / K
13. K / B / L
14. Kiel / Buchwald. Director / Abr: Leihamer fecit. / 1769

Jever

1. Jev. / K
2. Jever / J.C K.
3. Jever / R.½
4.

Deutsche Fayencen

Faïence Allemande

Eckernförde

1. O / Eckernförde / Buchwald / AL 67
2. Otto / Eckernförde / Buchwald / 67 Jahr
3. O / E / B / M
4. O / E 66 / B / A

Kellinghusen

1. K. H. / P. A.
2. KH / M
3. K. H / Dr. G.
4. KH / M
5. F. Pahl / Ao: 1796

Stockelsdorff

1. AH / B / AL
2. Stockelsdorff 1773 / Buchwald Dörig / Abr: Leihamer fecit.
3. Hoff / B. der / C fixit
4. Stoffe
5. Stoffi / W

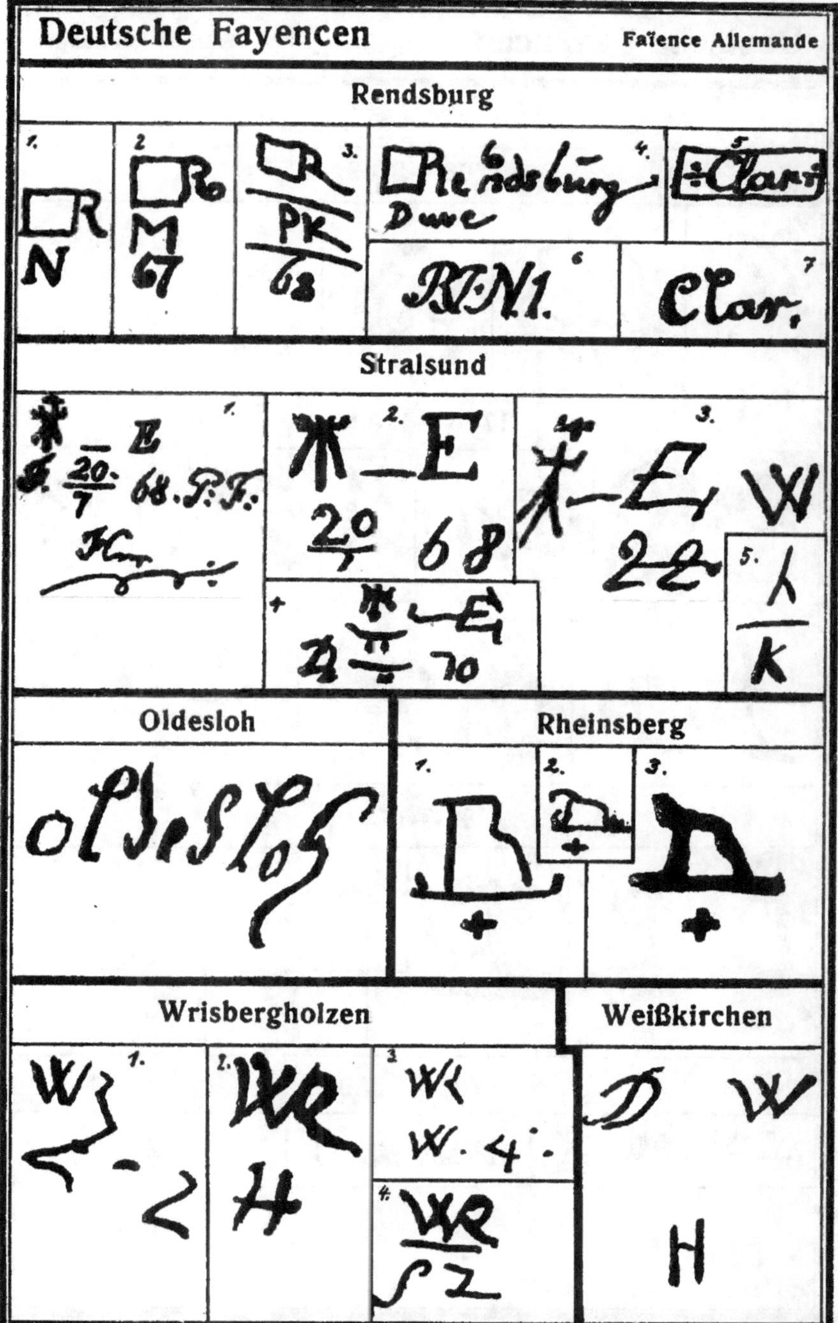
Deutsche Fayencen
Faïence Allemande
Rendsburg
Stralsund
Oldesloh
Rheinsberg
Wrisbergholzen
Weißkirchen

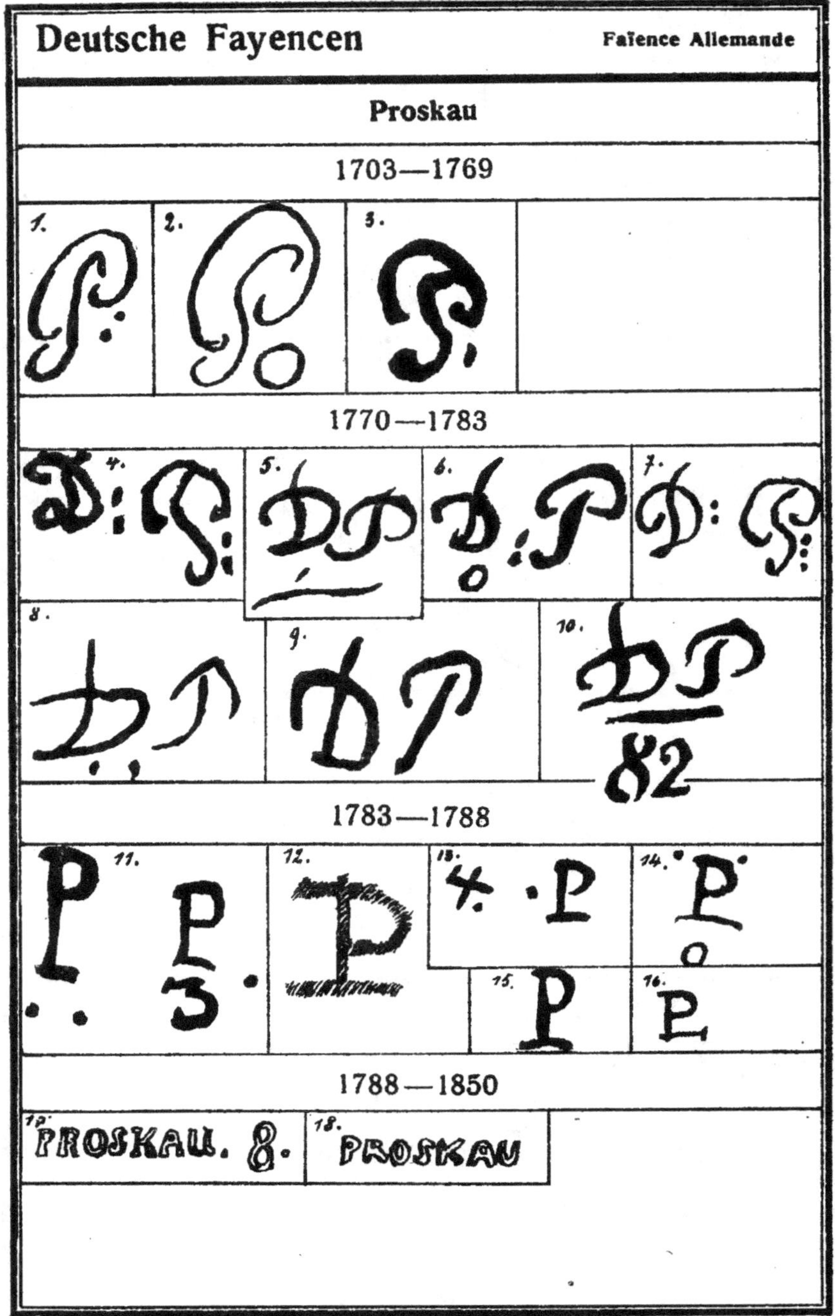
Deutsche Fayencen
Faïence Allemande
Proskau
1703—1769
1.
2.
3.
1770—1783
4.
5.
6.
7.
8.
9.
10.
82
1783—1788
11.
12.
13.
14.
15.
16.
1788—1850
17.
PROSKAU. 8.
18.
PROSKAU

Deutsche rote Tonwaren — Poterie rouge Allemande

Bayreuth

1. J·A·Eichhorn
2. B / J·A·f
3. C
4. A·C·W
5. W

Tetschen

1. Tetschen / S & G· / 26
2. S & G.

Hubertusburg (Steingut und Verwandtes) (Poterie etc.)

1. Hubertusburg / J. / +
2. H. / J.
3. K. S. St. F. / Hubertusburg
4. K.S.St.F. / H.

Deutsches Steingut | Faïence fine Allemande

Steingut (Faïence fine)

Wiesbaden?

1.	2.	

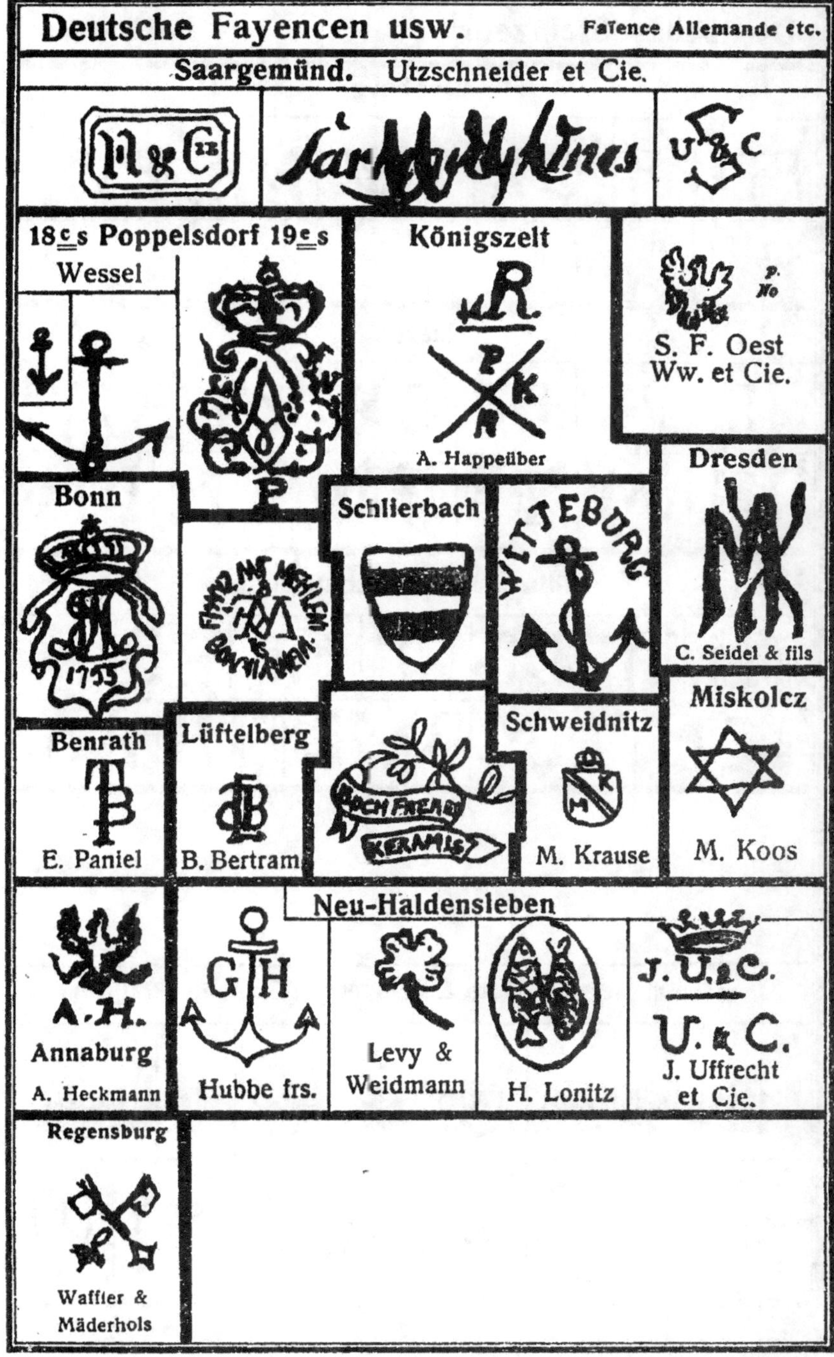
Deutsche Fayencen usw.
Faïence Allemande etc.
Saargemünd. Utzschneider et Cie.
U & C
18e s Poppelsdorf 19e s
Wessel
Königszelt
A. Happeüber
S. F. Oest
Ww. et Cie.
Bonn
1755
Schlierbach
WITTEBORG
Dresden
C. Seidel & fils
Miskolcz
M. Koos
Benrath
E. Paniel
Lüftelberg
B. Bertram
KERAMIS
Schweidnitz
M. Krause
Neu-Haldensleben
A. H.
Annaburg
A. Heckmann
G H
Hubbe frs.
Levy &
Weidmann
H. Lonitz
J. U. & C.
U. & C.
J. Uffrecht
et Cie.
Regensburg
Waffler &
Mäderhols

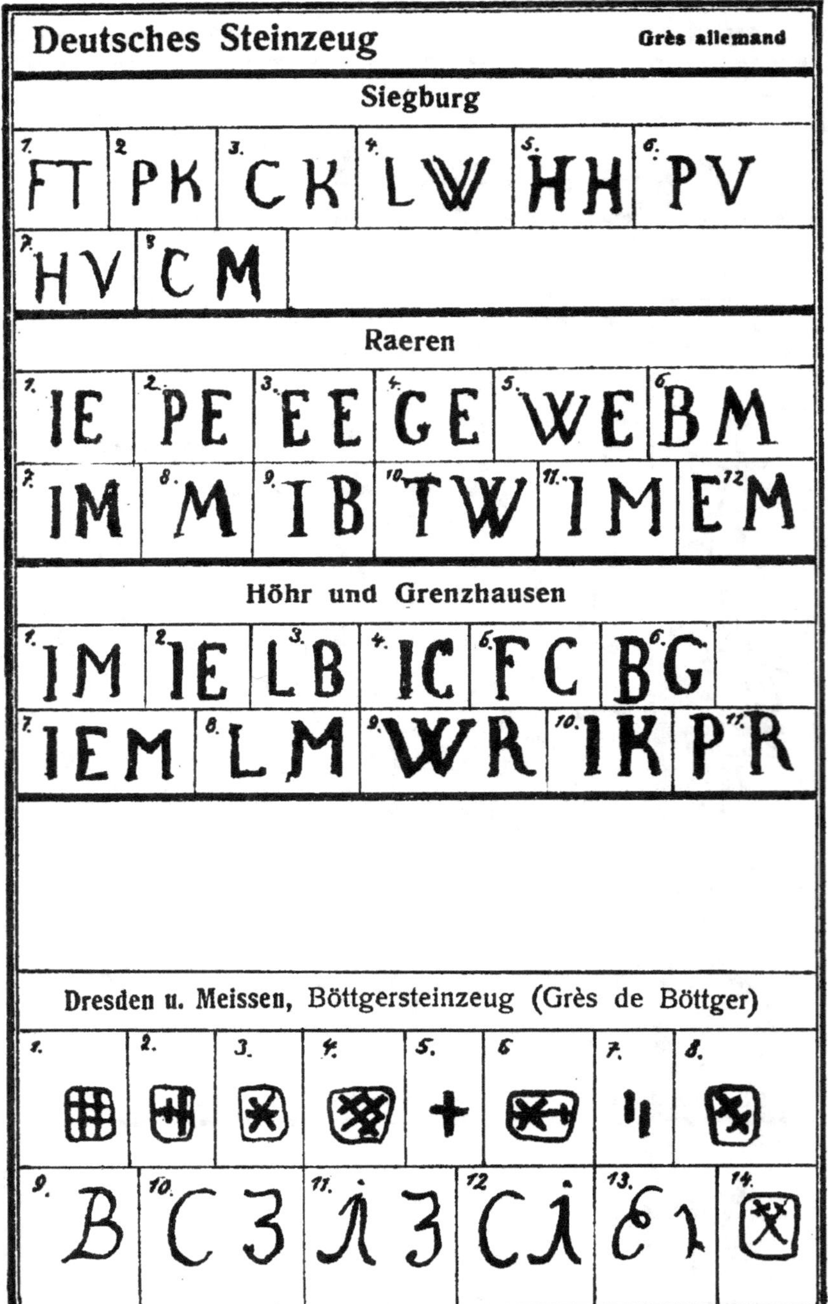
Deutsches Steinzeug
Grès allemand
Siegburg
1. FT
2 PK
3. CK
4. LW
5. HH
6. PV
7. HV
8 CM
Raeren
1. IE
2. PE
3. EE
4. GE
5. WE
6. BM
7. IM
8. M
9. IB
10. TW
11. IM
12. EM
Höhr und Grenzhausen
1. IM
2. IE
3. LB
4. IC
5. FC
6. BG
7. IEM
8. LM
9. WR
10. IK
11. PR
Dresden u. Meissen, Böttgersteinzeug (Grès de Böttger)
1.
2.
3.
4.
5.
6
7.
8.
9.
10.
11.
12
13.
14.

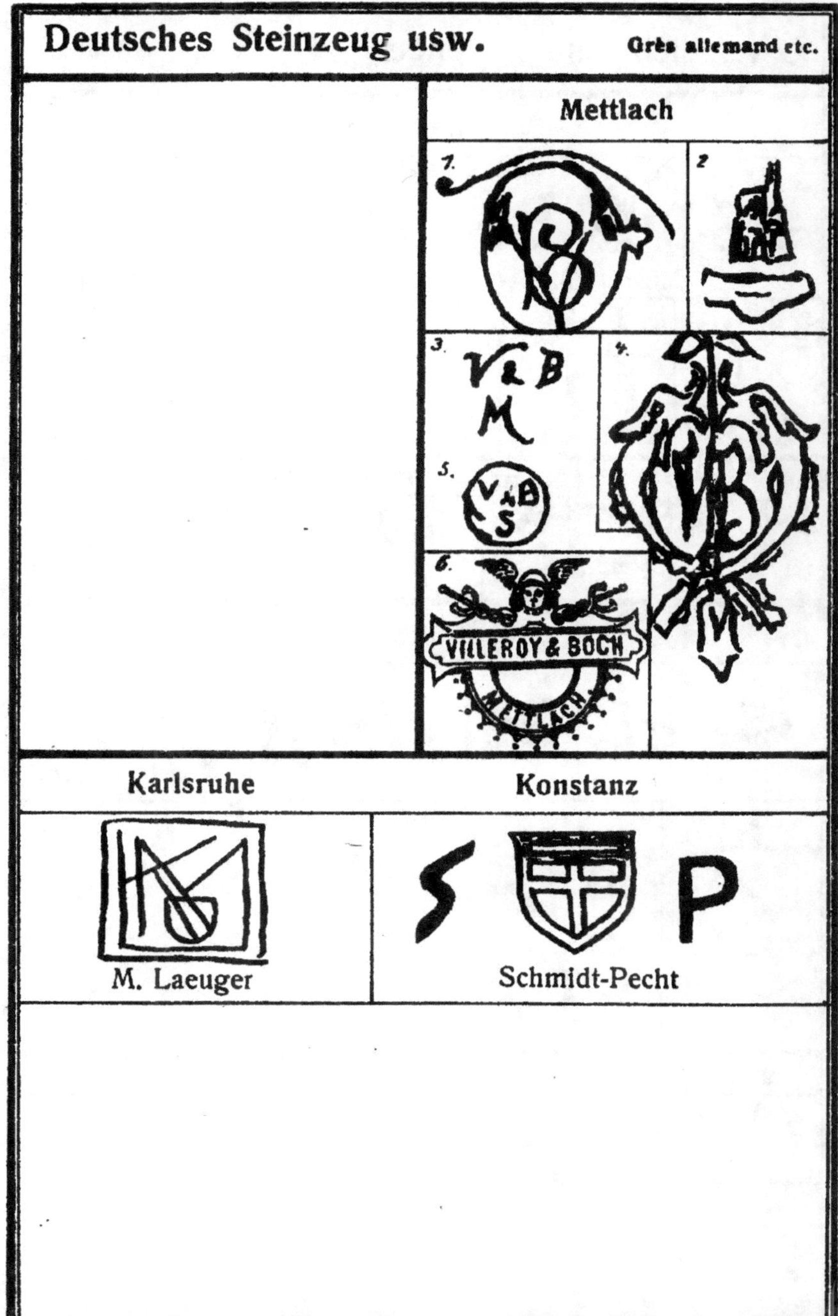

M. Laeuger

Schmidt-Pecht

Österreichische Fayencen

Faïence Autrichienne

Salzburg

1. +S
2. SB
3. JM

Moser 1736—1777

4. S.P. 1749 I.H.
5. P — J. Pisotti
6. JP / PJ — 1777—1814

Gmunden 1740—1820

1. I. R — 1740
2. REINTHAL — J. Reinthal
3. F. F. F.
4. E F 1814 — E. Fötinger

Hollitsch

1. H
2. H
3. H
4. H F
5. Hollitsch D: P. H. C°
6.
7. HK HA

Auspitz

MK 1634

Österreichische Fayencen

Faïence Autrichienne

19. Jahrh. (19e siècle)

Lichtenstern

Cilli — Werner u. Riesberger

Liboje — Schütz Cilli — L. R. Schütz

Schwaz — AH — A. Hussl

Znaim — A. Klammerth

Nesselsdorf — A. Raska

Krawska — V P. — Plank

Olomouczan — G — Schütz frères

Bodenbach — WS&S — W. Schiller & fils

G & S — Gerbing & Stephan

Rosenau — D S. ROZSNYON — A. Dulvavsky jr

Hohenstein — B. B. — B. Bloch

Turn — S & H — Stnack jr

BU. — Urbach frères

Altrohlau — I K. — J. Koretz

S. Repovecki

Fünfkirchen — W. Zsolnay

Dux — C R. — Riese

Aussig — J M — J. Maresch

Probstau — B W. — Willner frères

Holländische Fayencen

Faïence Hollandaise

Delft

Einzelne Fabriken (Manufactures diverses)

1. de metaale pot. 1639.

1 2 3

L. Cleffius 1667

4 5 6 7 8

Lambert van Eenhorn. 1691

9 10 11 12 13

Pieter Paree 1738

2. de griekse A. 1645

14

G. L. Kruyk 1645

15 16 17 18

Samuel van Eenhorn
1674

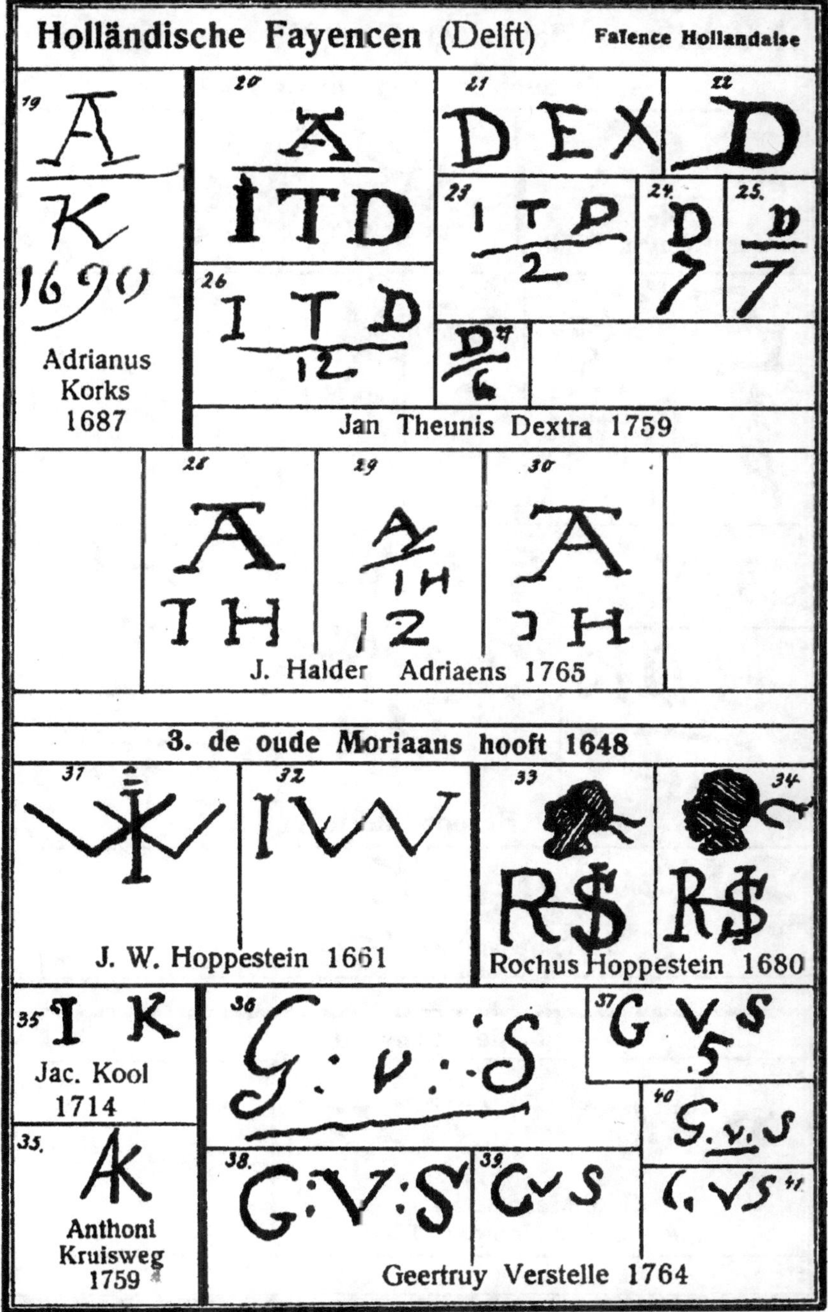
Holländische Fayencen (Delft)
Faïence Hollandaise
Adrianus Korks 1687
Jan Theunis Dextra 1759
J. Halder Adriaens 1765
3. de oude Moriaans hooft 1648
J. W. Hoppestein 1661
Rochus Hoppestein 1680
Jac. Kool 1714
Anthoni Kruisweg 1759
Geertruy Verstelle 1764

Holländische Fayencen (Delft) Faïence Hollandaise

4. de dubbelde Schenkkan 1648

42. DSK 4
Gerrit Cuyst 1670

43. 44.
Amerensie van Kessel 1675

45. 46. 47. 48.
Louwys Victorsz

49. HDK

50. HDK 2

51. GdK HdK 1721

52. GH US 144 ST7

Gillis et Hendrick de Koning 1721

53. DSK.

54. DSK
T. Spaandonck. 1764

5. de paauw 1651

55. DPAUW

56. D PAUW

C. J. Messchert
et A. G. van Noorden 1651

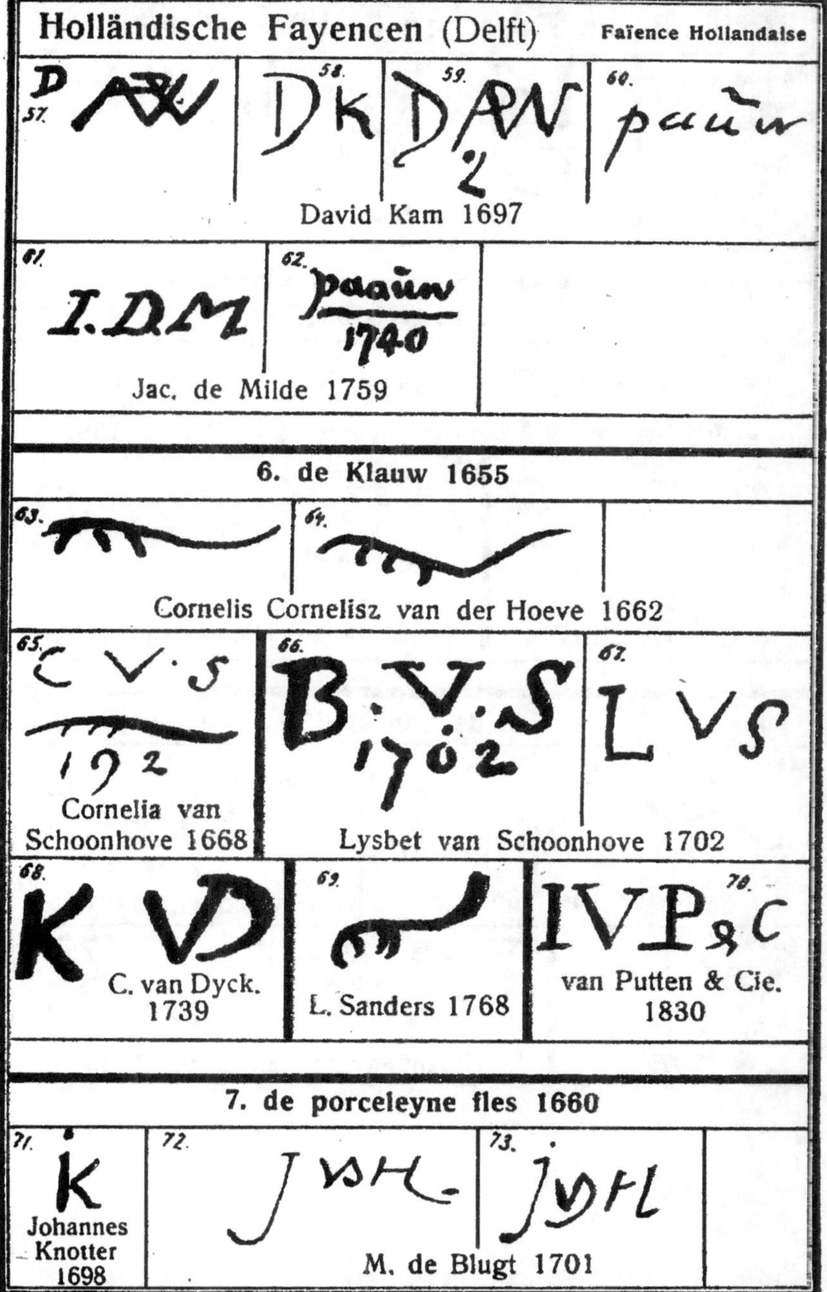
Holländische Fayencen (Delft)
Faïence Hollandaise
57.
58.
59.
60.
David Kam 1697
61.
62.
1740
Jac. de Milde 1759
6. de Klauw 1655
63.
64.
Cornelis Cornelisz van der Hoeve 1662
65.
C V · S
192
Cornelia van Schoonhove 1668
66.
B. V. S
1702
67.
L V S
Lysbet van Schoonhove 1702
68.
K VD
C. van Dyck. 1739
69.
L. Sanders 1768
70.
IVP & C
van Putten & Cie. 1830
7. de porceleyne fles 1660
71.
K
Johannes Knotter 1698
72.
73.
M. de Blugt 1701

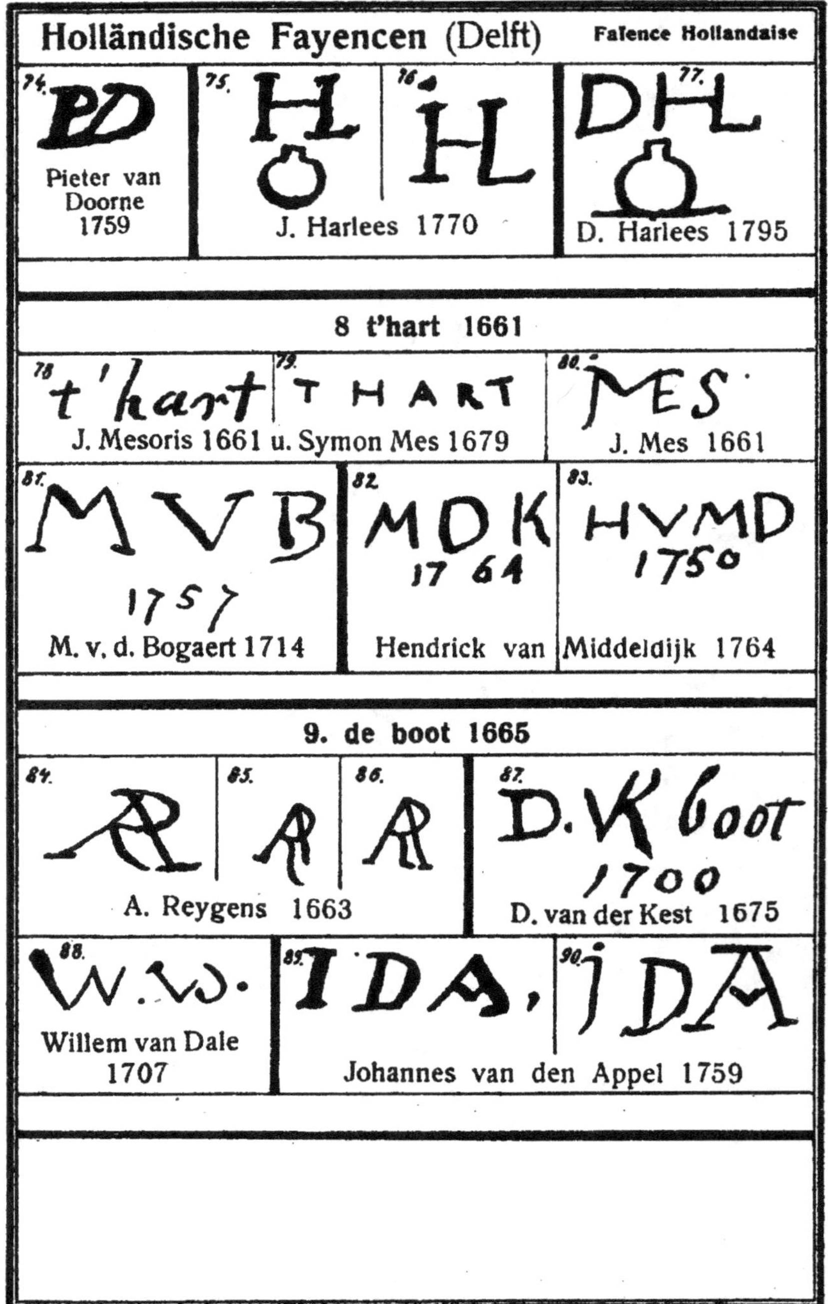
Holländische Fayencen (Delft)
Faïence Hollandaise
74. PD
Pieter van Doorne 1759
75. H
76. H L
J. Harlees 1770
77. DHL
D. Harlees 1795
8 t'hart 1661
78. t'hart
79. T HART
J. Mesoris 1661 u. Symon Mes 1679
80. MES
J. Mes 1661
81. MVB 1757
M. v. d. Bogaert 1714
82. MDK 1764
83. HVMD 1750
Hendrick van Middeldijk 1764
9. de boot 1665
84. 85. 86.
A. Reygens 1663
87. D.K boot 1700
D. van der Kest 1675
88. W.V.
Willem van Dale 1707
89. IDA
90. IDA
Johannes van den Appel 1759

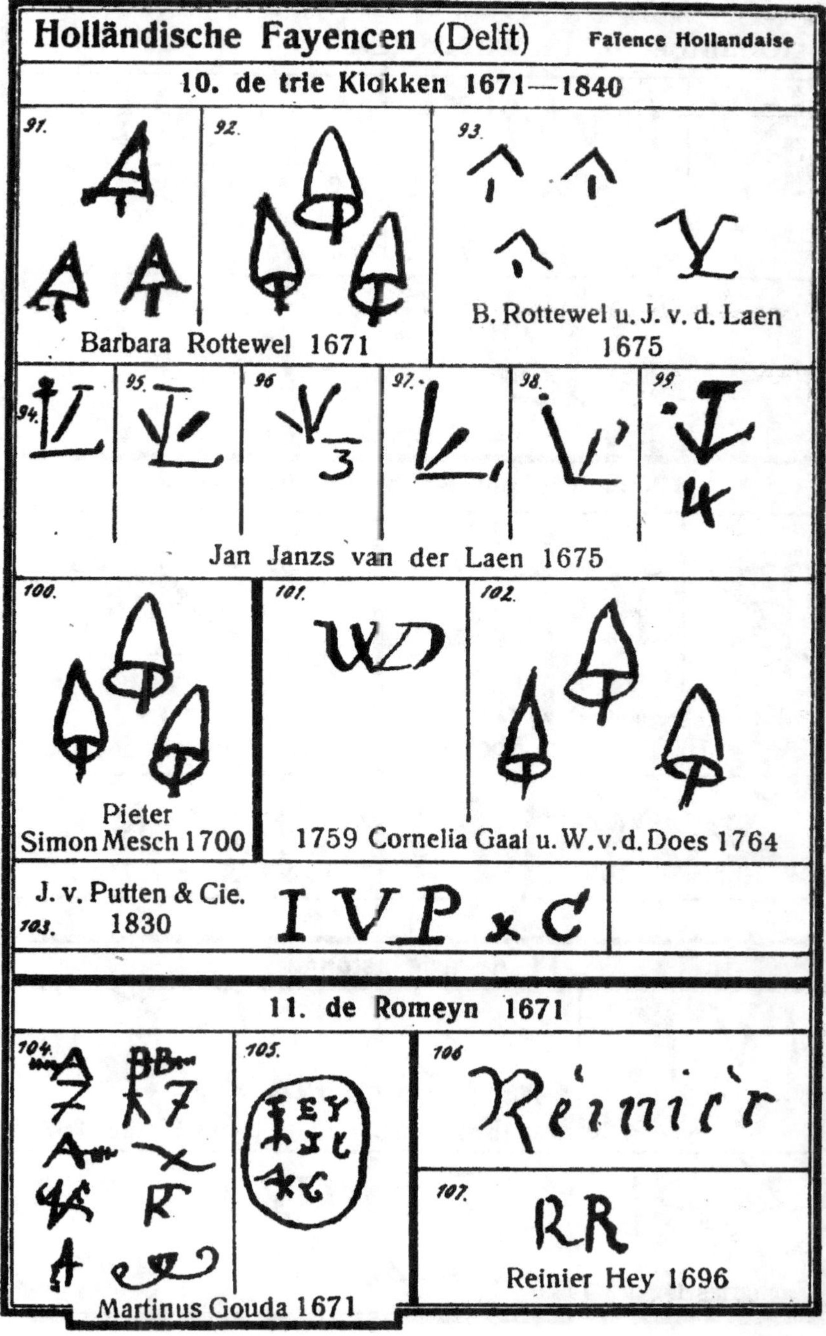
Holländische Fayencen (Delft) Faïence Hollandaise
10. de trie Klokken 1671—1840
91.
92.
93.
Barbara Rottewel 1671
B. Rottewel u. J. v. d. Laen 1675
94.
95.
96
97.
98.
99
Jan Janzs van der Laen 1675
100.
101.
102.
Pieter Simon Mesch 1700
1759 Cornelia Gaal u. W. v. d. Does 1764
J. v. Putten & Cie. 1830
103.
IVP x C
11. de Romeyn 1671
104.
105.
106
Reinier
107.
RR
Reinier Hey 1696
Martinus Gouda 1671

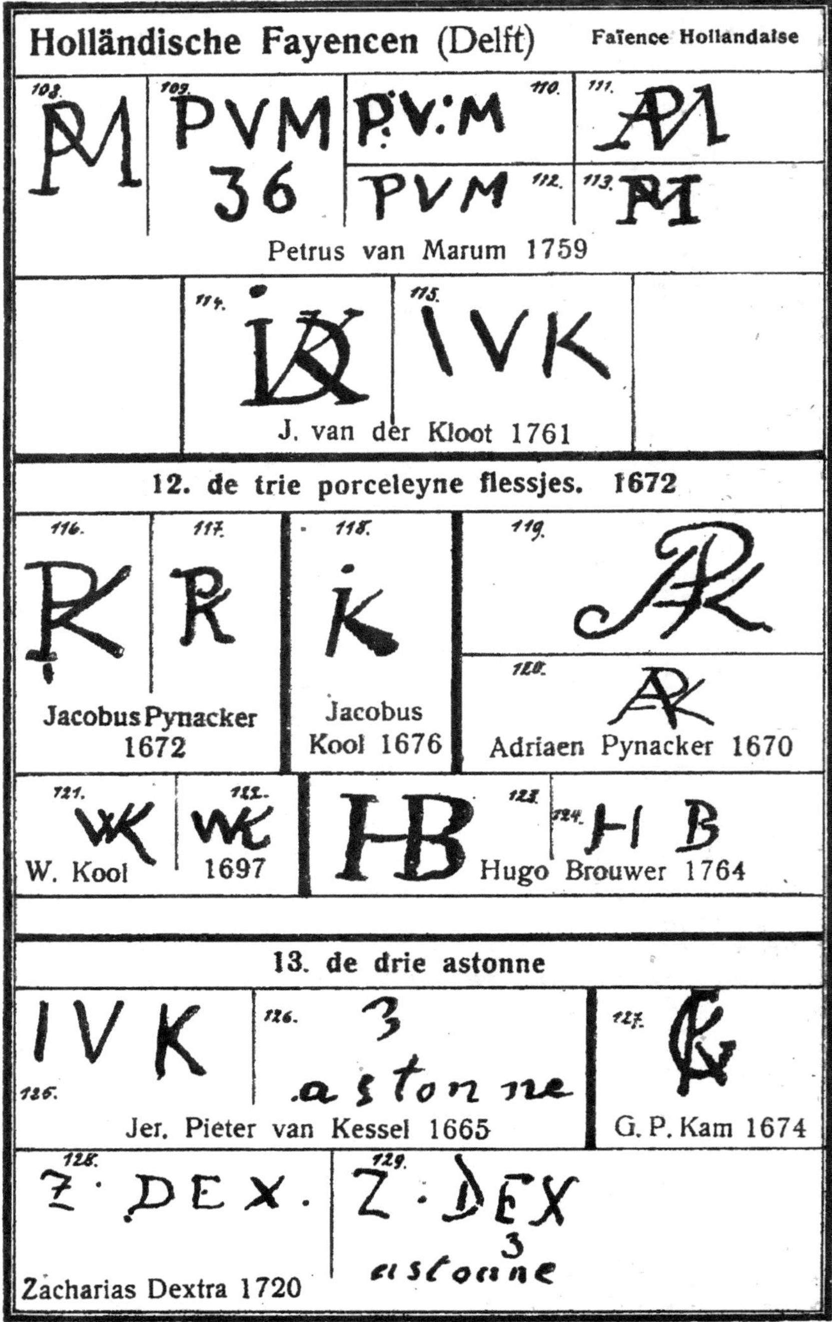
Holländische Fayencen (Delft)
Faïence Hollandaise
108.
109.
PVM
36
110.
P:V:M
111.
112.
PVM
113.
Petrus van Marum 1759
114.
115.
IVK
J. van der Kloot 1761
12. de trie porceleyne flessjes. 1672
116.
117.
118.
119.
120.
Jacobus Pynacker
1672
Jacobus
Kool 1676
Adriaen Pynacker 1670
121.
122.
W. Kool
1697
HB
123.
124.
H B
Hugo Brouwer 1764
13. de drie astonne
IVK
125.
126.
3
astonne
127.
Jer. Pieter van Kessel 1665
G. P. Kam 1674
128.
Z · DEX ·
129.
Z · DEX
3
astonne
Zacharias Dextra 1720

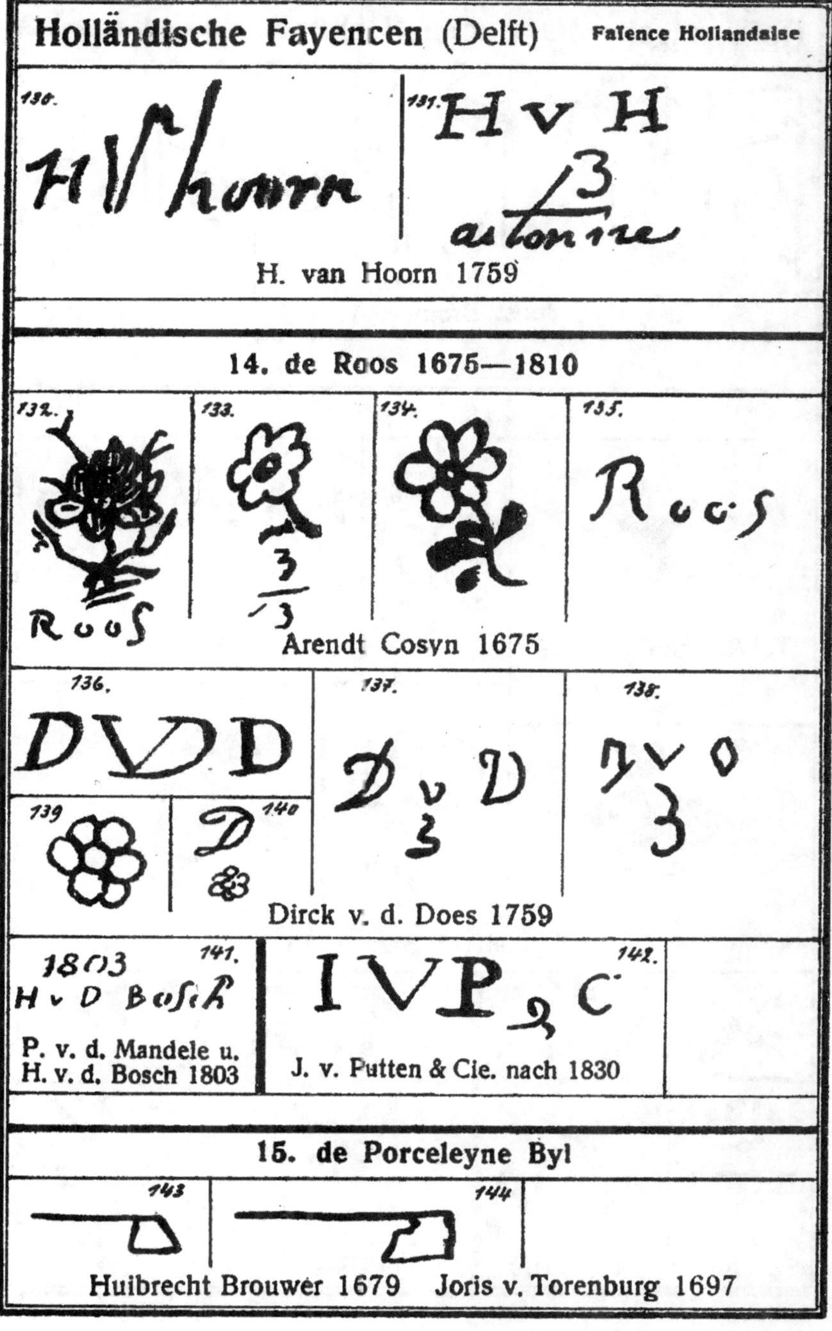
Holländische Fayencen (Delft) Faïence Hollandaise
H. van Hoorn 1759
14. de Roos 1675—1810
Roos
Arendt Cosyn 1675
DVDD
Dirck v. d. Does 1759
1803
H v D Bosch
P. v. d. Mandele u.
H. v. d. Bosch 1803
IVP & C
J. v. Putten & Cie. nach 1830
15. de Porceleyne Byl
Huibrecht Brouwer 1679 Joris v. Torenburg 1697

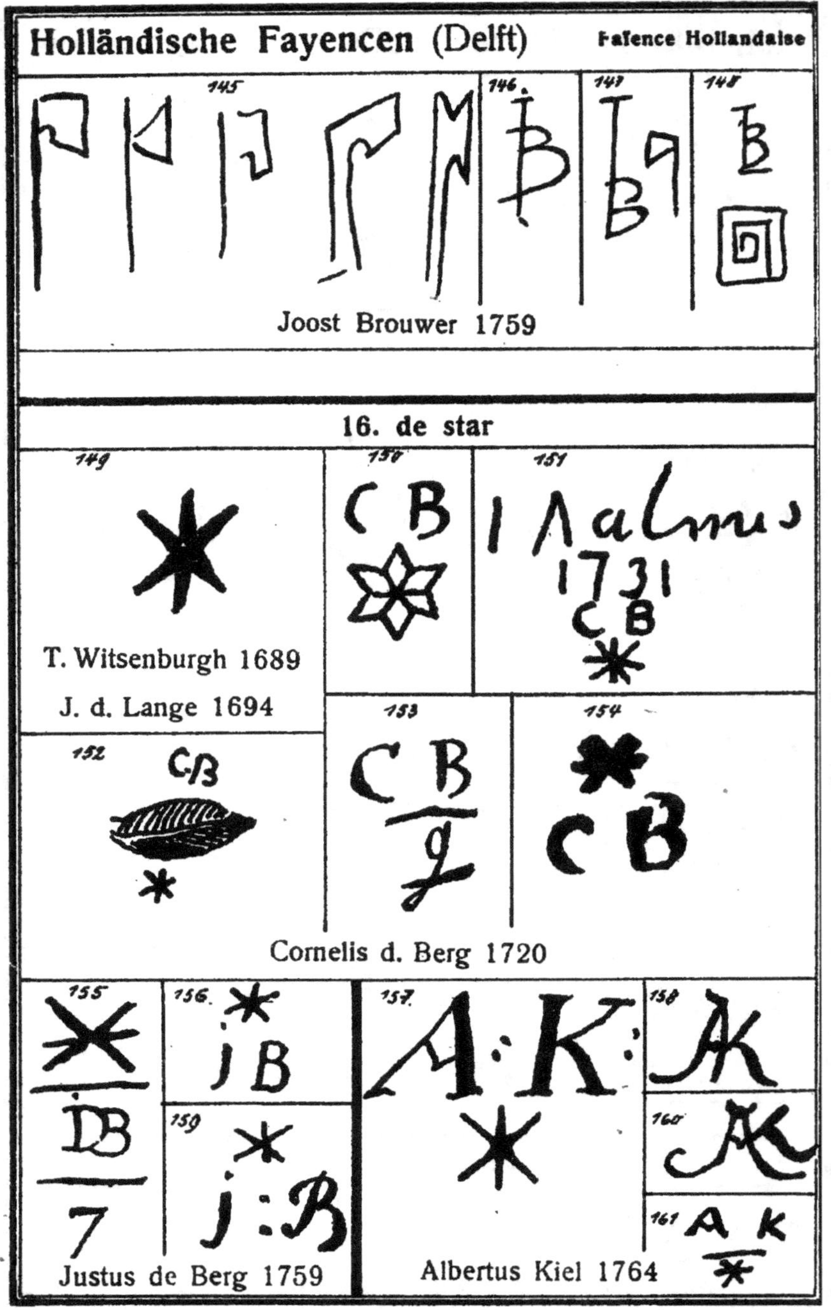
Holländische Fayencen (Delft)
Faïence Hollandaise
145
146
147
148
Joost Brouwer 1759
16. de star
149
150
151
T. Witsenburgh 1689
J. d. Lange 1694
152
153
154
Cornelis d. Berg 1720
155
156
157
158
159
160
161
Justus de Berg 1759
Albertus Kiel 1764

Holländische Fayencen (Delft) — Faïence Hollandaise

17. de Fortuyn

162 L VD

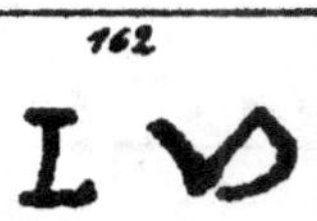

163 J. R. F / 163 / in t Fortuyn

164 J:H:F / 1185 / in't fortuijn

165 L VD

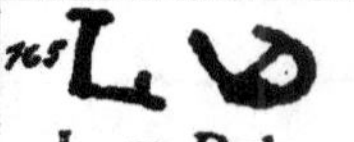

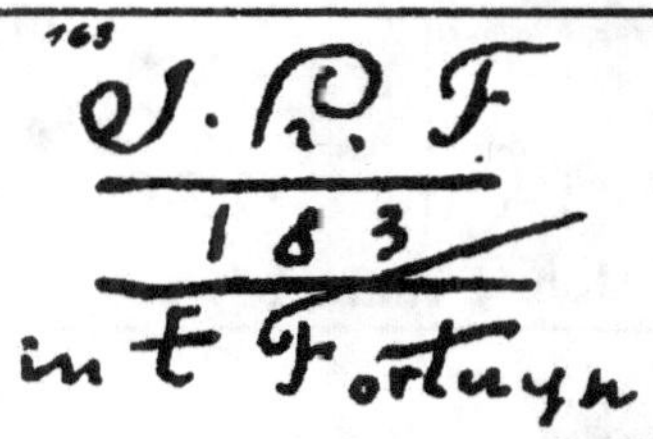

L. v. Dale 1692

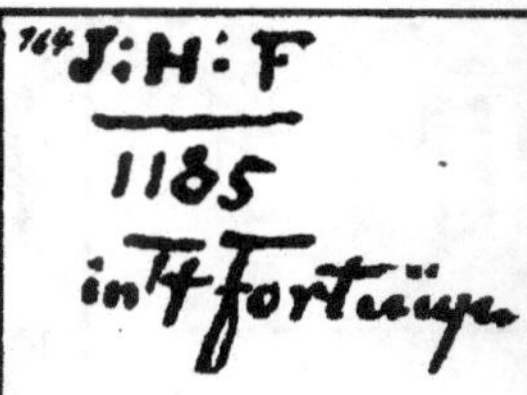

Joris Oosterwijek 1706

166 P VDB

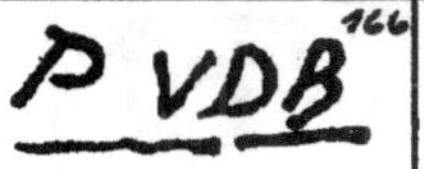

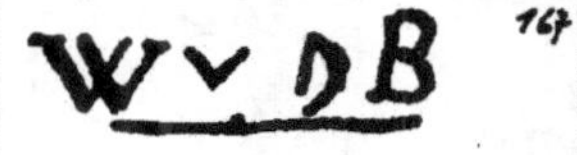

167 W v DB

168 WVDB

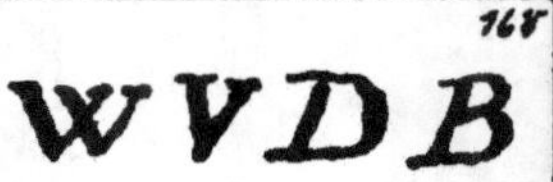

P. van den Briel, 1759, et Elisabeth Elling

18. de vergulde Bloempot 1693

169 PVS WVS 1717

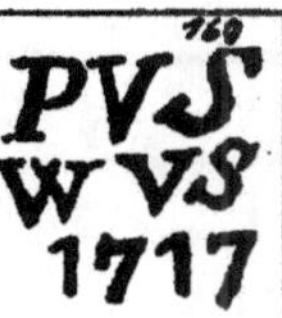

170 blompot

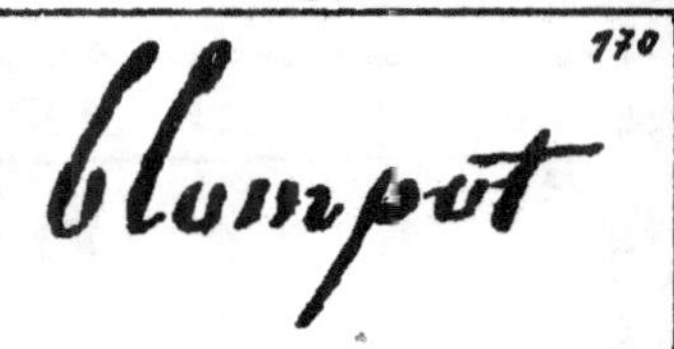

P. van der Stroom 1693

171 blompot

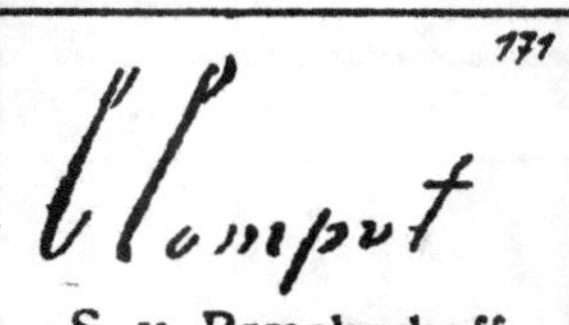

S. v. Brœckerhoff 1698

172 PB

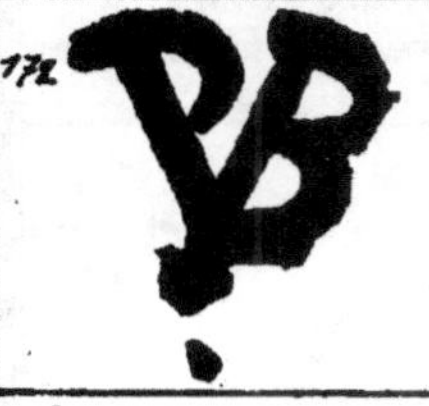

173 B P

174 blompot

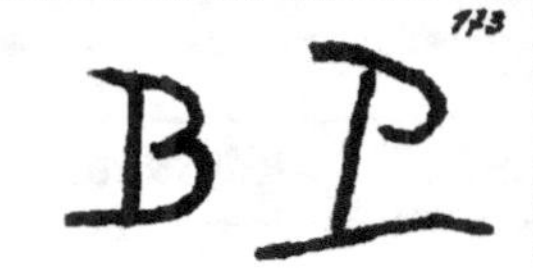

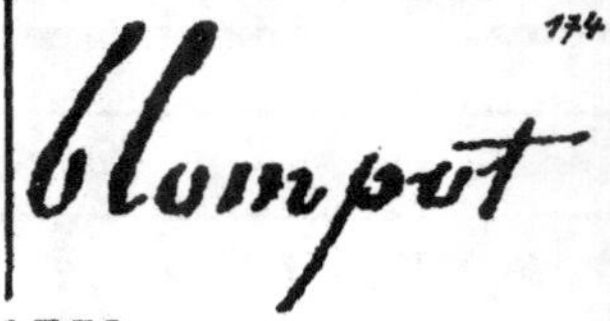

Paulus v. d. Burgh 1759

19. de Dissel

175 IN·DE·DELF·SE.VIN.KEL. .I.D.

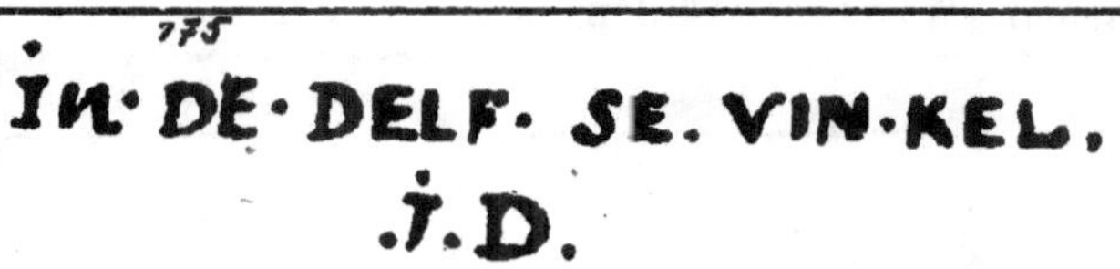

Pieter van Hurck 1696

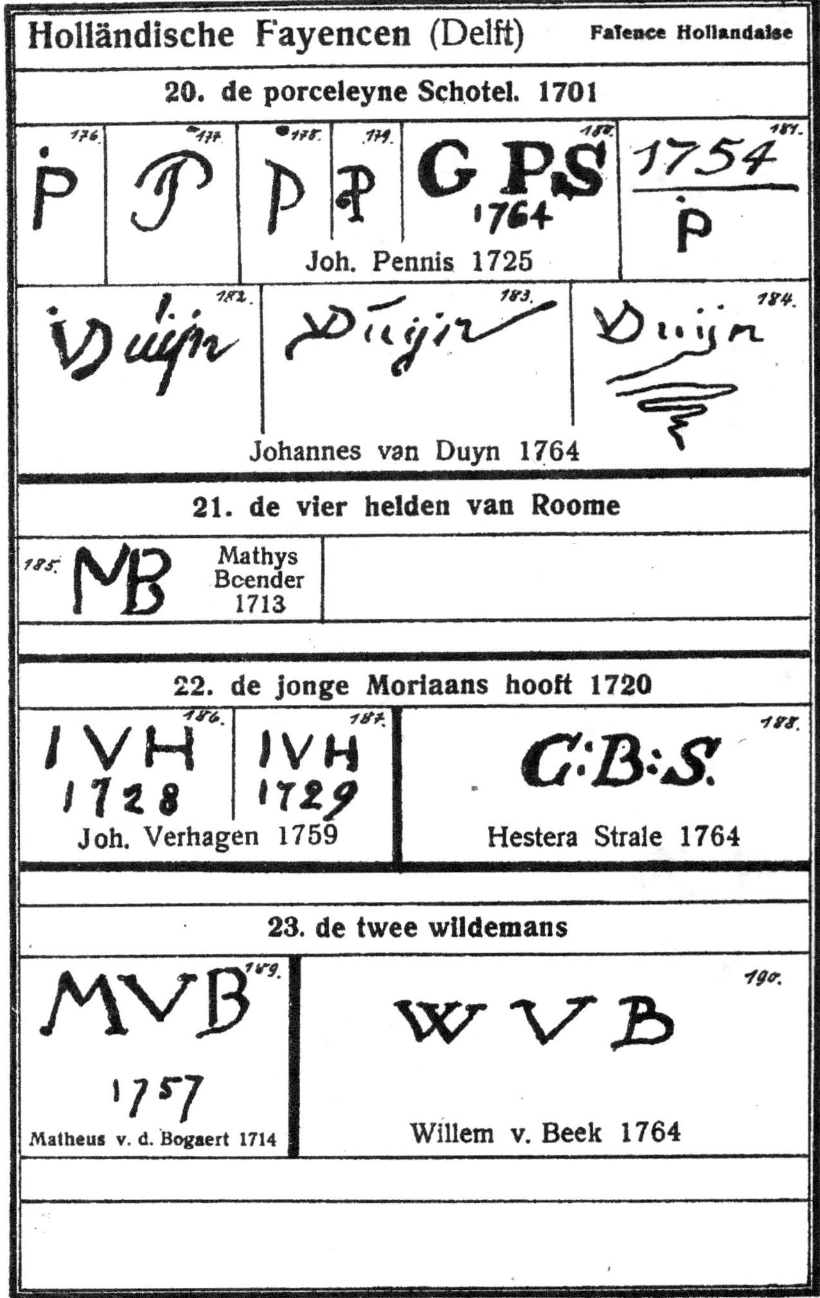

Holländische Fayencen (Delft) — Faience Hollandaise

20. de porceleyne Schotel. 1701

176. P 177. 178. P 179. 180. G PS 1764 181. 1754 P

Joh. Pennis 1725

182. Duijn 183. Duijn 184. Duijn

Johannes van Duyn 1764

21. de vier helden van Roome

185. MB Mathys Boender 1713

22. de jonge Moriaans hooft 1720

186. IVH 1728 187. IVH 1729

Joh. Verhagen 1759

188. C:B:S.

Hestera Strale 1764

23. de twee wildemans

189. MVB 1757

Matheus v. d. Bogaert 1714

190. W V B

Willem v. Beek 1764

Holländische Fayencen (Delft) Faïence Hollandaise

24. de twee schedpjes. 1759

191. AP 192. AP 193. 4 AR

Anthony Pennis (der Junge) et Rachel Overgau 1759

25. de lampetkan 1759

194. LPKan / LPK 195. lpk 196. 197. l pet kan / a VD keelen 1791

Gerrit Brouwer et sa veuve 1759

Abraham v.d.Keel 1780

Einzelne Künstler (Artistes spéciaux)

198. TOME SWA

Thomes Jansz. 1599

199. 1634 DEN 2 M

Cornelis Hermansz 1615

200. C

Cornelis Schipper 1628

201. Junius G/16 1657

Isaac Junius 1640

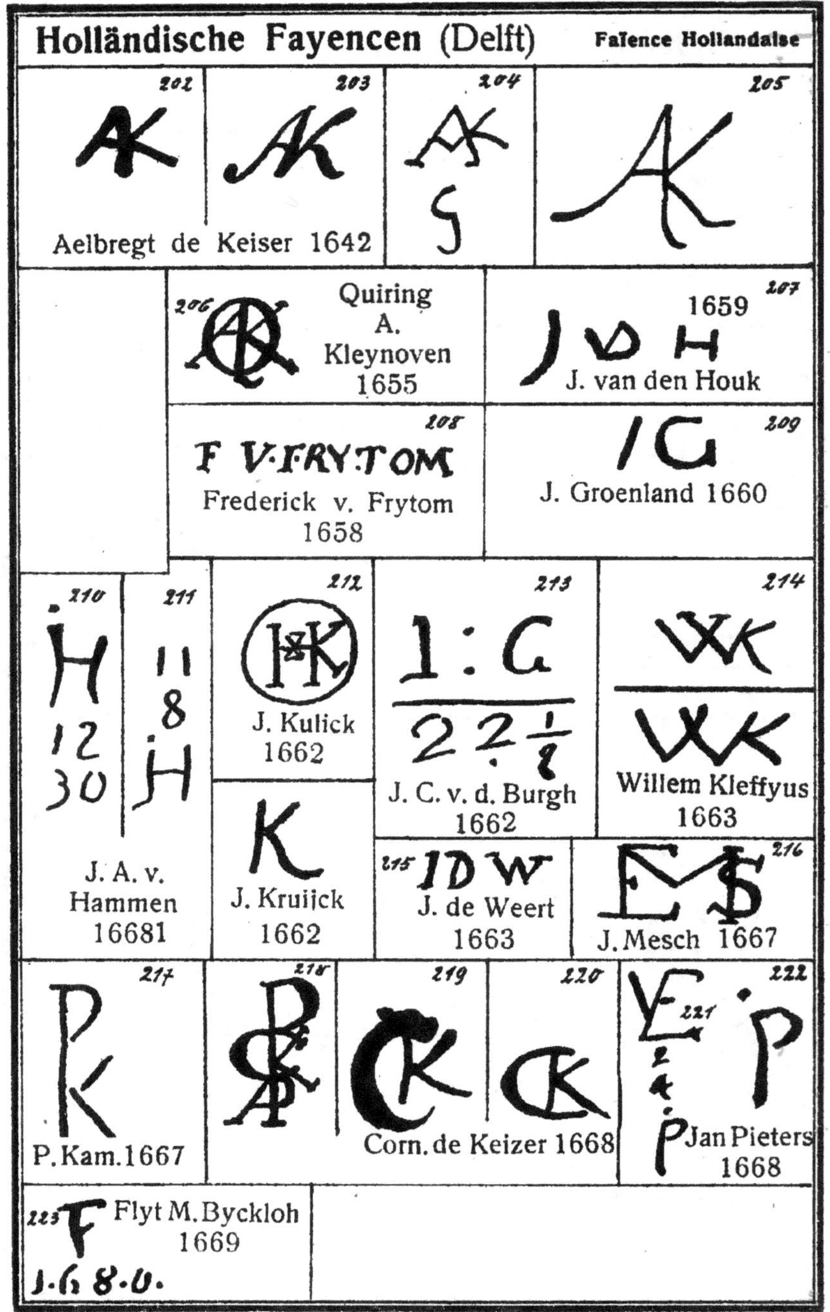
Holländische Fayencen (Delft)
Faïence Hollandaise
202 203 204 205
Aelbregt de Keiser 1642
206 Quiring A. Kleynoven 1655
207 1659 J. van den Houk
208 F V·FRY:TOM
Frederick v. Frytom 1658
209 J. Groenland 1660
210 211 J. A. v. Hammen 16681
212 J. Kulick 1662
213 J. C. v. d. Burgh 1662
214 Willem Kleffyus 1663
J. Kruijck 1662
215 IDW J. de Weert 1663
216 J. Mesch 1667
217 P. Kam. 1667
218 219 220
Corn. de Keizer 1668
221 222 Jan Pieters 1668
223 Flyt M. Byckloh 1669
1·6 8·0·

Holländische Fayencen (Delft) Faïence Hollandaise

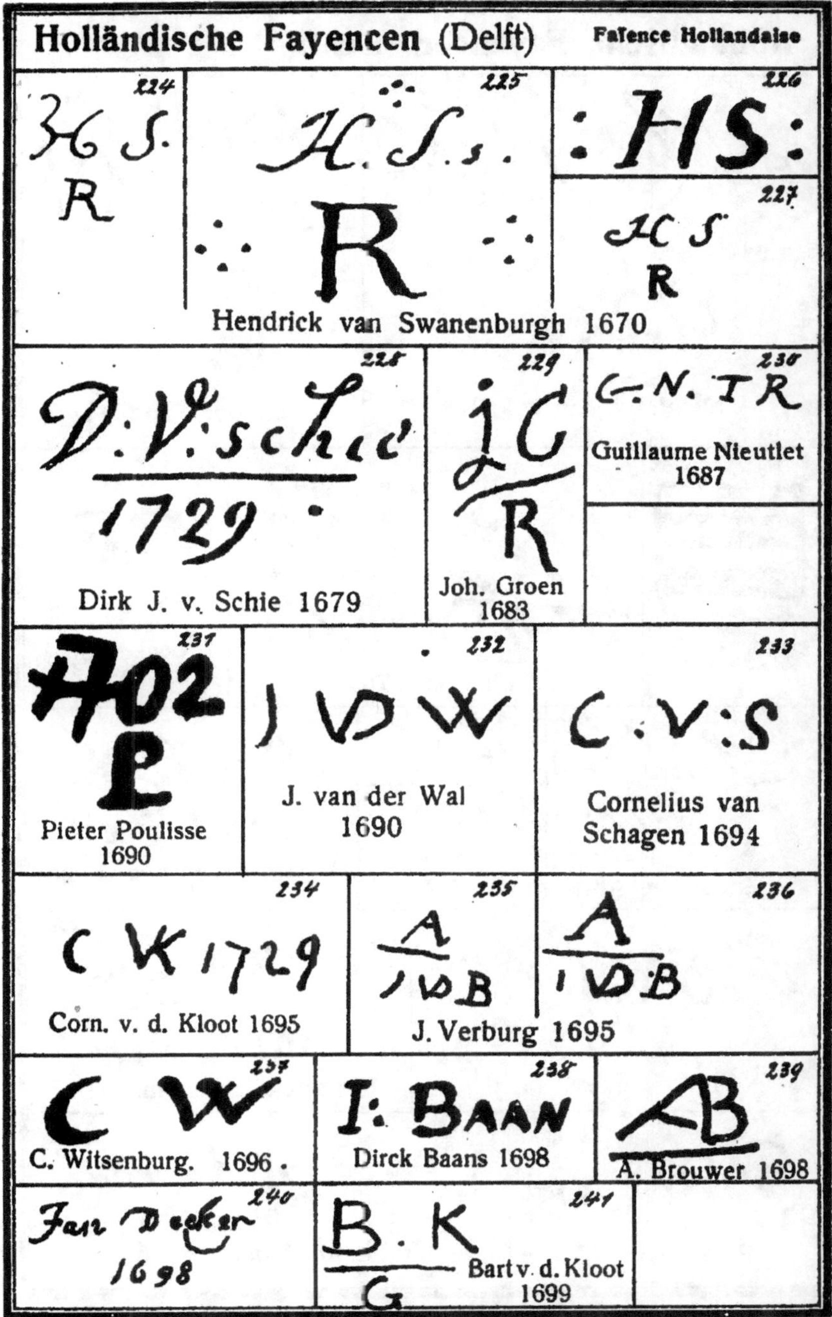

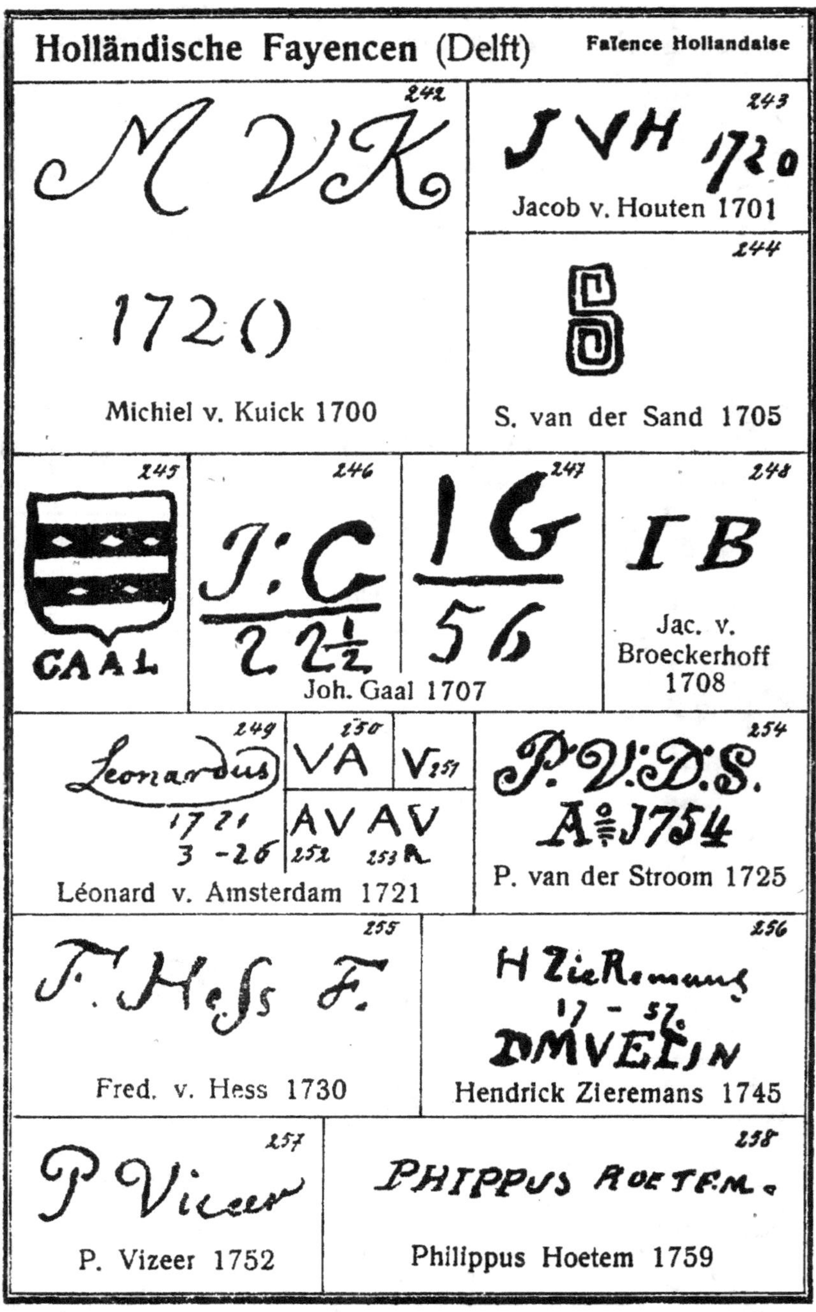
Holländische Fayencen (Delft)
Faïence Hollandaise
242
1720
Michiel v. Kuick 1700
243
Jacob v. Houten 1701
244
S. van der Sand 1705
245
GAAL
246
247
248
Joh. Gaal 1707
Jac. v. Broeckerhoff 1708
249
250
251
252
253
254
Léonard v. Amsterdam 1721
P. van der Stroom 1725
255
256
Fred. v. Hess 1730
Hendrick Zieremans 1745
257
258
P. Vizeer 1752
Philippus Hoetem 1759

Holländische Fayencen (Delft)	Faïence Hollandaise
259 G Verhaast — Gysbert Verhaast 1760	260 M V Kuik 1765 — Michiel v. Kuik 1765
261 J V D Schol 1766 — S. v. d. Schol 1766	262 F — Cornelis J. Fonteyn 1778
263 AREND DE HAAK J. S. — Arend de Haak 1780	

264	265	
Delft — Thooft & Labouchère	Delft	

Holländische Fayencen (Delft) Faïence Hollandaise

Haarlem	Haarlem-Delft
VROOM 1617	1657
Hendrick C. Vroom 1585	Abraham de Kooge 1630

Rotterdam

1 C: Sachtleeven Fa:

C. Sachtleven 1630

2 A L 2

Adriaen Luffneu 1700

3 C:BOVMEESTER

4 C:BM

5 C:MB

Cornelis Boumeester 1715

6 C.B

IA 1731

272.

AN: AALMIS:

7

8

I·AaImis·P

Jan Aalmis (junior) 1739

Holländische Fayencen (Delft) Faïence Hollandaise

10 C-B

Backhuyzen 1741.

11 GOVERT
HENDERICK

Henderick Govert 1759

12 J V D Vliet Fesit

J. v. d. Vliet 1786

Arnhem

1. 2. 3.

Joh. v. Kerckhoff

Schiedam

4. Schiedam
A: klos

A. Klos 1775

Holländische rote Tonwaren

Poterie rouge Hollandaise

Delft

1. Ary de Milde

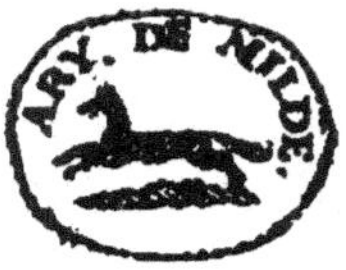

2. M. de Milde

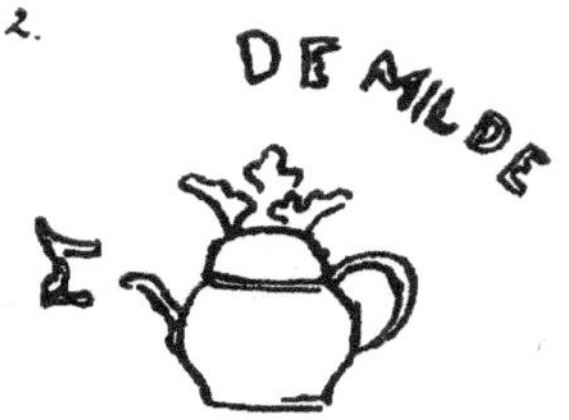

3. Jacobus de Caluwe

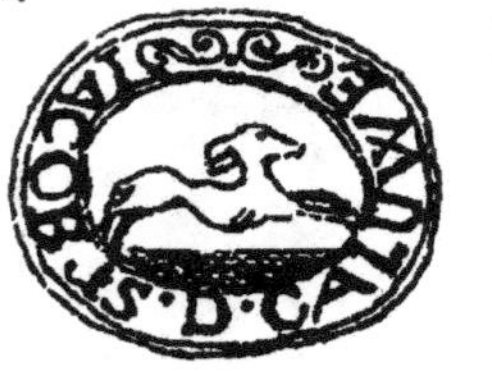

4. Lambertus van Eenhorn

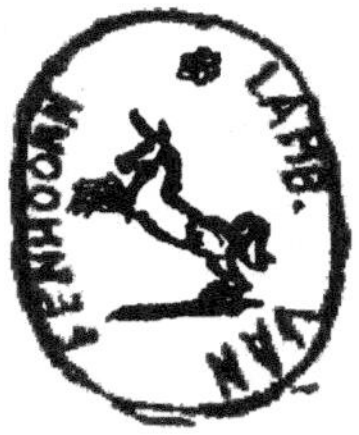

5.

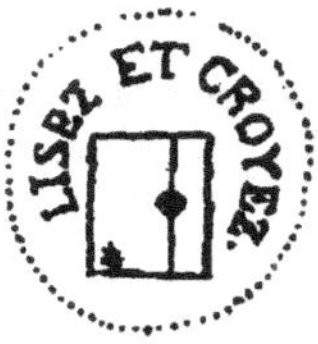

6.

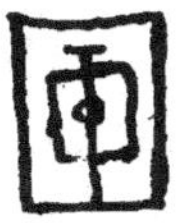

7.

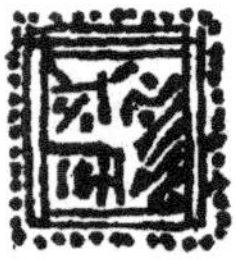

8.

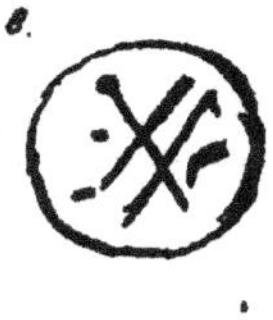

9.

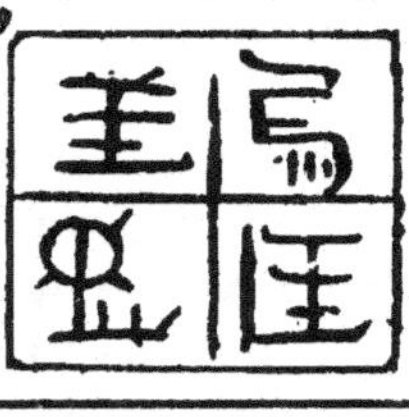

10.

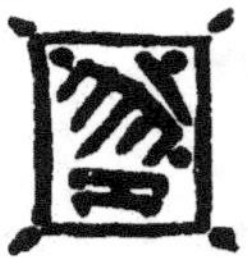

11.

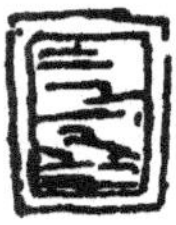

Nachahmung chinesischer Marken
(Imitations de marques chinoises)

Belgische Fayencen

Faïence Belge

Brüssel (Bruxelles)

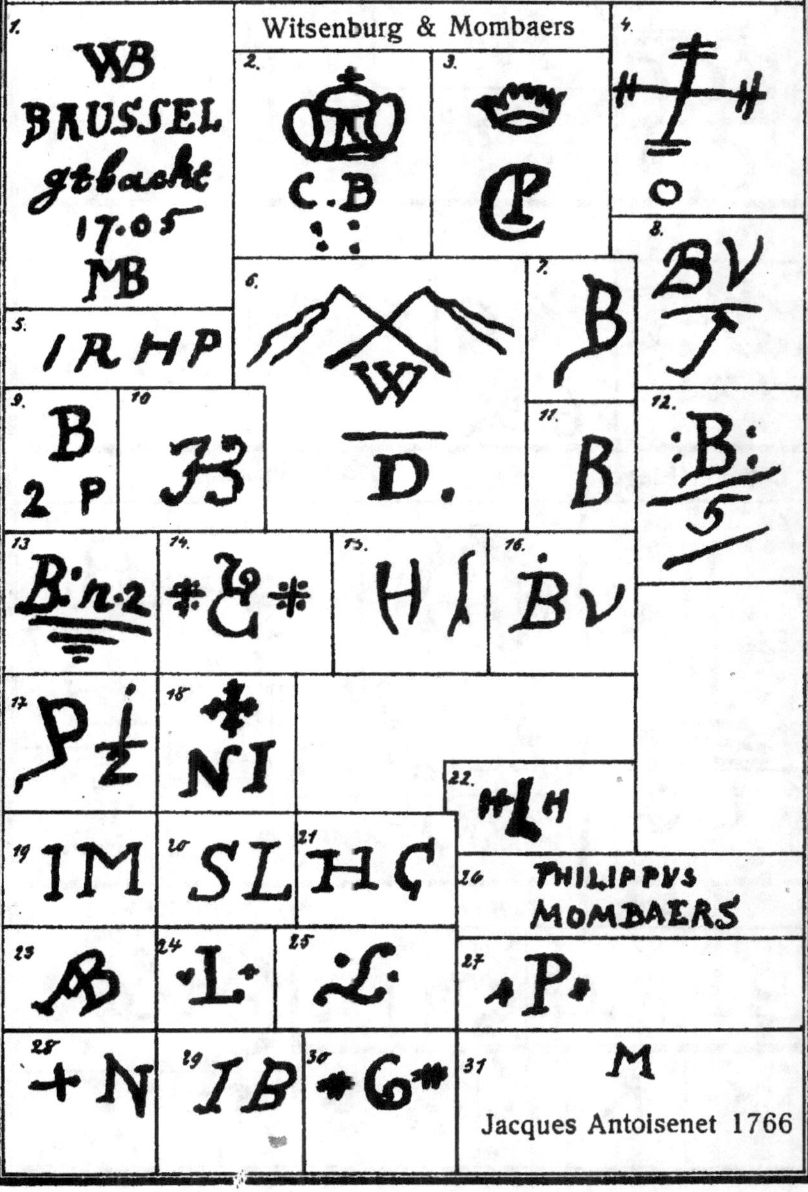

Witsenburg & Mombaers

1. WB BRUSSEL gebacht 17.05 MB

2. C.B

3. C

4.

5. IRHP

6. W D.

7. B

8. BV

9. B 2 P

10. B

11. B

12. :B: 5

13. B:n.2

14. E

15. H I

16. BV

17. P 1/2

18. NI

19. IM

20. SL

21. HÇ

22. HLH

23. AB

24. L

25. L

26. PHILIPPVS MOMBAERS

27. P

28. N

29. IB

30. G

31. M

Jacques Antoisenet 1766

Belgische Fayencen

Faience Belge

Tervueren	Mecheln (Malines)	Etterbeck
CCC CP.	1 IM. 2	Chr. Kuhn 1787

Tournay

1	2.	3.	4
Sloot 1720	G 6		

Lüttich (Liège)	Septfontaines
1. L G 2. L.G.	1 BOCH · A · LUXEMBOURG · 4 2. 3 B 4 5 6 7 8 9 Vaudrevange 10 Bx

Brügge (Bruges)	Andenne
1. BP. 2 3. 4. HK 5 K. 6 K 7 K 8 B. E	BLC 2 AD.W.

Schweizer Fayencen — Faïence Suisse

Winterthur

1. HE 1607.	2. EE 1703	Ehrhart 3. GL 1655	4. AE W 1689	

5 H·H·G. 1634	6 Graff B.E.	7 HHG 1645	8 IG 1709

9 HHG.	10 HHG 1678	11 HH·G. 1687	12 GG 1688

Pfauw

13 LWP	14 HP 1636	15 DP 1636	16 H·P HP

H P 1660	18 AP 1689	

David Pfauw Haffner 19 in Winterthur. 1698	HP Hafner 20 1716

Schweizer Fayencen

Faïence Suisse

Unbekannte Meister
(Maîtres inconnus)

21.	22.	23.	24.
Ludwig Jsfauw Hafner Inn Winterthur 1667	DS 1737	HM 1628	MK 1566
	25. RH fec 1717.	26. HM. W. HM·W. 1742	

Zofingen

HCM 1694

Bero-Münster

1. BL M 2

2. ANDREAS. DOLDER FECit aNo 1777

Lenzburg

1. H·C KLVG. H: M: HW: AI KLVG. BORSOLAI M: M:

2. LB

Zürich

1. Düringer i w fecit 1754

2. Hans Heinrich Michel Hafnerin Zürich 1772

3. Joh Heinrich Bachofen Jacob Hoffner ammpinx 1755

4. Mister Heinrich Bleuler Haffner von Zollikon 1766

Schweizer Fayencen — Faïence Suisse

Solothurn

H H d 2 Jr J. M.

1 R+ 1526

2 D u. P i.

3 CB / N

4 CB / I.

5 CB / 3 III

6 N 1

7 NP 1

8 NP 3

Englische Töpferwaren — Poterie Anglaise

Staffordshire

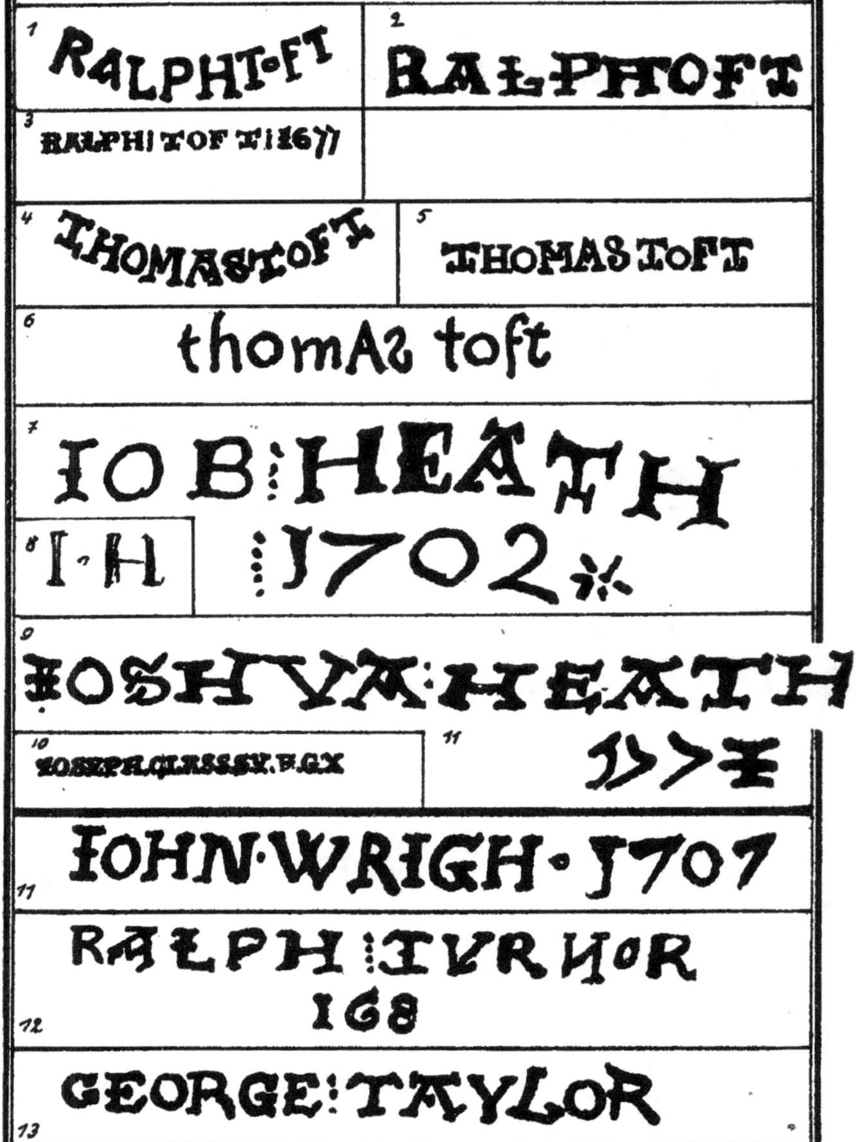

1 RALPH TOFT

2 RALPH TOFT

3 RALPH TOFT 1677

4 THOMAS TOFT

5 THOMAS TOFT

6 thomas toft

7 IOB HEATH 1702

8 I H

9 IOSHVA HEATH

10 IOSEPH GLASS SV. F. GX

11 1703

11 IOHN WRIGH 1707

12 RALPH TVRNOR 168

13 GEORGE TAYLOR

Englische Töpferwaren (Staffordshire) Poterie Anglaise

14 R·A·L·P·H: T·A·Y·L·O·R
I
6
9
7

15 RICHARD
MEIR.

16 IOHN:
SIMPSON
1735

17 ROBART SHAW
1692

18 WILLIAM: WRIGHT
1709

19 RALPH:SIMPSON

Englische Töpferwaren	Poterie Anglaise
Kent	
Wrotham	
1. WROTHAM	
2. IE 1707 WROTHAM	3. I:W: 1707:
4. IW: 1656	5. HI 1657
6. IL 1612 / 7. IL 1621	8. GR 1650
	9. GR-1659
10. IE 1687	11. NH:1618:
12. IE:1692	

Englische Töpferwaren (Derbyshire) Poterie Anglaise

(Cockpit Hill)?

1 IOHN : MEIR : 1708

2 IOSEPH KING

3 SM

Staffordshire

rotes Steinzeug (Elersware)

1	2	3	4	5	

Twyford?

1	2	

Englische Töpferwaren — Poterie Anglaise

Burslem

Wood

1 83 Ra. Wood Burslem

2 E WOOD

3 ENOCH WOOD & SONS BURSLEM

4 WOOD & CALDWELL

Moseley	J. Lockett	Walton
5 MOSELEY	6 J LOCKETT.	7 WALTON.

J. u. R. Riley	S. Alcock & Co.
8 RILEY'S Semi China	9 ALCOCK & CO. HILL POTTERY. BURSLEM.

Bagshaw & Mayer	Pinder, Bourne & Co.
10 IRONSTONE B & M	11 PINDER BOURNE & Co

Daniel Steel	J. Dale
12 STEEL BURSLEM.	13 I. DALE BURSLEM

Englische Töpferwaren

Poterie Anglaise

Etruria (Wedgwood)

1.	WEDGWOOD
2.	Wedgwood
3.	WEDGWOOD
4.	WEDGWOOD
5.	WEDGWOOD ETRURIA
6.	Wedgwood
7.	WEDGWOOD & BENTLEY. ETRURIA
8.	WEDGWOOD & BENTLEY
9.	Wedgwood & Bentley
10.	Wedgwood & Bentley
11.	W & B 10
12.	Emile Lessore
13.	
14.	

Englische Nachahmungen (Imitations anglaises)

15.	WEDGEWOOD
16.	WEDGWOOD & Co.

Englische Töpferwaren

Poterie Anglaise

Tunstall

Adams

1. Adams & Co.	4. W. ADAMS & Co.	6. ADAMS TUNSTALL	7. ADAMS ESTBD 1657 TUNSTALL ENGLAND
2 ADAMS & Co	5 B ADAMS		
3 ADAMS			

A. & E. Keeling	S. Child	Enoch Booth
8 A & E Keeling	9 CHILD.	10 Enoch Booth

Ralph Hall
R HALL

Longport

E. & G. Phillips	Rogers
1 E & G Phillips LONGPORT	2 ROGERS. J·R L·

Davenport

3 DAVENPORT	4 Davenport	5 DAVENPORT STONE CHINA

Cobridge

R. Daniel
1 R. DANIEL.

Englische Töpferwaren — Poterie Anglaise

Stevenson

2 A. STEVENSON WARRANTED STAFFORDSHIRE

3 Stevenson

5 STEVENSON

J. & R. Clews

4 CLEWS Warranted Staffordshire

J. Voyez

6 J. VOYEZ

Hanley

Astbury jun.

1 ASTBURY

E. Mayer

2 E. MAYER. 1754

Salt

3 SALT

W. Stevenson

4 W STEVENSON HANLEY, MAY. 2. 1802.

J. Shorthose

5 SHORTHOSE

6 SHORTHOSE & HEATH

Church Works

7 H. PALMER · HANLEY ·

8 Neale & Palmer.

9 Neale & Wilton.

10 I. NEALE · HANLEY ·

11 Neale & Co

12 C WILSON

Englische Töpferwaren (Hanley) — Poterie Anglaise

Old Hall		Birch
13 MEIGH	14 N°76	15 Birch 16 E I B

Eastwood	T. Sneyd	R. Hollins
17 EASTWOOD.	18 T. SNEYD HANLEY	10 S. HOLLINS 20 T&J Hollins

Keeling Toft & Co.	Y. Lakin & Poole
21 Keeling Toft & Co.	22 LAKIN & POOLE.

Shelton

New Hall	Claude Place Works	
1 New Hall	2 India Temple Stone China J.W.R.	3 J & W RIDGWAY
5 HACKWOOD & CO.		4 I. RIDGWAY

R. & Baddeley	Samuel Hollins
6 J. E. B.	7 S. HOLLINS.
8 JOHNSON HANLEY Stone-China	Thomas Fletcher & Co. 9 Fletcher & Co Shelton.

Englische Töpferwaren

Poterie Anglaise

Stoke upon Trent

Minton

1 AMHERST JAPAN No 63 STONE CHINA	2 Minton & Boyle
	3 M & B
	4 M & C

Spode		Wolfe
5 SPODE Stone China	6 COPELAND & GARRETT NEW FAYENCE	7 Wolfe & Hamilton, Stoke.
8 SPODE		

Fenton

F. Pratt	R. M. Taylor	
1 Pratt,	2 FENTON STONE WORKS	3 S. GREENWOOD.

Lane End (Longtog)

Mayer & Newbold		Bailey & Batkin
1 M & N	2 May^r & Newb^d.	3 Bailey & Batkin.

J. Harley

4 HARLEY	5 J. Harley Lane end.

Englische Töpferwaren (Lane End) Poterie Anglaise

Hilditch & Son		J. Aynsley	Bej. Plant
6 H&S	7 R	8 Aynsley Lane End.	9 B Plant Lane End

Chetham & Woolley	Turner	Cyples
10 CHETHAM	11 TURNER.	12 .I CYPLES

Lane Delph

Miles Mason

1 MASON'S PATENT IRONSTONE CHINA	2 MILES MASON	
	3 MILES MASON	

Foley	Elkin Knight & Bridgwood	
MYATT	ELKIN KNIGHT & Co.	

Burslem Sytsch Pottery

	I Hall & Sons	

Englische Töpferwaren

Poterie Anglaise

Liverpool

Richard Chaffers

1 Richard Chaffers 1769.

Ph. Christian

2 CHRISTIAN.

Herculaneum Pottery

3 HERCULANEUM POTTERY.

4 HERCULANEUM

5 H P I S O S

6 HERCULANEUM

7 HERCULANEUM

8

9 P M C

Leeds

Leeds Pottery

1. Hartley, Greens & Co

2. LEEDS POTTERY LEEDS POTTERY

3. LP

4 LEEDS POTTERY.

Hawley

5 HAWLEY

Rainforth & Co.

6 RAINFORTH & Co

7 LP

Swinton

Don pottery

DON POTTERY

DON POTTERY

GREEN.

Castleford

Dav. Dunderdale& Co.

D. D. & Co.

CASTLEFORD POTTERY

Englische Töpferwaren

Poterie Anglaise

Ferrybridge		Mexborough
1 FERRYBRIDGE	2 WEDGWOOD & CO.	REED.

Rockingham (Swinton)		
1 TWIGG NEWHILL	2 ROCKINGHAM.	3 BRAMELD.

Sunderland

Sunderland Pottery		
1 Dixon & Co. Sunderland Pottery.	2 Dixon, Phillips & co	3 Scott
Garrison Pottery (Hylton)		Ford Pottery
4 PHILLIPS & Co Sunderland Pottery.	5 J. PHILLIPS, Hylton Pottery.	6 MALING

New Castle upon-Tyne

T. Fell & Co	Patterson & Co	
1 FELL	2 PATTERSON & Co	3 J & P
Sewell & Donkin		
4 SEWELL 3	5 A SEWELL & DONKIN.	6 NEWCASTLE

Southwick Wear Pottery	
MOORE & CO. SOUTHWICK.	

Englische Töpferwaren — Poterie Anglaise

Stockton on Tees (W. Smith & Co.)

1	2	3
STOCKTON POTTERY.	W. S. & Co. QUEENS WARE. STOCKTON.	WEDGEWOOD.

Bristol

Delftware

1	2	3	4	5
			1761 Bowen fecit	

R. F. Brislington	Pountney & Allies		Powell
6	7 Bristol Pottery	8 POUNTNEY & ALLIES	9 POWELL BRISTOL

Lambeth

Snizer	Imperial Pottery
1 Snizer, Lambeth.	2 Stephen Green Imperial Potteries Lambeth

Lambeth Pottery	Fulham
3 DOULTON & WATTS LAMBETH POTTERY LONDON	Fulham Pottery
	Lowesby
	LOWESBY

Englische Töpferwaren

Poterie Anglaise

Mortlake

1. Kishere Mortlake
2. IK 182

Isleworth

1. S & G 26 S & Co
2. F. G. 73

Yarmouth

Absolon yarm

Nottingham

John. [illegible] of [illegible] near Nottingham. 1712.

Eszex (Castle Hedingham)

E. BINGHAM

Swansea (Cambrian)

Cambrian Pottery

2. CAMBRIAN

3. Dillwyn's Etruscan Ware.

Wales? (Lane End?)

C. HEATHCOTE & C.
CAMBRIA
No. 7

Schottische Töpferwaren		**Poterie Ecossaise**
Porto bello		
1 SCOTT BROTHERS.	2 SCOTT PB	
Irische Töpferwaren		**Poterie Irlandaise**
Dublin		
1 Dublin	2 DONOVAN	

Dänische Fayencen — Faïence Danoise

Kopenhagen (Copenhague)

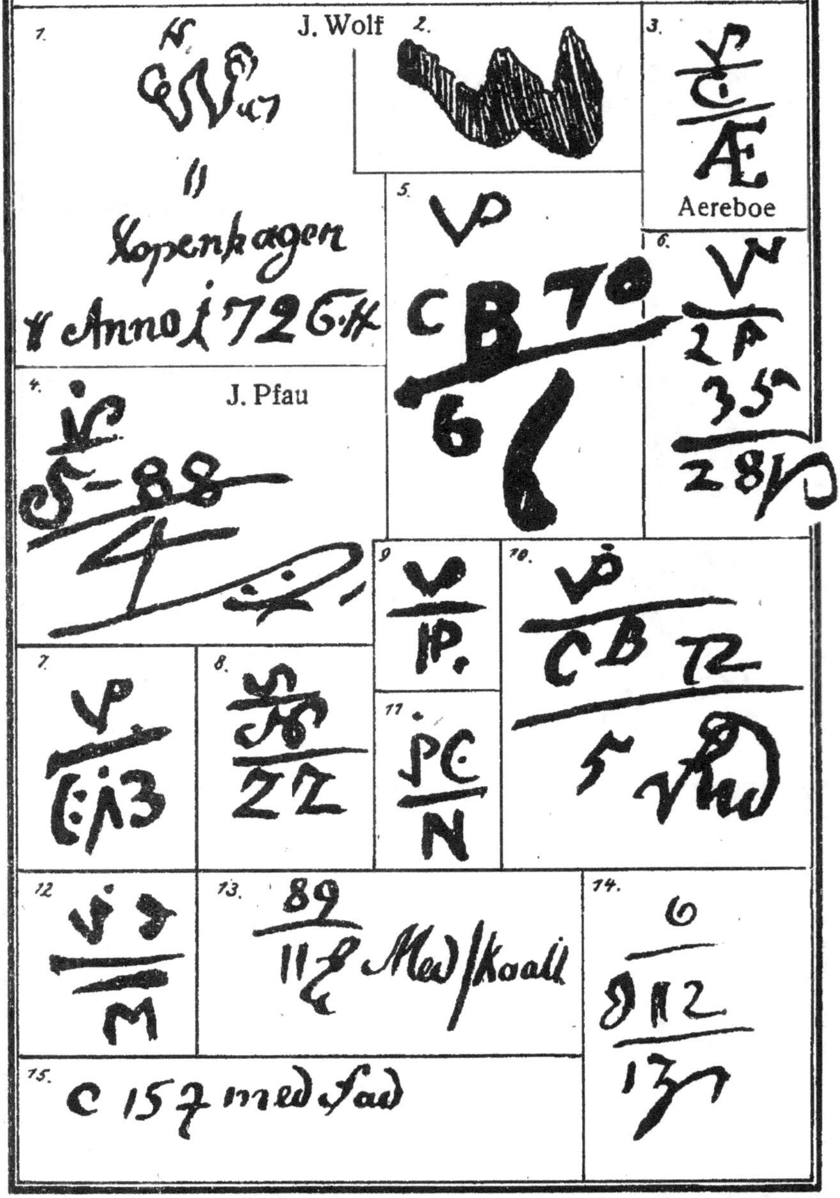

1. J. Wolf

Kopenhagen Anno 1726

2.

3. Aereboe

4. J. Pfau

5.

6.

7.

8.

9.

10.

11.

12.

13.

14.

15.

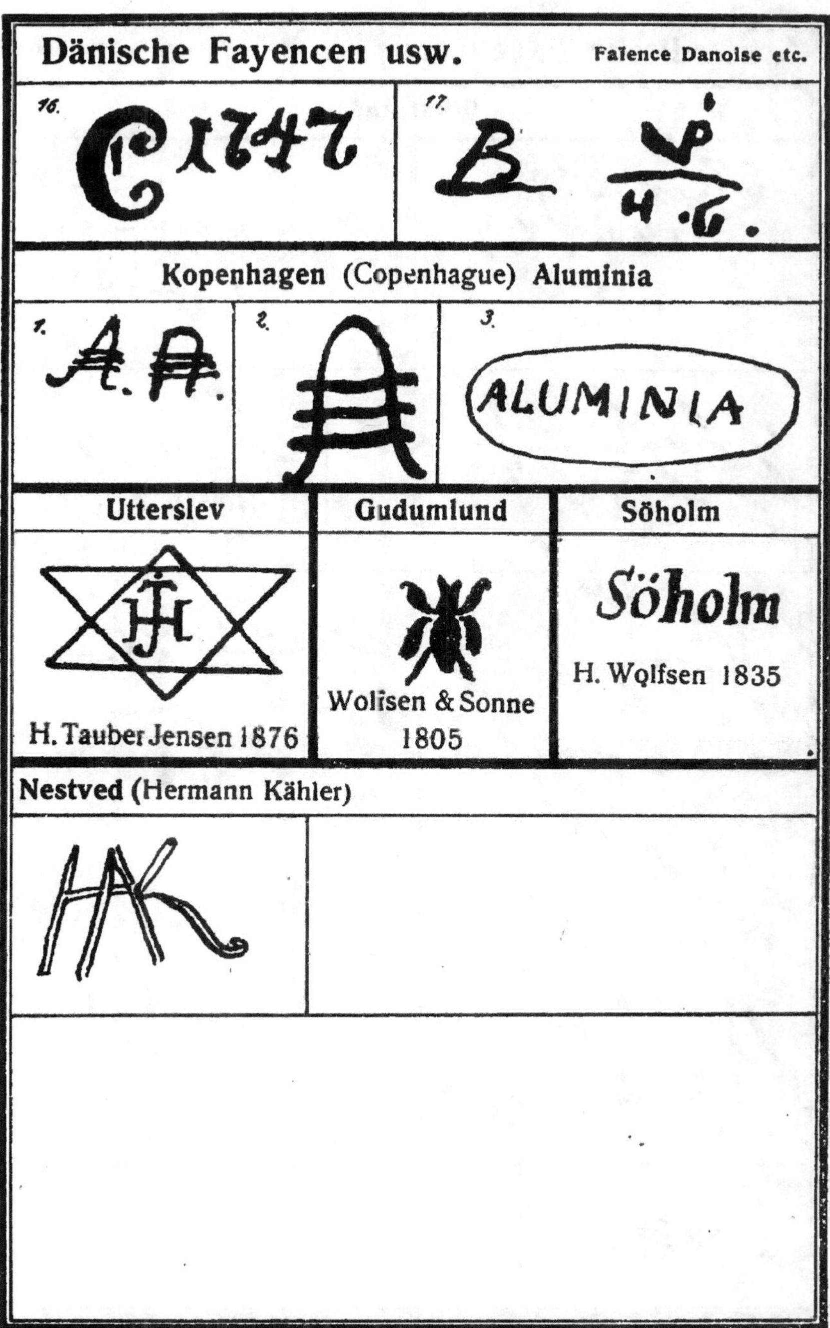
Dänische Fayencen usw.
Faïence Danoise etc.
16.
C 1747
17.
B
Kopenhagen (Copenhague) Aluminia
1.
A. A.
2.
3.
ALUMINIA
Utterslev
H. Tauber Jensen 1876
Gudumlund
Wolfsen & Sonne
1805
Söholm
Söholm
H. Wolfsen 1835
Nestved (Hermann Kähler)
HAK

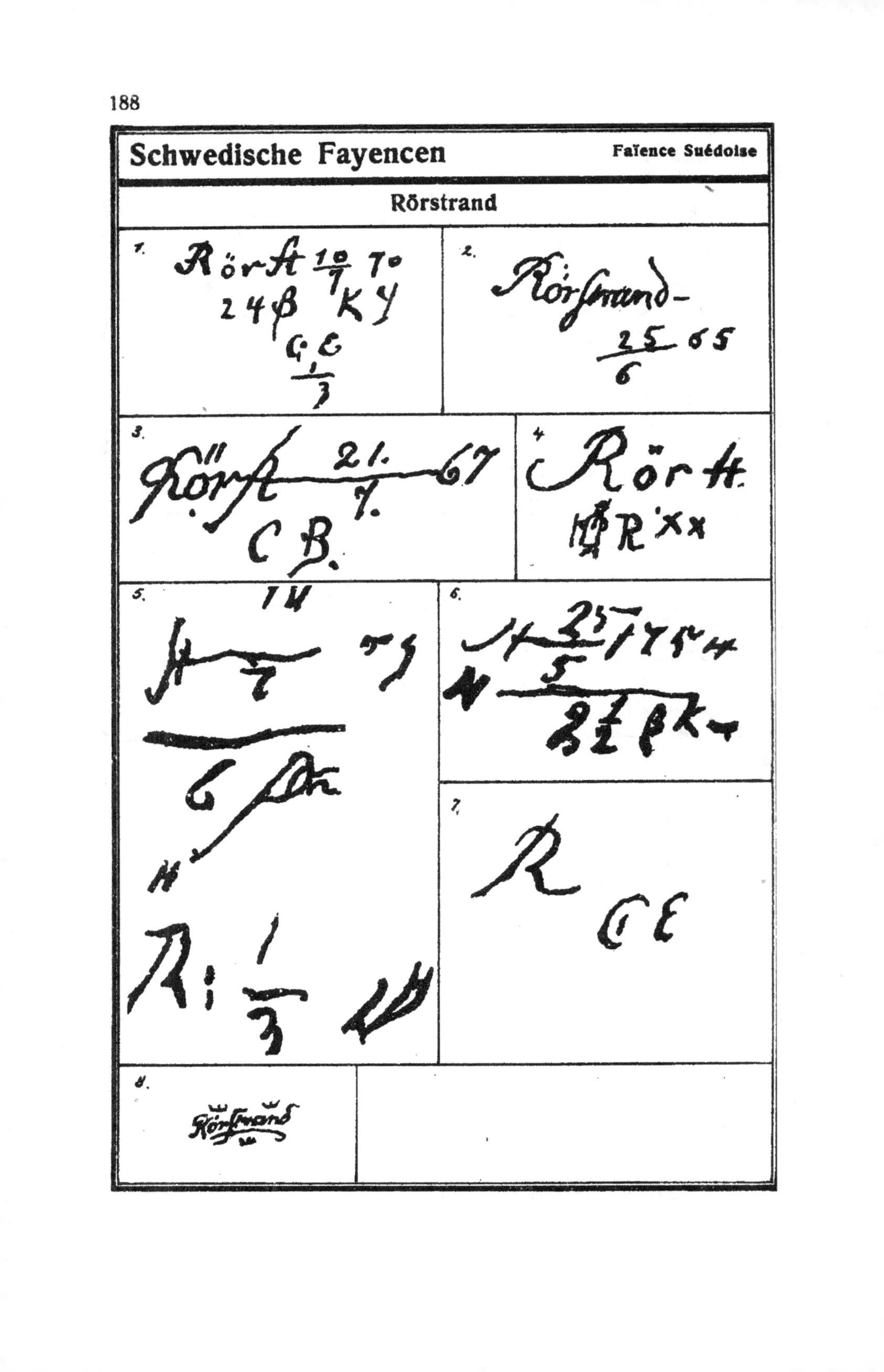

Schwedische Fayencen

Faïence Suédoise

Rörstrand

1.

2.

3.

4.

5.

6.

7.

8.

Schwedische Fayencen

Faïence Suédoise

Stockholm

1. Stockholm E

2. Storkhulm $\frac{22}{8}$ 1751 DHB Hillberg peintre

3. Stockholm Rörst. $\frac{14}{8}$ 1759

4. Stockholm A. Fahlstrom AF. $\frac{AF.}{SS.}$

Marieberg

1. MB $\frac{31}{5}$ B 68 KV AO

2. MBB

3. MB – B $\frac{7}{11}$ 68 N-V J

4. MB. 4 W $\frac{14.}{9.}$ 70 S

5. MBE $\frac{24:64}{11}$ E. $\frac{B:24:65}{1:}$

Schwedische Fayencen — Faïence Suédoise

6. 7. 8.

Gustafsberg

1. Godenius 1820

2. 3.

Norwegische Fayencen — Faïence Norvégienne

Herreböe

1. 2. 3. 4. 5. 6.

Russische u. polnische Fayencen

Faïence Russe et Polonaise

Kiew

KIEBZ.

Warschau Varsovie (Belvedère)

1 B

2 B 464 1

3 B 1025.

4 B No 2 H

5 B HO 2

6 B. HOT 5

7 B Varsovie

8

9 W

10

11

12 Varsovie

Telechany

1 G. H 2

2 C O 3

3 O

Russische u. polnische Fayencen — Faïence Russe et Polonaise

Cmielow

1	2
CMIELOW	CMIELOW

Reval

1	2	3	4	5
R F	R F	R F o	Re Fc Otto	R J

6	7	8	9
Reval Fick Paul	Reval Frick Otto	Reval Fick o	R F 17

II.

PORZELLAN

(PORCELAINES)

Deutsches Porzellan

Porcelaine Allemande

Meißen (Vieux-Saxe)

Malermarken vor der Schwertermarke
(Exemples de sigles des peintres avant les marques d'épées)

1. 55
2. F
3. B
4. F
5. III(

6. L H
7. J G
8. X
9. i

Monogramm des Königs Friederich August
(Monogrammes des rois Frédéric Auguste)

10. AR
11. AR
12. AR
13. AR
14. AR

Königl. Porzellanmanufaktur

15. K. P. M.
16. K. P. M.

Deutsches Porzellan (Meißen) — Porcelaine Allemande

17 M. P. M

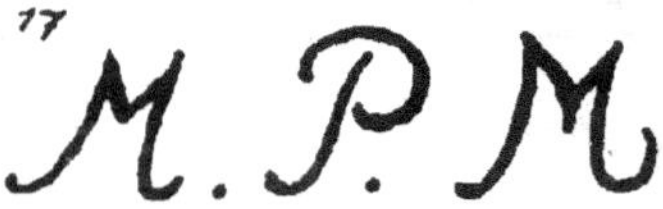

18 K. P. F

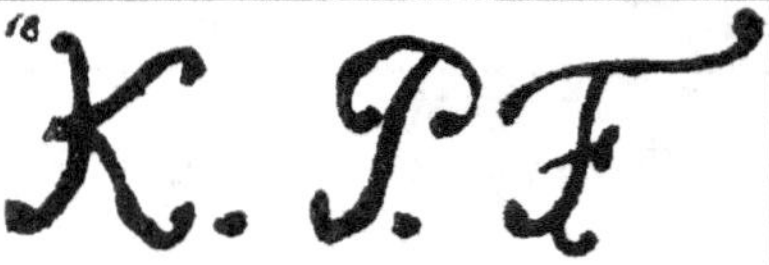

19

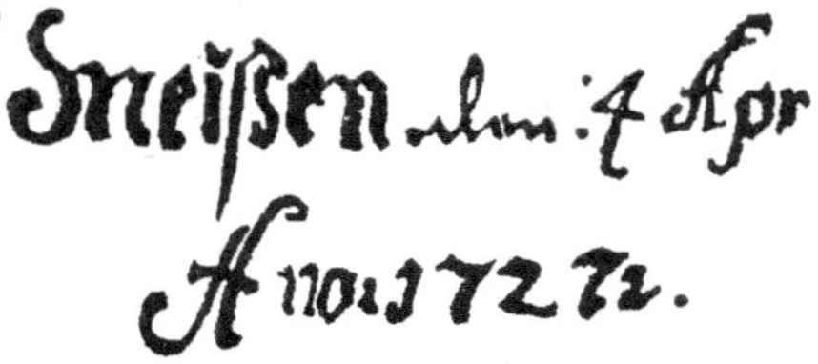

20 MEISSEN.

Nachahmungen chinesischer Marken um 1723
(Imitations de marques chinoises)

21. 22 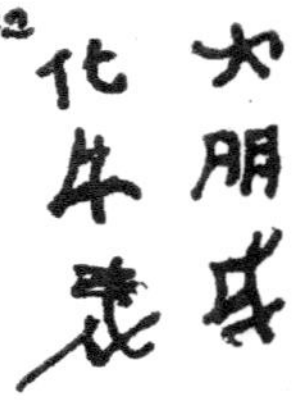 23 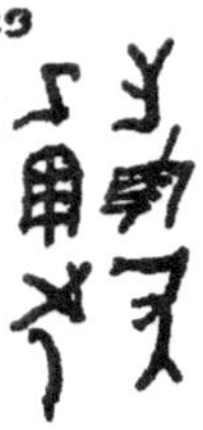 24

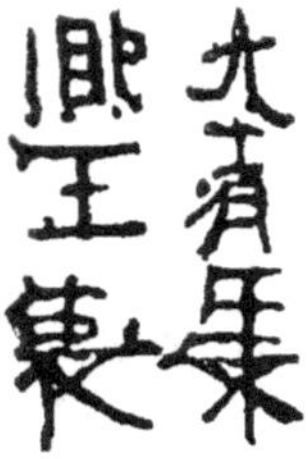

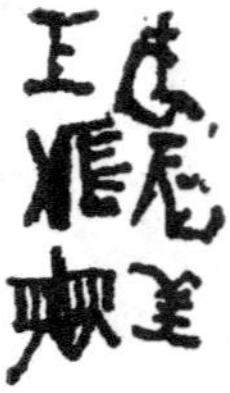

25 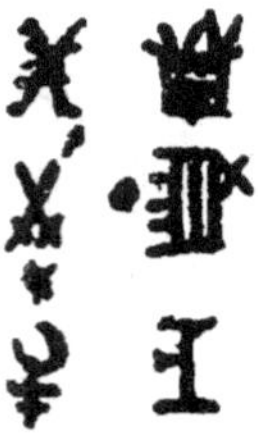 26 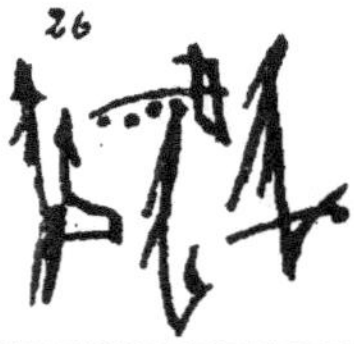 27 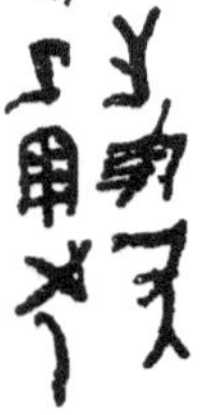 28

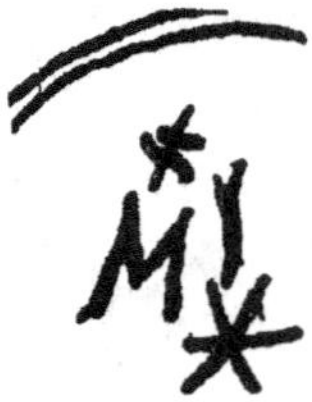

30

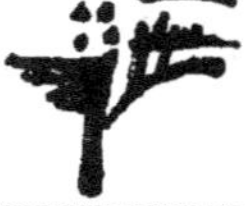

29 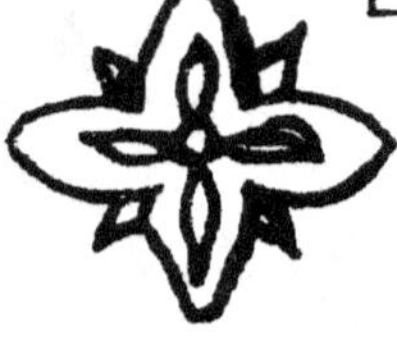 31

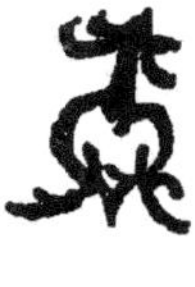

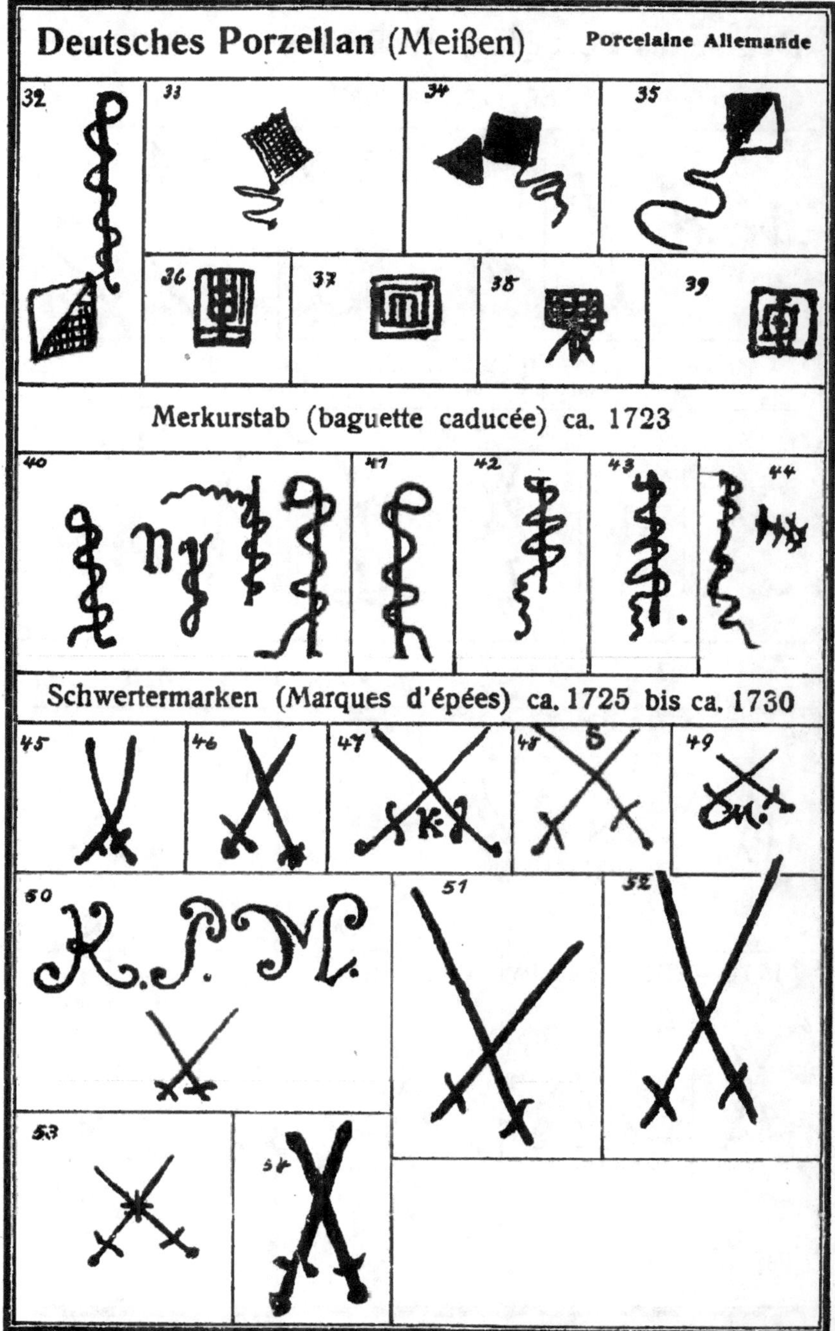
Deutsches Porzellan (Meißen)
Porcelaine Allemande
32
33
34
35
36
37
38
39
Merkurstab (baguette caducée) ca. 1723
40
41
42
43
44
Schwertermarken (Marques d'épées) ca. 1725 bis ca. 1730
45
46
47
48
49
50
51
52
53
54

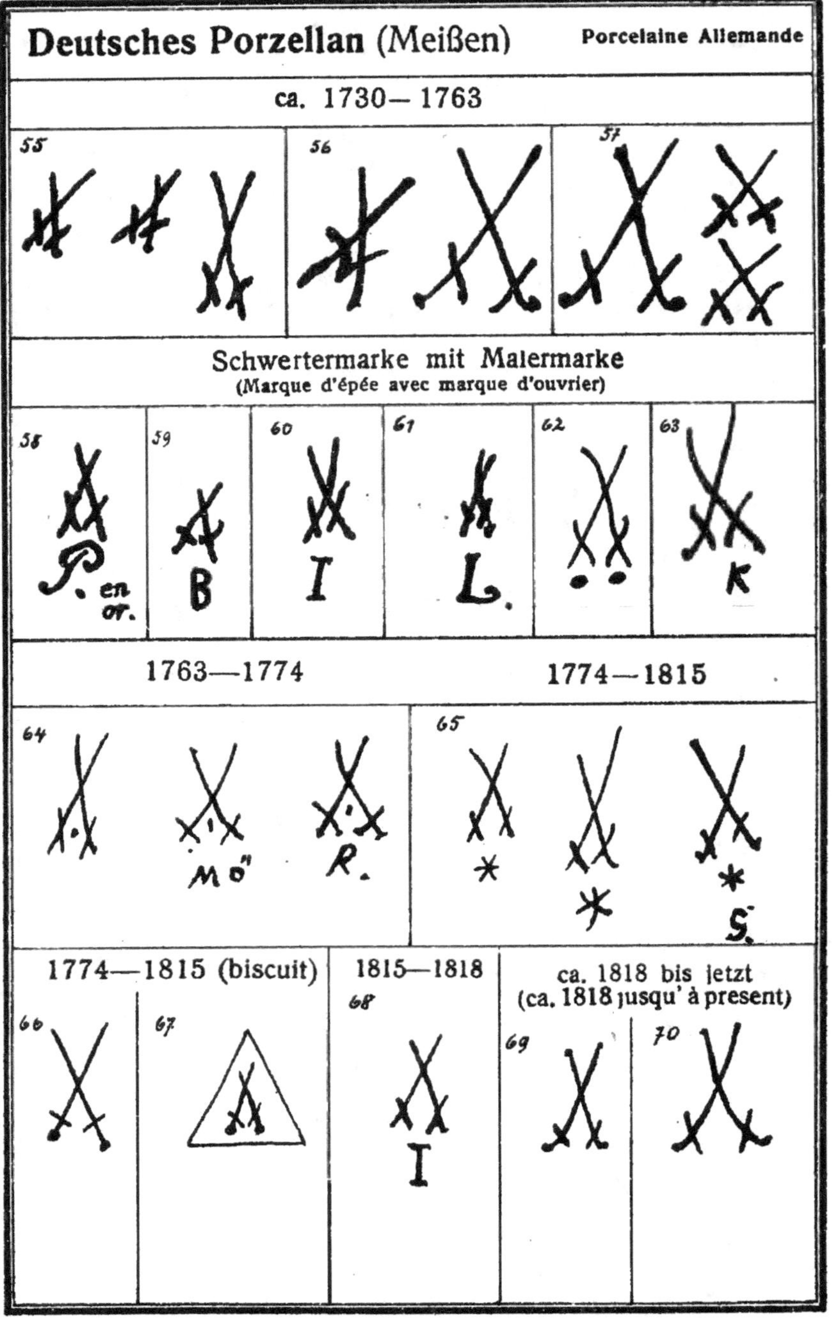
Deutsches Porzellan (Meißen)
Porcelaine Allemande
ca. 1730–1763
55
56
57
Schwertermarke mit Malermarke
(Marque d'épée avec marque d'ouvrier)
58
en or.
59
B
60
I
61
L.
62
63
K
1763—1774
1774—1815
64
Mö
R.
65
S.
1774—1815 (biscuit)
1815—1818
ca. 1818 bis jetzt
(ca. 1818 jusqu' à present)
66
67
68
I
69
70

Deutsches Porzellan (Meißen) Porcelaine Allemande

Malerzeichen (Sigles des peintres)

71 Mauckſch.

72 C. F. Kübnel. 35 Jahr in Dienſt 57. Jahr alt

73

74 C. F. Herold. invent. fecit a meiſse 1750 d. 12 Sept.

75 George Ernst Keil. Meißen 6 Juli 1724

76 J. J. Kaendler.

Malermarken (Marques des peintres)

77	78	79	80	81
B	Ff	S. S.	7.	No.

82	83	84	85	86	87	88	89	90	91
4	P	XI	·.·	Z.	X	9	d.	81.	S

Drehermarken (Marques des modelleurs)

92

93 C K.H.C.W.

94 K. H. C.

95 Dresden. 1739. 26.

96 H.

Deutsches Porzellan

Porcelaine Allemande

Bodenverzierungen (Ornaments au fond)

97

98

99

100

101

102

103

Deutsches Porzellan — Porcelaine Allemande

Berlin

Wegely				Gotzkowsky	
1 W	2 WE	3 W	4 W	5 G	6 G.

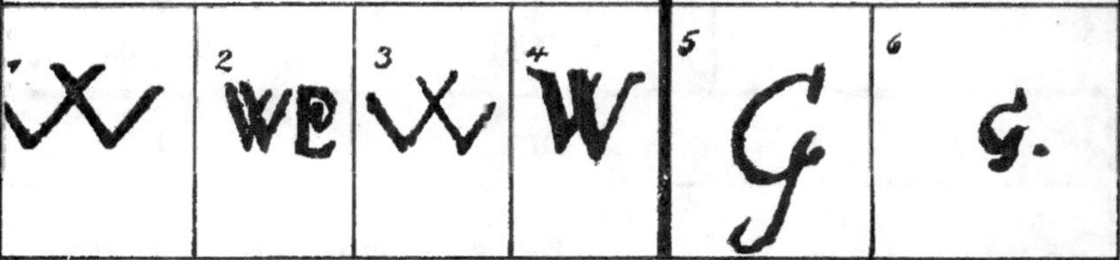

Kgl. Manufaktur (Manufacture Royale)

1763—1837					seit ca. 1835
7	8	9	10	11	12 K.P.M.

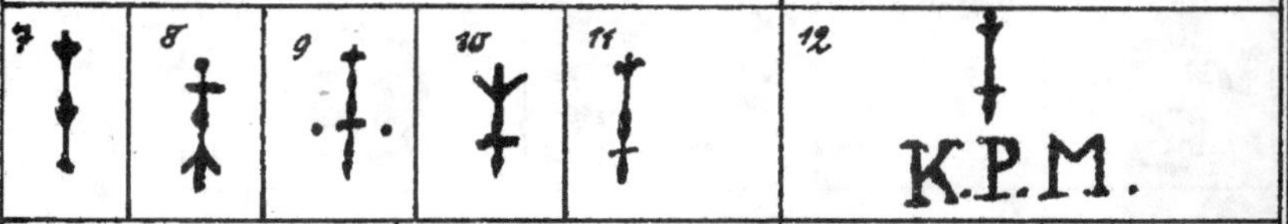

1837—1844	1844—1847	1847—1849	
13 KPM	14 K P M	15 KOENIGLICHE PORZELLAN-MANUFACTUR	16 KOENIGL. PORZELLAN-MANUFACTUR

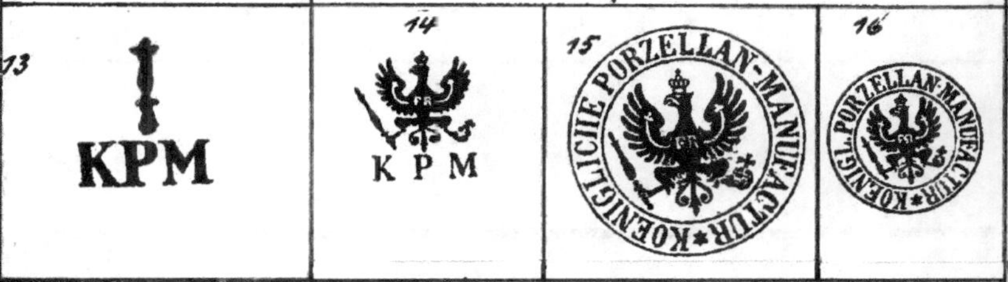

1849—1870	seit 1870	seit 1882	seit 1882
17 KOENIGL. PORZELLAN-MANUFACTUR	18	19 Sgr.P	20 Bleifrei Stg.

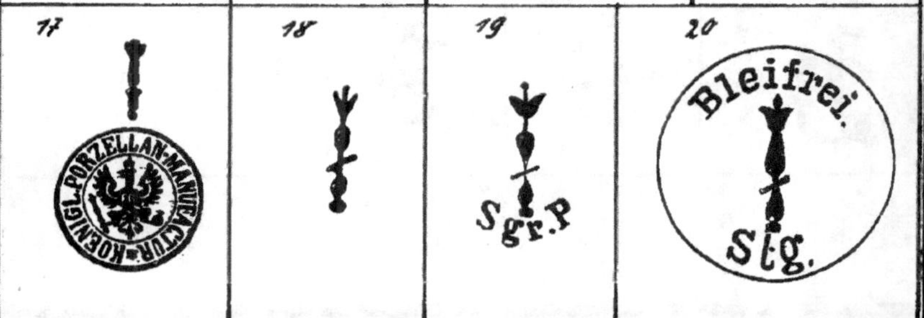

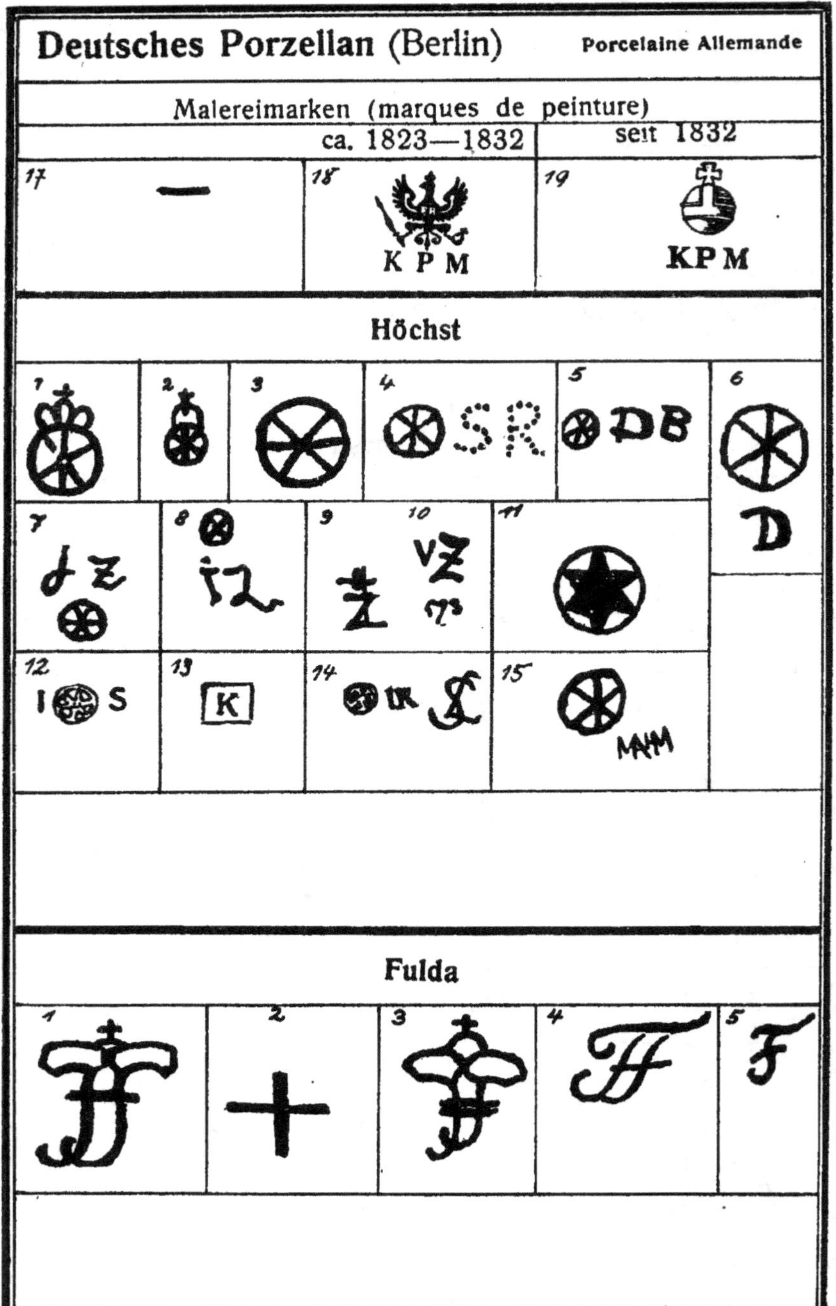
Deutsches Porzellan (Berlin)
Porcelaine Allemande
Malereimarken (marques de peinture)
ca. 1823—1832
seit 1832
KPM
KPM
Höchst
Fulda

Deutsches Porzellan — Porcelaine Allemande

Frankenthal

Paul Hannong (1755—1759)

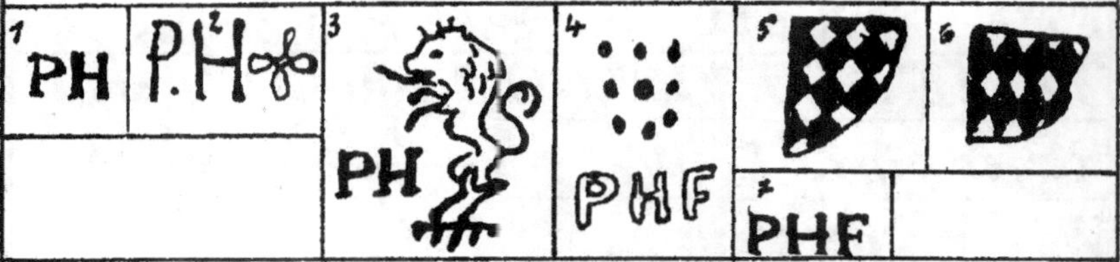

1 PH | 2 P.H | 3 PH | 4 PHF | 5 | 6 | 7 PHF

Joseph Anton Hannong (1759—1762)

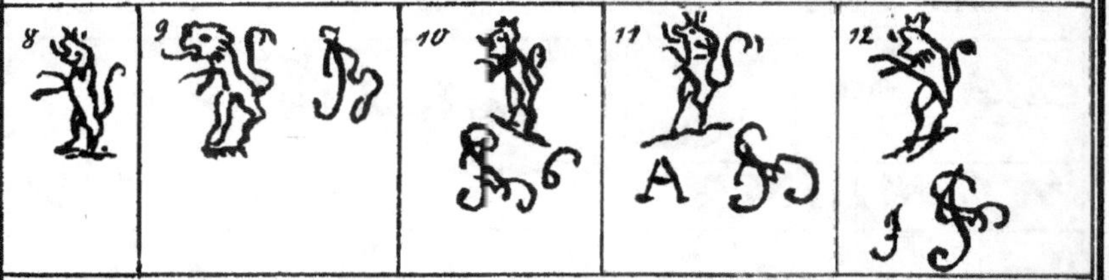

8 | 9 | 10 | 11 A | 12

Kurfürstl. Verwaltung (1762—1795) (Administration électorale)

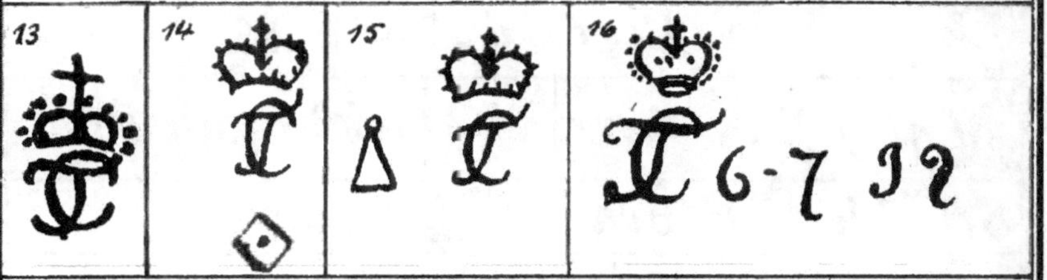

13 | 14 | 15 | 16 6-7 92

van Recum 1755-1799

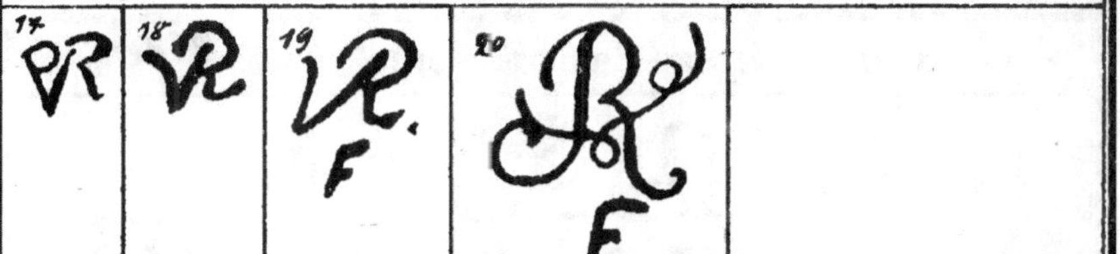

17 | 18 | 19 F | 20 F

Marken von Buntmalern

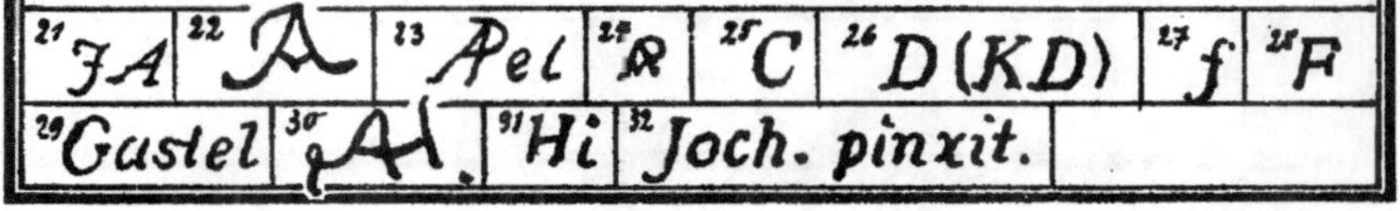

21 JA	22 A	23 Ael	24 R	25 C	26 D (KD)	27 f	28 F
29 Gastel	30 AH	31 Hi	32 Joch. pinxit.				

Deutsches Porzellan (Frankenthal) **Porcelaine Allemande**

33 Ki
34 H:K:Pin:
35 Kilian pin.
36 Michael Kloeckle Pinx. 1783
37 G:HM:
37a HM
HM:
38 GLÖCKEL
39 Ma
40 B.M.P
41 Magnus pi mi
42 mi
43 MI
44 N:
45 O.
46 Os
47 J·O
48 Osterspey pinix t
49 Raner pinx.
50 T3
51 Web
52 Wi Winterstein pinx. 1764
53 I. Michael Glückher 1779

Bossierer-u. Drehermarken (Marques des modelleurs et tourneurs)

54 Clair
55 A:C
56 AC
57 Adam Clair Frankenthal d 18 May
58 A.C.N.1.1775
59 Æ
60 AE
61 VE
62 C.F.
63 D
64 D3x
65 H
66 H
67 IH
68 FH
69 Jacob Legrand 1786
70 DL
71 N.B. Lü·
72 Marx
73 MO
74 Niebergall
75 Rohr
76 Schähler
77 H Sch. 2
78 J. Schoch
79 J.A. Hannong 1761

Ottweiler (Nassau-Saarbrücken)

1 .N S.
2 N·S W .1766

Baden

Deutsches Porzellan

Porcelaine Allemande

Ludwigsburg

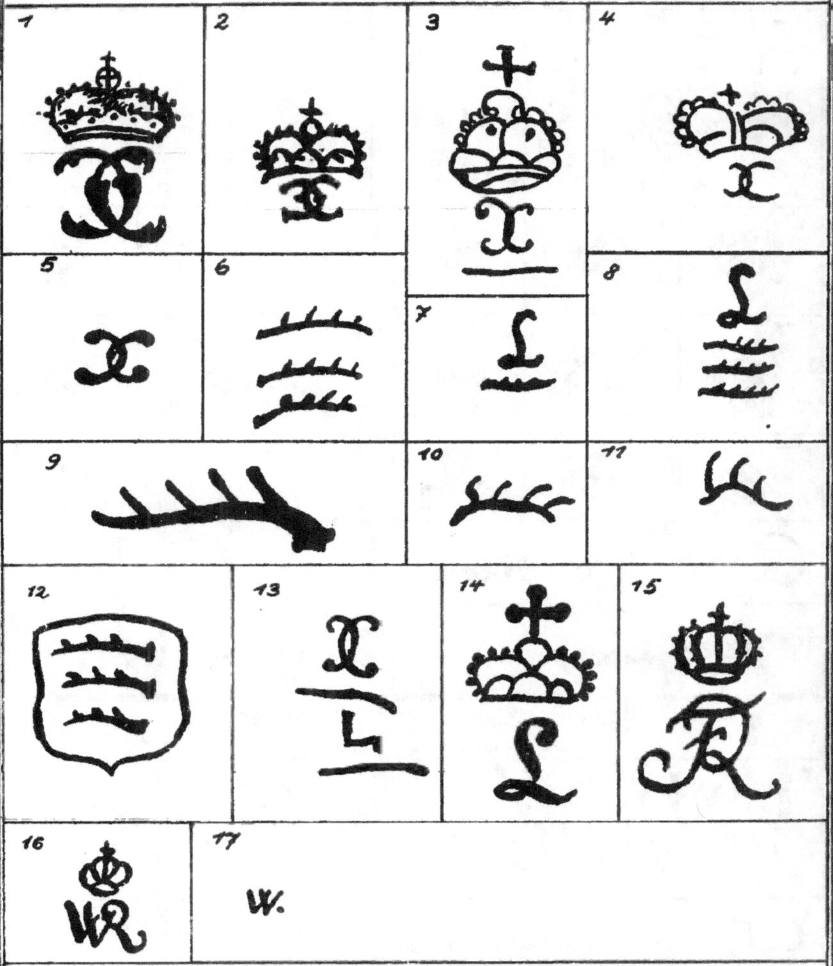

1 2 3 4 5 6 7 8 9 10 11 12 13 14 15 16 17

W.

Malermarken (Marques des peintres)

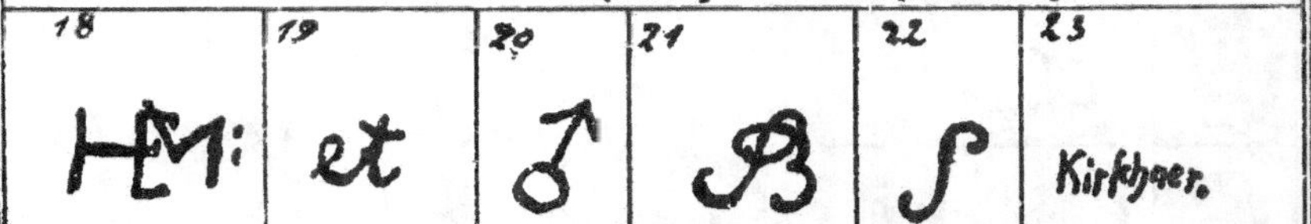

18 19 20 21 22 23

HM: et Kirkhaer.

Deutsches Porzellan

Porcelaine Allemande

Nymphenburg

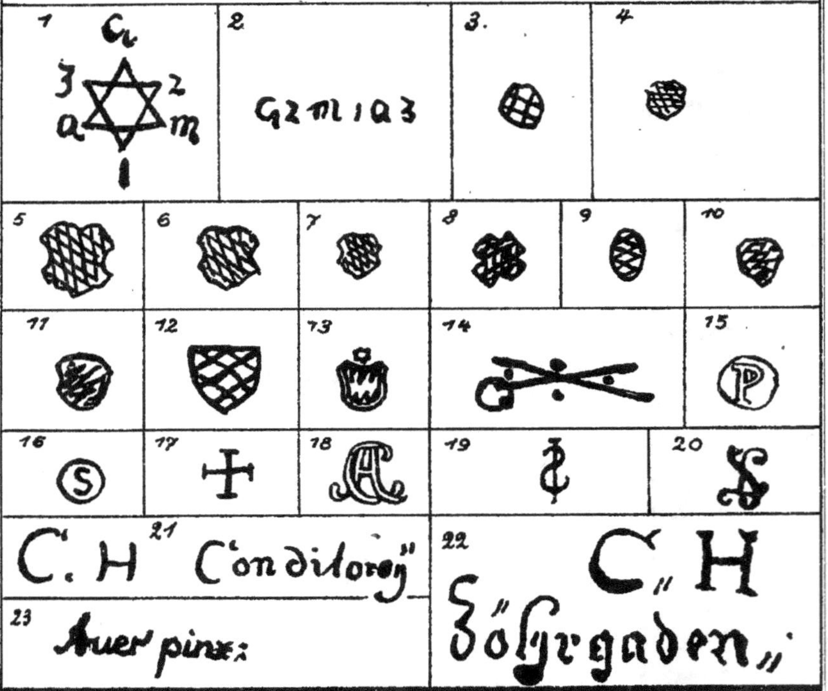

1 2 3 4 5 6 7 8 9 10 11 12 13 14 15 16 17 18 19 20

21 C. H Conditorey

22 C. H Söhrgaden

23 Auer pinx:

Wilde Porzellanmaler (Chambrelans)

auf Nymphenburger Porzellan

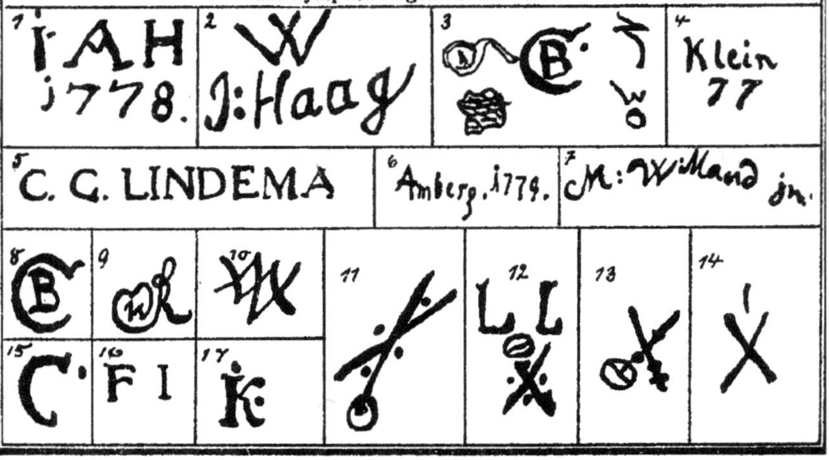

1 I A H 1778.

2 W J: Haag

3

4 Klein 77

5 C. G. LINDEMA

6 Amberg. 1779.

7 M: Willand jn.

8 9 10 11 12 13 14

15 C 16 F I 17 K

Deutsches Porzellan

Porcelaine Allemande

Ansbach

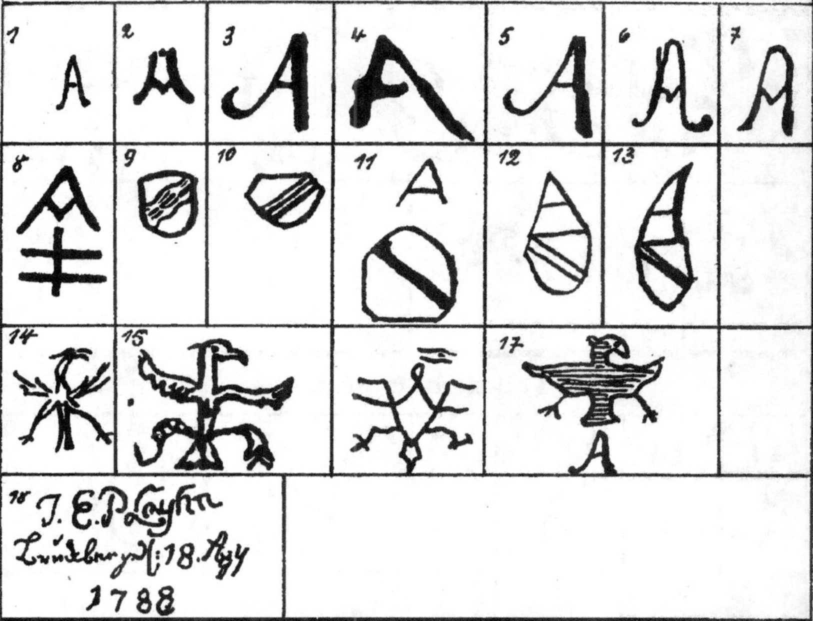

1	2	3	4	5	6	7
A	A	A	A	A	A	A
8 A	9	10	11 A	12	13	
14	15		17 A			

18 J. E. P. Layher
Lindenberg d: 18. Aug.
1788

Kelsterbach

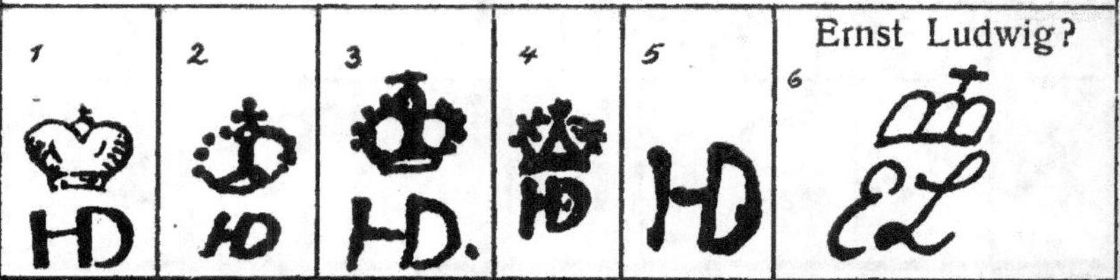

1	2	3	4	5	6 Ernst Ludwig?
HD	HD	HD.	HD	HD	EL

Pfalz-Zweibrücken

1	2
B.	

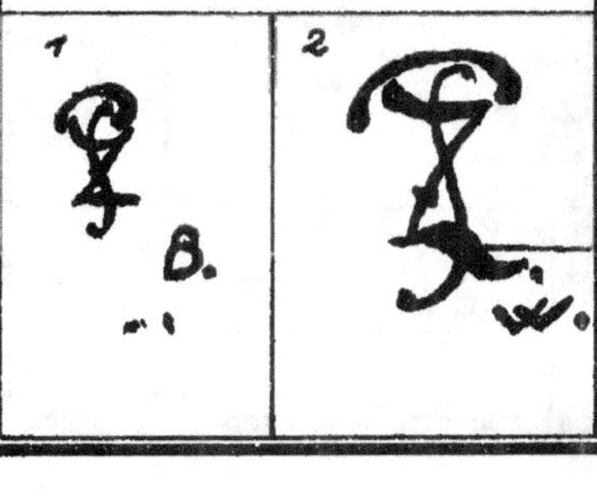

Kassel

1	2	3
		HC

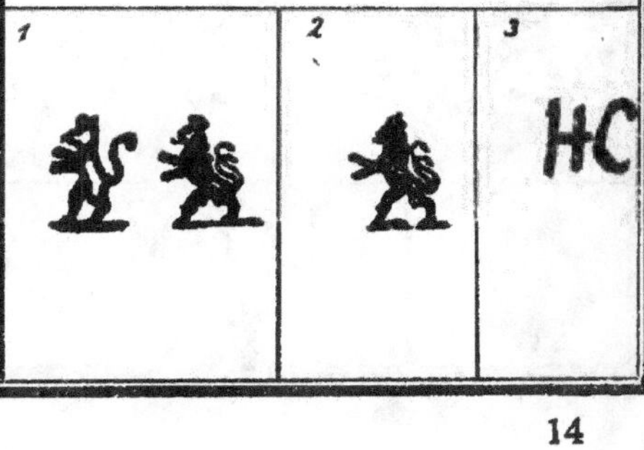

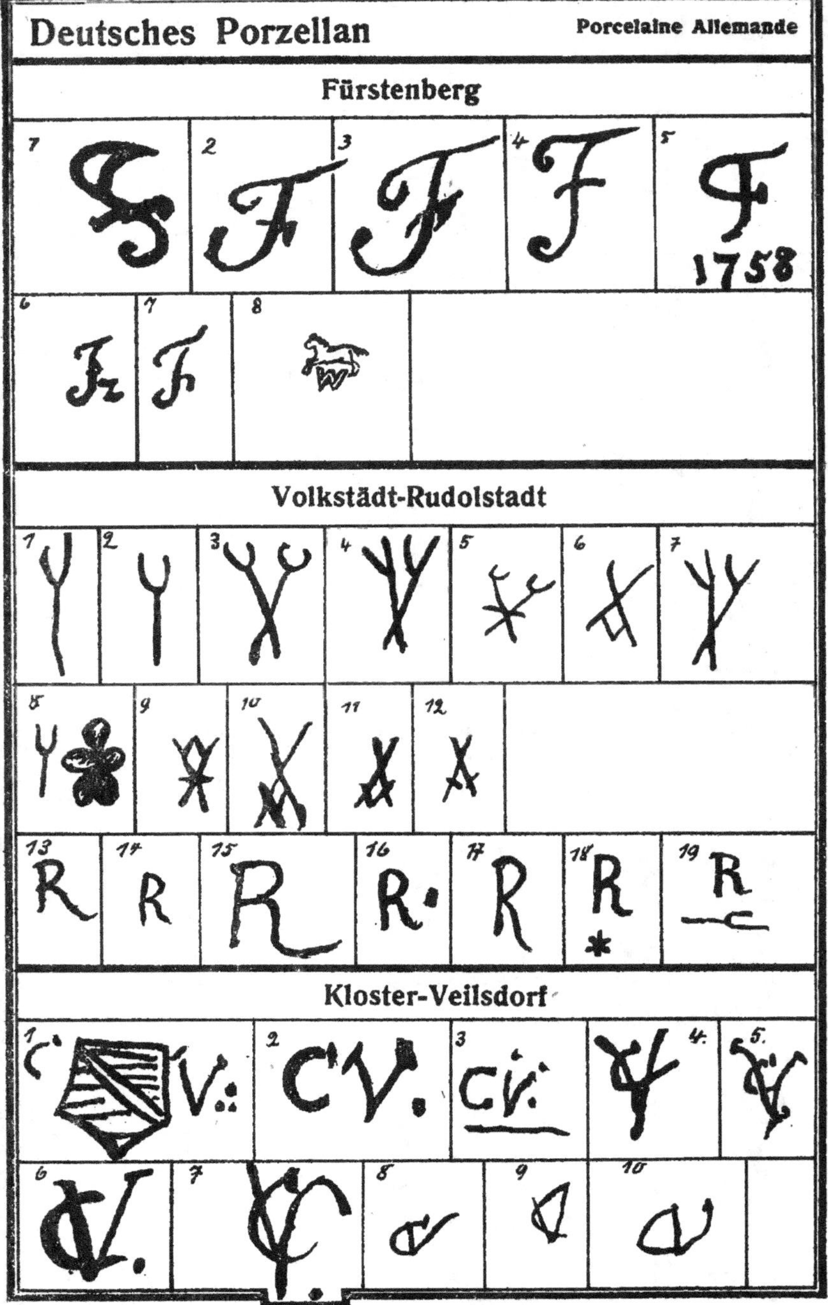
Deutsches Porzellan
Porcelaine Allemande
Fürstenberg
1758
Volkstädt-Rudolstadt
Kloster-Veilsdorf

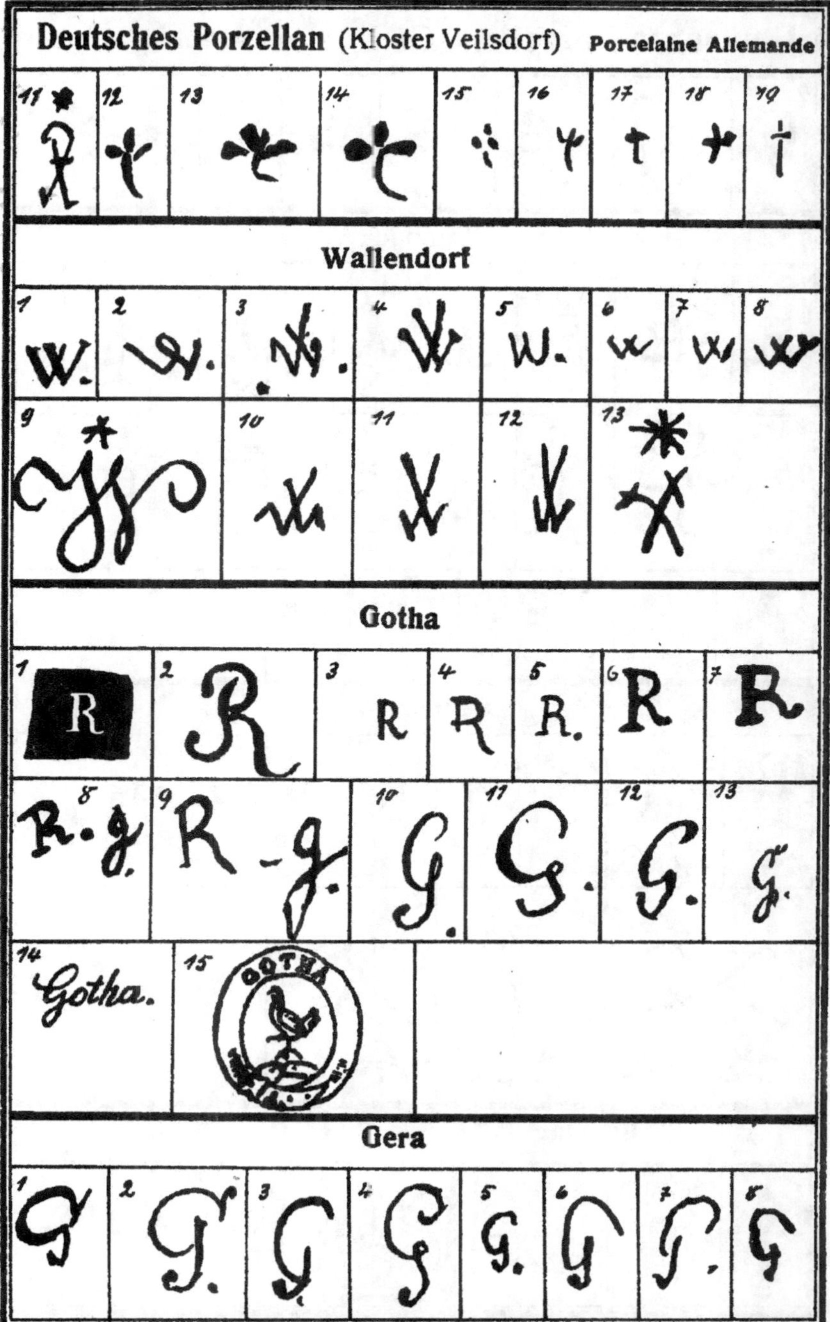
Deutsches Porzellan (Kloster Veilsdorf) Porcelaine Allemande
11
12
13
14
15
16
17
18
19
Wallendorf
1
2
3
4
5
6
7
8
9
10
11
12
13
Gotha
1
R
2
3
4
5
6
7
8
9
10
11
12
13
14
Gotha.
15
GOTHA
Gera
1
2
3
4
5
6
7
8

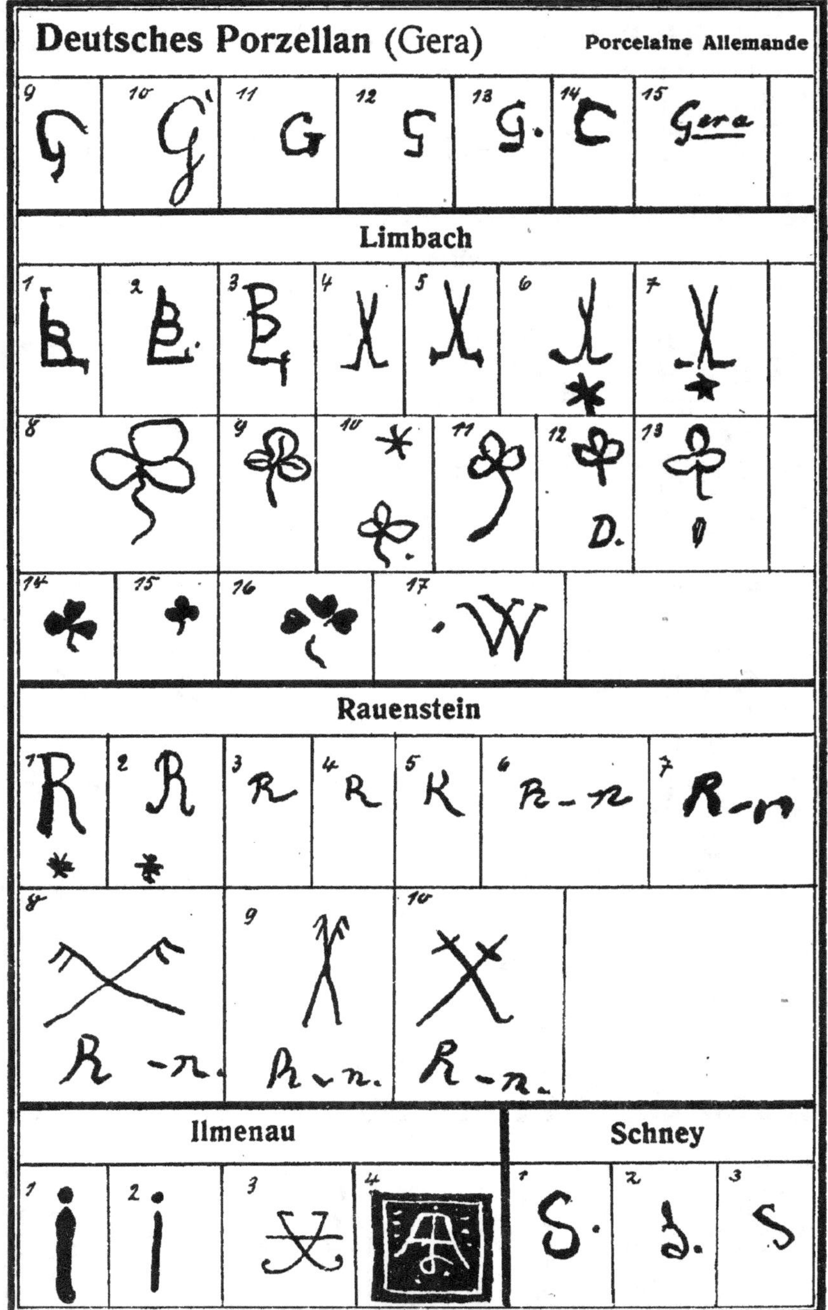
Deutsches Porzellan (Gera)
Porcelaine Allemande
Gera
Limbach
Rauenstein
Ilmenau
Schney

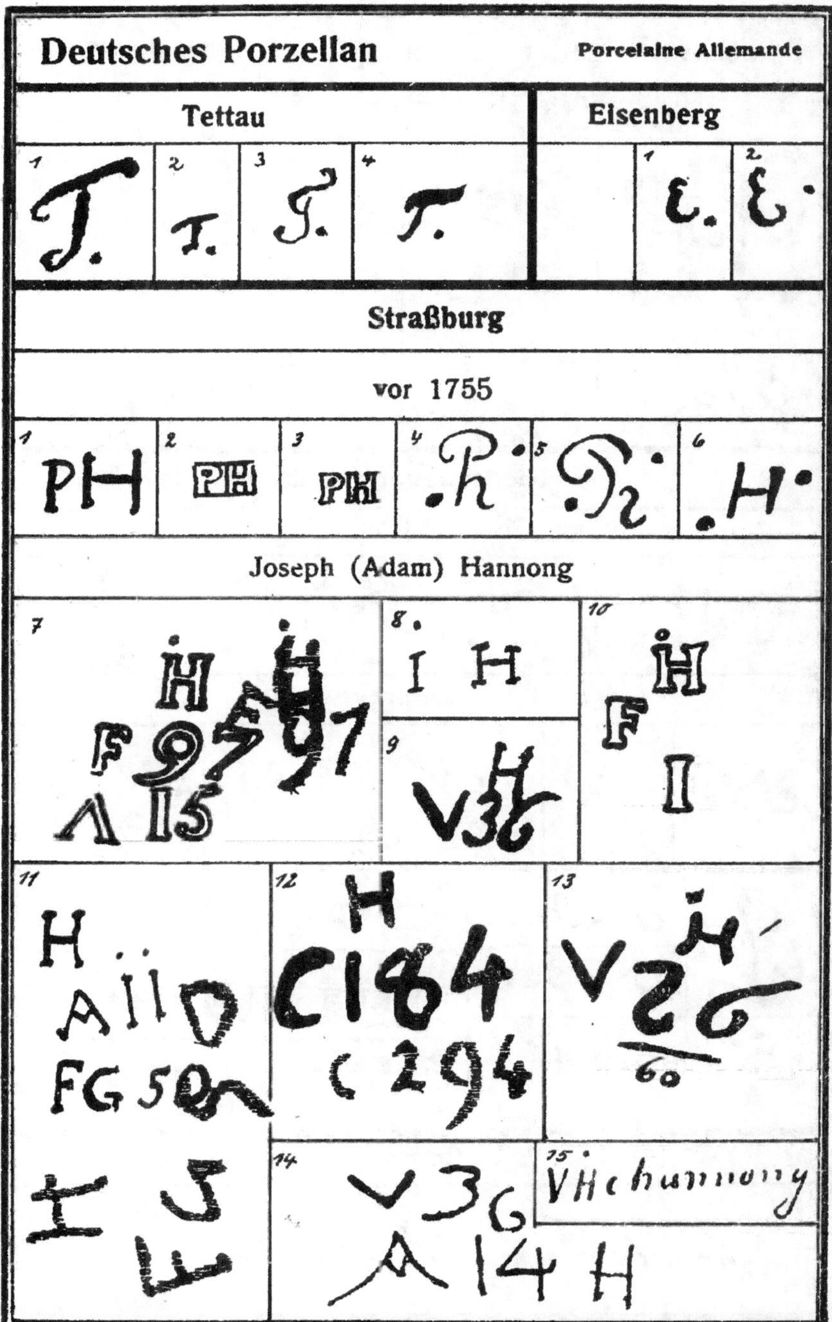
Deutsches Porzellan
Porcelaine Allemande
Tettau
Eisenberg
Straßburg
vor 1755
Joseph (Adam) Hannong

Deutsches Porzellan (Straßburg) Porcelaine Allemande

Peter Hannong nach 1781

16 17 18

Niederweiler (Niderviller)

von Beyerle, Conte de Custine

1 NB 2 3 4 5

Lanfrey

6 7 8 9 10 356

11 12 Nid... 13 Nider. 14 NIDERVILLER 15 NIDERVILLE 16 FL NIDERVILLE 17 NIDER

Colmar

1 Colmar 2 Anstell

Deutsches Porzellan — Porcelaine Allemande

Wilde Porzellanmaler, meist Meißner Porzellan (Chambrelans)

1 Carolus Ferdinandus de Wolfsbourg et Wallsdorf Eques Silesiæ pinxit Viennæ Aust: 1731.

2 JBottengruber f Viennæ 1730

3 W — JB 1726

4 Pietzsch. .1748. Bayr.

5 T. f. Ferner pinx

6 Fran Nagel Bildner Civis Breslau 1786

7 JM *

8 iAW — [illegible]

9 Lauche fecit Dresden

10 Bayreuth [illegible]

Deutsches Porzellan

Porcelaine Allemande

Basdorf

1	2	
Basdorf Z.	B.	

19.—20. Jahrhundert

Ort	Marke	Hersteller
Freiwaldau	1 H S	H. Schmidt
Freiwaldau	2 E. P M	Schmidt & E.
Suhl	ES	Schlegelmilch
Waldenburg		H. Ohme
Gehren	G	T. Degenring
Köppelsdorf	A M	A. Marseille
Poessneck		Conta & Boehme
Schaala		H. Voigt
Gross-Breitenbach	H B S G	H. Bühl & Söhne
Elgersburg		C. E. & F. Arnoldi

Deutsches Porzellan

Porcelaine Allemande

19.—20 Jahrhundert

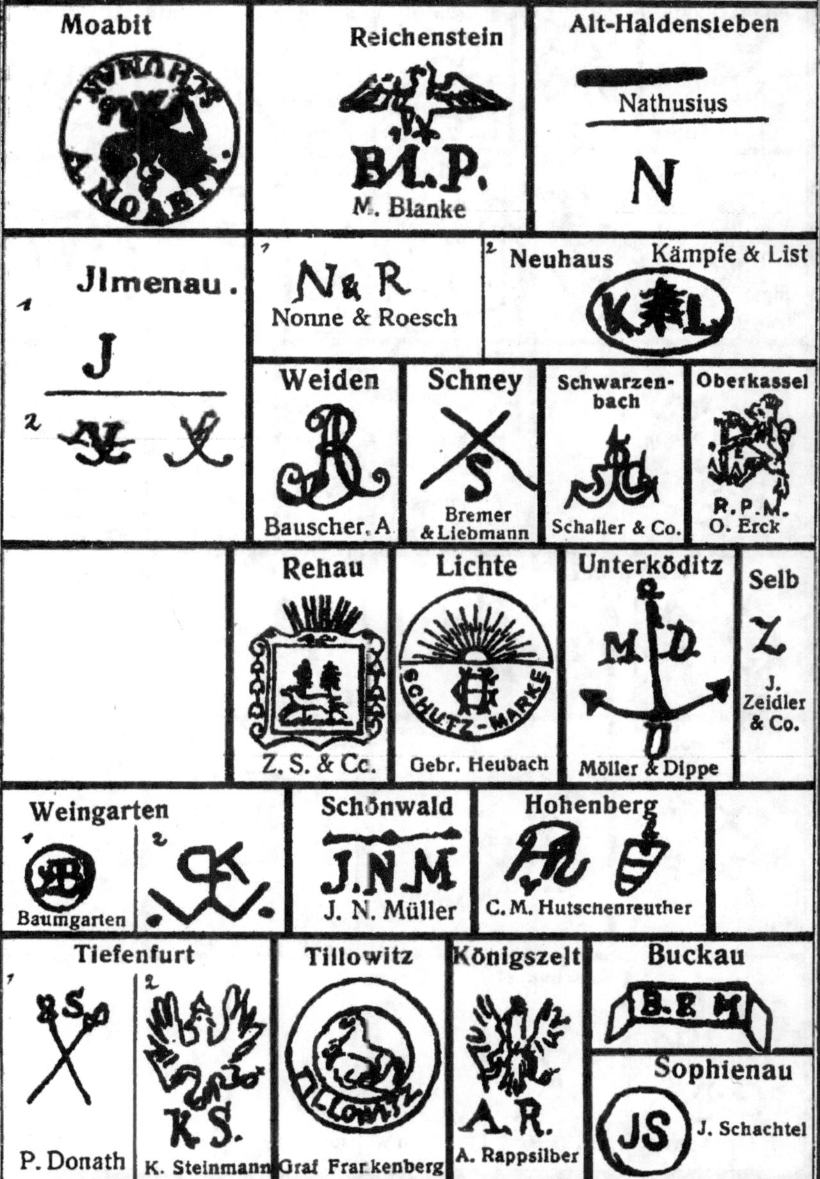

Moabit

A. MOABIT

Reichenstein

B.M.P.

M. Blanke

Alt-Haldensleben

Nathusius

N

Jlmenau.

1 J

2

1 N & R

Nonne & Roesch

2 **Neuhaus** Kämpfe & List

K L

Weiden

R

Bauscher. A.

Schney

S

Bremer & Liebmann

Schwarzenbach

Schaller & Co.

Oberkassel

R.P.M.

O. Erck

Rehau

Z. S. & Co.

Lichte

SCHUTZ-MARKE

Gebr. Heubach

Unterköditz

M D

Möller & Dippe

Selb

Z

J. Zeidler & Co.

Weingarten

1 B

Baumgarten

2 K

Schönwald

J.N.M

J. N. Müller

Hohenberg

C. M. Hutschenreuther

Tiefenfurt

1 S

P. Donath

2 K.S.

K. Steinmann

Tillowitz

TILLOWITZ

Graf Frankenberg

Königszelt

A. R.

A. Rappsilber

Buckau

B.E.M

Sophienau

JS

J. Schachtel

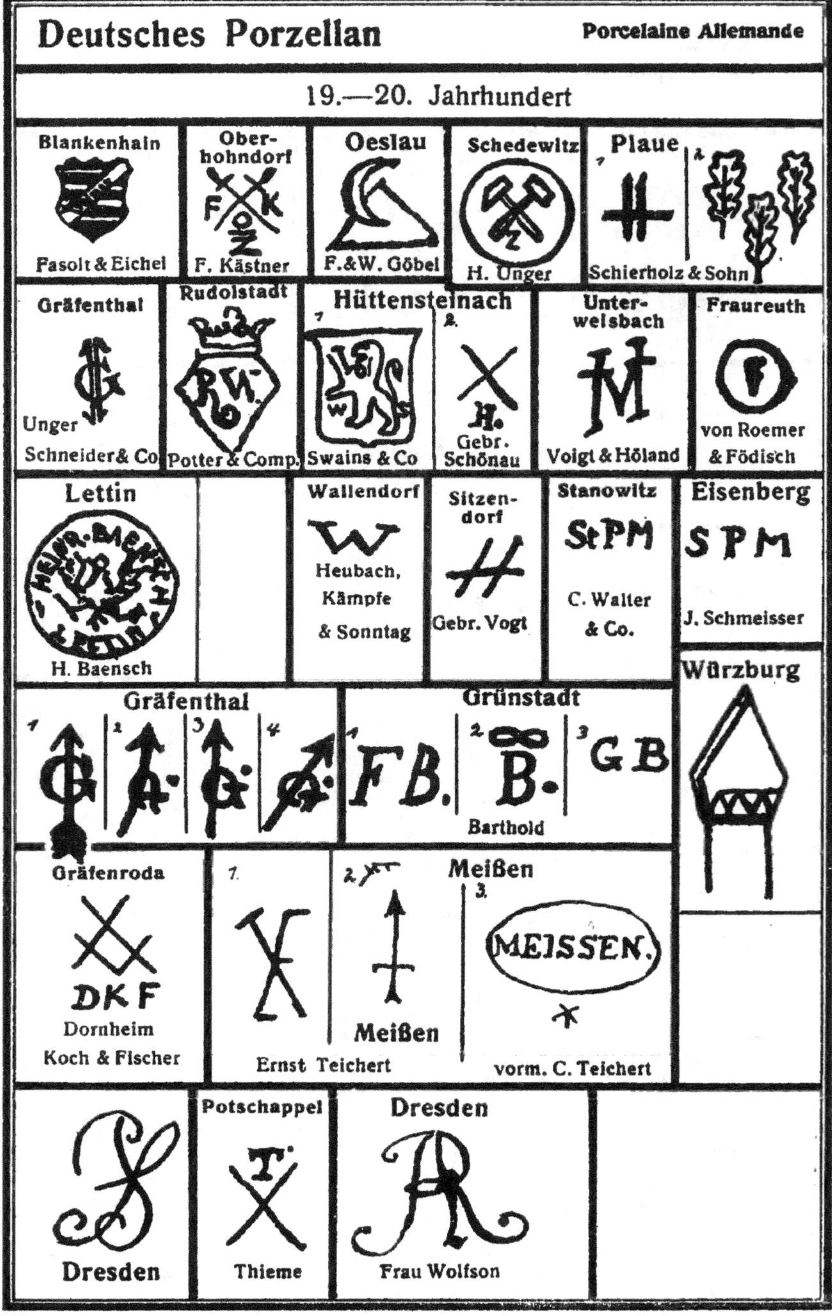
Deutsches Porzellan
Porcelaine Allemande
19.—20. Jahrhundert
Blankenhain
Fasolt & Eichel
Ober-hohndorf
F. Kästner
Oeslau
F.&W. Göbel
Schedewitz
H. Unger
Plaue
Schierholz & Sohn
Gräfenthal
Unger
Schneider & Co
Rudolstadt
Potter & Comp.
Hüttensteinach
Swains & Co
Gebr. Schönau
Unter-weisbach
Voigt & Höland
Fraureuth
von Roemer & Födisch
Lettin
H. Baensch
Wallendorf
Heubach, Kämpfe & Sonntag
Sitzen-dorf
Gebr. Vogt
Stanowitz
StPM
C. Walter & Co.
Eisenberg
SPM
J. Schmeisser
Würzburg
Gräfenthal
Grünstadt
FB.
B.
GB
Barthold
Gräfenroda
DKF
Dornheim Koch & Fischer
Meißen
Meißen
Ernst Teichert
MEISSEN
vorm. C. Teichert
Dresden
Potschappel
Thieme
Dresden
Frau Wolfson

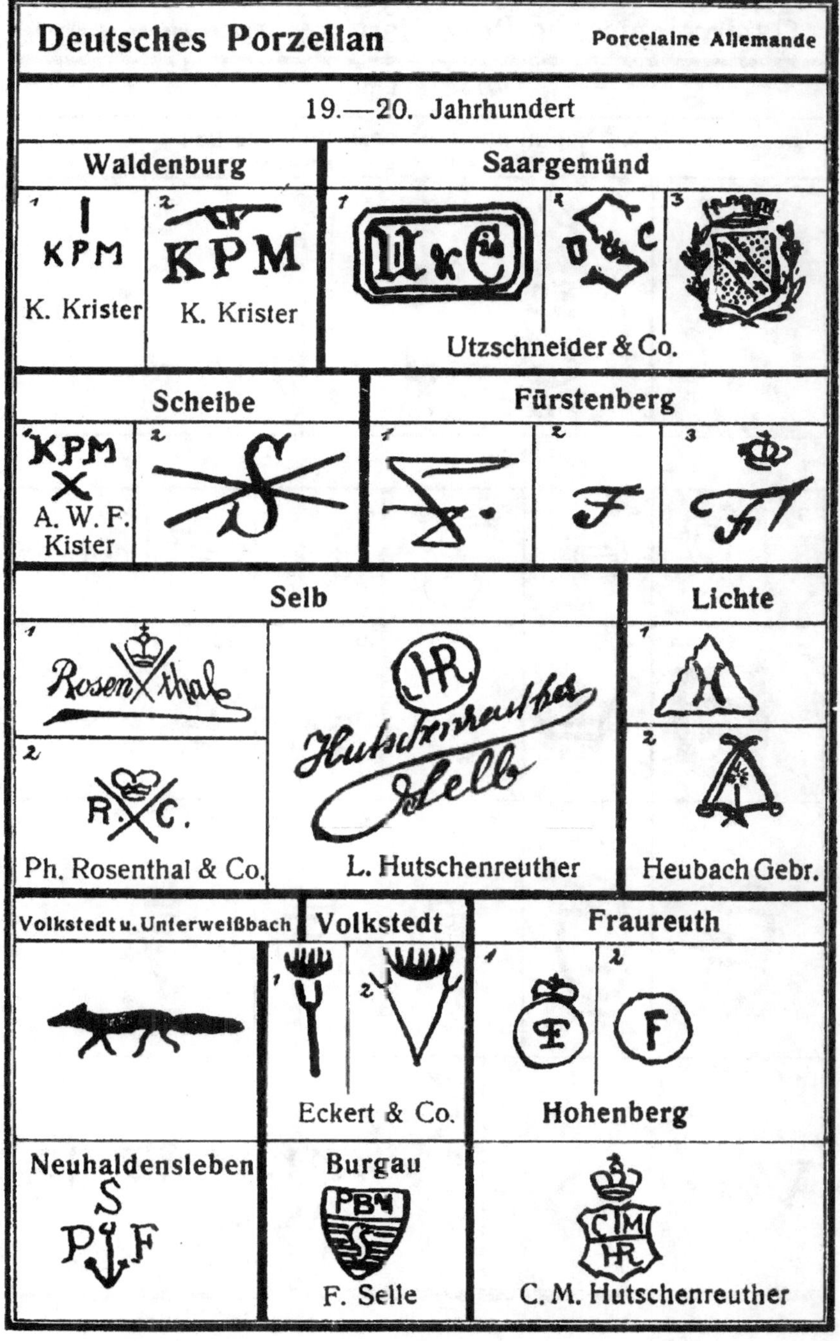
Deutsches Porzellan
Porcelaine Allemande
19.—20. Jahrhundert
Waldenburg
KPM
K. Krister
KPM
K. Krister
Saargemünd
Utzschneider & Co.
Scheibe
KPM
A. W. F.
Kister
Fürstenberg
Selb
Rosenthal
R. C.
Ph. Rosenthal & Co.
HR
Hutschenreuther Selb
L. Hutschenreuther
Lichte
Heubach Gebr.
Volkstedt u. Unterweißbach
Volkstedt
Eckert & Co.
Fraureuth
F
Hohenberg
Neuhaldensleben
S
P F
Burgau
PBM
F. Selle
CM
HR
C. M. Hutschenreuther

Österreichisches Porzellan

Porcelaine Autrichienne

Wien (Vienne)

Nachahmungen chinesischer Marken

(Imitations de marques chinoises)

1

2

3 4 5 6 7 8

9 10 11 12 13

14 15 16 17 18

H

19

Vienne 17 5

20

Vienne 17 1771

Österreichisches Porzellan (Wien) Porcelaine Autrichienne

Künstlermarken (Marques des artistes)

21 Hunger. F. .L.

22 Schneider Corporal

23 Jacobus Helchs fecit

24 J.H.

25 J. Wech

26 Antus Anreiter VZ: 1755

27 Weichbaum

28 L. Spiro 814 Stein

29 Lamprecht: f

30 Nigg Jos: 841:

31. Serstler

32. Sartory f

33. Schaller.

34. Pergar.

35 Joh: Jos: Nidermeÿ

Arbeitermarken (Marques des ouvriers)

36. 86

37. 88

38. 19

39. 902

40. 806

41. E

42. I

43. M

44. X

45.

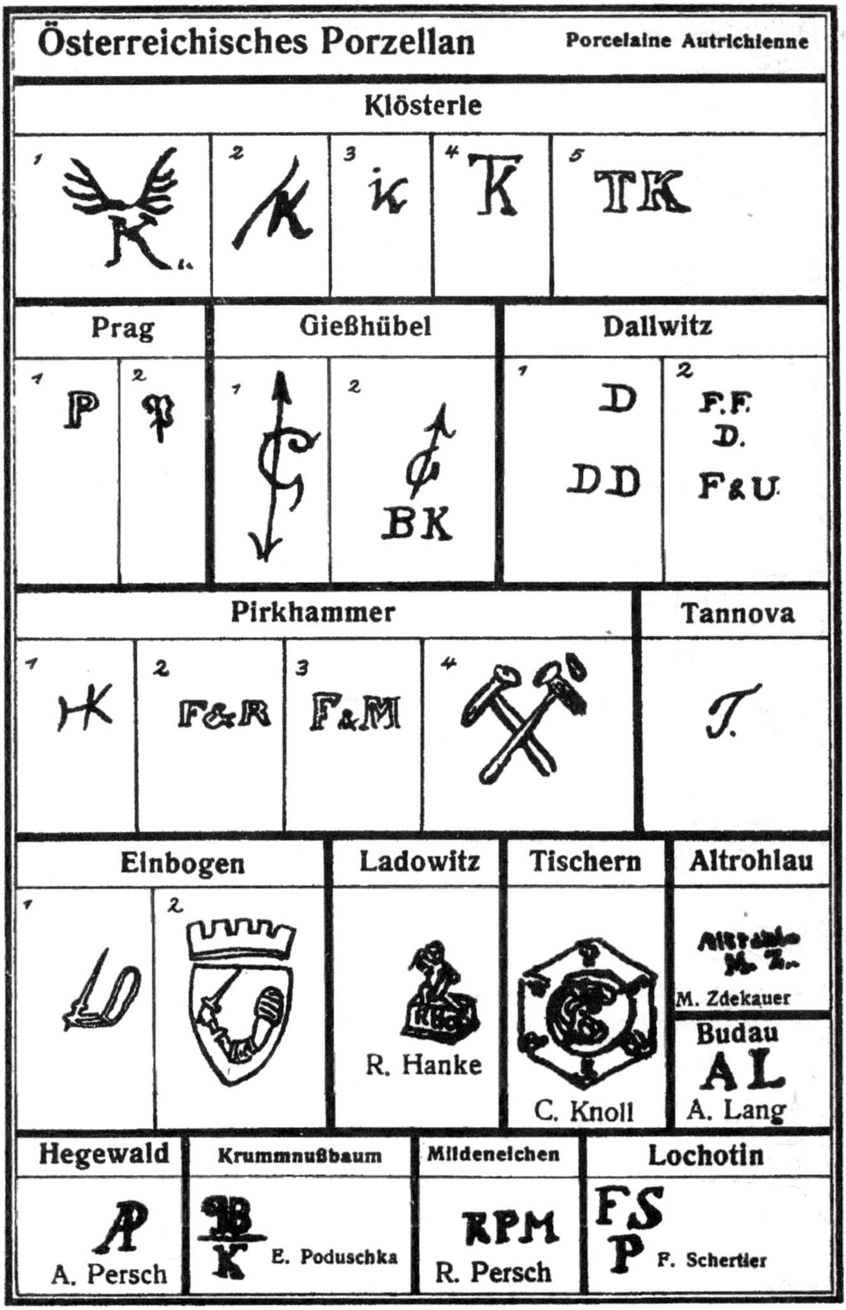

Österreichisches Porzellan

Porcelaine Autrichienne

Klösterle

1 K.

2 K

3 K

4 K

5 TK

Prag

1 P

2 P

Gießhübel

1

2 BK

Dallwitz

1 D DD

2 F.F. D. F&U.

Pirkhammer

1 HK

2 F&R

3 F&M

4

Tannova

T.

Einbogen

1

2

Ladowitz

R. Hanke

Tischern

C. Knoll

Altrohlau

M. Zdekauer

Budau

AL

A. Lang

Hegewald

AP

A. Persch

Krummnußbaum

BK

E. Poduschka

Mildeneichen

RPM

R. Persch

Lochotin

FSP

F. Schertler

Österreichisches Porzellan

Porcelaine Autrichienne

Schlaggenwald

1	2	3	4
S.	S	L&H	LIPPERT & HAAS IN SCHLAGGENWALD

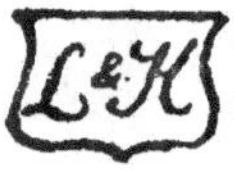

19.—20. Jahrhundert

Chodau

1. RF&H — Richter, Fenkl & Hahn
2. C — Haas & Czizek

Merkelsgrün

B & S M — Bruder & Schwalb

Meierhöfen

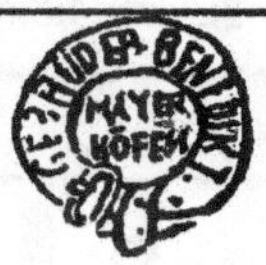

MAYER HÖFEN — Gebr. Benedikt

Pirkenhammer

1. Pirkenhammer Austria
2. F & M

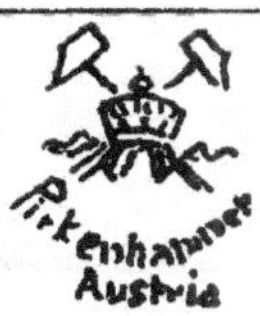

Fischer & Mieg

Lubau

GM

Gebr. Martin

Ungarisches Porzellan

Porcelaine Hongroise

Herend

1	2.	3.	4.	5
		HEREND		

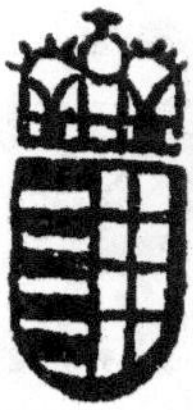

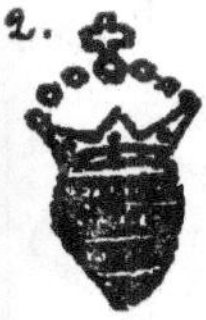

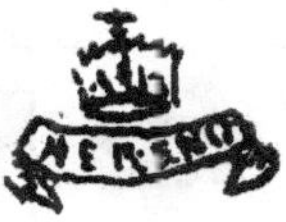

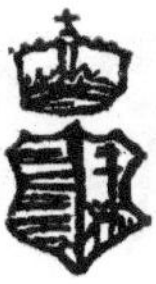

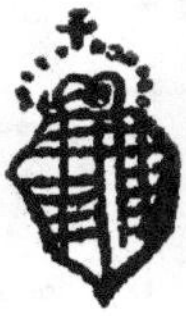

Holländisches Porzellan — Porcelaine Hollandaise

Weesp		Amstel	
1	2 W	1 AD	2 Amstel

Haag (La Haye)

1	2	3	4	5	6

Loosdrecht

1	2	3
M:oL	M:oL	M.L

Belgisches Porzellan — Porcelaine Belge

Brüssel (Bruxelles)

1	2	3
L'Crette de Bruxelles rue D'Aremberg 1791.	LC.	L.C. Ebenstein

4	5	6	7
.EB.	B	B ×	B

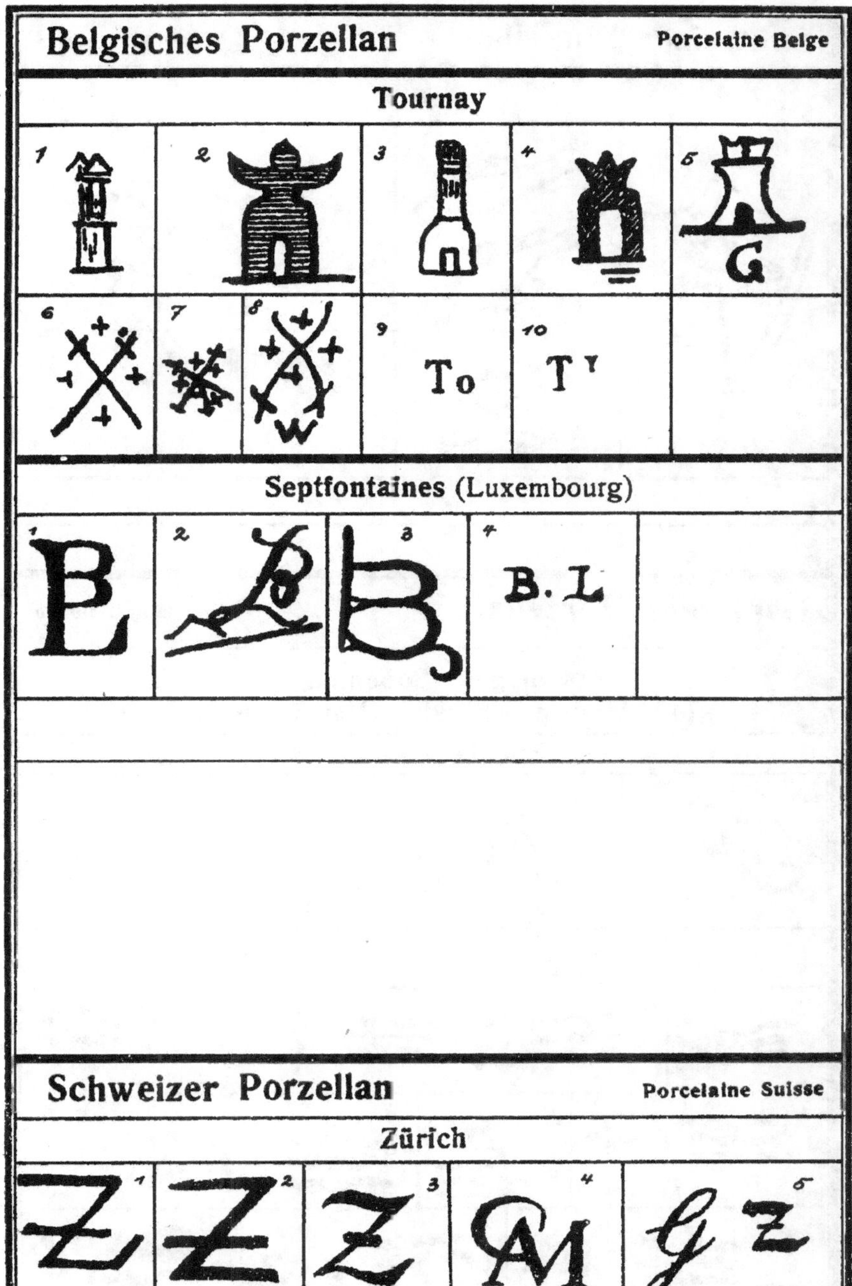
Belgisches Porzellan
Porcelaine Belge
Tournay
1
2
3
4
5
G
6
7
8
W
9
To
10
T Y
Septfontaines (Luxembourg)
1
2
3
4
B. L
Schweizer Porzellan
Porcelaine Suisse
Zürich
1
2
3
4
5

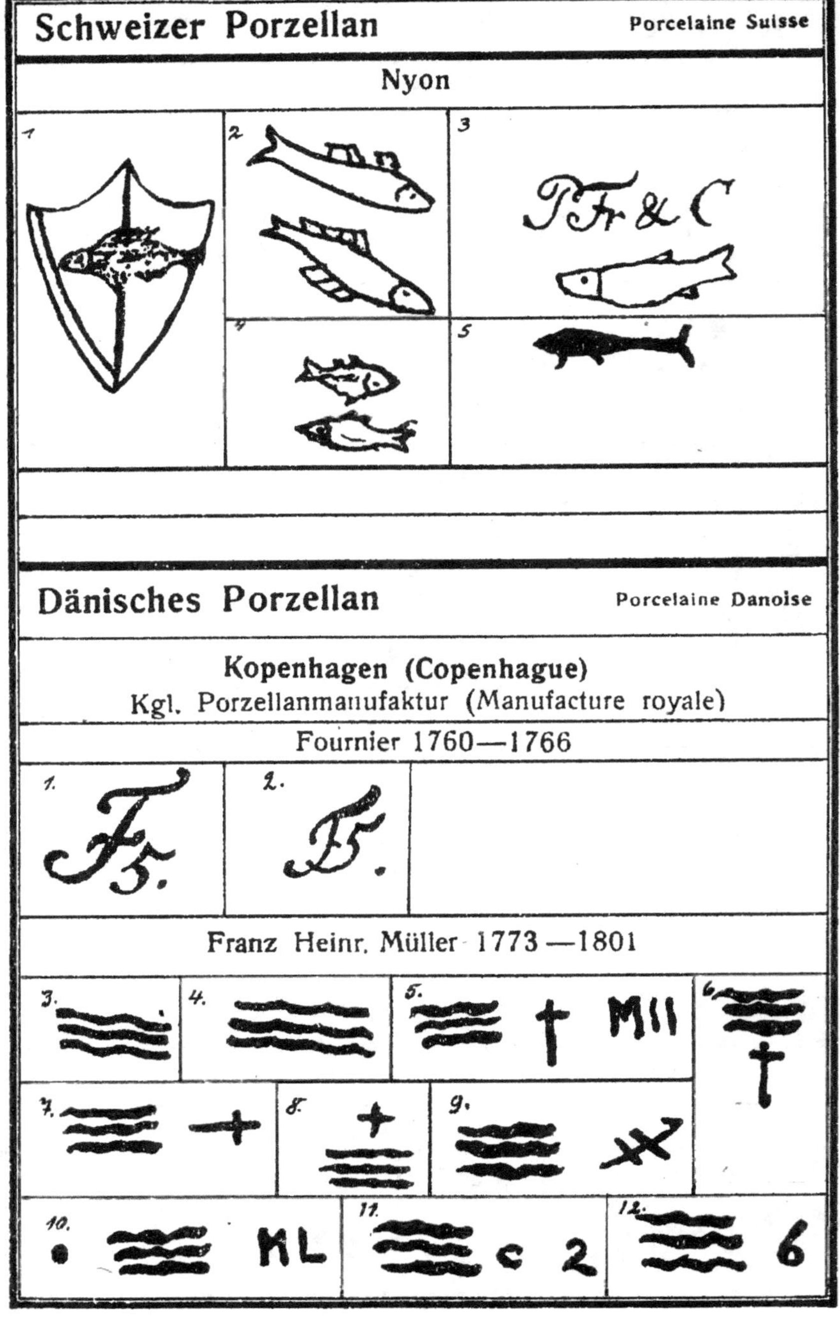
Schweizer Porzellan
Porcelaine Suisse
Nyon
1
2
3
PF & C
4
5
Dänisches Porzellan
Porcelaine Danoise
Kopenhagen (Copenhague)
Kgl. Porzellanmanufaktur (Manufacture royale)
Fournier 1760—1766
1.
2.
F5.
F5.
Franz Heinr. Müller 1773—1801
3.
4.
5.
MII
6.
7.
8.
9.
10.
ML
11.
c 2
12.
6

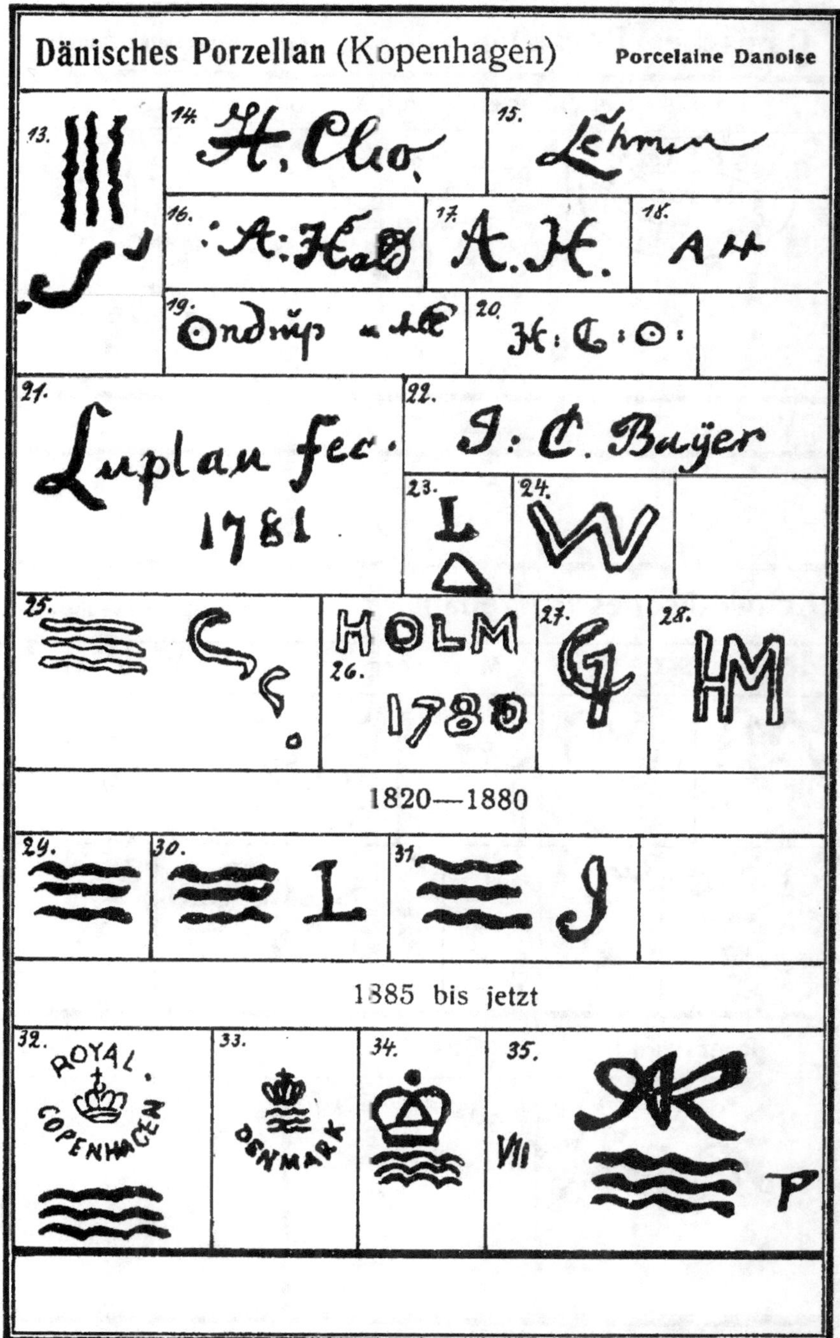
Dänisches Porzellan (Kopenhagen)
Porcelaine Danoise
13.
14. H. Clio.
15.
16.
17. A. H.
18. A H
19.
20.
21. Luplan fec.
1781
22. J: C. Bayer
23. L
24. W
25.
26. HOLM
1780
27. G
28. HM
1820—1880
29.
30. L
31. J
1885 bis jetzt
32. ROYAL COPENHAGEN
33. DENMARK
34.
35. VII
P

Dänisches Porzellan — Porcelaine Danoise

Kopenhagen (Bing & Groendahl)

1	2	3
BING & GRØNDAHL HOVEDDEPOT KJØBENHAVN	Danish China Works B & G COPENHAGEN B & G	B & G KJØBENHAVN DANISH CHINA WORKS B & G

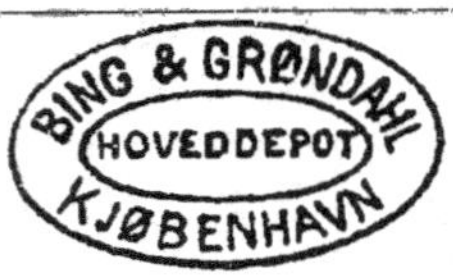

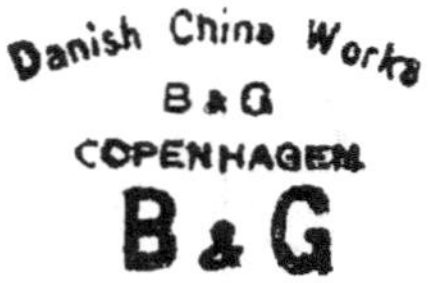

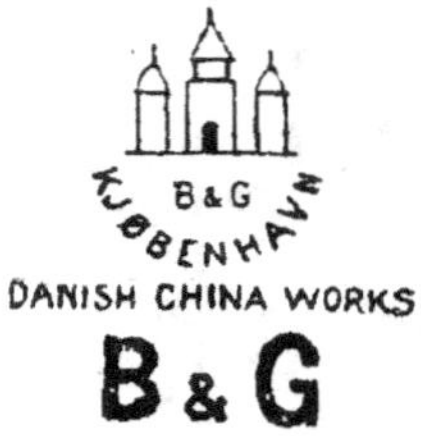

Schwedisches Porzellan — Porcelaine Suédoise

Marieberg

1.	2.	3.	4.	5.
MB	MB	M.	MB	MB

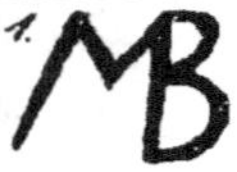

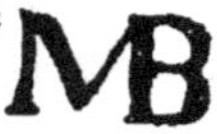

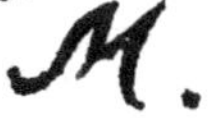

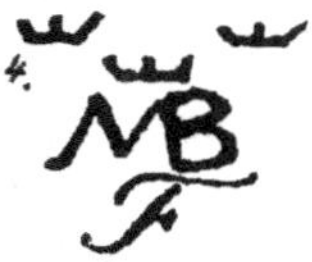

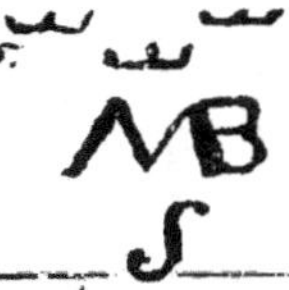

6.	7.	8.	9.	10.	11.	12.

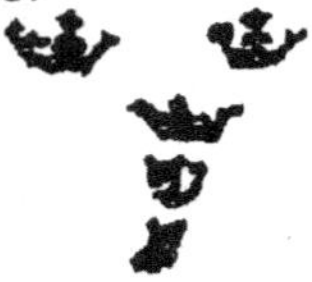

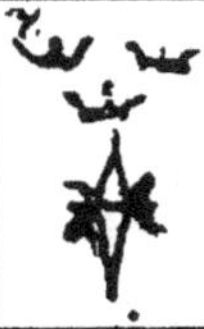

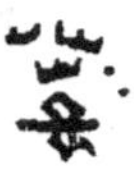

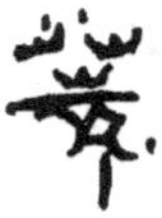

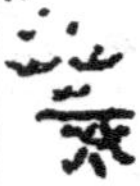

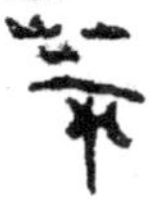

Roerstrand	Gustafsberg	
Rörstrand	GUSTAFSBERG	

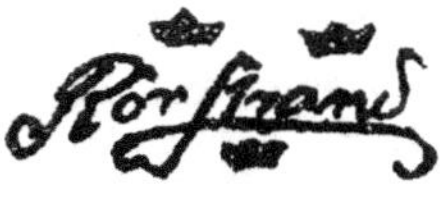

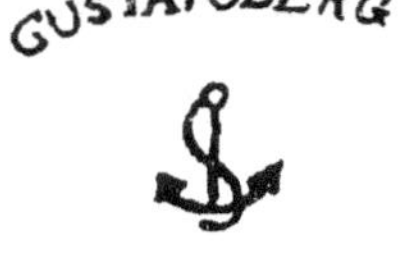

Französisches Porzellan

Porcelaine Française

Rouen

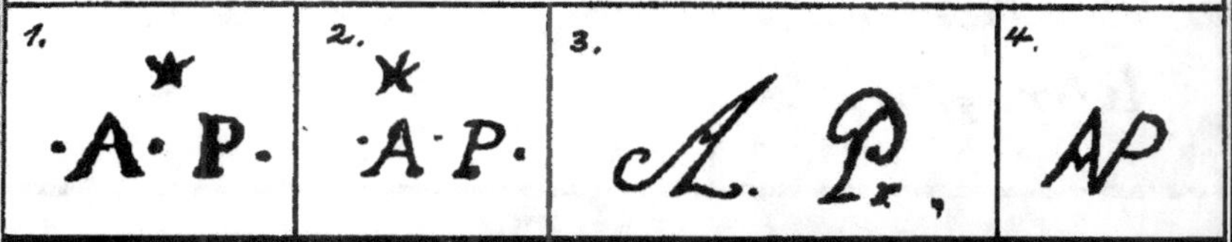

1.	2.	3.	4.
·A· P·	·A·P·	A. P.	AP

St. Cloud (Chicannaux-Trou)

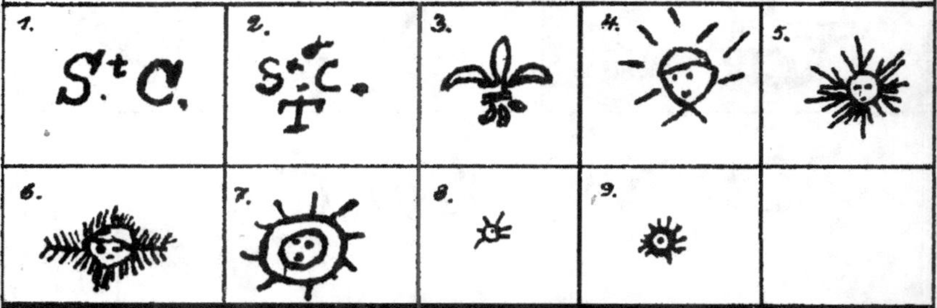

1.	2.	3.	4.	5.
S.t C.	S. C. T			
6.	7.	8.	9.	

Lille (1711—1730)

1.	2.	3.	4.	5.
L	·L +	L L	·L	D
	6.			

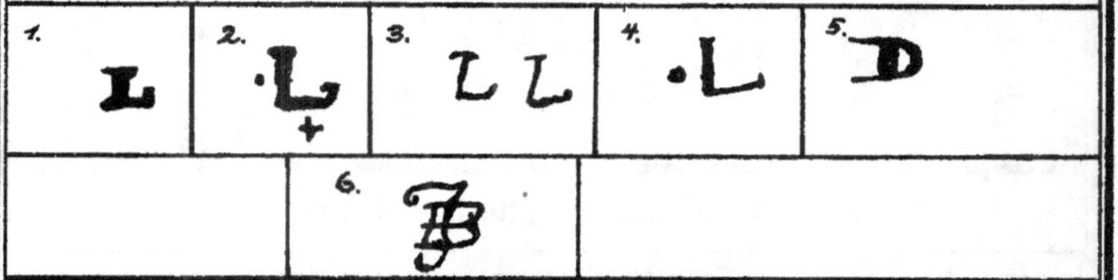

Lille (1784—1817)

1.	2.	3.
4. A	5. a Lille	6. alille

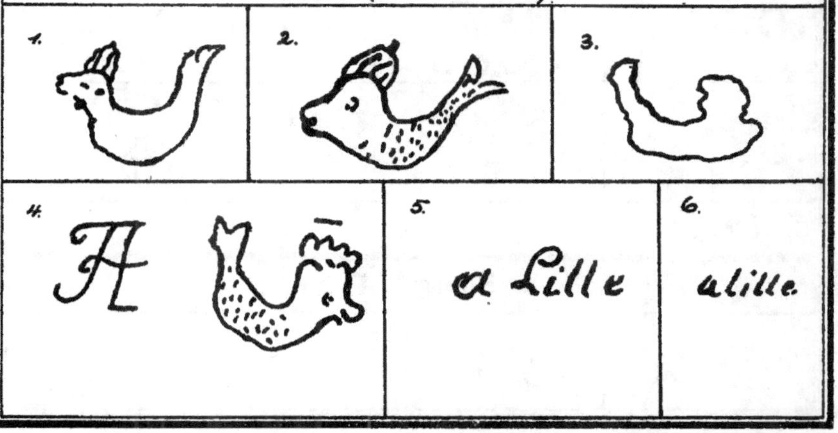

Französisches Porzellan (Lille) — Porcelaine Française

7	8	9
fait par Lebrun à Lille	R T	L D

Chantilly

1	2	3
n	C	H

4	5
C	chantilly

6	7	8
Ledru	Bonnefoy	C

Mennecy-Villeroy (Rue de Charonne)

1	2	3	4
.D.V.	DV	V	D. V. S

5	6	7	8
.J. D. V.	D. V R	DV	

9	
MO	

Bourg-la-Reine

1	2	
B.R.	B R	

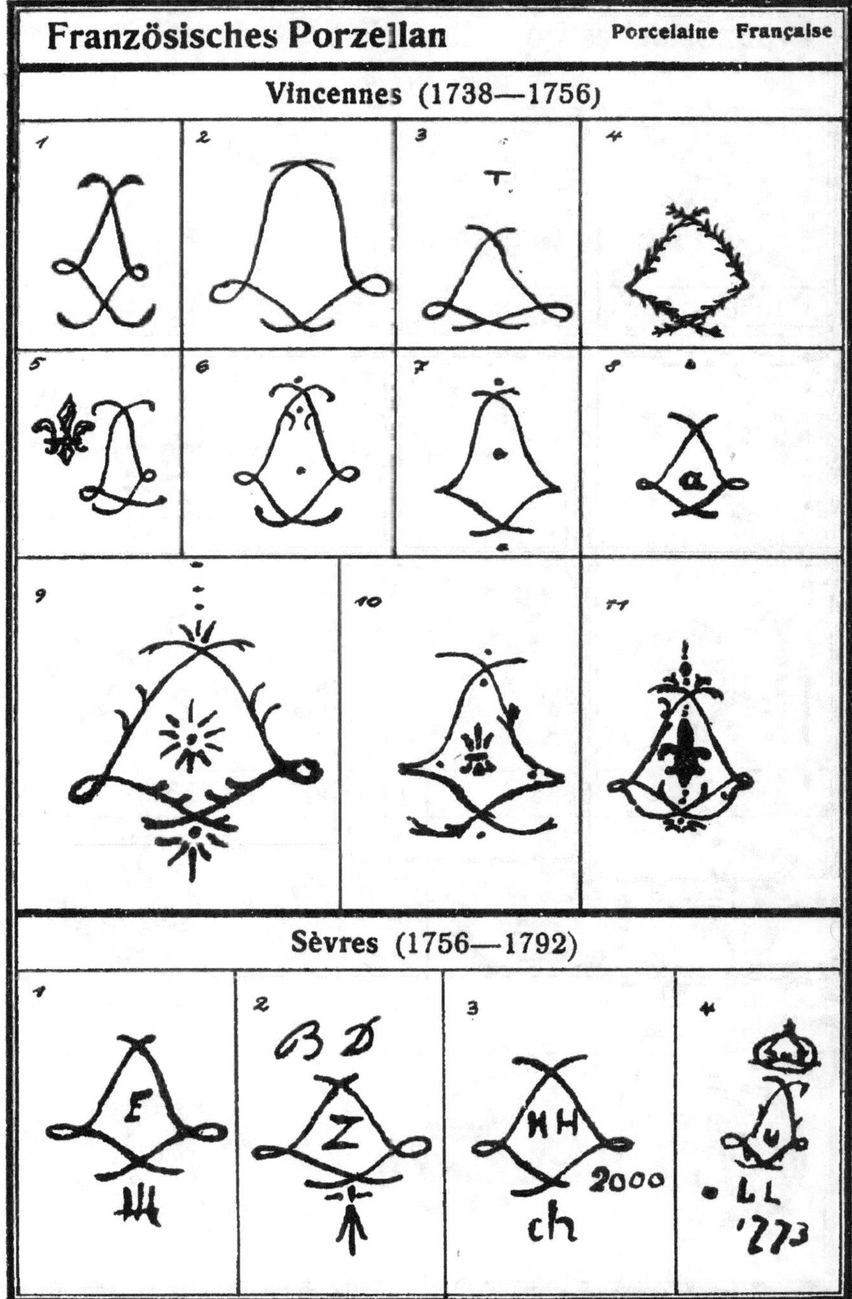
Französisches Porzellan
Porcelaine Française
Vincennes (1738—1756)
1
2
3
4
5
6
7
8
9
10
11
Sèvres (1756—1792)
1
2
3
4
2000
ch

Französisches Porzellan (Sèvres) — Porcelaine Française

1793—1800

5	6	7
RF Sèvres	R.F Sèvres,	RF Sevres

1800—1802	1803—1804	1804—1809
8 Sèvres	9 M N^{le} Sèvres	10 M.Imp^{le} de Sèvres:

1810—1814	1810—1824	1824—1828		
11 Manufacture Impériale SÈVRES	12 Sèvres 21	13 Sevres 24	14 Sèvres 27	15 Sèvres 26

1829—1830		1830	1831—1834
16 30	17 DÉCORÉ À SÈVRES 30	18 Sèvres 30	19 SÈVRES 34

1834—1848	1845—1848	
20 SÈVRES 1834	21 S V. 45.	22 SÈVRES 1846

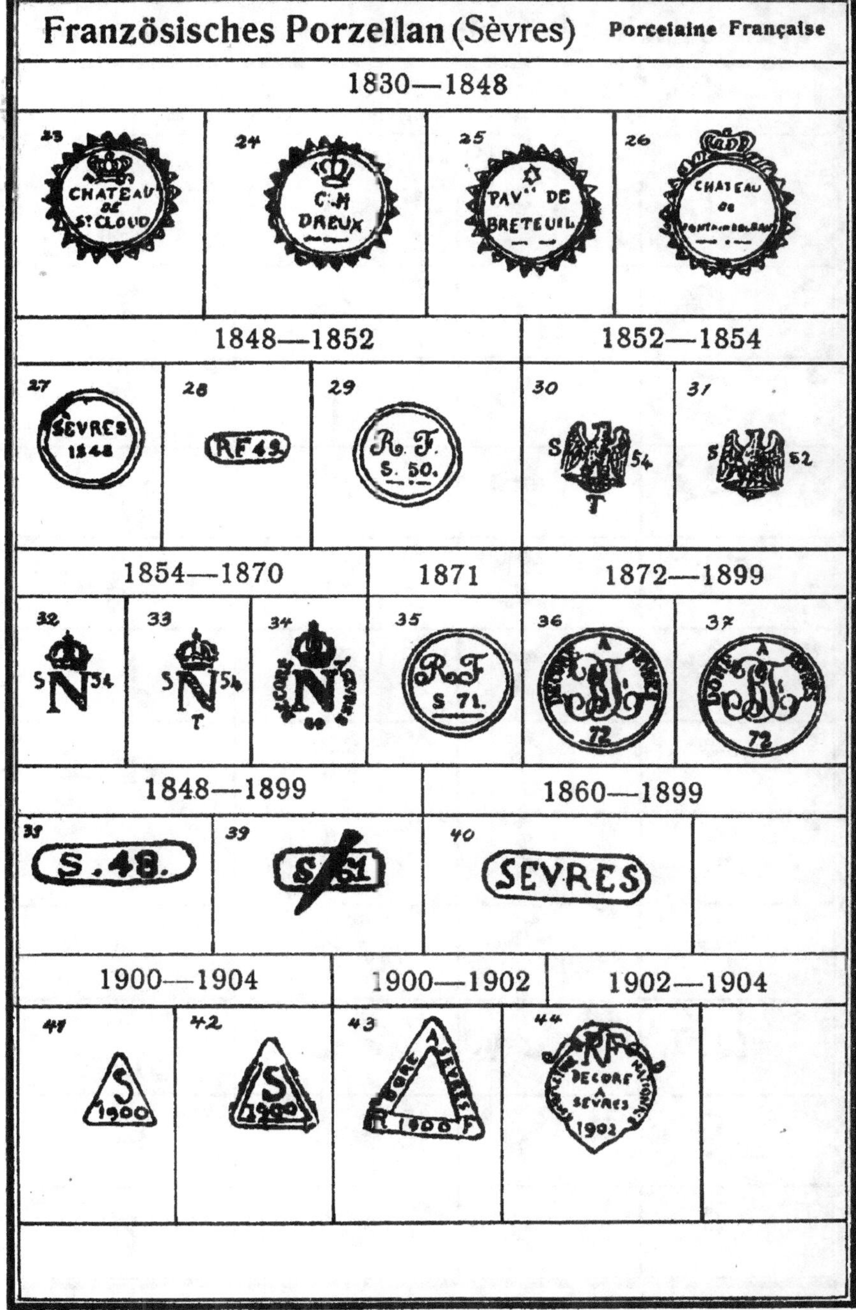

Französisches Porzellan (Sèvres)
Porcelaine Française
1830—1848
23
CHATEAU DE St CLOUD
24
DREUX
25
PAV DE BRETEUIL
26
CHATEAU DE
1848—1852
1852—1854
27
SEVRES 1848
28
RF49
29
R. F. S. 50.
30
S 54 T
31
S 52
1854—1870
1871
1872—1899
32
S N 54
33
S N 54 T
34
N
35
R F S 71.
36
72
37
72
1848—1899
1860—1899
38
S.48.
39
40
SEVRES
1900—1904
1900—1902
1902—1904
41
S 1900
42
S 1900
43
1900
44
RF DECORE A SEVRES 1902

Französisches Porzellan (Sèvres) Porcelaine Française

Maler-, Dekorateur- u. Vergoldermarken von Sèvres
Marques de peintres, décorateurs et doreurs de Sèvres

1753—1800

1	N	13	✱	25	▲	37	j.n.
2		14	T	26	△	38	
3		15	Sc	27	?	39	
4	A[illegible]A	16		28	5.	40	
5		17		29	C.	41	o.m.
6	By.	18	y.	30	✱	42	♪
7		19	B.	31		43	L
8	B	20		32	ch.	44	
9	fB	21	Br.	33	JD.	45	K
10	BD	22	[illegible]MB	34	c.p.	46	DR
11		23		35	jc.	47	
12	6.	24	9	36		48	D.

Französisches Porzellan (Sèvres) Porcelaine Française

Nr.	Marke	Nr.	Marke	Nr.	Marke	Nr.	Marke
49	DT	64	Gt.	79	LG ou LG	94	
50		65	X	80		95	SD
51	F	66	jh.	81	L ou L	96	P.
52		67	hc.	82	f	97	L.S.
53		68	W	83	R.B	98	
54	Y.	69	H.	84	M	99	P.T.
55		70	W	85	S	100	f
56	fz ou f.x	71	Z.	86	9	101	p.°
57		72	j.	87	X.	102	P.7.
58	G	73	hy ou LR	88	M ou M	103	P.H.
59		74	Lc	89	M	104	S.h.
60	Gd.	75	LB.	90	5.	105	S.j.
61	Y.t	76		91	M	106	
62	h	77	LL ou LL	92		107	HP.
63		78		93	nq	108	a...

Französisches Porzellan (Sèvres)		Porcelaine Française	
109 XX	114	119	124 W
110	115 O	120 ••••	125
111 R.L.	116 ◇	121	126 2.000
112 S.h.	117	122 jt	127
113	118 •••	123 V	128
1800—1872			
129 J.A	138 B	147 C.P	156 D.F.
130 R	139 AB	148 J.C	157 D P.
131 E.R.	140 A.T	149 LC	158 DC
132 A.	141 AB	150 F.C.	159 C·D
133 P.A	142 AB	151 C.C.	160 Dh
134 B	143 F.B	152 C.T.	161 D.I.
135 AB	144 Bf	153 AD	162 D.T.
136 B.	145 Bx.	154 AD	163 AF.
137 Br.	146 DC	155 D.F.	164 Dy

Französisches Porzellan (Sèvres) Porcelaine Française

165 HF	180 E	195 M.R	210 B
166 F	181 H	196 AM	211 B
167 F.	182 L G^ne	197 P.P.	212 HB
168 Ch.B.	183 L	198 P.h.	213 HY
169 Gu.	184 L.B.	199 P	214 AB
170 J.G.	185 L.	200 R	215 ER
171 J.G.	186 L.G.	201 .R.	216 E
172 Gob.R	187 L G	202 HR	217 ph.h.
173 D.G.	188 E.L.	203 ER	218 *
174 F.G.	189 A	204 E 1800	219 R.
175 EG	190 E. de M	205 MR	220 AB
176 H	191 FM	206 C	221 B
177 H	192 AM ou MR	207 W	222 AC
178 R.D.	193 MC	208 B	223 P
179 .C.Z.	194 M	209 B	224 P

Französisches Porzellan (Sèvres)			Porcelaine Française
225 E	231 GR	237 M	243 P.S.
226	232 R	238 P	244 S.S.p
227 EF	233 PMR	239 P	245
228 CL	234 MA	240 P	246 S.W.
229 Rx	235 AL	241 JR	247 J.T.
230 PR	236 C.L	242 S	248 HS

Französisches Porzellan

Porcelaine Française

Sceaux

1	2	3	4
		S·X S x A	S x S P

Orleans

1	2	3	4	5
C	6 3 D	C		
6	7	8		

Benoist Le Brun

1	2	3
	B orleans	L B orléans

Molier-Bardin

1	2	3
MB	ORLEANS M.B	MB a orlean

La Seynie

1	2	3	4	5
		L:S		LS

Französisches Porzellan

Porcelaine Française

Paris

Ville d'évéque	Rue Taranne	Rue de la Roquette
C M +	DEMONT R. Taranne PARIS	S

Faubourg Saint-Denis

1	2	3	4	5
		h	h	h
6 CP	7 Schœlcher			

Rue Fontaine-au-Roy (la basse Courtille)

1	2	3	4
			DP 1772
5 I R	6 Pouyat & Russinger P. R	7 PY	

Rue de Reuilly			Barrière de Reuilly	
1 L	2 L	3 L	1 CH	2 CH

Französisches Porzellan (Paris) Porcelaine Française

Rue Thiroux

1	2	3	
A	A	A	

4	5	6
Gh Rue Thirou à Paris	houzel	Leveillé 12 rue de Thirou D r

Rue de Bondy

1	2	3
A	rue de A bondi	MANUF RE Mgr le DUC Angouleme Paris / D

4	5	6
MANUFRE de Mgr le Duc d'angouleme a Paris	Mre de Dihl et Guerard Paris.	Dihl.

Rue de Popincourt

1	2	3	4
NAST a Paris	N	N	N

Französisches Porzellan (Paris) — Porcelaine Française

Pont-aux-choux (Rue Amelot)				
1 M	2 M	3 ·C·	4 R	5 L P.
6 Fabrique de Pont-aux-Choux				
7 Lefevre rue amelot a paris				

Petit Carrousel	
1 P C G	2 P C G MANUFACTURE du Petit Carousel a Paris

Rue St.-Gilles			
1 Dagoty a Paris	2 P. L. DAGOTY A PARIS	3 Ed HONORE A PARIS	
4 H & C	5 C	6)	

Rue de Crussol, Rue des trois bornes				
1 B Potter 42	2 C H. potter a paris	3 B C P 9	4 B Potter 2	5 E. B

Französisches Porzellan (Paris) — Porcelaine Française

Rue de Crussol

DENUELLE
Rue de Crussol à Paris

Rue des Recollets

DESPREZ
Rue des Recollets
A PARIS

Rue de Charonnes

1	2	3
DARTE FRERES PARIS.	DARTE Palais Royal no 21	LD

Rue Montmartre

1	2
halley	lebon-halley

Palais Royal

l'Escalier
de Cristal
PARIS

Brancas-Lauraguais

1	2
LB	6r LB. 1. 1768

Etiolles

1	2
MP	Etiolles 1770 Pellev

Arras

1	2	3
AR	AR	AR

Französisches Porzellan

Porcelaine Française

Clignancourt

1 2 3 4 5 6 7

Vincennes (1765—1788)

1 hIL

2

3 H·L·

Bordeaux

1 BORDEAUX

2

3 W

4 W.

Lunéville

1 TERRE DE LORRAINE J·G·

2 CYFFLE A·LUNEVILLE S

3

Chatillon

DLV Chatillon

Marseille

1 R

2 R

3 R

4 R

Französisches Porzellan

Porcelaine Française

Valenciennes

1	2	3	4	5

Bayeux 1	Bayeux 2	Caen
V. L Bayeux	VL Bayeux	CAEN.

Boisette 1	Boisette 2	Boisette 3	Fontainebleau 1	Fontainebleau 2
B	B..	B	J.P.	J P

Saint-Maurice, Montreuil-Sous-Bois (Samson)

1	2
S	X

Crepy-en-Valois

1	2
crepy	C.P.

Saint-Amand-les-Eaux

1	2	3
S A	Stamand	

Englisches Porzellan

Porcelaine Anglaise

Chelsea

1750 bis ca. 1753

1	2	3	4
	Chelsea 1745		

ca. 1753—1758

5	6	7	8	9
				R

10

Chelsea-Derby 1770—1784

10	11	12	13	14
D			D	D

Derby

1770—1784			seit 1782	
1	2	3	4	5
D	D	D	D	

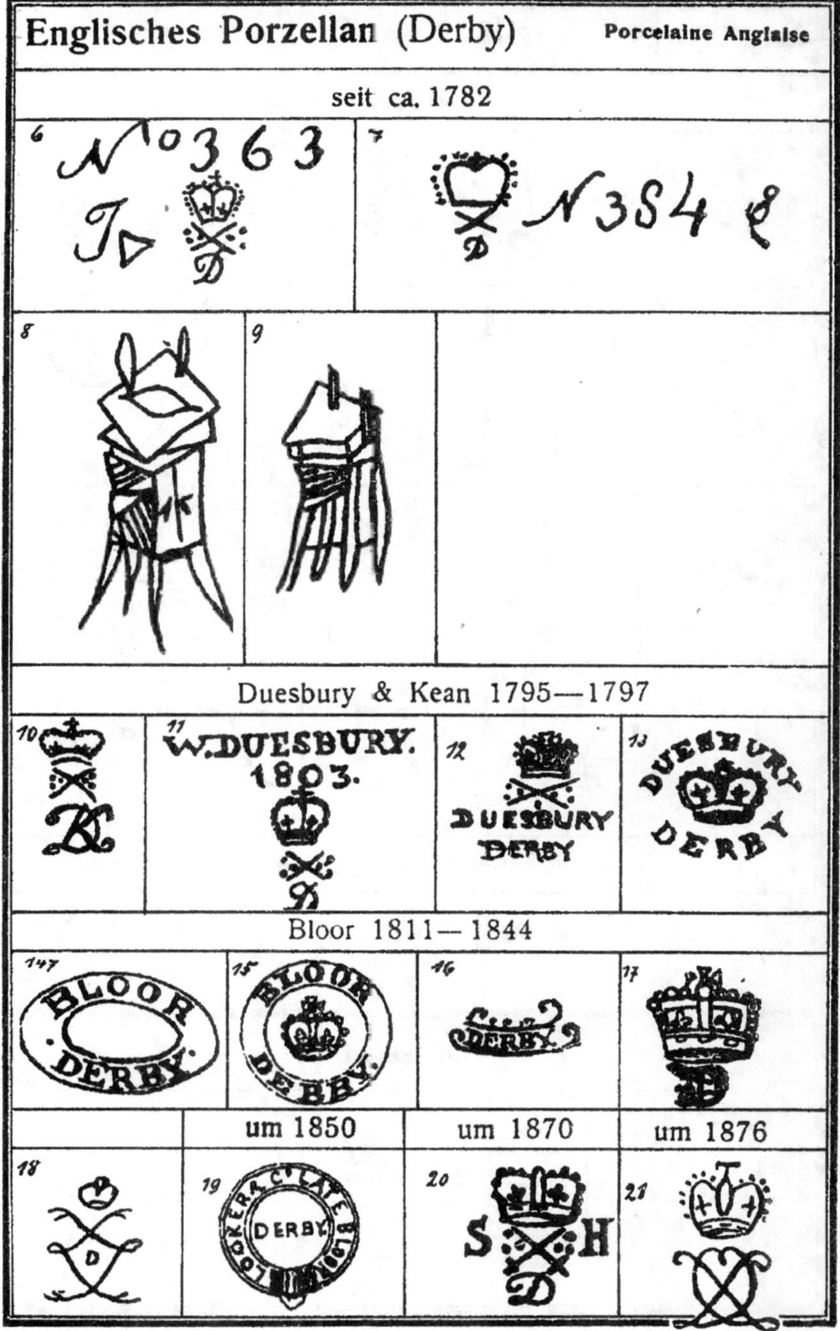
Englisches Porzellan (Derby)
Porcelaine Anglaise
seit ca. 1782
No 363
N 384
Duesbury & Kean 1795—1797
W. DUESBURY.
1803.
DUESBURY
DERBY
DUESBURY
DERBY
Bloor 1811—1844
BLOOR
DERBY
BLOOR
DERBY
DERBY
um 1850
um 1870
um 1876
LOCKER & Cº LATE BLOOR
DERBY
S H

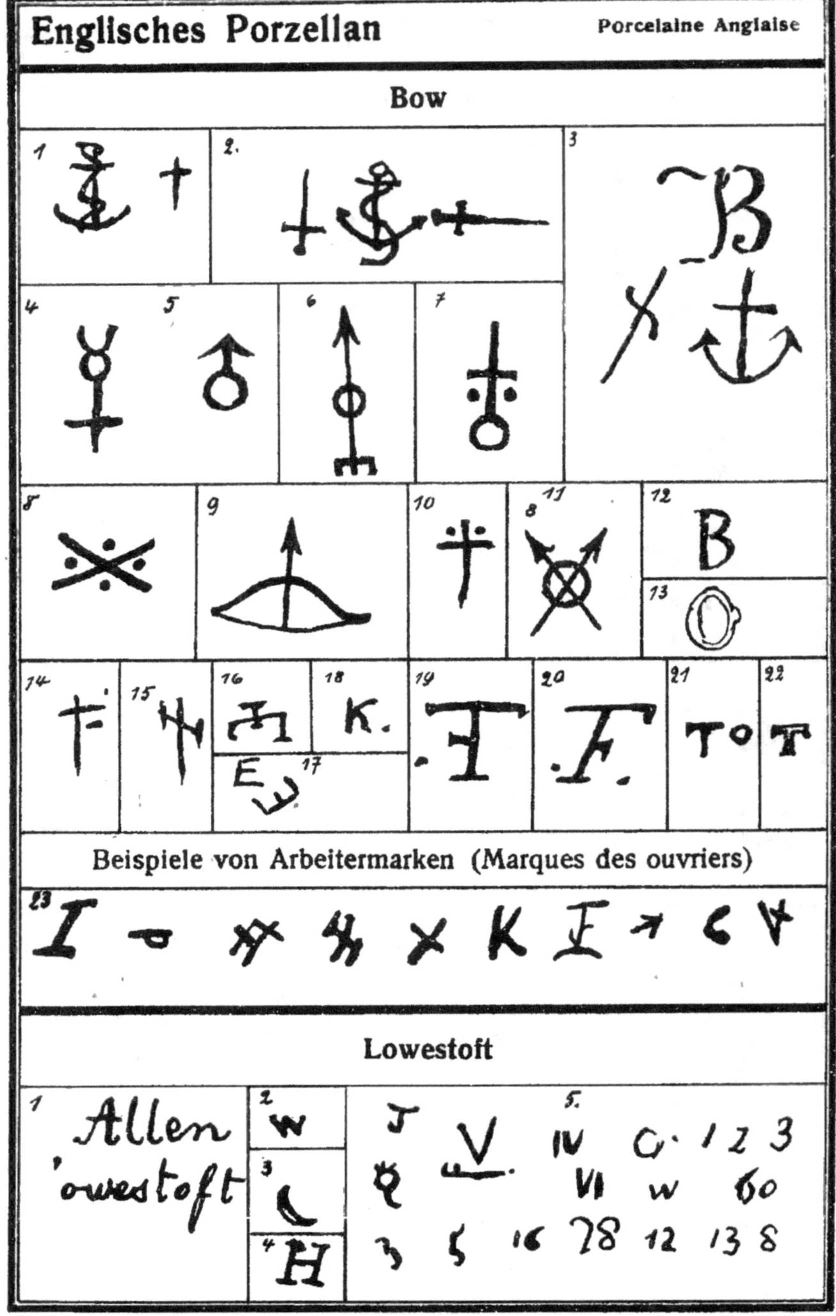
Englisches Porzellan
Porcelaine Anglaise
Bow
Beispiele von Arbeitermarken (Marques des ouvriers)
Lowestoft
Allen
owestoft

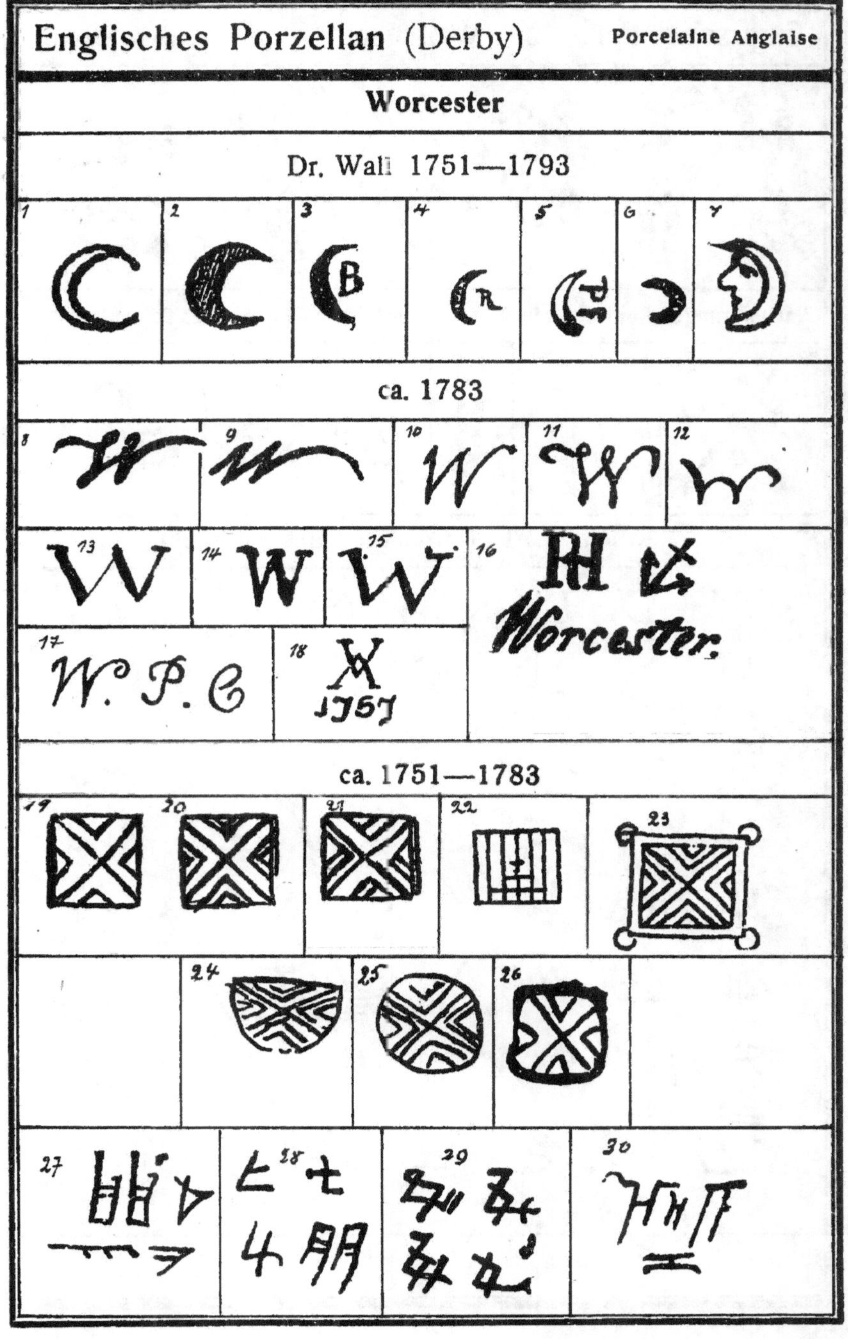
Englisches Porzellan (Derby)
Porcelaine Anglaise
Worcester
Dr. Wall 1751—1793
1
2
3
4
5
6
7
ca. 1783
8
9
10
11
12
13
14
15
16
Worcester.
17
W. P. C
18
1757
ca. 1751—1783
19
20
21
22
23
24
25
26
27
28
29
30

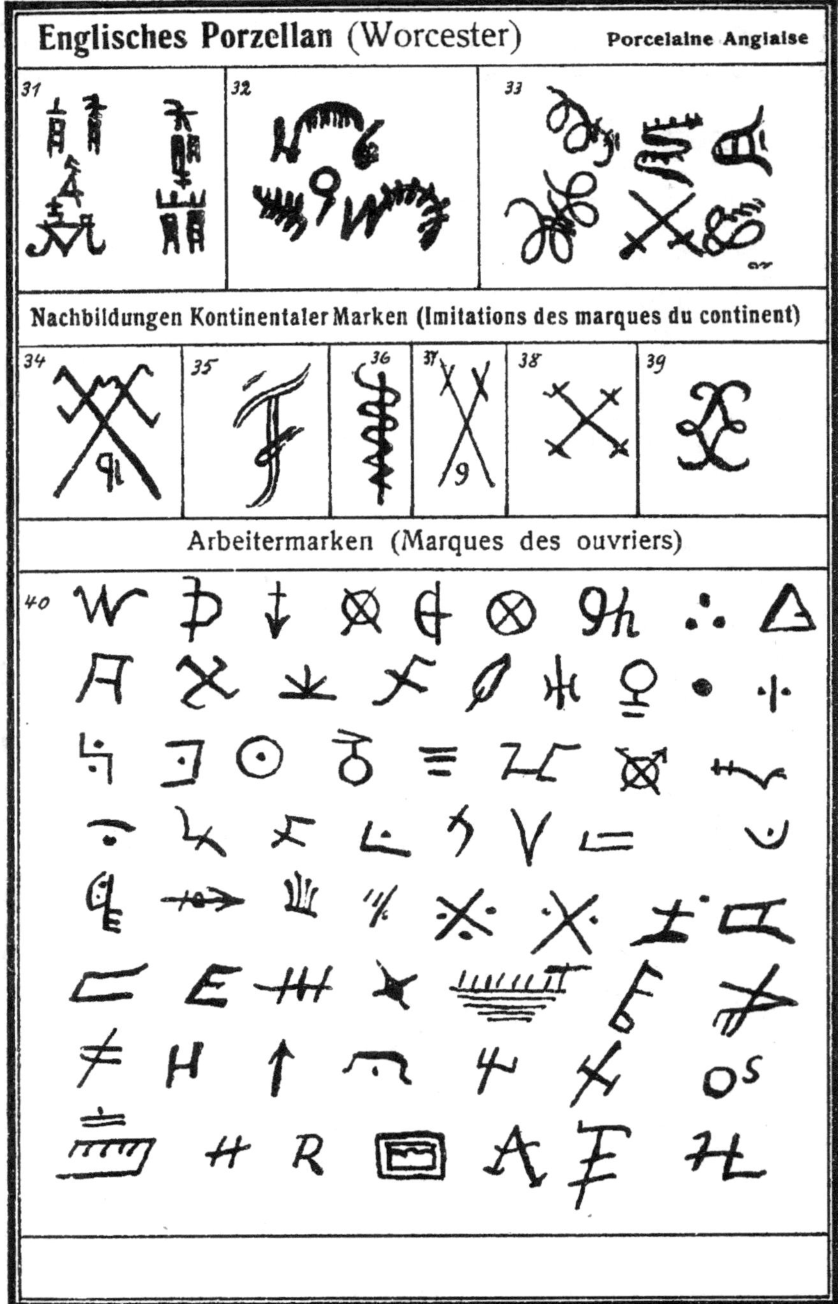

Englisches Porzellan (Worcester)
Porcelaine Anglaise
31
32
33
Nachbildungen Kontinentaler Marken (Imitations des marques du continent)
34
35
36
37
38
39
Arbeitermarken (Marques des ouvriers)
40

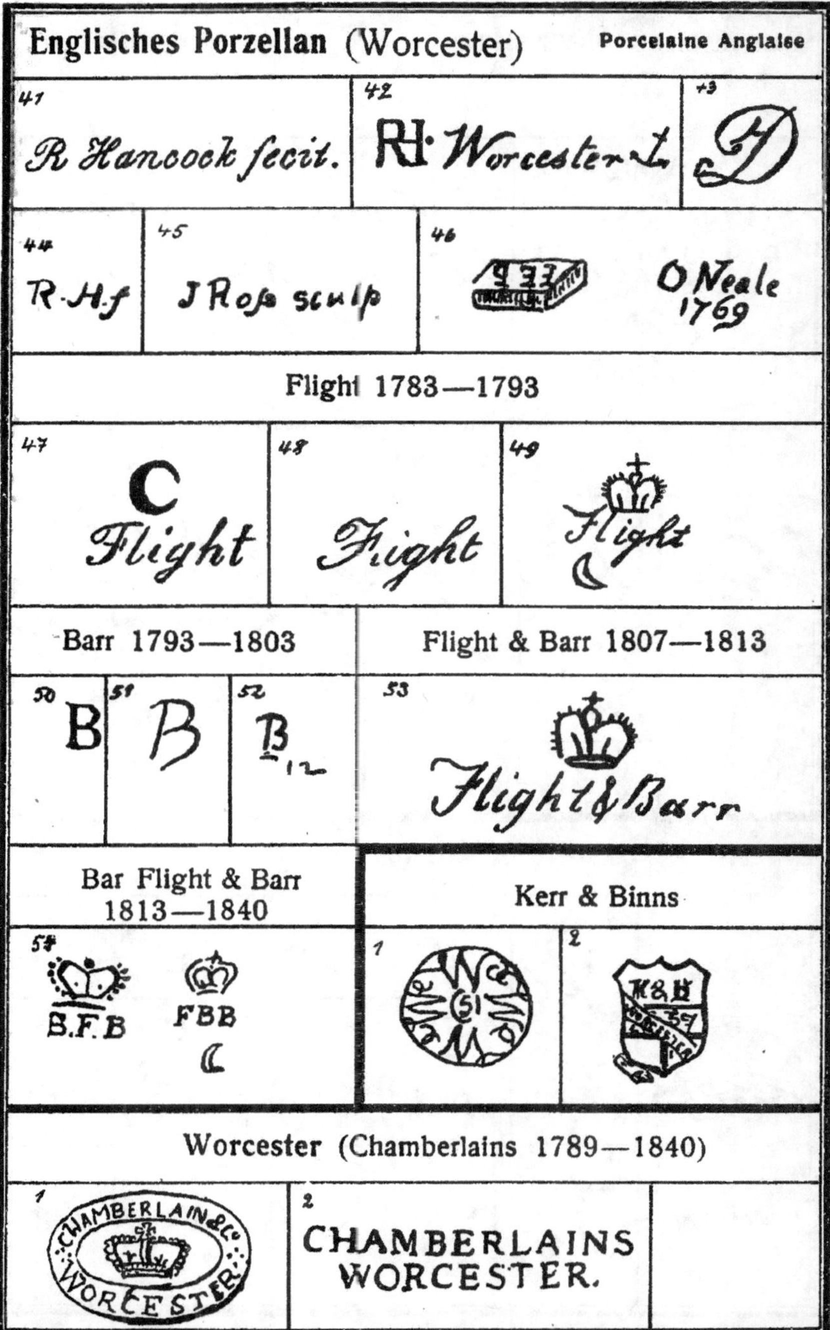
Englisches Porzellan (Worcester)
Porcelaine Anglaise
41
R Hancock fecit.
42
RH Worcester
43
44
R-H-f
45
J Ross sculp
46
O Neale
1769
Flight 1783—1793
47
C
Flight
48
Flight
49
Flight
Barr 1793—1803
Flight & Barr 1807—1813
50
B
51
B
52
B
12
53
Flight & Barr
Bar Flight & Barr
1813—1840
Kerr & Binns
54
B.F.B
FBB
1
51
2
K&B
57
Worcester (Chamberlains 1789—1840)
1
CHAMBERLAIN & Co
WORCESTER
2
CHAMBERLAINS
WORCESTER.

Englisches Porzellan

Porcelaine Anglaise

Grainger

3 ROYAL CHINA WORKS G & Co. ESTABLISHED 1801 ENGLAND

4 George Grainger. Royal China Works, Worcester.

Plymouth

1 2 3

4 Mr W Cookworthy's Factory Plymouth .1770.

Bristol

2 3 4 5 6 7 A. J. st 8 B4 9 B7

10 Bristoll

11 T o

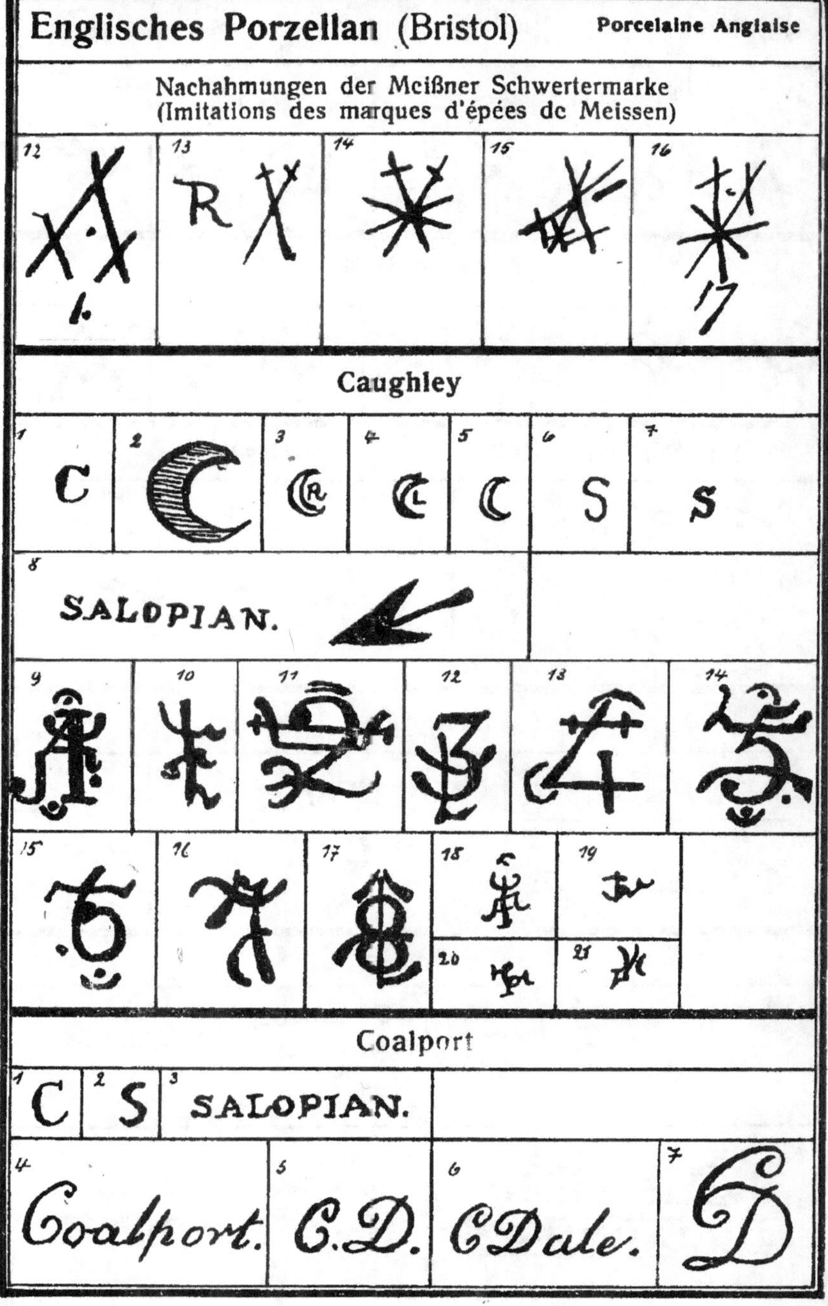
Englisches Porzellan (Bristol)
Porcelaine Anglaise
Nachahmungen der Meißner Schwertermarke
(Imitations des marques d'épées de Meissen)
Caughley
SALOPIAN.
Coalport
SALOPIAN.
Coalport.
C.D.
CDale.

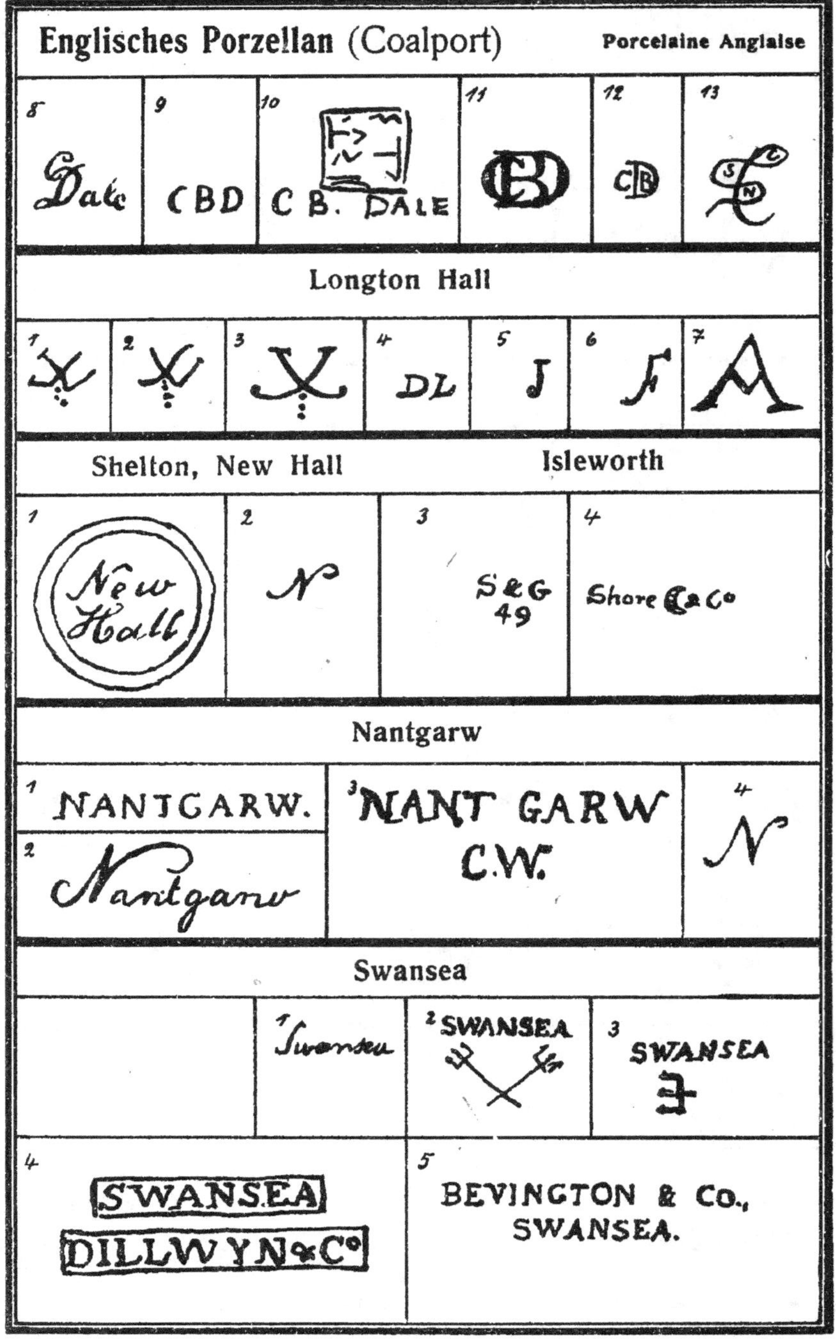
Englisches Porzellan (Coalport)
Porcelaine Anglaise
8 Dale
9 CBD
10 C B. DALE
11
12
13
Longton Hall
1
2
3
4 DL
5 J
6
7
Shelton, New Hall
Isleworth
1 New Hall
2 N
3 S&G 49
4 Shore & Co
Nantgarw
1 NANTGARW.
2 Nantgarw
3 NANT GARW C.W.
4 N
Swansea
1 Swansea
2 SWANSEA
3 SWANSEA
4 SWANSEA DILLWYN & Co
5 BEVINGTON & CO., SWANSEA.

Englisches Porzellan

Porcelaine Anglaise

Pinxton

1 Pinxton.

2 P

3 P

4 B 26

Mansfield

Billingsly
Mansfield

Rockingham

1 Rockingham Works
Brameld

2 BRAMELD

Wedgwood

WEDGWOOD

Stoke uper Trent Spode

1 Spode

2 SPODE

3 Spode
Felspar
Porcelain

Spode & Copeland

4 SPODE
COPELAND

5 COPELAND

Copeland & Carrett

6 COPELAND & GARRETT
LATE
SPODE

Minton

1 M

2

3 MINTON

Longport Davenport

1 DAVENPORT

2 DAVENPORT

Irländisches Porzellan — Porcelaine Irlandaise

Belleck	Donovan
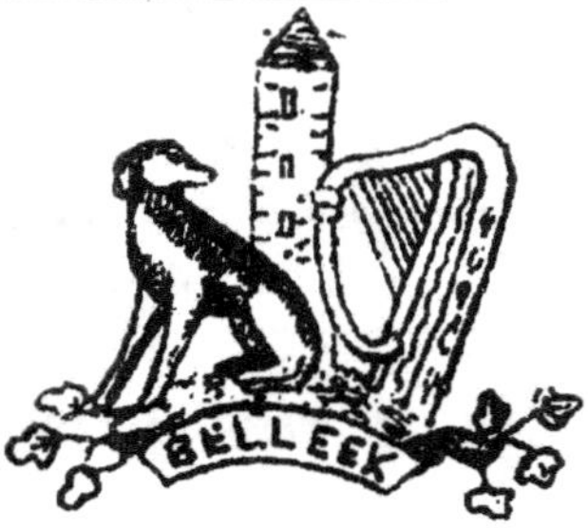 BELLEEK	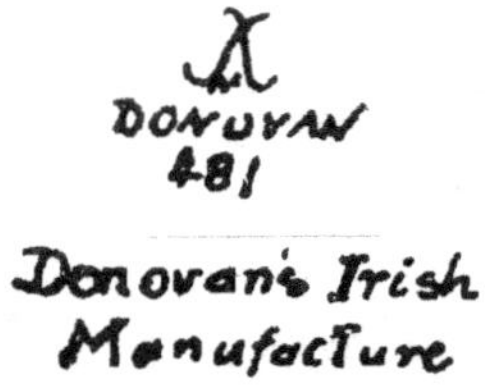 DONOVAN 481 Donovan's Irish Manufacture

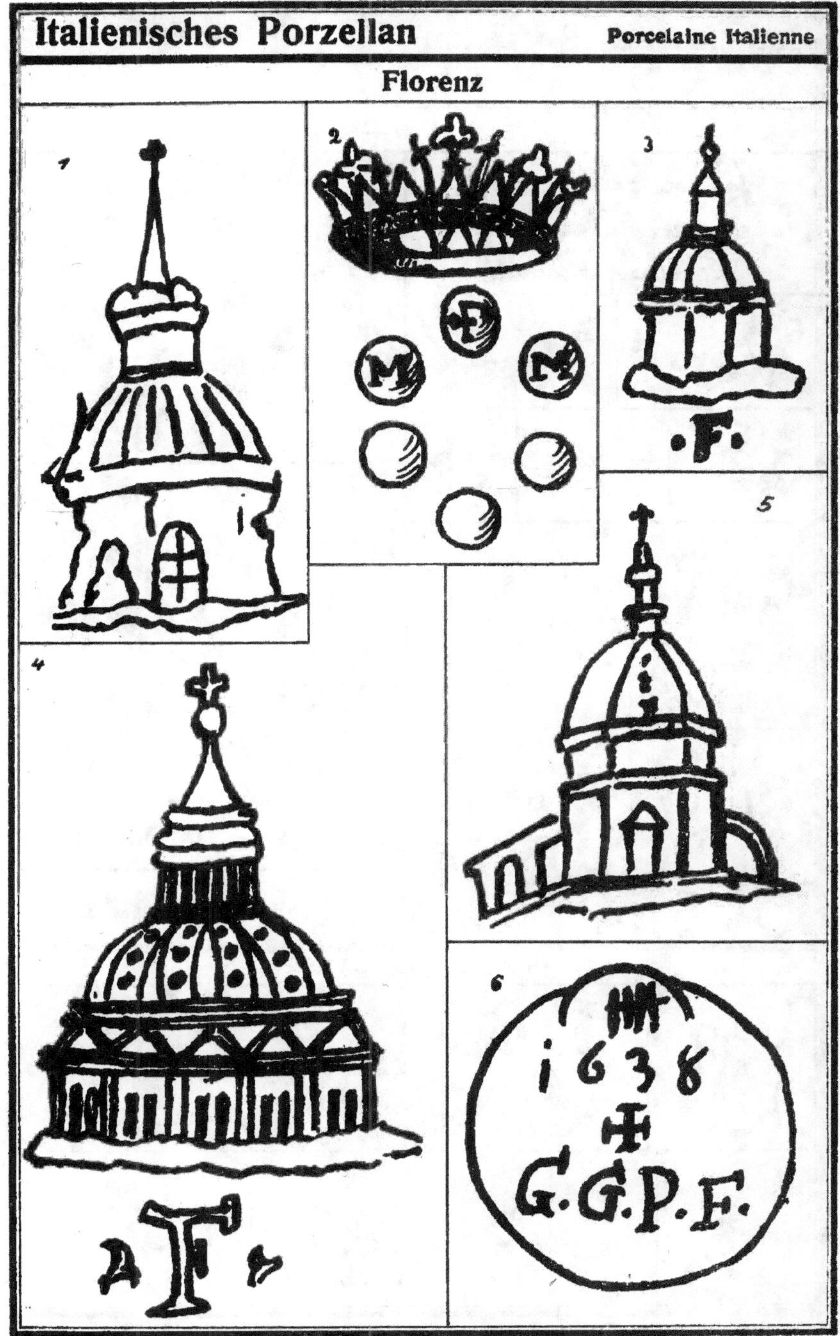
Italienisches Porzellan
Porcelaine Italienne
Florenz
1
2
3
5
4
6
M
M
F
·F·
i 638
G.G.P.F.

Italienisches Porzellan

Porcelaine Italienne

Venedig

Vezzi 1720—40

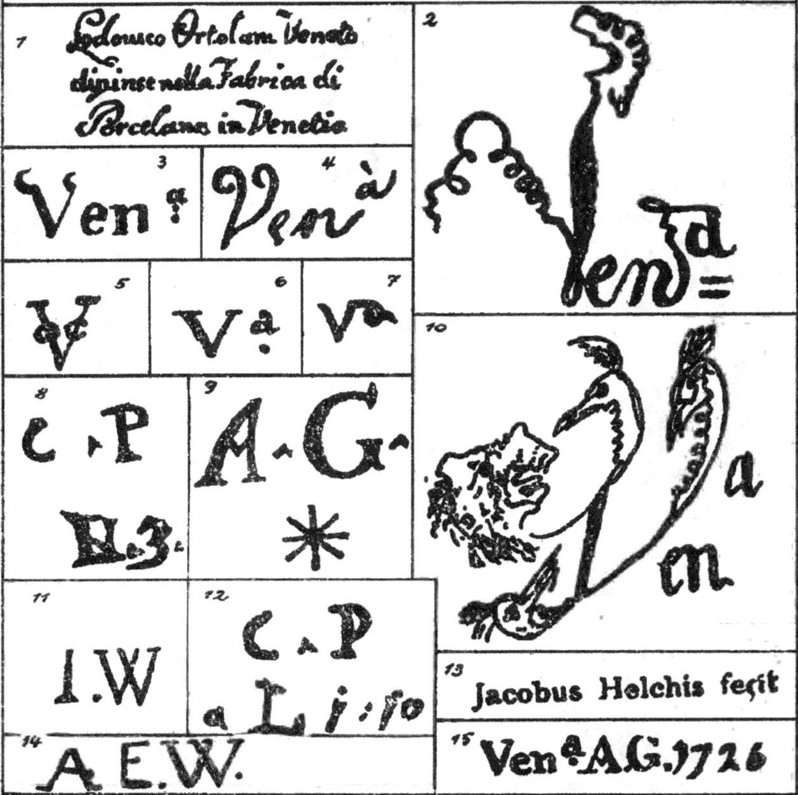

1 Lodovico Ortolani Veneto dipinse nella Fabrica di Porcelana in Venetia

2 Venªa

3 Venª

4 Venà

5 V

6 Vª

7 Vª

8 C.P

9 A.G.

10 Venª

11 I.W

12 C.P

13 Jacobus Helchis fecit

14 A.E.W.

15 Venª A.G.1726

Cozzi 1765—1812

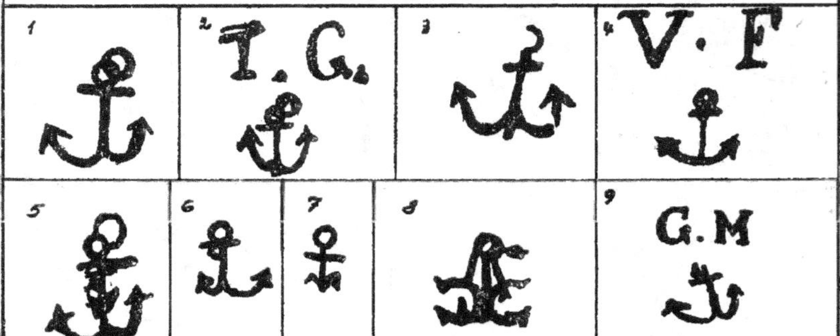

1

2 T. G.

3

4 V. F

5

6

7

8

9 G.M

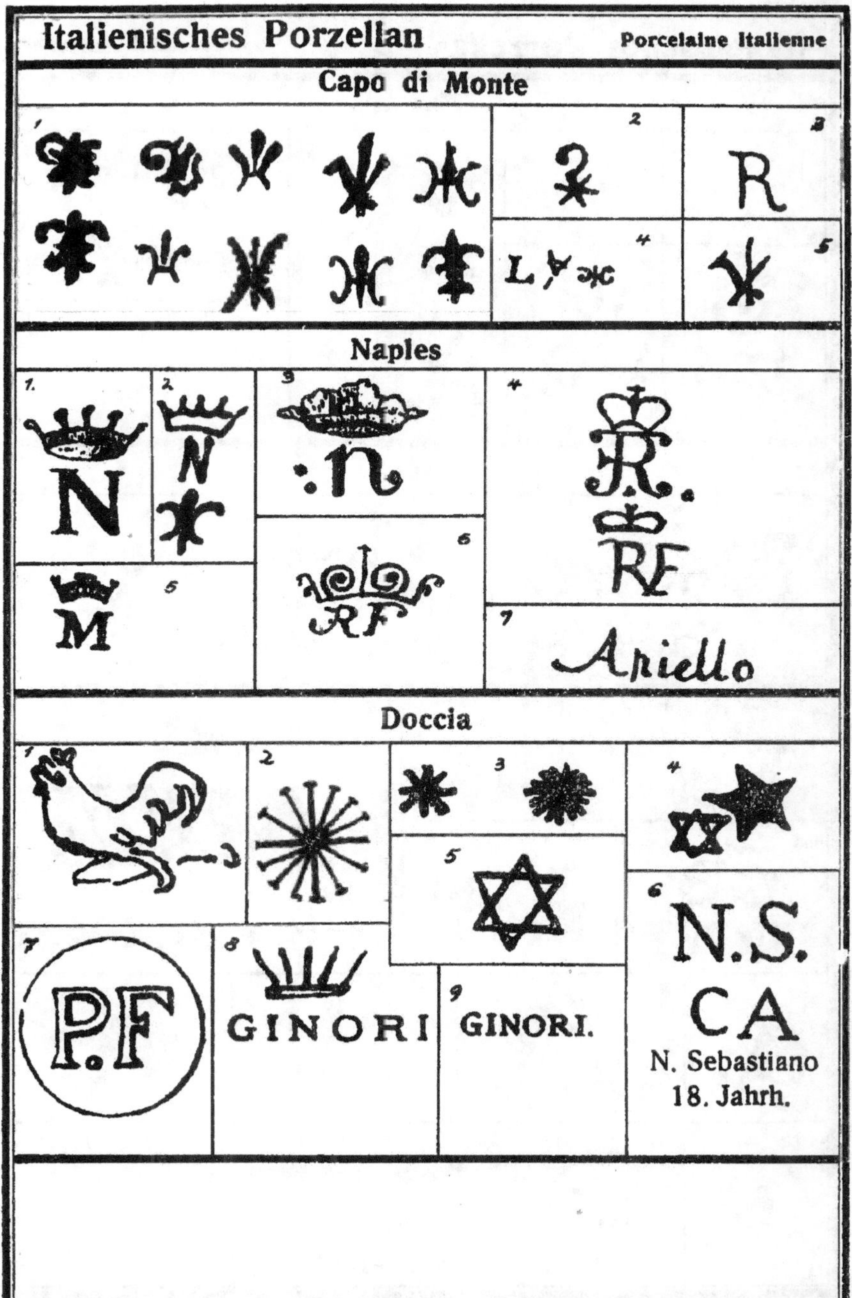
Italienisches Porzellan
Porcelaine Italienne
Capo di Monte
R
Naples
N
N
M
RF
Doccia
N.S.
CA
N. Sebastiano
18. Jahrh.
P.F
GINORI
GINORI.

Italienisches Porzellan

Porcelaine Italienne

Vinovo

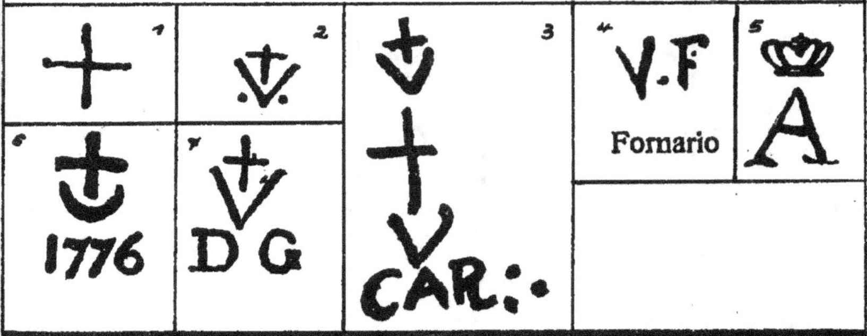

1	2	3	4	5
+	V	CAR:	V.F Fornario	A
6 1776	7 D G			

Nove

1	2	3
ue No: G.B.A.B:	Noue. Antonio Bon	Nove

4		5
NOVE		NOUE. Gio.ni Marconi pinx.
6 GB NOVE	7 Nove Nove	

8	9	10	11

12	13	14
		Fabbrica Baroni Nove. 1810—1825

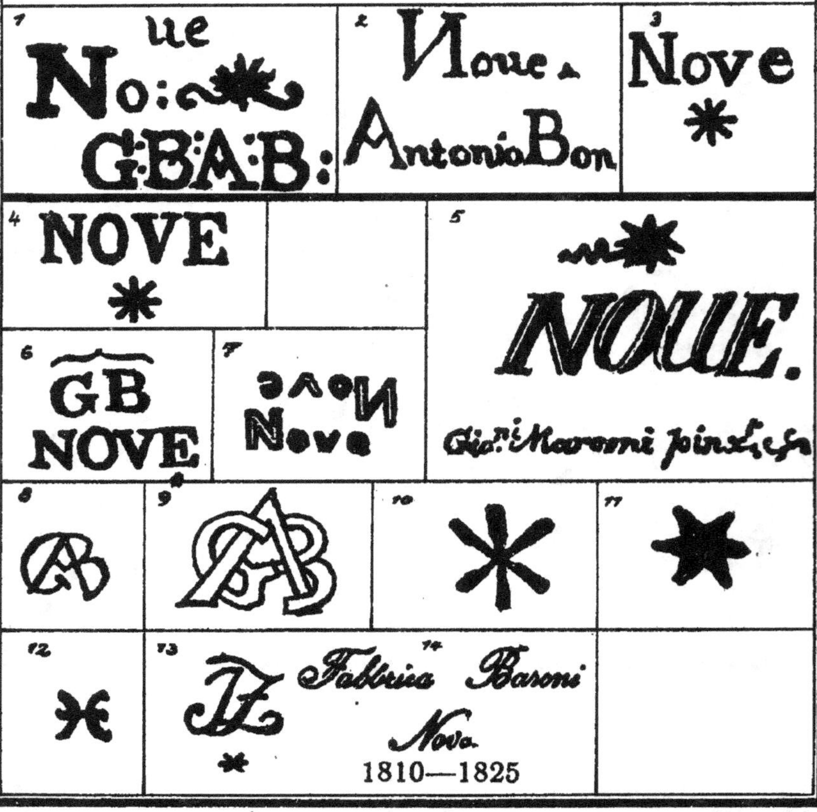

Italienisches Porzellan — Porcelaine Italienne

Treviso

1 F.F. Treviso. 1799

2 G.A.F.F. Treviso

Este

ESTE + 1783 +

Vicenza

Spanisches Porzellan — Porcelaine Espagnole

Buen Retiro 1760—1804

1.

2.

3.

4.

5.

6.

7.

8. F. 1803

9.

10.

11. F

12.

13. Carl Gr.

14. R·F DE PORCELANA

15. Guseppe Fumo

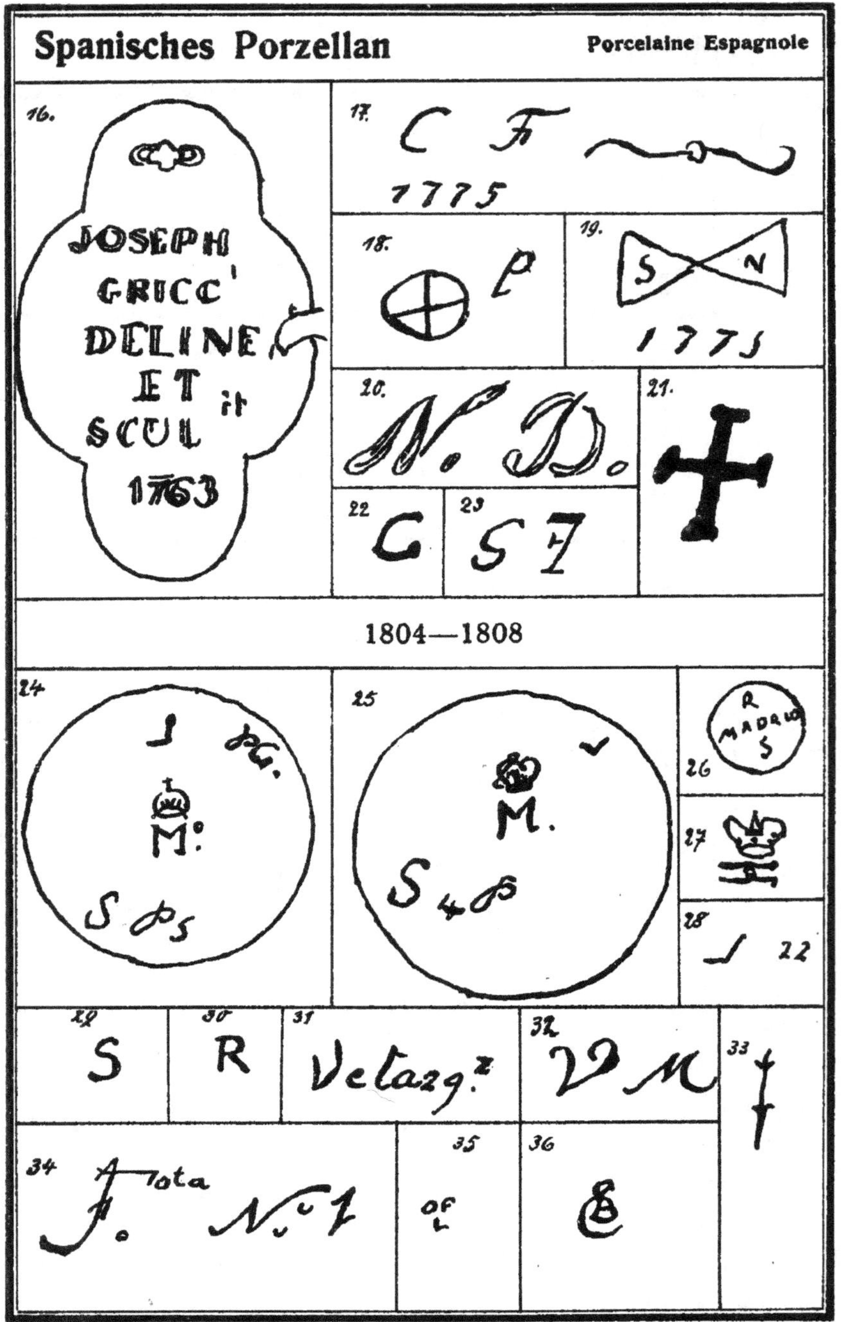

Spanisches Porzellan
Porcelaine Espagnole
16.
JOSEPH
GRICC
DELINE
ET
SCUL
1763
17.
C F
1775
18.
19.
S N
1775
20.
N. D.
21.
22
C
23
S 7
1804—1808
24
25
26
R
MADRID
S
27
28
29
S
30
R
31
Velazq.z
32
33
34
35
36

Spanisches Porzellan — Porcelaine Espagnole

	Gerona
	Gerona

Portugiesisches Porzellan — Porcelaine Portugaise

Vista Alegre		Lissabon (Lisbonne)
1. V. A.	2. VA	1. NA JL HAGRAN DE J.M PEREIRA
		2. LISBOA 1793

Russisches Porzellan

Porcelaine Russe

St. Petersburg (St. Pétersbourg) Kaiserl. Porzellanmanufaktur (Manufacture Imperiale)

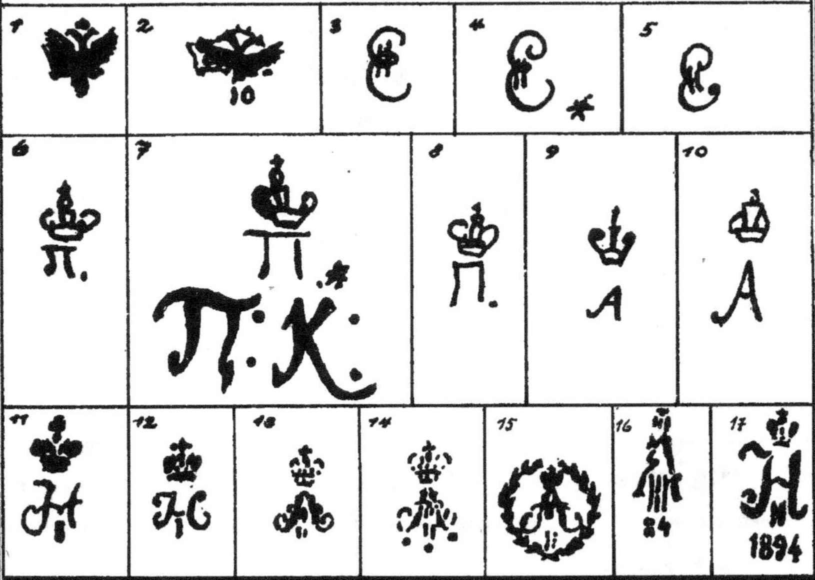

1	2	3	4	5
	10			

6	7	8	9	10
П.	П П. К.	П.	А	А

11	12	13	14	15	16	17
					84	1894

Moskau (Moscou)

Gardner

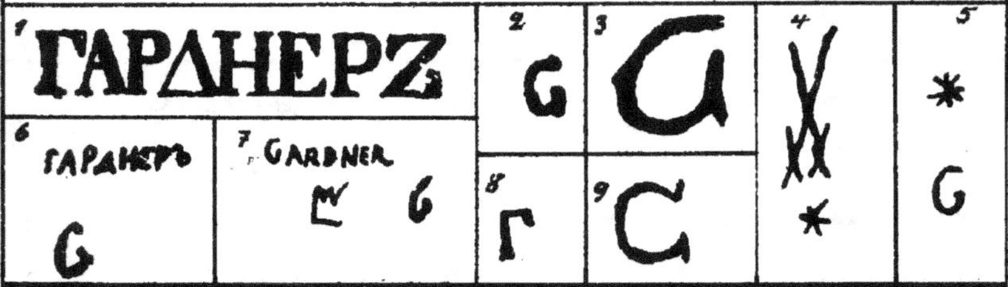

Nr.	Marke
1	ГАРДНЕРЪ
2	G
3	G
4	
5	G
6	ГАРДНЕРЪ G
7	GARDNER G
8	Г
9	G

Popoff

1	2	3
ПОПОВЫ	АП	АТ

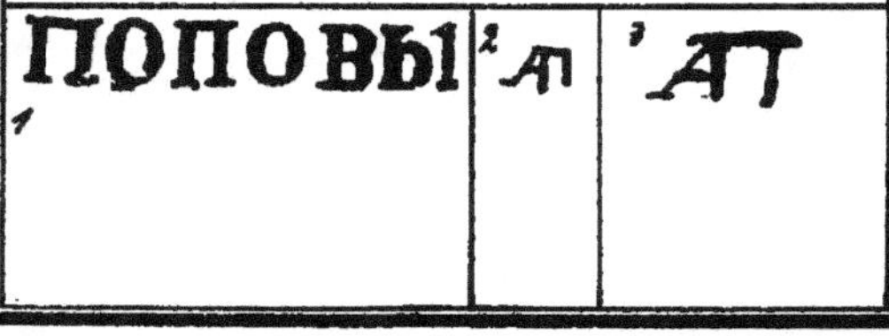

Gulena

ФГ
ГУЛИНА

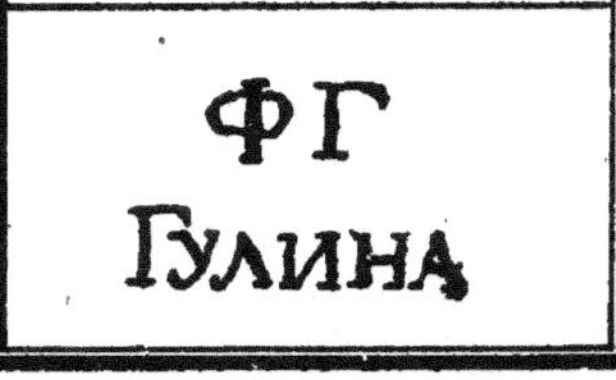

Russisches u. polnisches Porzellan

Porcelaine Russe et Polonaise

Baranowka

1.
2.
3. Boranowka
4. Baranówka
5. C. M.
6. Барановка 1829 Ф. Мезера
7. Baranówka 826
8. Baranowka B

Korzec

1.
2.
3.
4. K
5.
6.
7.
8. Korzec.
9. Korzec
10.

Proszowice

1. P
2. P
3. PR
4. P
5. b

Russisches u. polnisches Porzellan — Porcelaine Russe et Polonaise

Tomaszow

1	2 =	3 TOMASZÓW	4 Tomaszów
			5 Mezer
6 W TOMASZOWIE 1808		8 Tomaszow Fabryka Kraiowa.	
7 Tomaszów Mezer			

III.

CHINESISCHE UND JAPANISCHE MARKEN

(MARQUES CHINOISES ET JAPONAISES)

Chinesisches Steinzeug

Grès Chinois

Erzeugnisse von Yi-hing (d' Yi-hing)

1. 怡盛	2. 葛明祥製	

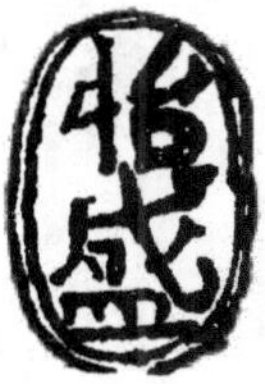

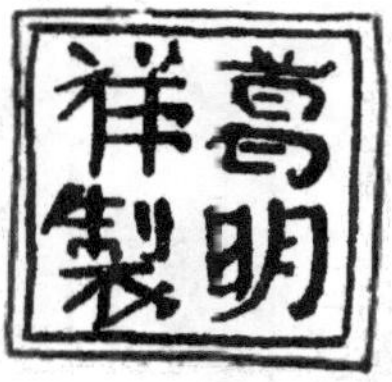

3.	4.	5.	6.

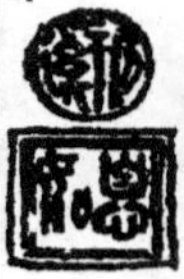

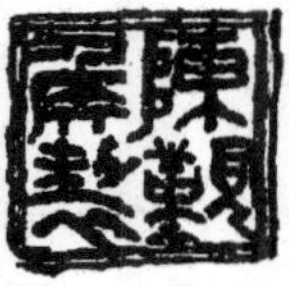

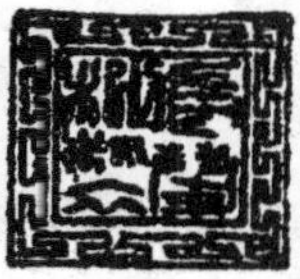

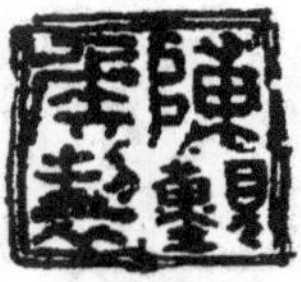

7. 貢局	8.	9.	10. 周天祥	11.

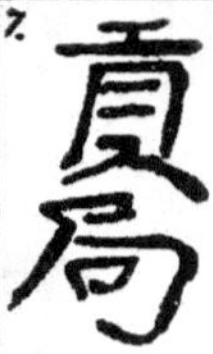

12. 荊溪陳子文製	13. 荊溪[illegible] 周公茂	14. 芝亭	15. 宜興	16. 惠孟臣

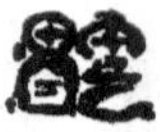

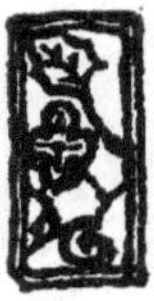

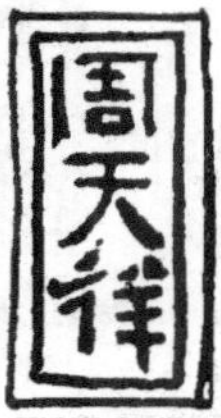

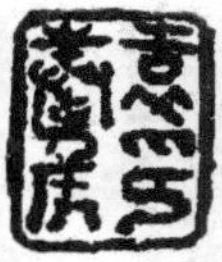

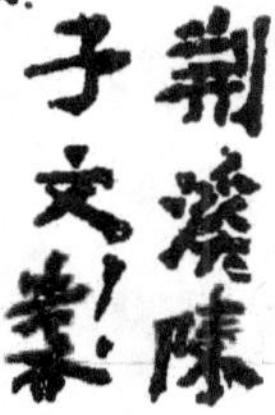

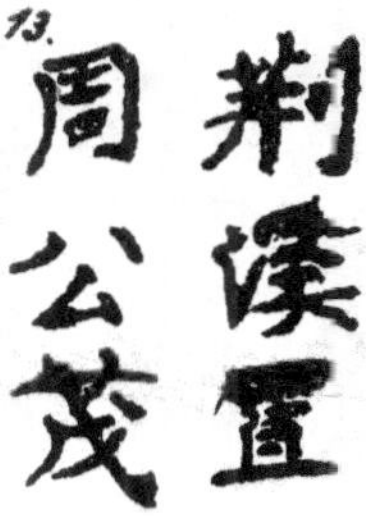

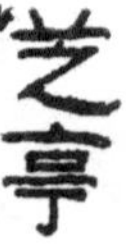

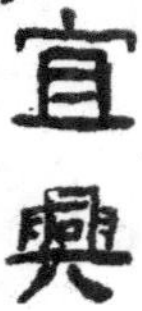

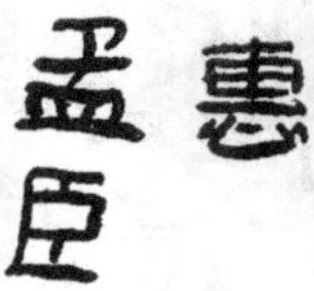

Chinesisches Steinzeug

Grès Chinois

Kuantung

1	2	3	4	5
天啟乙丑 年金式製	黃雲記	李大來	悅昌	原 泰

6	7	8
葛明 祥製	葛源 祥製	葛明 祥製

萬曆丁酉 陳文康塑

Chinesisches Porzellan

Porcelaine Chinoise

Kaisermarken (Nien-haos) (Marques des empereurs)

Normalschrift (Ecriture normale)

Mingdynastie (1368—1643)

1	洪武年製	Hung-Wu	1368—1398
2	永樂年製	Yung-Lo	1403—1424
3	大明宣德年製	Süan-Tê	1426—1435
4	大明成化年製	Tschêng-Hua	1465—1487
5	大明弘治年製	Hung-Tschi	1488—1505
6	大明正德年製	Tschêng-Tê	1506—1521
7	大明嘉靖年製	Kia-Tsing	1522—1566
8	大明隆慶年製	Long-K'ing	1567—1572
9	大明萬曆年製	Wan-Li	1573—1619
10	大明天啟年製	T'ien-K'i	1621—1627
11	大明崇禎年製	Tsch'ung-Tschêng	1628—1643

Chinesisches Porzellan

Porcelaine Chinoise

Kaisermarken (Nien-haos) (Marques des empereurs)

Normalschrift (Ecriture normale)

Ts'ingdynastie (1644—1712)

1 大清順治年製 Schun-Tschi 1644—1661	2 大清康熙年製 K'ang-Hi 1662—1722	3 大清雍正年製 Yung-Tschêng 1723—1735	4 大清乾隆年製 Kien-Lung 1736—1795
5 大清嘉慶年製 Kia-K'ing 1796—1820	6 大清道光年製 Tao-Kuang 1821—1850	7 大清咸豐年製 Hien-Fêng 1851—1861	8 大清同治年製 T'ung-Tschi 1862—1874
	9 大清光緒年製 Kuang-Sü 1875		

Chinesisches Porzellan

Porcelaine Chinoise

Kaisermarken (Nien-haos) (Marques des empereurs)

Siegelschrift (Marques de cachet)

Ts'ingdynastie (1644—1912)

1 Yung-Tschêng 1723—1735

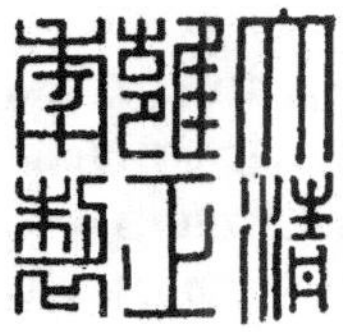

2 Kien-Lung 1735—1795

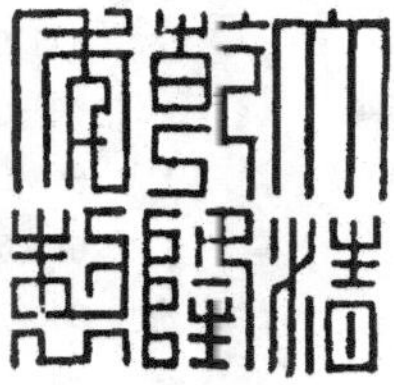

3 Kia-K'ing 1796—1820

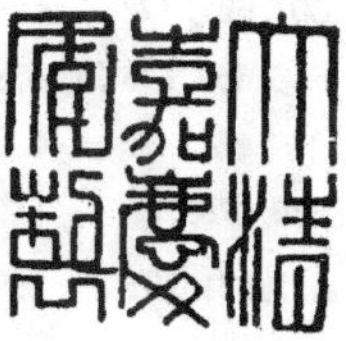

4 Tao-Kuang 1821—1850

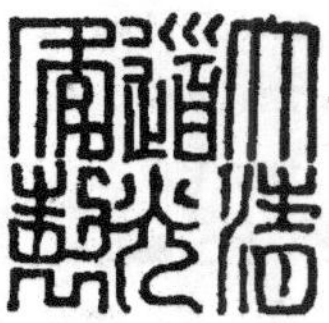

5 T'ung-Tschi 1862—1874

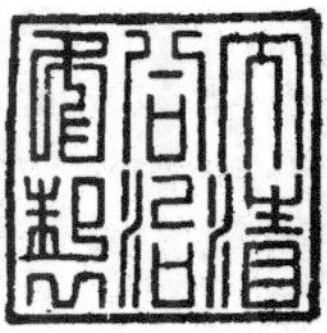

6 Hien-Fêng 1851—1861

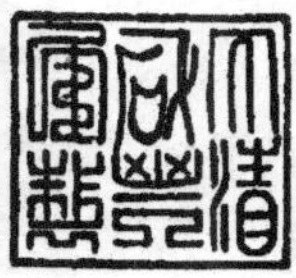

7 Kuang-Sü 1875—1908

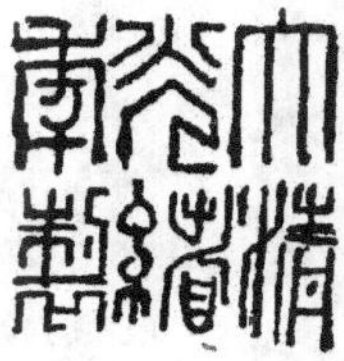

Altertümliche Siegelschrift

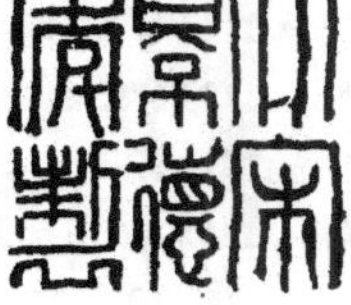

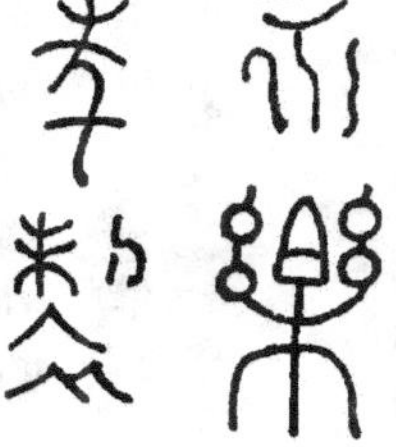

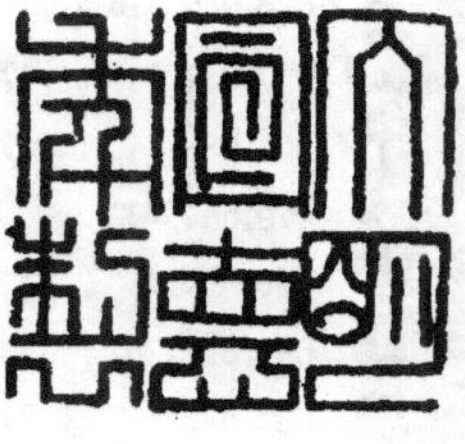

Chinesisches Porzellan

Porcelaine Chinoise

Periodenmarken

Periodenzahl		Jahreszahl	Periodenzahl		Jahreszahl
甲午	604,664,724 . .,	1684,1744 usw.	甲子	634,694,754 . .,	1714,1774 usw.
乙未	605,665,725 . .,	1685,1745 usw.	乙丑	635,695,755 . .,	1715,1775 usw.
丙申	606,666,726 . .,	1686,1746 usw.	丙寅	636,696,756 . .,	1716,1776 usw.
丁酉	607,667,727 . .,	1687,1747 usw.	丁卯	637,697,757 . .,	1717,1777 usw.
戊戌	608,668,728 . .,	1688,1748 usw.	戊辰	638,698,758 . .,	1718,1778 usw.
己亥	609,669,729 . .,	1689,1749 usw.	己巳	639,699,759 . .,	1719,1779 usw.
庚子	610,670,730 . .,	1690,1750 usw.	庚午	640,700,760 . .,	1720,1780 usw.
辛丑	611,671,731 . .,	1691,1751 usw.	辛未	641,701,761 . .,	1721,1781 usw.
壬寅	612,672,732 . .,	1692,1752 usw.	壬申	642,702,762 . .,	1722,1782 usw.
癸卯	613,673,733 . .,	1693,1753 usw.	癸酉	643,703,763 . .,	1723,1783 usw.
甲辰	614,674,734 . .,	1694,1754 usw.	甲戌	644,704,764 . .,	1724,1784 usw.
乙巳	615,675,735 . .,	1695,1755 usw.	乙亥	645,705,765 . .,	1725,1785 usw.
丙午	616,676,736 . .,	1696,1756 usw.	丙子	646,706,766 . .,	1726,1786 usw.
丁未	617,677,737 . .,	1697,1757 usw.	丁丑	647,707,767 . .,	1727,1787 usw.
戊申	618,678,738 . .,	1698,1758 usw.	戊寅	648,708,768 . .,	1728,1788 usw.
己酉	619,679,739 . .,	1699,1759 usw.	己卯	649,709,769 . .,	1729,1789 usw.
庚戌	620,680,740 . .,	1700,1760 usw.	庚辰	650,710,770 . .,	1730,1790 usw.
辛亥	621,681,741 . .,	1701,1761 usw.	辛巳	651,711,771 . .,	1731,1791 usw.
壬子	622,682,742 . .,	1702,1762 usw.	壬午	652,712,772 . .,	1732,1792 usw.
癸丑	623,683,743 . .,	1703,1763 usw.	癸未	653,713,773 . .,	1733,1793 usw.
甲寅	624,684,744 . .,	1704,1764 usw.	甲申	654,714,774 . .,	1734,1794 usw.
乙卯	625,685,745 . .,	1705,1765 usw.	乙酉	655,715,775 . .,	1735,1795 usw.
丙辰	626,686,746 . .,	1706,1766 usw.	丙戌	656,716,776 . .,	1736,1796 usw.
丁巳	627,687,747 . .,	1707,1767 usw.	丁亥	657,717,777 . .,	1737,1797 usw.
戊午	628,688,748 . .,	1708,1768 usw.	戊子	658,718,778 . .,	1738,1798 usw.
己未	629,689,749 . .,	1709,1769 usw.	己丑	659,719,779 . .,	1739,1799 usw.
庚申	630,690,750 . .,	1710,1770 usw.	庚寅	660,720,780 . .,	1740,1800 usw.
辛酉	631,691,751 . .,	1711,1771 usw.	辛卯	661,721,781 . .,	1741,1801 usw.
壬戌	632,692,752 . .,	1712,1772 usw.	壬辰	662,722,782 . .,	1742,1802 usw.
癸亥	633,693,753 . .,	1713,1773 usw.	癸巳	663,723,783 . .,	1743,1803 usw.

Chinesisches Porzellan

Porcelaine Chinoise

Beispiele von Periodenmarken

1	2	3	
又 辛丑年製	丙戌年製	大明成化元年乙酉	

Marken bestimmter Zeiten

Sungdynastie (960—1279

1	2	3	4	
一	二	三	四	

5	6	7	
[illegible]州	高	仁和館.	

Yüandynastie (1280—1367)

樞府

Chinesisches Porzellan — Porcelaine Chinoise

Mingdynastie (1368—1643)

1. 天啟乙丑年金式製
2. 萬曆丁酉陳文昧塑
3. 天啟乙丑年金式製
4. 嘉靖八年造指揮郭僑捨
5. 山人陳偉
6. 德馨堂製
7. 張家造
8. 玉堂佳器
9. 王氏壽明
10. 滄浪綠水
11. 萬福攸同
12. [illegible]
13. 富貴佳器
14. [illegible]
15. 萬福攸同
16. [illegible]
17. 奇玉寶鼎之珍
18. 大明年造

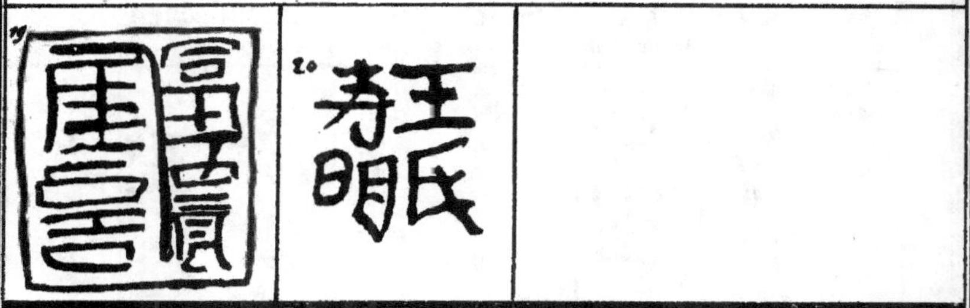

Chinesisches Porzellan — Porcelaine Chinoise

19. [illegible]

20. 王氏寿明

Fabrik- oder Bestimmungsmarken

Ts'ingdynastie (1644—1912)

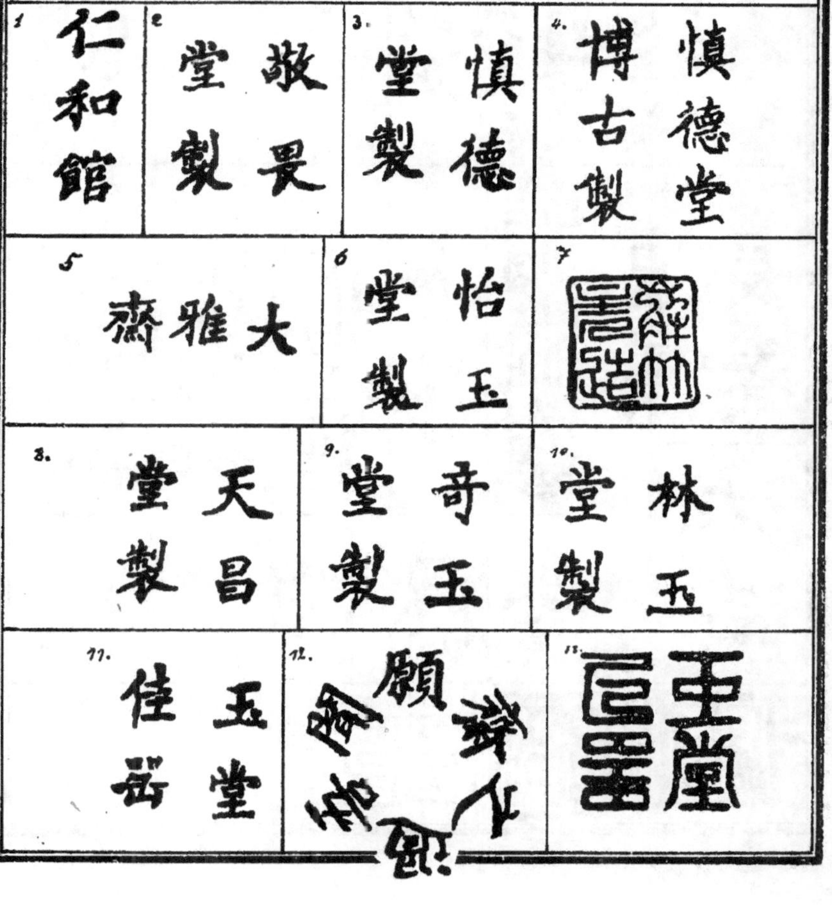

1. 仁和館
2. 敬畏堂製
3. 慎德堂製
4. 慎德堂博古製
5. 大雅齋
6. 怡玉堂製
7. [illegible]
8. 天昌堂製
9. 奇玉堂製
10. 林玉堂製
11. 玉堂佳器
12. [illegible]
13. 玉堂[illegible]器

Chinesisches Porzellan

Porcelaine Chinoise

Marken mit Widmungen oder Glückwünschen

Marques de dédication ou de felicitation

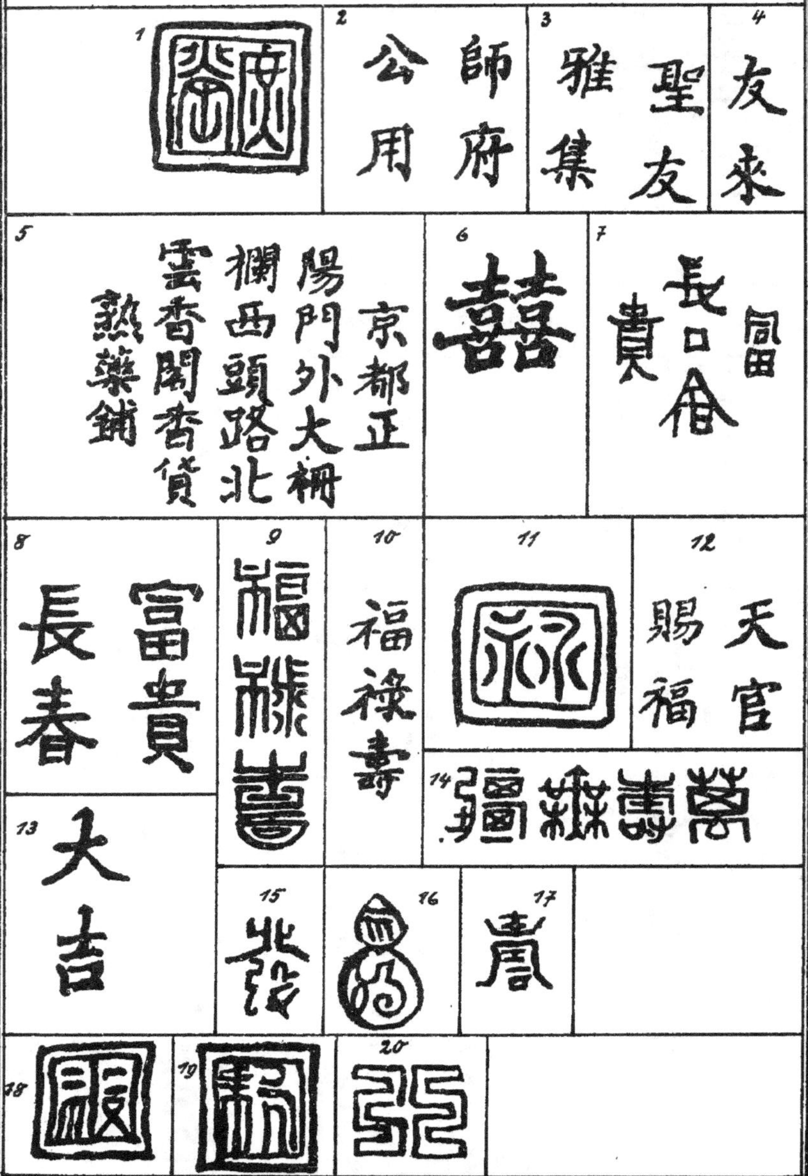

1

2 師府公用

3 聖友雅集

4 友來

5 京都正陽門外大柵欄西頭路北雲香閣香貨熱藥鋪

6 囍

7 富貴長命

8 富貴長春

9 福祿壽

10 福祿壽

11 永

12 天官賜福

13 大吉

14 萬壽無疆

15

16

17 壽

18

19

20

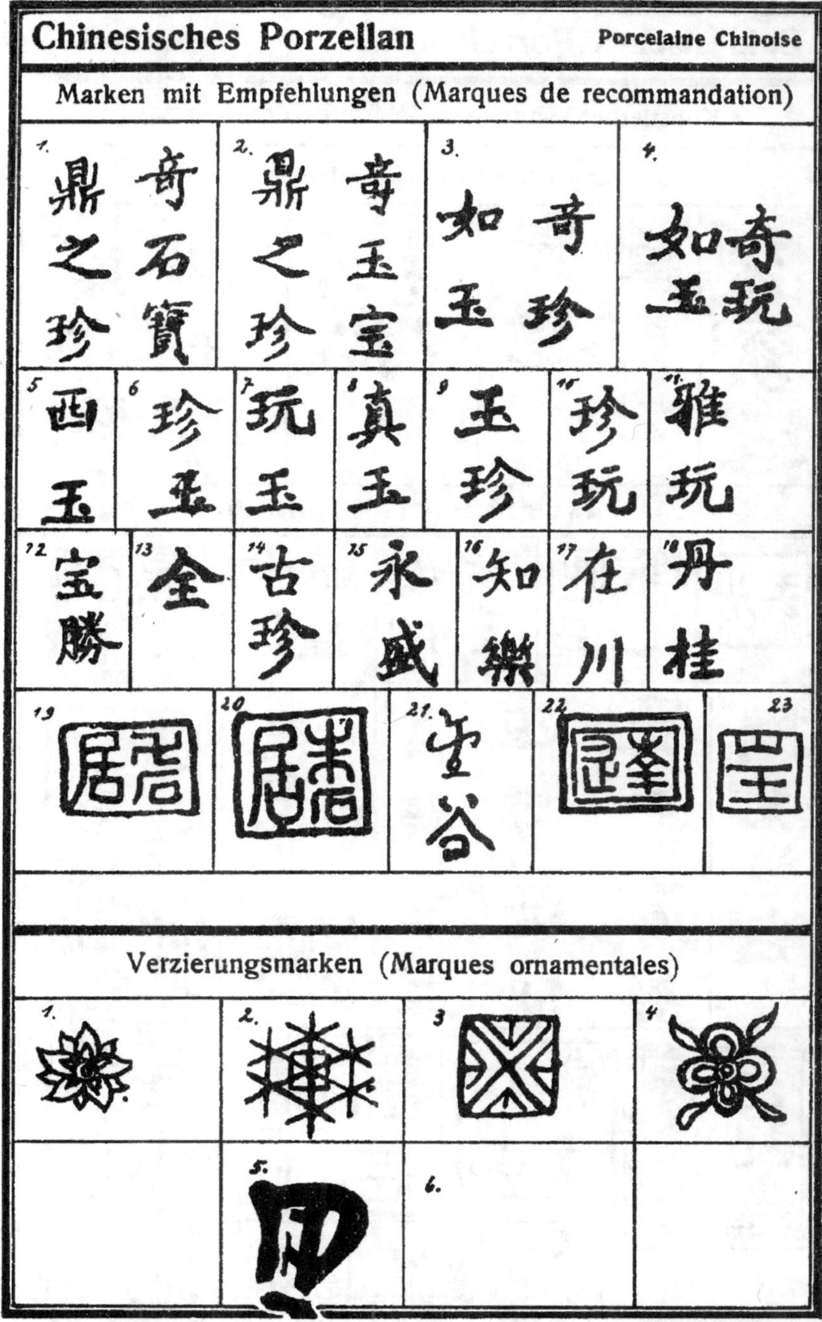
Chinesisches Porzellan
Porcelaine Chinoise
Marken mit Empfehlungen (Marques de recommandation)
奇石寶鼎之珍
奇玉宝鼎之珍
奇珍如玉
奇玩如玉
西玉
珍玉
玩玉
真玉
玉珍
珍玩
雅玩
宝勝
全
古珍
永盛
知樂
在川
丹桂
Verzierungsmarken (Marques ornamentales)

Chinesisches Porzellan — Porcelaine Chinoise

Künstlerbezeichnungen (Marques des artistes)

Mingdynastie (1368—1643)

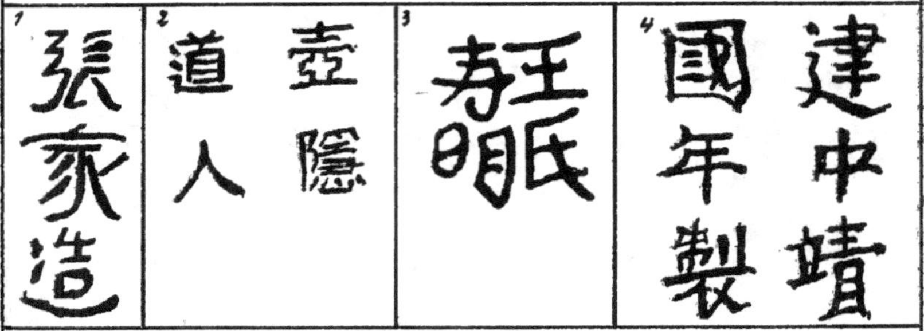

1. 張家造
2. 壺隱道人
3. 王氏壽明
4. 建中靖國年製

Ts'ingdynastie (1644—1912)

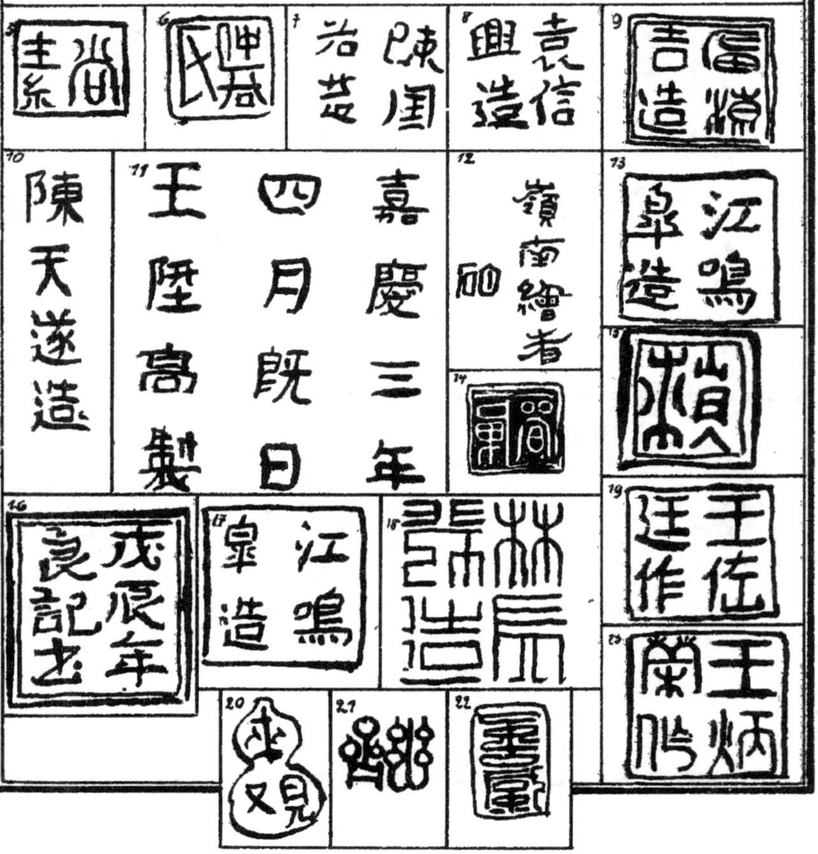

5. [illegible]
6. [illegible]
7. 陳國治造
8. 袁信興造
9. [illegible]
10. 陳天遂造
11. 嘉慶三年四月既日王陞高製
12. 嶺南繪者
13. 江鳴皋造
14. [illegible]
15. [illegible]
16. 戊辰年良記志
17. 江鳴皋造
18. [illegible]
19. 王佐廷作
20. [illegible]
21. [illegible]
22. [illegible]
23. 王炳榮作

Chinesisches Porzellan

Porcelaine Chinoise

Buddhistische Symbole (Symboles boudhistes)

1. Glocke (Cloche)

Gesetzesrad (Roue de loi)

Muschel (Coquille)

3.

4. Schirm (Parapluie)

5. Baldachin (Baldaquin)

6 Blumen (Fleurs)

7 Vasen (Vases)

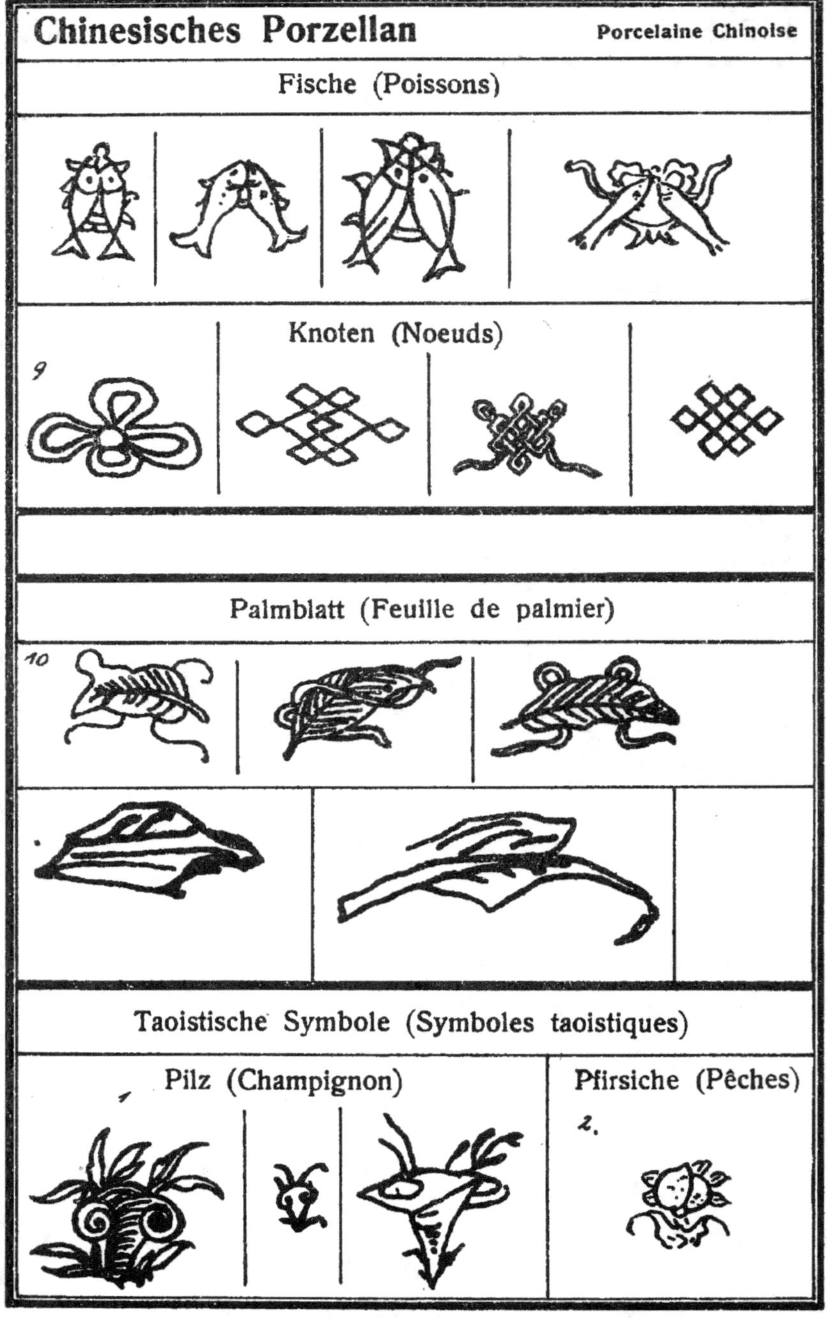
Chinesisches Porzellan
Porcelaine Chinoise
Fische (Poissons)
Knoten (Noeuds)
9
Palmblatt (Feuille de palmier)
10
Taoistische Symbole (Symboles taoistiques)
Pilz (Champignon)
1
Pfirsiche (Pêches)
2.

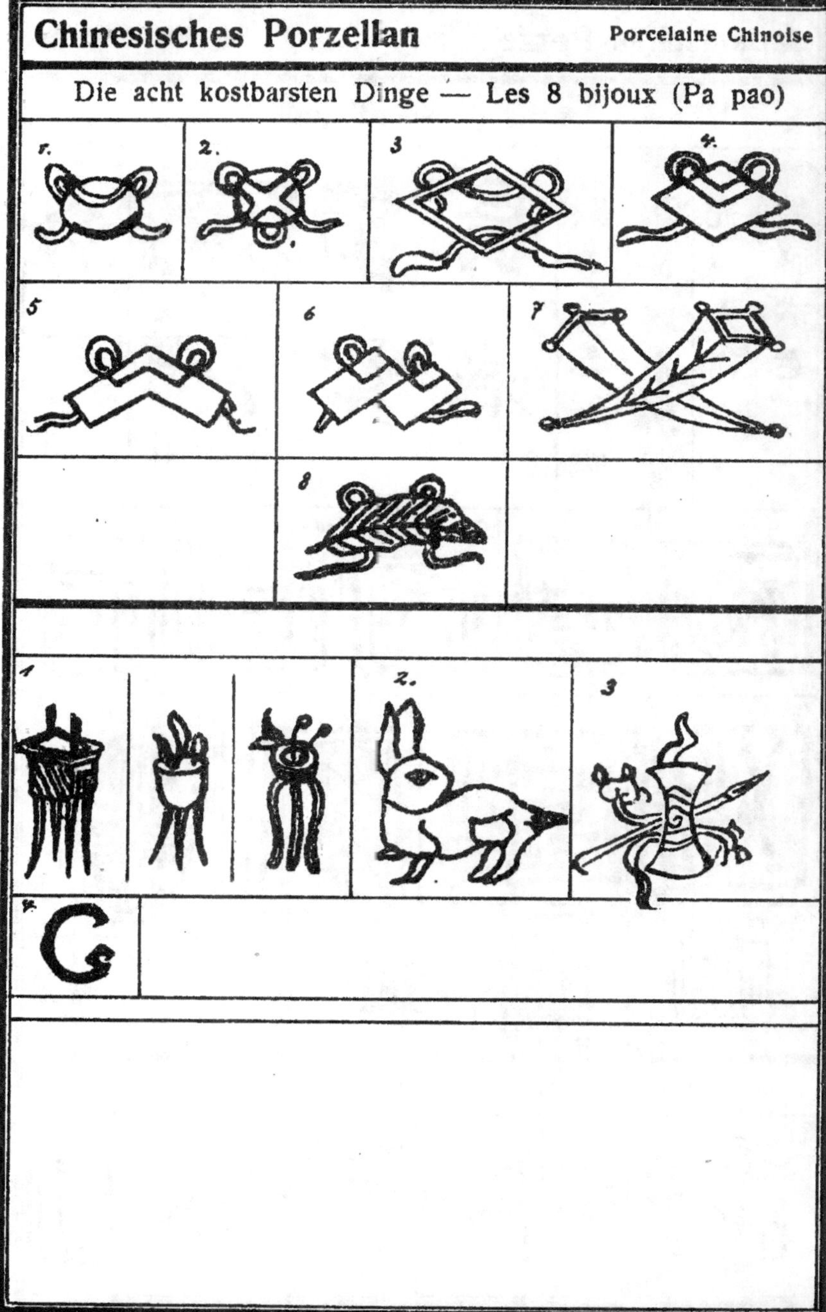
Chinesisches Porzellan
Porcelaine Chinoise
Die acht kostbarsten Dinge — Les 8 bijoux (Pa pao)
1.
2.
3
4.
5
6
7
8
1
2.
3
4.

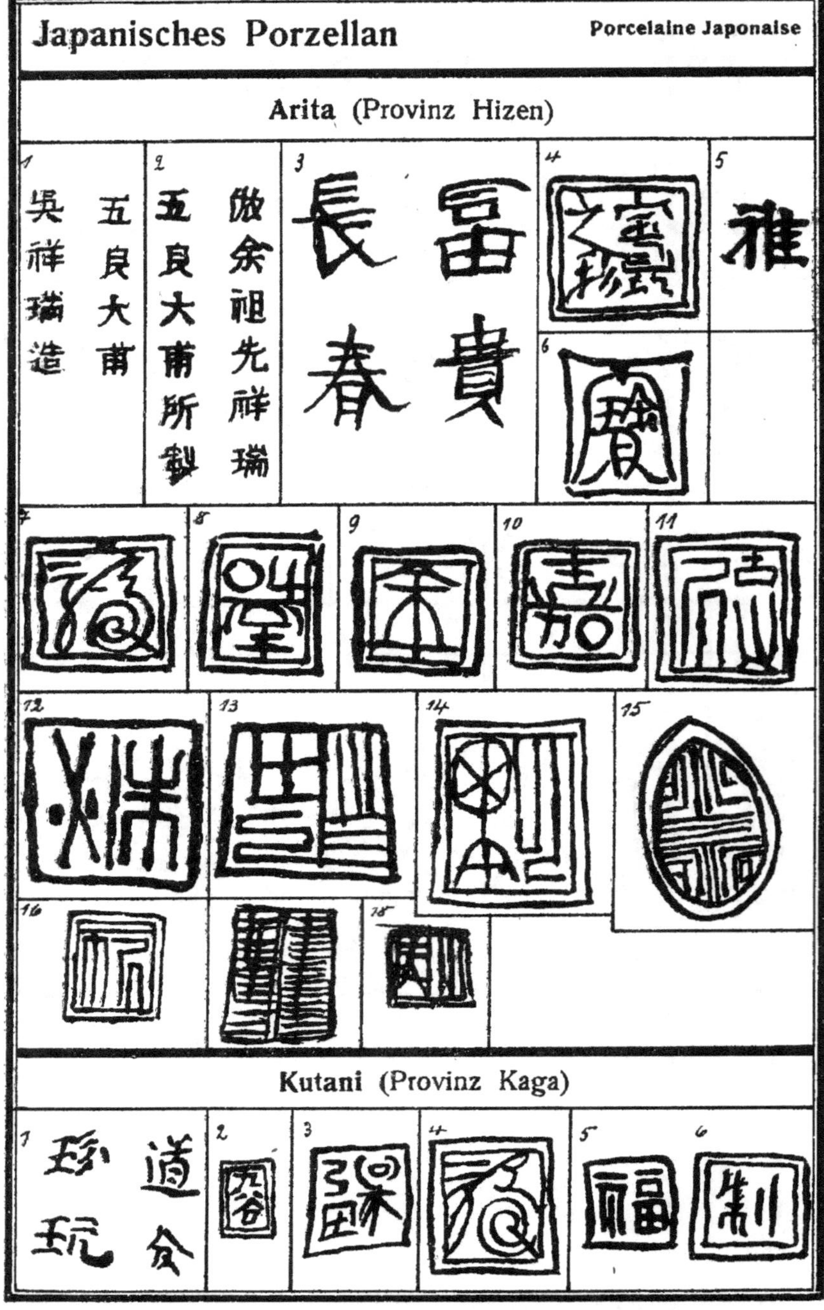
Japanisches Porzellan
Porcelaine Japonaise
Arita (Provinz Hizen)
Kutani (Provinz Kaga)

Japanisches Porzellan

Porcelaine Japonaise

7	8	9
九谷	福	福

Kameyama

10

亀山製

Japanische Töpfereien

Poterie Japonaise

Provinz Hizen

Kameyama	Bogasaki	Shoto
1 2 3	4	
Shohaku 5		

Provinz Bizen

Imbe

1	2	3	4	5	6
7	8	9	10	11	12
13	14	15	16	17	18
19	20	21	22	23	

Okayama	Mushiage	Naoyoshi
24	25	26

Japanische Töpfereien

Poterie Japonaise

Provinz Tushima

Shiga		Saku
1	2	3

Provinz Tosa

Odo		Sokan
1	2	3

Provinz Yamato

Akahada	
1	2

Provinz Settsu

Naniwa	Kosobe	Kikko	Sakurai
1	2	3	4

Provinz Omi

Baizan	Mompei	Otsu		Bairin	Koto
1	2	3	4	5	6

Ubagamochi	Kameyama	Hira		Shigaraki
7	8	9	10	11

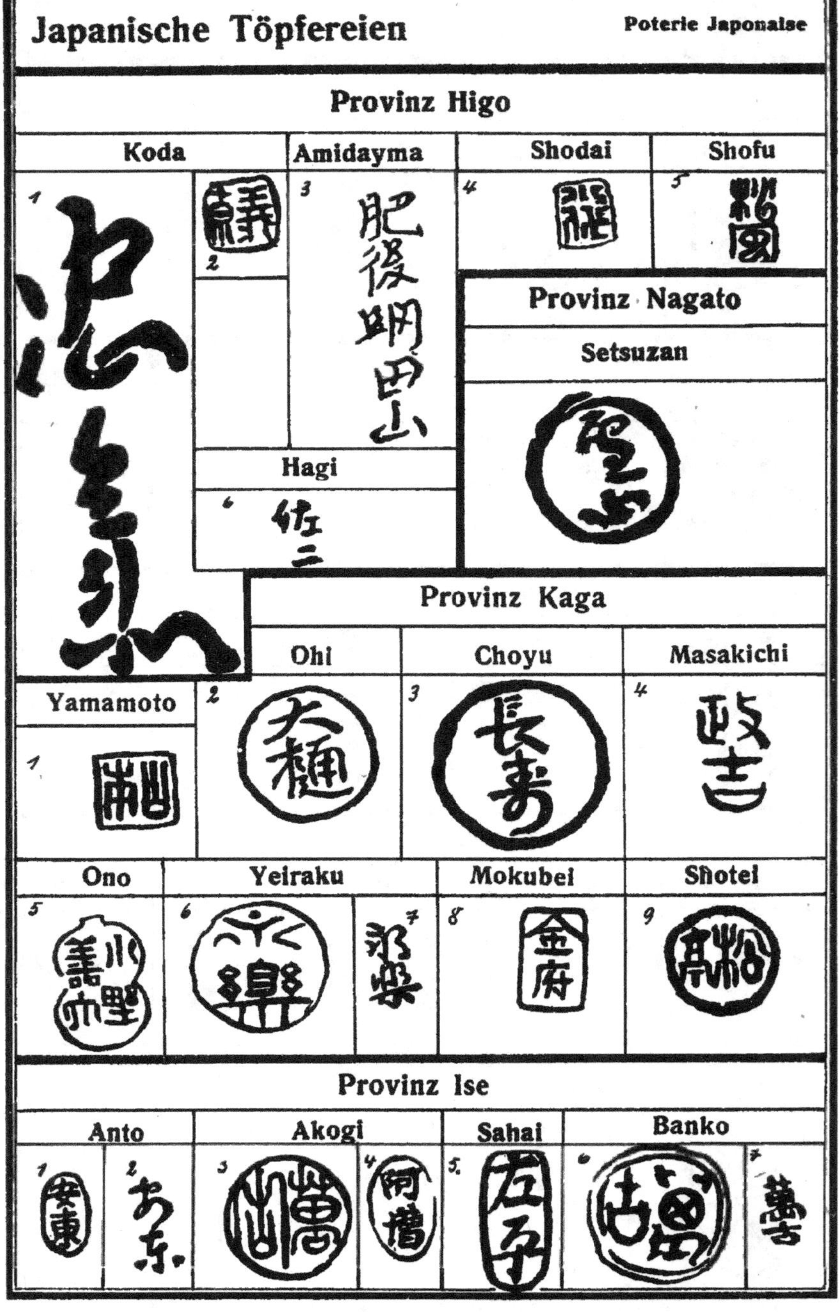
Japanische Töpfereien
Poterie Japonaise
Provinz Higo
Koda
Amidayma
Shodai
Shofu
Hagi
Provinz Nagato
Setsuzan
Provinz Kaga
Ohi
Choyu
Masakichi
Yamamoto
Ono
Yeiraku
Mokubei
Shotei
Provinz Ise
Anto
Akogi
Sahai
Banko

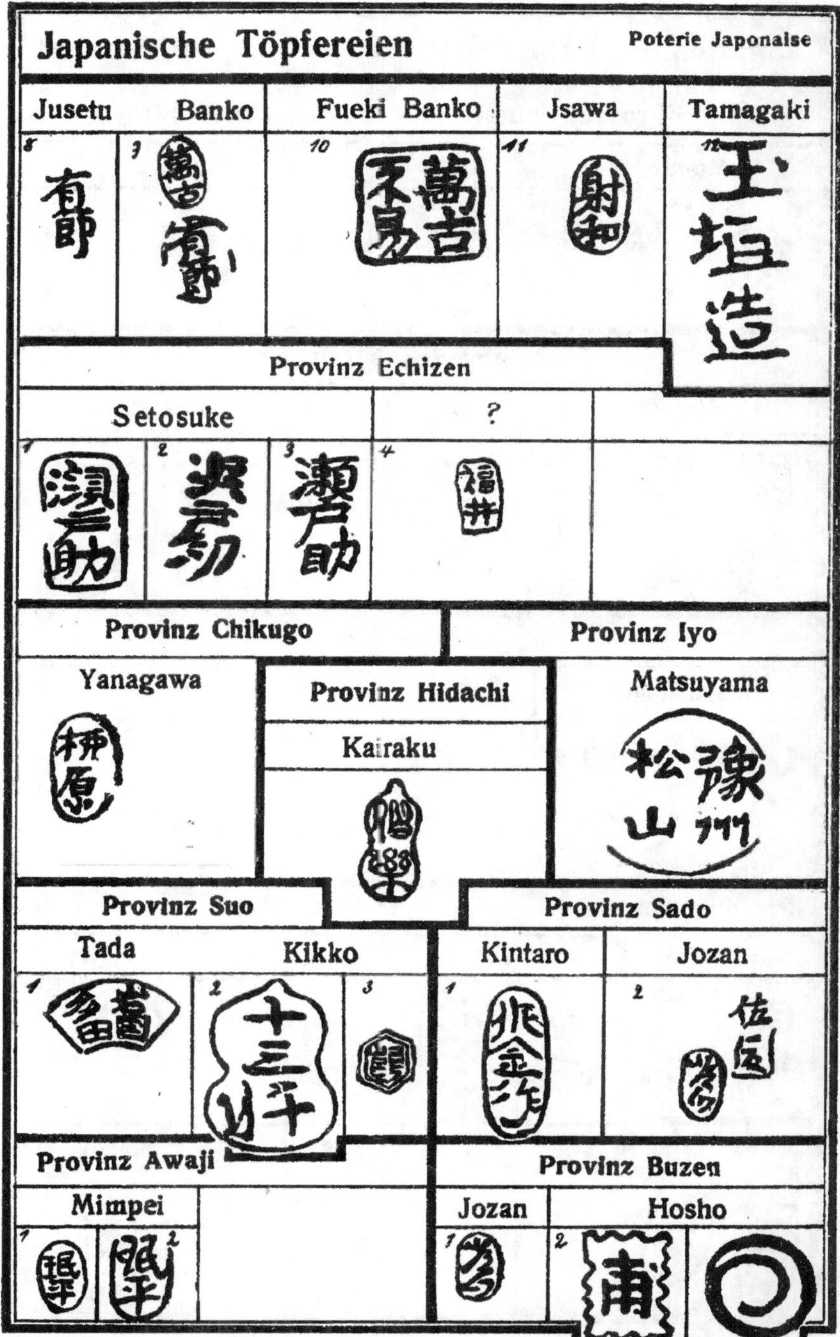
Japanische Töpfereien
Poterie Japonaise
Jusetu
Banko
Fueki Banko
Jsawa
Tamagaki
8
9
10
11
12
Provinz Echizen
Setosuke
?
1
2
3
4
Provinz Chikugo
Provinz Iyo
Yanagawa
Provinz Hidachi
Kairaku
Matsuyama
Provinz Suo
Provinz Sado
Tada
Kikko
Kintaro
Jozan
1
2
3
1
2
Provinz Awaji
Provinz Buzen
Mimpei
Jozan
Hosho
1
2
1
2

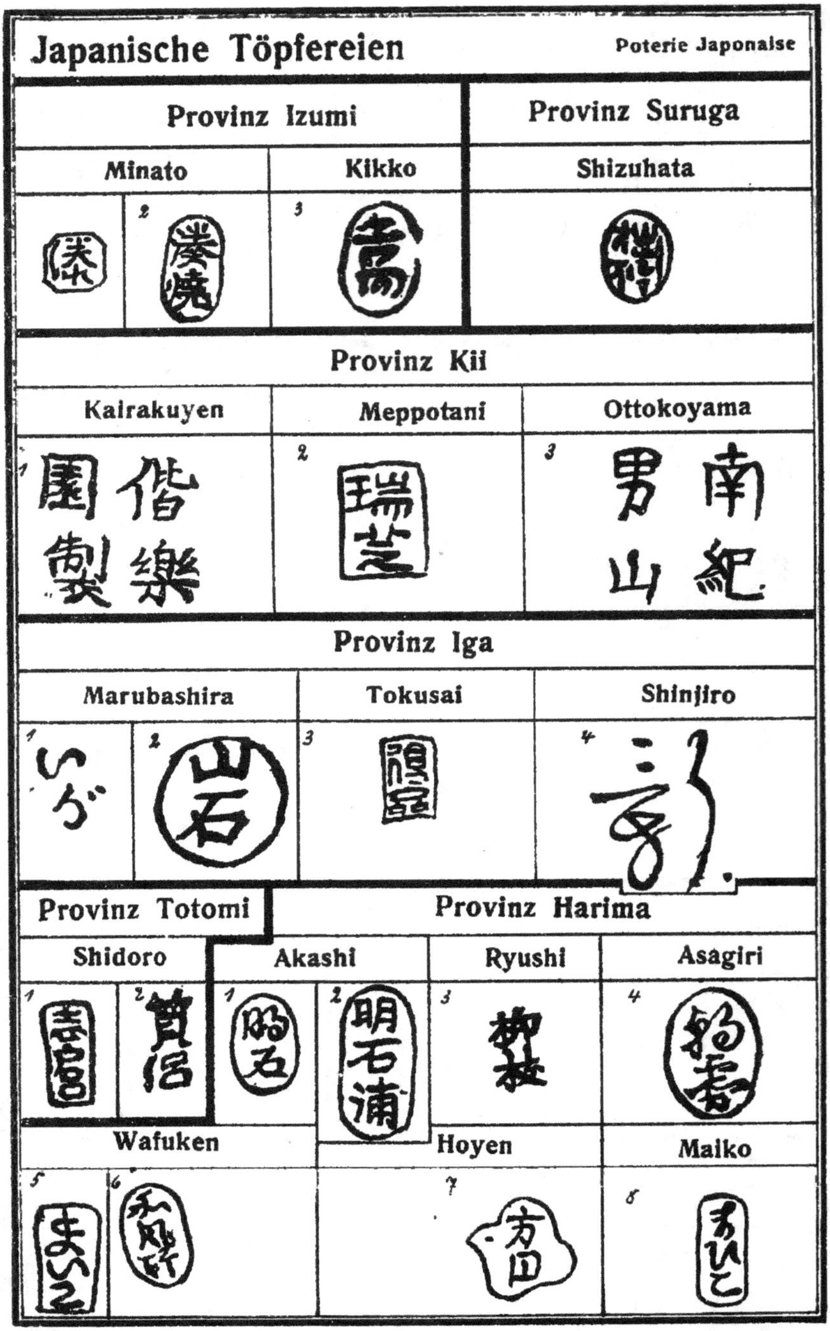

Japanische Töpfereien

Poterie Japonaise

Provinz Izumi

Minato

1

2 湊焼

Kikko

3

Provinz Suruga

Shizuhata

Provinz Kii

Kairakuyen

1 偕樂園製

Meppotani

2 瑞芝

Ottokoyama

3 南紀男山

Provinz Iga

Marubashira

1 いが

2 山石

Tokusai

3

Shinjiro

4

Provinz Totomi

Shidoro

1

2

Provinz Harima

Akashi

1

2 明石浦

Ryushi

3

Asagiri

4

Wafuken

5

6

Hoyen

7

Maiko

8

Japanische Töpfereien

Poterie Japonaise

Sohei	Suma	Tozan
9	10	11

Provinz Izumo

Zenshiro	Rakuzan	
1	2	3

Provinz Aki

Miyajima	
1	2

Provinz Chikuzen

Takatori					Soshichi
1	2	3	4	5	11
6	7	8	9	10	

Provinz Sanuki

Inariyama		Shido		Minzan	
1	2	3	4	7	8
		5	6		

Yashima	Tomikawa	Yohachi
9	10	11

Japanische Töpfereien

Poterie Japonaise

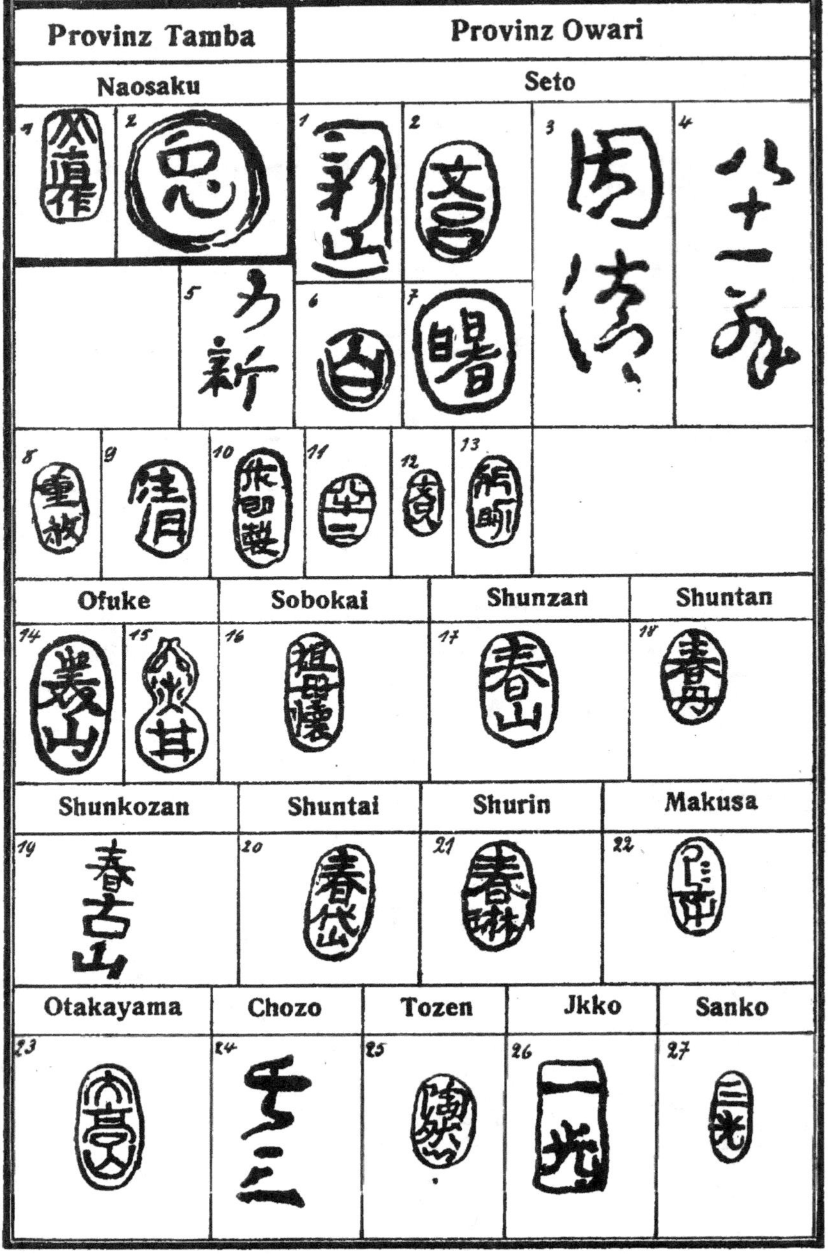

Provinz Tamba

Naosaku

1 2 5

Provinz Owari

Seto

1 2 3 4 6 7

8 9 10 11 12 13

Ofuke

14 15

Sobokai

16

Shunzan

17

Shuntan

18

Shunkozan

19

Shuntai

20

Shurin

21

Makusa

22

Otakayama

23

Chozo

24

Tozen

25

Jkko

26

Sanko

27

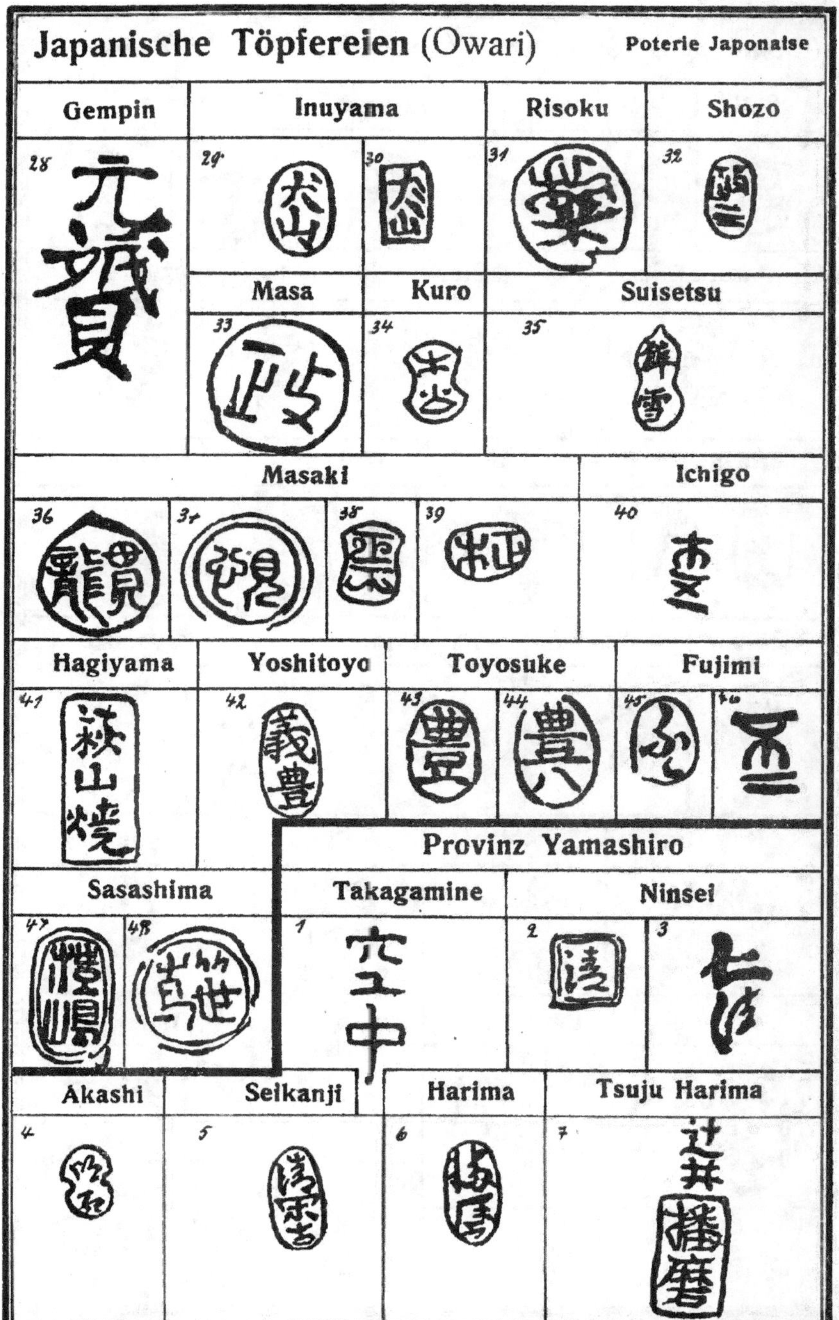

Japanische Töpfereien (Owari) — Poterie Japonaise

Gempin	Inuyama		Risoku	Shozo
28	29	30	31	32

Masa	Kuro	Suisetsu
33	34	35

Masaki				Ichigo
36	37	38	39	40

Hagiyama	Yoshitoyo	Toyosuke		Fujimi	
41	42	43	44	45	46

Sasashima	
47	48

Provinz Yamashiro

Takagamine	Ninsei	
1	2	3

Akashi	Seikanji	Harima	Tsuju Harima
4	5	6	7

Japanische Töpfereien (Yamashiro) — Poterie Japonaise

Name	Marks
Fuji	8
Yamake	9
Yamada	10
Awata	11, 12
Awata Guchi	13
Rakuto	14
Iwakurayma	15, 16
Hozan	17, 18
Gobasatsu	19
Taizan	20, 21
Kinkozan	22
Giozan	23
Bizan	24
Rakutozan	25
Kiyomizu	26, 27
Komatsu	28
Kichibei	29
Yeisen	30
Kyuta	31
Kasuke	32
Rokubei	33, 34
Dohachi	35, 36, 37
–	38
–	39

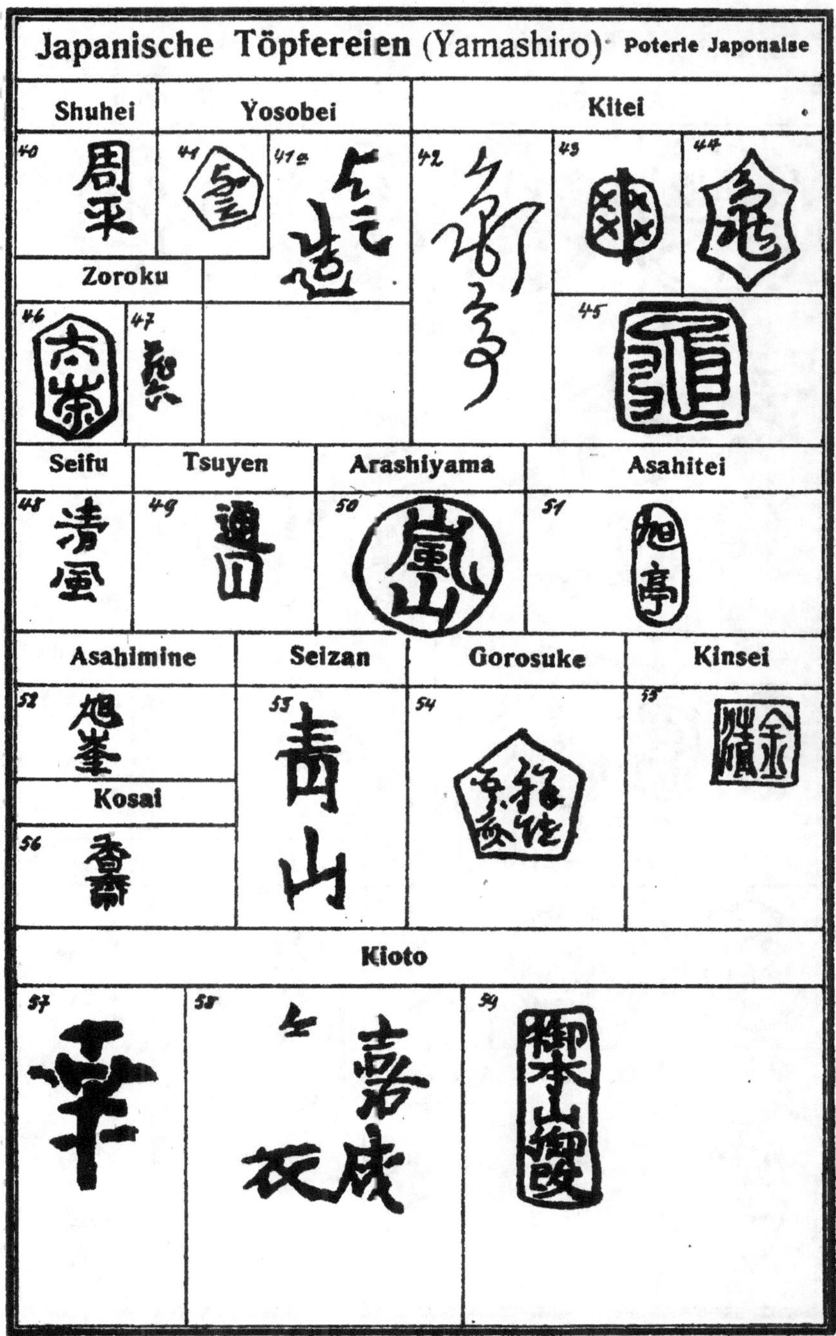
Japanische Töpfereien (Yamashiro)
Poterie Japonaise
Shuhei
Yosobei
Kitei
Zoroku
Seifu
Tsuyen
Arashiyama
Asahitei
Asahimine
Seizan
Gorosuke
Kinsei
Kosai
Kioto

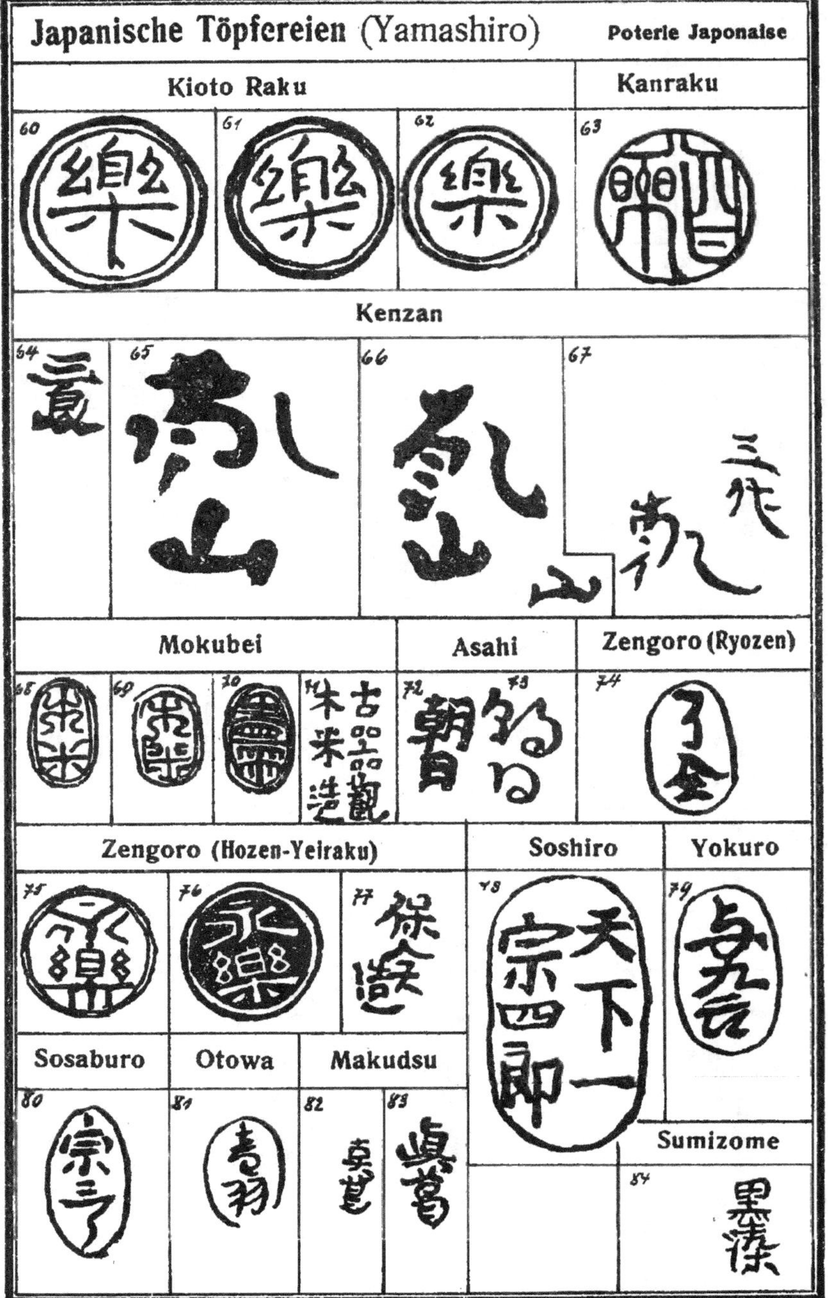
Japanische Töpfereien (Yamashiro)
Poterie Japonaise
Kioto Raku
Kanraku
Kenzan
Mokubei
Asahi
Zengoro (Ryozen)
Zengoro (Hozen-Yeiraku)
Soshiro
Yokuro
Sosaburo
Otowa
Makudsu
Sumizome

Japanische Töpfereien

Poterie Japonaise

(Provinz Yamashiro)

Rengetsu	Fukuroyama
85	86

Provinz Jwaki

Seijiyemon	Komaru	
1	2	3

Provinz Musashi

Kenzan		Kenya	Kaseizan	Tokuzan
1	2	3	4	5

Teizan	Rakurakuyen		Korakuyen
6	7	8	9

Sumidagawa	Sanrakuyen	Benjiro
10	11	12

Tamagawa	
13	14

Japanische Töpfereien

Poterie Japonaise

Provinz Satsuma

Satsuma		Hoju	Hohei	Hoyei
1 薩摩	2 サツマ	1	2	3

Hoyu	Same	Seikozan	Betsukafu	
4	5	6	7	8

Nishikide	Tachino	Yamahara	Nayeshiwogawa
9	10	11	12

Prov Ugo	Provinz Mikawa	Provinz Echigo
Akita	Kakitsubata	Shibata
秋田		

Belege und Erläuterungen.

I. Verzeichnis der Abkürzungen.

Ch. u. Gr. = Chavagnac et Grollier (vgl. unten das Verzeichnis der Titel der Werke).
Coll. = Collection.
g. M. = gewöhnliche Marke.
G. Mus. = Germanisches Museum.
H. M. = Hauptmarke.
Kgw. Mus. = Kunstgewerbe-Museum.
Mus. f. K. u. G. = Museum für Kunst und Gewerbe.
Mus. = Museum.
O. = Ort.
P. S. = Porzellansammlung.
T. = Töpfer.

II. Titel der Werke,

von denen im folgenden nur die Verfasser genannt sind.

Argnani, Le ceramiche e majoliche faentine. Faenza 1889.
Ballardini, G., Marche di fabbrica (Faenza, bollettino del Museo internazionale delle ceramiche. Fascicolo IV 1913).
Berling, Das Meißner Porzellan und seine Geschichte. Leipzig 1900.
Binns, The origin and the early history of the manufacture of porcelain at Worcester.
Brogniart, Traité des arts céramiques ou des poteries. Paris 1844.
Bushell, Oriental ceramic Art. New York 1899.
Chaffers, Marks and Monograms on Pottery and porcelain. London, 1. Auflage 1863, letzte Auflage 1908.
Chavagnac et Grollier, Histoire des manufactures françaises de porcelaine. Paris 1906.
Davillier, Histoire des faïences et porcelaines de Moustiers, Marseille etc. Paris 1863.
— Les origines de la Porcelaine en Europe. Paris et Londres 1882.
Delange, Recueil des faïences italiennes des XV., XVI. et XVII. siècles etc. Paris, Delange 1869.

Fortnum, Majolica. Oxford 1896.

Forestie, Les anciennes Faïenceries de Montauban. Ardus 1876.

Folnesics und Braun, Geschichte der Wiener Porzellanmanufaktur. Wien 1907.

Franks, Catalogue of a Collection of Oriental Porcelain and Pottery (Bethnal Green Branch Museum). London 1878.

Garnier, Dictionnaire de la céramique. Paris.

Garnier (II), Catalogue de la collection Gasnault (Musée nationale Adrien Dubouché à Limoges). 1881.

Genolini, Majoliche italiane, marche e monogramme. Milano 1881.

Graul und Kurzwelly, Altthüringer Porzellan. Leipzig 1909.

Haward, Histoire de la Faïence de Delft. Paris 1908.

Hobson = Burton a. Hobson, Handbook of Marks on Pottery and Porcelain II. Aufl. London 1912.

Hodgkin, Examples of early English pottery. London 1891.

Hofmann, F. H., Das europäische Porzellan des Bayrischen Nationalmuseums. München 1909.

Houzé, de l'Aulnoit. Essai sur les Faiences de Douai, ses Grès Anglais. Lille 1882.

Jacquemart, Les merveilles de la céramique. Paris 1866—1869.

Jaennicke, Grundriß der Keramik. Stuttgart 1878—1879.

Jewitt, The ceramic art of Great Britain. London 1878.

Kraus, Die Marken der Porzellanmanufaktur in Frankenthal 1756—1800. Frankenthal 1899.

Lill, G., Fayencemarken (Sonderabdruck aus den „Mitteilungen" der Galerie Helbing). München, Helbing 1914.

Malagola, Memoire storiche sulle majoliche di Faenza. Bologna 1880.

Marryat, Collections towards a history of Pottery and Porcelain. London 1850.

Mély, La céramique italienne, marques et monogrammes. Paris.

Morse, Edw. S., Catalogue of the Morse Collection of Japanese Pottery (Museum of fine Arts Boston). Cambridge 1891.

Panietnik Wystawy, Ceramiki i Szkla Polskies. Warszawa 1913.

Passeri, Istoria delle pitture in majolica fatte in Pesaro etc. Venise 1758.

Pazaurek, Keramik. (Nordböhmisches Gewerbemuseum.) Reichenberg 1905.

Pottier, Histoire de la Faïence de Rouen. Rouen 1870.

Ris-Paquot, Histoire générale de la Faïence ancienne française et étrangère. Amiens et Paris 1874 et 1876.

Rondot, Céramique lyonnaise. Paris 1899.

Sauerlandt, M., Fabrikmarken und Malersignaturen der Thüringischen Fayencemanufakturen des XVIII. Jahrhunderts (Sonderabdruck der Thüringisch-Sächsischen Zeitschrift für Geschichte und Kunst, II. Bd.).

Segange (Du Broc de Segange). La Faïence et les Faïenciers de Nevers. Nevers 1863.

Vignola, Sulle Majoliche e Porcellane del Piemonte. Torino 1878.

Fayence.

Seite

1. **Florenz.**

1—30: Bode. Die Anfänge der Majolikakunst in Toskana. Berlin 1911.

2. 31—34: Bode. Die Anfänge der Majolikakunst in Toskana. Berlin 1911.

Faenza.

1: London, Vict. u. Alb. Mus., nach Ballardini: *Caffagiolo? und nicht Name des Künstlers, sondern des Bestellers.* 2: Sèvres, Mus., nach Ballardini: *nicht Name des Künstlers, sondern des Bestellers.* 3: London, Vict. u. Alb. Mus. 4: Pesaro, Mus.

3. 6: Bologna, S. Petronio.

10: Chaffers (Coll. Narford). 11: Limoges, Mus. 12: Mely (Pesaro). 13: London, Vict. u. Alb. Mus. 14: Fortnum (Coll. Basilewsky).

4. 16: Berlin, Kgw.-Mus. 17, 18: London, Brit. Mus. 19: London, Brit. Mus. 22: Genolini. 20, 21: Fortnum. 25: Malagola. 26: Fortnum. 27: Chaffers. 28: Genolini. 30: Chaffers.

5. 35: London, Coll. Salting. 36: London, Vict. u. Alb. Mus. 37: Fortnum (Coll. Basilewsky). 38: Delange (Coll. d'Azeglio). 39: Fortnum, Coll. Castellani. 38, 39: Argnani. 40: Fortnum (40: Coll. Soulages). 41: Paris, Louvre. 42: London, Vict. u. Alb. Mus. 43: London, Vict. u. Alb. Mus. 44: Chaffers, Coll. Falcke. 45: London, Vict. u. Alb. Mus. 46: London, Vict. u. Alb. Mus.

6. 47: Genolini. 48: London, Vict. u. Alb. Mus. 49: Berlin, Kgw.-Mus. 50: London, Brit. Mus. 51: Fortnum (Delange). 53: London, Mus. of Geology. 54: Fortnum, Coll. Marryat. 55: Chaffers, Coll. Marryat. 56: Genolini, Collect. G. v. Rothschild. 57: Berlin, Kgw.-Mus. 58: Paris, Louvre. 59: Paris, Louvre.

7. 60: Oxford. 61: Venedig, S. Sebastiano. 62: Fortnum. 63: London, Brit. Mus. 64: London, Brit. Mus. 65: Chaffers. 66: London, Coll. Salting. 67: London, Brit. Mus. 69: Fortnum. 70: Fortnum (Coll. Cajani). 71: London, Vict. u. Alb. Mus. 72: Fortnum. 73: London, Vict. u. Alb. Mus. 74: Fortnum (Delange). 75: Chaffers (Coll. Bernal).

8. 76: Genolini. 77: Berlin, Kgw.-Mus. 78: Berlin, Kgw.-Mus. 79: Sèvres, Mus., nach Ballardini: *nicht Name des Künstlers, sondern des Bestellers.* 80: Sigmaringen, Mus. 81: Coll. Bernal. 82: Venedig, S. Sebastiano. 83: Fortnum. 84: Chaffers. 85: London, Vict. u. Alb. Mus. 86: Chaffers (Coll. Campana). 87: Chaffers. 88: Coll. d'Azeglio. 89: Chaffers (Coll. Narford). 90: London, Coll. Salting. 91: Coll. Soltikoff.

Seite

9. 92: Fortnum (Delange). 93: Malagola. 94: London, Vict. u. Alb. Mus. 95: Chaffers (Venedig). 96: Coll. Castellani. 98: London, Brit. Mus. 100: Fortnum (Delange). 103: Fortnum, Coll. Nesbitt. 104: Fortnum (Coll. Tellot de Dreux). 105: Argnani. 106: Genolini. 107: Genolini.

10. 110: Malagola. 111: Jaennicke. 113: Genolini. 114—116: Fortnum Coll. Barker). 117: Fortnum. 118: Louvre. 119: Chaffers (Coll. Uzielli). 120: Chaffers (Coll. Barker). 122: London, Vict. u. Alb. Mus. 123: Chaffers (Coll. Barker).

11. 126: Fortnum (Urbani). 128: Faenza, Mus. d. Fabriche Ferniani. 129: Fortnum. 130: Fortnum (vielleicht Imola). 131: Genolini, Limoges, Mus. 132: London, Vict. u. Alb. Mus.

Außerdem viele andere Marken bei Argnani: Le ceramiche e majoliche faentine, Faenza, 1889 — Il Rinascimento delle ceramiche majolicate in Faenza. Faenza, 1898.

12. **Verona.**

1: London, Bracon Hall. 2: Kopenhagen, Kunstindustrij museum.

Gubbio.

1: Chaffers (Coll. Falcke). 2: Mely. 3: Chaffers (Coll. Campana). 4: Genolini. 5: Fortnum. 7: London, Vict. u. Alb. Mus. 8: Chaffers (Coll. Soulages). 9: London, Vict. u. Alb. Mus. 10: London, Vict. u. Alb. Mus. 11: Chaffers (Coll. Solages). 12: London, Vict. u. Alb. Mus. 14: Fortnum (Coll. Barker). 16: Genolini.

13. 17: Fortnum (Passeri). 18: Chaffers (Paris, Coll. Leroy-Laduric). 19: London, Vict. u. Alb. Mus. 20: London, Vict. u. Alb. Mus. 21: London, Vict. u. Alb. Mus. 23: Chaffers (Coll. Barker). 24: Genolini. 25: Chaffers (Coll. Amhurst). 26: London, Coll. Salting. 27: London, Coll. Wallace.

14. 28: Delange. 29: Delange (Rouen, Coll. Dutuit). 30: Genolini (Coll. Addington).

15. 31: Genolini. 32: London, Vict. u. Alb. Mus. 33: Genolini. 34: Paris, Louvre. 35: Genolini. 36: Rom (Coll. Castellani). 37: Fortnum (Coll. Marnelli). 38: Fortnum. 39: London, Vict. u. Alb. Mus.

16. 40: Fortnum (Coll. Barker). 41: Bologna, Mus. de l'université. 42: Genolini. 44: Fortnum (Coll. Castellani). 46—48: Fortnum.

17. 49: Fortnum (Coll. Cajani). 50: Paris, Louvre. 51: London, Vict. u. Alb. Mus. 52: Sèvres. 53: Garnier. 55: Mely (Coll. A. de Rothschild). 56: Fortnum. 57: Genolini. 58: London, Vict. u. Alb. Mus. 59: Chaffers (Coll. Campana). 60: London, Vict. u. Alb. Mus. 61: Oxford. 62: Chaffers. 63: Chaffers. 64: Delange (?). 66: Mely. 67: Chaffers.

18. 68: Chaffers (Coll. Campana). 69: Paris, Louvre. 70: Fortnum (Coll. Spitzer). 71: Fortnum (Coll. Castellani). 72: Fortnum (Coll. Castellani). 73: London, Brit. Mus. 74: Chaffers (Passeri). 75: Paris, Louvre. 76: Paris, Louvre. 77: Genolini. 79: Chaffers (Coll. Berney). 80: Chaffers (Coll. Berney). 81: Fortnum (Coll. Falcke). 82: Paris, Louvre.

19. 83: London, Brit. Mus. 85: Kopenhagen (Coll. Jacobsen). 86, 87: London, Brit. Mus. 88: Fortnum. 89: Pesaro, Mus. 90: Mely. 91: Mely (Coll. A. de Rothschild). 92: London, Brit. Mus. 93: London, Vict. u. Alb. Mus.

Seite

20. 97: Chaffers (Coll. Campana). 98: London, Vict. u. Alb. Mus. 99: Chaffers (Coll. Narford). 101: London, Vict. u. Alb. Mus. 103: Genolini. 104: Chaffers (Coll. Barker). 105: Paris, Louvre. 106: Chaffers. 107: Paris, Louvre. 108: London, Vict. u. Alb. Mus. 109: Paris, Louvre. 110: Paris, Louvre. 111: Paris, Coll. Campana. 113: Fortnum (Coll. Gagliardi). 114: Fortnum. 115: Chaffers (Coll. Farrer).

Caffagiolo.

21. 1: London, Coll. Salting. 2: London, Vict. u. Alb. Mus. 3: Fortnum (Coll. G. de Rothschild). 4: Fortnum (Coll. Lockwood). 5, 6: Chaffers (Jacquemart). 7: Chaffers. 9: Paris, Louvre. 10: Fortnum. 12: Fortnum. 13: Mély (Bologna). 14: Chaffers (Jacquemart): Deruta? 16: Chaffers (Coll. Barker). 17: Jaennicke (Coll. Fountaine).

22. 18: Jaennicke (Coll. Davillier). 19: London, Alb. u. Vict. Mus. 20—22: Fortnum (Coll. Rothschild). 24: Paris, Louvre. 25: Delange (Coll. Fau). 26: Mély (Coll. A. de Rothschild). 27: Delange (Coll. d'Azeglio). 28: Fortnum (Coll. Basilewsky). 29: Fortnum. 30: London, Vict. u. Alb. Mus. (Fortnum: *Faenza?*). 31. London, Vict. u. Alb. Mus. 32: Paris, Louvre. 34: Oxford.

23. 36: Mely, Pesaro, Mus. (?). 37: Delange. 38: London, Vict u. Alb. Mus. 39: London, Vict. u. Alb. Mus. 40: Chaffers. 41: Chaffers (Coll. Henderson). 44: London, Vict. u. Alb. Mus. 45: Oxford. 46: Chaffers (Coll. Hastings). 47: London, Vict. u. Alb. Mus.

24. Pesaro.

1: Delange (Demin). 2: Pesaro, Mus. 3: London, Vict. u. Alb. Mus. (Fortnum: *Viterbo*). 5: Bologna, Universitätsmuseum. 6: Brit. Mus. 7: Chaffers (Coll. d'Azeglio). 9: Chaffers (Passeri). 11: Pesaro, Mus.

25. 12: Chaffers (Passeri). 13: Limoges, Mus. 14: Pesaro, Mus. 15: Mely (Coll. A. de Rothschild). 16: Pesaro, Mus. 18: Neapel: Mus. de S. Martini. 21: Pesaro, Mus. 22: Fortnum (Coll. de Mely). 24: Limoges, Mus. 25: Pesaro, Mus. 26: Chaffers (Jacquemart): *Pesaro (?)*. 27: Chaffers (Coll. M. Bruge). 29: Fortnum. 30: Mely (Coll. G. de Rothschild). 31: Jacquemart.

26. 32: Fortnum (Coll. Castellani): *Pesaro (?)*. 33: Haag, Mus. (Fortnum: *Gubbio?*). 34: Oxford. 35: Fortnum (Coll. Castellani): *Pesaro (?)*. 36: London, Brit. Mus. 37: Fortnum (Coll. Castellani): *Pesaro (?)*. 38: Garnier.

Candiana.

1: Genolini. 2: Genolini (Davillier). 3: Sèvres Mus.

Monte Lupo.

1: Paris, Mus. Cluny. 2: Genolini. 3: London, Vict. u. Alb. Mus. 4: Chaffers (Jacquemart). 5: London, Vict. u. Alb. Mus. 6: London, Vict. u. Alb. Mus.

Loreto.

Jaennicke.

27. Urbino.

1: Fortnum (Coll. Narford). 2: Genolini. 3: Paris, Louvre. 4: Chaffers 5: Chaffers.

28. 6: London, Brit. Mus. 7: Garnier. 8: Genolini. 9: Fortnum (Passeri). 11, 12: Genolini. 13, 14: Fortnum (Coll. Narford): *Orazio Fontana?* 15: Paris, Louvre.

Seite

29. 16: Chaffers (Coll. Burn). 17: Fortnum (Coll. Saracini). 18: London, Brit. Mus. 20: Florenz, Mus. Nazionale. 21: London, Brit. Mus. 22: London, Brit. Mus. (Fortnum: *Gubbio Diruta*). 23: Paris, Louvre.
26: Fortnum (Coll. Basilewsky).

30. 27: Jaennicke (Loreto, Santa Casa). 28: Mely. 29: Jaennicke. 30: Genolini. 31: Chaffers. 32: Coll. Amhurst. 33: Mely. 34: Genolini. 36, 37: London, Vict. u. Alb. Mus. 38: London, Vict. u. Alb. Mus. 39: Paris, Louvre. 40: Genolini. 41: Chaffers. 42: Genolini. 43: Fortnum (Coll. Narford). 44: London, Vict. u. Alb. Mus.

31. 45: Genolini. 46, 47: Mely. 48: Jaennicke. 50: Rom (Coll. Barberini). 51: London, Vict. u. Alb. Mus. 52: Genolini. 53: Genolini. 54: Fortnum. 55: Genolini. 56: Genolini. 57: London, Vict. u. Alb. Mus.

32. 58: London, Brit. Mus. 59: London, Vict. u. Alb. Mus. 60: Fortnum (Coll. Narford). 61: Chaffers (Coll. S. de Rothschild). 62: Bologna, Universitätsmuseum. 63: London, Brit. Mus. 64: Chaffers (Coll. Fortnum). 65: Paris, Louvre. 67: Chaffers. 68: Chaffers (Coll. Evans Lombe). 69: Chaffers (Coll. Addington). 70: (gehört zu Nr. 68). 71: London, Brit. Mus. 72: Venedig, Mus. Correr.

33. 73: Fortnum (Coll. J. de Rothschild, Paris). 75: Oxford. 77: Chaffers. 78: Paris, Louvre. 79: Mely. 80: London, Vict. u. Alb. Mus. 81: Fortnum (Coll. Northwith). 82: Mely (Coll. Narford). 83: Chaffers (Coll. Berney).

34. 84: Garnier (Coll. Spitzer). 85: Fortnum (Coll. Foresi). 86: Pesaro, Mus. 88: London, Vict. u. Alb. Mus. 90: London, Vict. u. Alb. Mus. 91: Fortnum. 92: Fortnum (Coll. Cajani). 93: Chaffers. 94: London, Vict. u. Alb. Mus. 95: Genolini. 97: London, Vict. u. Alb. Mus. 98: Chaffers (Coll. Delsette).

35. 99: Genolini. 100: Fortnum (Coll. Narford). 101: Genolini. 102: Pavia. 103: Mely. 104: Urbino, Mus. 106: Chaffers (Coll. d'Azeglio). 107: London, Brit. Mus. 109: Fortnum (Coll. d'Azeglio). 110: Urbino Mus. 111: Genolini. 112: Fortnum. 114: Fortnum (Coll. Narford). 115: Chaffers (Coll. Napier). 116: Chaffers (Coll. d'Azeglio).

36. 117: London, Brit. Mus. 118: Chaffers (Delange). 119: Paris, Louvre. 120: London, Vict. u. Alb. Mus. 122: London, Vict. u. Alb. Mus. 123: Chaffers (Coll. Falcke). 124: Chaffers (Coll. Campana). 125: Pesaro, Mus. 127: Delange (Coll. Nieuwerkerke). 128: Fortnum (Coll. Cajani): *Castel Durante?* 129: Fortnum (Pisa, Coll. Toscanelli). 130: Jaennicke (Coll. Berney). 131: Genolini. 133: Fortnum. 134: London, Brit. Mus. 135: Genolini. 136: London, Vict. u. Alb. Mus. 137: London, Brit. Mus. (Fortnum: *Urbino?*).

37. 138: Paris, Louvre. 139: London, Vict. u. Alb. Mus. 140: Fortnum (Coll. Narford). 141, 142: Paris, Louvre. 143: Genolini. 144: Mus. Pesaro. 145: Neapel (Coll. Rey). 146: Mely. 147, 148: Urbino, Mus. 150: Paris, Louvre. 151: Mely.

Rimini.

1: Genolini. 2: Fortnum (Coll. Basilewsky). 3: London, Brit. Mus. 4: Mely. 5: Bologna, Mus. 6: Mely.

38. Castel Durante.

1: Fortnum (Coll. Hope). 2: Paris, Mus. Cluny. 3: Fortnum. 4: Mely (Pesaro, Mus.). 5: Bologna, Universitätsmuseum. 6: Chaffers (Coll. d'Azeglio).

Seite

7: Genolini (Coll. Genolini). 8: Fortnum (Coll. Castellani). 9: London, Brit. Mus.

39. 11: Fortnum. 12: Pesaro, Mus. 13: Paris, Louvre. 14: Fortnum (Galerie Barberini). 15: Paris, Louvre. 16: Jaennicke (Coll. Neck). 17: Paris, Louvre. 18: London, Brit. Mus. 19: Mely (Pesaro, Mus.). 20: Genolini. 21: Pesaro, Mus. 23: Fortnum: *Castel Durante?* 24: London, Brit. Mus. 25: London, Brit. Mus., nach Ballardini: *Castel Durante?* 26, 27: London; Brit. Mus. 28, 29: London, Brit. Mus., nach Ballardini: *Castel Durante?* 30, 31: London, Brit. Mus. 32: London, Brit. Mus., nach Ballardini: *Castel Durante?*

40. 33: London, Brit. Mus. 34 Jaennicke (Rom, Coll. Cajani). 35: Fortnum (Coll. Devidis). 36: London, Vict. u. Alb. Mus. 37: Chaffers. 39: Paris, Louvre. 40: Mely (Rom, S. Maria degli Angeli).

Ravenna.

1: Sèvres; Paris, Louvre. 2: Chaffers (Coll. Henderson).

41. **Treviso.**

1: Chaffers (Coll. Addington). 3: Jacquemart.

Fabriano.

1: Garnier (Coll. Spitzer). 2: London, Vict. u. Alb. Mus.

42. **Padua.**

1: London, Brit. Mus. 2: Paris, Mus. Cluny. 3: Padua, Mus. 4: London, Mus. of Geology. 5: London, Vict. u. Alb. Mus.

Ferrara.

London, Vict. u. Alb. Mus.

Este.

Genolini (Coll. Reynold).

Città di Castello.

1: Genolini. 2: London, Vict. u. Alb. Mus.

43. **Deruta.**

1: Jaennicke (Coll. de Cambio). 2: London, Vict. u. Alb. Mus. 3: Paris, Louvre. 4, 5: London, Vict. u. Alb. Mus. 6: Jaennicke (Coll. Basilewsky). 7: Genolini. 8: Fortnum (Coll. Castellani). 9: London, Vict. u. Alb. Mus. 10: Paris, Louvre. 11: London, Vict. u. Alb. Mus. 12: Paris, Louvre. 13: Gubbio, Mus.

44. 15: Chaffers. 16: Chaffers (Perugi, Coll. Baglionia). 17: Chaffers. (Coll. Nieuwerkerke). 18: Genolini. 19: London, Vict. u. Alb. Mus. nach Ballardini: *Faenza?* 20: Paris, Mus. Cluny. 21, 23: Fortnum (Coll. Mely). 24: Fortnum. 26: Fortnum (Coll. S. de Rothschild). 27: Limoges, Mus. 28: Jaennicke (Coll. Addington).

45. **Venedig.**

1, 2: London, Vict. u. Alb. Mus. 4: London, Vict. u. Alb. Mus. 5, 6: Fortnum. 7: Chaffers (Coll. Bernal). 8: London, Brit. Mus. 9: Genolini. 10: Chaffers. 11: Chaffers (Coll. Uzielli). 13: Chaffers (Coll. Roger de Beauvoir). 14: Berlin, Kgw. Mus. 15: Chaffers (Coll. Chaffers). 16: Limoges, Mus. (Fortnum: *Porzellan?*).

46. 17: London, Vict. u. Alb. Mus. 18: Fortnum (Coll. Fountaine). 19: Genolini (Coll. Fountaine). 20, 21: London; Vict. u. Alb. Mus. 22: Oxford, Mus.

Seite

47. 24, 26: Mely. 27: Mely: *Porzellan*! 28: Fortnum (Genolini). 29: London, Brit. Mus. 30: London, Brit. Mus. 31: Sèvres, Mus. 32: Chaffers (Genolini). 33: Fortnum (Genolini). 34: Limoges, Mus. 35: Fortnum (Genolini). 36: Genolini. 37: Stuttgart, Landesgewerbemuseum.

48. **Forli.**

1: Chaffers (Jacquemart). 2: Paris, Louvre. 4: Bologna, Universitätsmuseum. 5: Paris, Louvre. 6, 7: London, Vict. u. Alb. Mus. 8: London, Coll. Salting. 9: Ravenna, Bibliothek.

49. 10: Fortnum (Coll. Basilewsky). 11: Forli, Bibliothek. 12: Fortnum (Coll. Basilewsky). 13: London, Coll. Salting.

Siena.

1: London, Vict. u. Alb. Mus. 2: London, Brit. Mus. 3: Paris, Louvre. 4: London, Vict. u. Alb. Mus. 5: Fortnum (Coll. A. de Rothschild).

50. 6: London, Brit. Mus.

San Quirico (Siena).

1, 2: London, Vict. u. Alb. Mus. 3: Fortnum.

Perugia.

1: Chaffers.

Bagnorea.

2: Fortnum London.

Asolo.

Jaennicke (Coll. Liesville). Genolini (Mely): *Venedig?*

51. **Rom.**

1, 2: Fortnum. 3: Jaennicke (Coll. Lockwood).

Bassano.

1: London, Vict u. Alb. Mus. 2: Venedig, Mus. Correr. 3: Limoges, Mus. 4: Paris, Louvre. 5: Chaffers (Coll. Le Blanc). 6: Chaffers. 7, 8, 9: Fortnum.

52. **Turin.**

1: Chaffers (Coll. d'Azeglio). 2: Genolini. 3: Chaffers (Coll. d'Azeglio). 4: Chaffers. 5: Chaffers (Jacquemart). 6: Chaffers (Hull, Coll. Jackson). 7: Sèvres. 9: Chaffers (Coll. d'Azeglio). 11: Fortnum. 12: Chaffers (Coll. d'Azeglio). 15: Fortnum. 17: Genolini.

53. **Pisa.**

1: Mely (Coll. Castellani). 2: Garnier (Coll. A. de Rothschild).

Nove.

1: London, Vict. u. Alb. Mus. 2—4: Genolini. 5: Fortnum (Genolini). 6, 7, 8, 9: Genolini. 10: Fortnum (Genolini). 11: Limoges, Mus. 12, 13: Genolini.

54. **Borgo S. Sepolchro.**

Jaennicke.

Vinovo.

1: Fortnum. 2: Garnier (II) (Limoges, Mus.). 3: Mely.

Seite

Lodi.

1, 2, 3: Chaffers (Coll. Reynolds). 4: Sèvres. 5: Jacquemart. 6: Genolini (?). 7: Genolini (?).

Viterbo.

1: London, Vict. u. Alb. Mus. 2: Rom, Palazzo Barberini.

55. **Neapel.**
1, 2, 3, 4: Genolini. 5: Chaffers (Jacquemart). 6, 7: Limoges Mus. 8: Chaffers (Demmin). 9: Fortnum. 10: Chaffers (Jacquemart). 11: Genolini. 12: Chaffers (Brogniart). 13: Genolini. 14: Sèvres. 15: Chaffers. 16: Chaffers (Genolini). 17, 19, 20: Genolini. 21: Chaffers (Genolini). 22, 23: Genolini.
56. 26: Fortnum (Jaennicke: *Castelli?*).

Palermo.

1: Sèvres. 2: Fortnum (Coll. Castellani). 4, 5: Fortnum (Coll. Corona).

Castelli.

2: Chaffers. 3: Jaennicke (London, Coll. Neck). 4: Chaffers. 5: Sèvres, Mus.
57. 6: Chaffers (Coll. Hasting). 7: Chaffers. 8: Sèvres Mus. 11: Chaffers (Coll. Diamond). 15: London, Vict. u. Alb. Mus. 16: Chaffers (Coll. Reynolds). 17, 18: Genolini. 19: Paris, Louvre. 21: Garnier. 22—26: Genolini. 27: Chaffers. 28: Berlin, Kgw. Mus. 29: Chaffers (Passeri). 30: Jaennicke (Coll. Neck). 31: Garnier. 32: Fortnum.

58. **Savona.**
1, 2: Genolini. 3: Chaffers. 5: Chaffers (Coll. Mont Ferrand). 6: Fortnum. 7, 8: Chaffers. 9: Neapel, S. Martino. 10: Genolini. 12, 13: Neapel, S. Martino. 14: Vignola. 15: Genolini. 16: Vignola. 17: Genolini. 19: Neapel, S. Martino. 20: Fortnum. 21: Chaffers (Coll. Reynolds).
59. 22: Chaffers (Coll. Staniforth). 23, 25: Genolini. 26: Vignola. 27: Fortnum. 28: Genolini. 30: London, Vict. u. Alb. Mus. 31: Neapel, S. Martino. 32: Pavia, Coll. Reale. 33—35: Chaffers (Paris, Coll. Dr. Belliol). 36, 37: Genolini.
60. 38: Fortnum, Chaffers (Coll. d'Azeglio): *Turin?* 39: Chaffers (Coll. d'Azeglio): *Turin?* 40, 41, 42, 43: Genolini. 45: Genolini. 46: Garnier. 47, 48, 49: Genolini. 50: Fortnum. 51, 52: Genolini.
61. 53: Chaffers. 54: Genolini. 55: Vignola. 56: Genolini. 57: Vignola 58: Garnier: *B. Salomoni.* 59: Genolini. 60: Vignola. 62—64: Genolini.
62. 65: Fortnum. 66, 68, 69: Genolini. 70: Vignola. 71, 72, 73: Genolini. 74: Vignola. 75: Garnier (II) (Mus. Limoges) 76, 77, 80: Genolini. 83: Garnier. 84: Chaffers (?). 85: Mely: *Genua?* 86: Genolini. 87: Genolini: *Savona?* — Garnier: *Genua.*
63. 89: Sèvres. 90: Garnier (II) (Limoges, Mus.). 91: Genolini. 92: Fortnum. 93: Garnier (II) (Limoges, Mus.). 94, 95, 96: Garnier (II) (Limoges, Mus.). 97: Chaffers (Coll. Reynolds). 98: Genolini. 99: Fortnum. 100: Genolini; Chaffers (Coll. Diamond): *Genua?*

64. **Mailand.**
1: Sèvres Mus. 2: Fortnum (Coll. Drake). 3—6: Genolini. 7: Jacquemart (Bordeaux, Mus.). 8: Genolini. 9: Mely. 10: Genolini. 12: Fortnum (Coll. Reynolds). 13: Chaffers (Coll. Reynolds). 14: Chaffers (Coll. d'Azeglio).

Seite

65. **Albissola.**

1—3: Genolini.

Pavia.

1: Fortnum. 2: Fortnum (Coll. Brambilla, Pavia). 3: zu 1. 4: Genolini.

Genua.

2: Jaennicke (Turin, Coll. Devers). 3: Chaffers: *Genua?*

66. **Asciano.**

1, 2: Fortnum.

Venedig.

4: Chaffers (Braunschweig. Mus.).

S. Cristoforo (bei Mailand): *19. Jahrh.*

3: Chaffers.

Mondovi.

1—3: Fortnum.

Doccia: *19. Jahrh.*

67. **Hispano-Maurisch.**

1, 2: Jaennicke (Coll. Fortnum). 3: Jaennicke. 4: Chaffers (Coll. Amhurst). 5: Paris, Louvre.

Puente di Arzobispo.

Chaffers.

Talavera.

68. **Alcora.**

1: Jaennicke. 4, 5: Chaffers. 6: Jacquemart. 7: Jaennicke *(Alcora?)*. 9: Garnier.

Sevilla.

1, 2: Hobson.

Manises.

Jaennicke (Coll. Reynolds).

Valencia.

Chaffers.

69. **Miragaïa (Porto).**

1, 2: Chaffers.

Lissabon.

1, 2: Chaffers.

70. **Beauvais.**

1: Paris, Mus. Cluny. 2: Jacquemart.

Paris.

Jaennicke (Coll. Tusseau).

St. Porchaire.

1: Jaennicke (Coll. J. v. Rothschild). 2: London, Vict. u. Alb. Mus.

Lisieux.

Ris-Paquot.

Seite

Nachahmer Palissys.

1: Chaffers. 2: Paris, Louvre.

Lyon.

3: Garnier. 4: Lyon, Mus.

71. **Nantes.**

Jaennicke.

Nevers.

1: Sèvres. 2: Chaffers (Coll. Filloni). 3: Segange. 4: Jacquemart. 5: Sèvres. 6: Nevers, Mus. 7: Jacquemart. 8: Chaffers. 9: Chaffers (Coll. Pottier). 10: Jaennicke. 11: Garnier (II) (Limoges, Mus.).

72. 13: Varzy, Mus. 14: Jacquemart. 15: Jaennicke (Jacquemart). 16: Chaffers (Coll. W. Franks). 17: Jaennicke (Jacquemart). 18: Chaffers. 19: Chaffers. 20: Jaennicke.

St. Verain.

Sèvres Mus.

73. **Rouen.**

1: Chaffers. 2: Jacquemart. 3: Rouen (Coll. Gouellain). 4: Jaennicke (Coll. de Lestanville). 5: Pottier. 6, 7: Pottier. 8: Chaffers (Coll. Bohn). 10: Jaennicke: *Rouen?* 11: Pottier (Coll. Bellegarde). 12: Sèvres Mus. 13: Pottier. 14: Jaennicke (Rouen, Coll. d'Arboval). 15, 16: Pottier (Coll. Gouellain). 17: Rouen, Mus. 18: Jaennicke. 19—21: Pottier (Coll. Baudry).

74. 22, 23: Pottier. 24: Pottier (Coll. Gouellain). 25: Pottier. 26: Jacquemart. 27: Pottier. 28: Jacquemart. 29: Pottier. 30—36: Ris-Paquot. 37: Pottier. 38: Ris-Paquot. 39: Pottier.

75. 41: Pottier. 42, 43: Pottier. 44, 45: Pottier. 47: Pottier. 48—50: Pottier. 52: Jacquemart (?). 55: Rouen, Mus. 57: Pottier (Coll. Loifel). 59: Pottier. 60: Jacquemart. 61: Jaennicke. 62: Pottier. 63, 65: Pottier. 67: Jacquemart, Pottier. 69: Pottier. 70: Jacquemart.

76. 71: Pottier (Coll. le Coupeur). 72: Ris-Paquot. 73: Jacquemart. 74: Pottier. 75, 76: Pottier. 77: Jacquemart. 80: Pottier. 82: Rouen, Mus. 83 bis 88: Pottier. 89: Pottier (Coll. Maillet du Boullay). 90: Rouen, Mus. 91, 92: Pottier. 93, 94: Ris-Paquot. 95, 96: Pottier. 97: Mus. Rouen. 98, 99: Jacquemart.

77. 100: Pottier. 101, 102: Jacquemart. 103: Pottier. 104, 105: Jacquemart. 106: Pottier (Coll. Gouellain). 107: Chaffers. 108: Ris-Paquot. 110: Rouen, Mus. 111, 112: Pottier. 113: Ris-Paquot. 114, 115: Pottier. 116: Ris-Paquot. 117: Ris-Paquot. 118: Jacquemart. 119: Pottier. 120: Ris-Paquot. 121: Jacquemart (?). 122, 124: Jacquemart. 125, 126: Ris-Paquot. 124: Pottier. 129: Jaennicke. 130, 131: Jacquemart. 132: Pottier. 133: Jacquemart.

78. 135, 136: Pottier. 137: Ris-Paquot. 138, 139: Jacquemart. 140—142: Pottier. 143: Jaennicke. 145, 146—148: Pottier. 149: Ris-Paquot. 150: Chaffers. 151: Pottier. 152: Jacquemart. 153: London, Vict. u. Alb. Mus. 154: Pottier. 155—158: Jacquemart. 159: Ris-Paquot. 160: Jacquemart. 161—163: Jacquemart. 164: Ris-Paquot. 165: Pottier. 166: Ris-Paquot. 167: Pottier. 169: Ris-Paquot. 170—172: Pottier.

Seite

79. 173: Ris-Paquot. 174: Ris-Paquot. 175: Jacquemart. 176: Pottier. 177, 178: Jacquemart. 180: Ris-Paquot. 181: Jacquemart. 182: Pottier. 183: Ris-Paquot. 184, 185: Jacquemart. 186: Pottier. 187, 191: Jacquemart. 188: Ris-Paquot. 189: Pottier (Coll. Delauney). 192: Jacquemart. 194: Ris-Paquot. 195: Jacquemart. 196: Jacquemart (?). 197: Pottier. 198: Jacquemart. 199: Pottier. 200: Jacquemart. 201: Pottier. 202: Jacquemart. 203: Pottier. 204: Chaffers. 206: Ris-Paquot.

80. 207, 208: Pottier. 209: Chaffers. 210: Jacquemart. 211, 213, 214: Pottier. 215: Ris-Paquot. 216: Pottier. 217: Ris-Paquot. 218: Ris-Paquot. 219: Jacquemart. 221: Pottier. 222, 223: Ris-Paquot. 224, 225: Jacquemart. 228: Pottier (Coll. Loifel). 229, 230: Pottier. 231, 232: Jacquemart. 233: Ris-Paquot. 235: Ris-Paquot. 236: Pottier. 237—239: Ris-Paquot. 240: Jacquemart.

81. 241: Rouen, Mus. 242: Ris-Paquot. 245: Jacquemart. 247: Ris-Paquot. 248: Pottier. 249—251: Jacquemart. 252: Pottier. 254: Chaffers. 255: Ris-Paquot. 256: Jacquemart. 257: Pottier. 258, 259: Jacquemart. 260: Pottier. 261: Jacquemart. 262, 263, 264: Ris-Paquot. 265—268: Pottier. 269: Ris-Paquot. 270: Jacquemart. 271: Pottier. 272: Jacquemart.

82. 273: Pottier. 274, 275: Ris-Paquot. 276: Jacquemart. 277: Pottier. 278, 279: Jacquemart. 280: Ris-Paquot. 281: Jacquemart. 282: Jacquemart. 283—285: Katalog d. Versteigerung Lana I, 1909, Berlin, Lepke.

Moustiers.

1: Davillier (Coll. Davillier). 2: Davillier. 3, 4: Chaffers. 5: Chaffers (Coll. Reynolds). 6—11: Davillier. 12: Sèvres, Mus. 13—16: Davillier. 17: Sèvres Mus.

83. 18—20, 22: Jaennicke. 23: Ris-Paquot. 25: Jaennicke. 26—29: Davillier. 30: Ris-Paquot. 31: Davillier. 32: Chaffers. 33—35: Davillier. 36: Ris-Paquot. 37—39: Davillier. 41: Davillier. 42, 43: Ris-Paquot. 45: Davillier.

84. 46, 47, 48: Davillier. 49, 50: Sèvres Mus. 52: Ris-Paqu.t.

Aire.

Sèvres Mus.

Vron.

2: Ris-Paquot.

Desure.

85. 1: Ris-Paquot. 2: Chaffers (Coll. Reynolds). 3—8: Ris-Paquot. 9, 10: Ris-Paquot.

Saint Paul.

Chaffers.

Saint-Omer.

1—4: Ris-Paquot.

Douai.

1—3: Houzé. 4: Houzé (Douai, Mus.). 5—8: Houzé (?). 9: Houzé (Coll. Houzé). 10: Houzé (Douai, Mus.).

86. **Lille.**

1: Jaennicke (Coll. Salin). 3, 4: Ris-Paquot. 5: Jacquemart (?). 6: Ris-Paquot. 8: Ris-Paquot. 9: Ris-Paquot. 10: Jaennicke. 11: Ris-Paquot.

Seite

12: Jaennicke. 13: Ris Paquot. 14: Sèvres Mus. 15: Ris-Paquot. 16: Ris-Paquot. 17—19: Ris-Paquot.

87. 22: Garnier (Coll. Houdoy). 23: Ris-Paquot. 24: Ris-Paquot. 25: Ris-Paquot. 27, 28: Jaennicke. 31—33: Ris-Paquot.

Samadet.

Sèvres Mus.

88. **St. Amand.**

10: Chaffers. 11: Jaennicke. 13: Ris-Paquot. 17: Chaffers. 18: Jaennicke. 19: Ris-Paquot.

89. 23: Ris-Paquot, Jacquemart. 25: Ris-Paquot.

90. **Valenciennes.**

3: Lejeal, Recherches historiques sur la manufacture de faïence et de porcelaine de Valenciennes 1868. 6: Ris-Paquot. 7: Jaennicke: *Porzellan?* 8: Ris-Paquot.

91. **Paris.**

1—20: Jaennicke. 21, 22, 23—26: Jaennicke. 27: Chaffers.

92. **Sinceny.**

1: Chaffers (Coll. Warmont). 2, 3: Ris-Paquot. 5: Sèvres Mus. 7: Ris-Paquot. 8: Chaffers. 11: Jaennicke, Ris-Paquot. 9—15, 20, 22: Ris-Paquot. 23: Sèvres Mus.

93. 27—34: Ris-Paquot.

Val sous Meudon.

1—3: Chaffers. 4: Jaennicke: *Meudon?*

Creil.

Chaffers.

Cambray.

Ris-Paquot.

Vincennes.

12: Chaffers. 3: Jaennicke (Coll. Gasnault).

St. Cloud.

Chaffers.

Dijon.

1, 2: Marchant. Recherches sur la faïencerie de Dijon. Dijon 1885 (1: Coll. Morel-Retz).

94. **Aprey.**

2—5, 8: Ris-Paquot. 7, 9: Jaennicke. 10: Chaffers (Coll. Reynolds). 11, 12: Ris-Paquot.

Lunéville.

1—3: Chaffers. 4: Jaennicke.

Premières.

1: Chaffers (Coll. Langford). 2—4: Chaffers.

Arbois.

Jaennicke.

Seite

Meillonas.

1: Jaennicke. 2: Sèvres Mus. 3: Katalog d. Versteigerung Gasser (München, Helbing 1912).

Mennecy.

2: Jaennicke.

95. **Englefontaine.**

Ris-Paquot.

Clermont.

Ris-Paquot.

Mathaux.

Garnier.

Ognes.

Garnier.

Varages.

1: Davillier. 3: London, Vict. u. Alb. Mus.

St. Clement.

Garnier.

Pourpres.

Sèvres Mus.

Bourges.

Ris-Paquot.

Toul.

Jaennicke.

Tavernes.

1: Sèvres Mus. 2: Garnier. 3: Jaennicke.

96. **Marseille.**

1: Davillier. 2—4: Chaffers. 5: Chaffers (Coll. Diamond). 6: Davillier. 7: Davillier (Sèvres Mus.). 8: Ris-Paquot. 9: Davillier. 10: Ris-Paquot. 11: Chaffers. 12, 13: Ris-Paquot. 15: Chaffers (Coll. d'Azeglio). 16: Chaffers (Coll. Reynolds). 17: Ris-Paquot. 18: Ris-Paquot, Chaffers (Coll. Sauze). 19: Davillier (Coll. Davillier). 20: Ris-Paquot, Davillier (Coll. Davillier). 21: Chaffers (Coll. d'Azeglio). 22: Garnier. 23: Ris-Paquot.

97. **Montpellier.**

Chaffers.

Toulouse.

Chaffers (Coll. Reynolds).

Bordeaux.

2: Chaffers.

Poitiers.

1: Garnier. 2: Sèvres, Mus.

Mout Lomage.

2: Chaffers?

Seite

Rennes.

1, 2: Ris-Paquot. 3: Garnier.

Bordeaux.

1—3: Forestie, Les anciennes faïenceries de Montauban. Ardus 1876.

Rubelles.

Jaennicke.

98. **La Rochelle.**

1: Musset. Les faïencieries Rochelaises 1888 *(Sèvres?)*. 4: Chaffers.

Rénac.

Jaennicke (Jacquemart).

Nîmes.

1: Sèvres, Mus. 2: Garnier (Coll. G. de Rothschild).

Ardus.

1—3: Forestie, les anciennes faïenceries de Montauban etc. 1876.

Moulins.

1: Ris-Paquot. 2: Jaennicke (Moulins, Mus.). 3: Sèvres, Mus. 4: Ris-Paquot.

99. **Quimper.**

1: Garnier. 2: Chaffers. 3: Garnier. 4: Chaffers.

Cleremont-Ferrand.

1: Sèvres. 2: Ris-Paquot.

Orléans.

1: Garnier (Limoges, Mus.). 2: Jaennicke.

Gien.

1: Jaennicke.

100. **Marans.**

1: Ris-Paquot. 4: Sèvres, Mus. 5, 6: Ris-Paquot. 7: Garnier.

Sceaux.

1: Garnier. 2: Chaffers. 4: Garnier. 5: Garnier (Coll. Nattes-Villecomtal). 6: Jaennicke. 7: Garnier.

Bourg la Reine.

1, 2: Ris-Paquot. 3, 4: Sèvres, Mus.

101. **Tour d'Aignes.**

1, 2: Sèvres, Mus. 3: Jaennicke (Coll. Pascal). 4: Jaennicke.

Tours.

1: Sèvres, Mus. 2: Chaffers (?). 3—5: Chaffers.

Limoges.

Limoges, Mus.

Apt.

Jaennicke.

Goult.

1: Jaennicke. 2: Ris-Paquot.

Seite

102. **Lamarque.**

Jaennicke.

Nancy

Jaennicke.

Mée.

Jaennicke.

Marzy.

Jaennicke.

Montereau.

Jaennicke.

S. Clement.

Jaennicke.

St. Jean de Maurienne.

Jaennicke.

103, 104. **Straßburg.**

1—50: nach Mitteilungen von Dr. Pollazek, Direktor des Hohenlohe-Museums in Straßburg. 2, 3: *Balthasar Hannong?* 4. *Feltz.* 5: *Friedr. Loewenfinck?* 6: *Gallen?* 7—10: *Höchster Herlemann oder Hannsmann?* 11—13: *Joh. Kugelmann?* 21: *Reith?* 24: *Samuel Lemourne?* 26: *Thetten?* 27: *Westermann oder Wachenfeld?*

105. **Niederweiler.**

1—8: Nach Mitteilungen von Dr. Pollazek, Direktor des Hohenlohe-Museums in Straßburg.

Bayreuth.

1: Garnier. 2: Hamburg, Mus. f. K. u. G. 3, 4, 5: Hamburg, Mus. f. K. u. G. 6, 7: Würzburg, Mus. 8: Hamburg, Mus. f. K. u. G.
106. 9—17: Würzburg, Mus. 18: Mitteilungen der Galerie Helbing, Bd. I.

107. **Nürnberg.**

1, 2: Nürnberg, Germ. Mus. 4: Würzburg, Mus. 5: Hamburg, Mus. f. Kunst u. Gesch. 6: Würzburg, Luitpold-Mus. 7, 8: Würzburg, Kunsthandel (nach Stöhr). 9: Würzburg, Luitpold-Mus. 10, 11: Nürnberg, Landesgewerbeanstalt. 12, 13: Würzburg, Luitpold-Mus. 15: Leipzig, Kunstgewerbemus. 16: Hamburg, Mus. f. K. u. G. 17—20: Würzburg, Luitpold-Mus. 21: Würzburg, im Kunsthandel (nach Stöhr). 22: Würzburg, Luitpold-Mus. 23: Nürnberg, Landesgewerbeanstalt. 24: Würzburg, Luitpold-Mus. 25: Hamburg, Mus. f. K. u. G. 26: Jaennicke (Demin). 27: Landshut, Kreis-, Muster- u. Modellsammlung. 28—30: Würzburg, Luitpold Mus. 31: Nürnberg, Germ. Mus.
108. 32: Stuttgart, Mus. Vaterländ. Altertümer. 33: Frankfurt, Histor. Mus. 34—36: Würzburg, Luitpold Mus. 37: Frankfurt, Hist. Mus. 38, 39: Würzburg, Luitpold Mus. 40: Nürnberg, Germ. Mus. 41: Würzburg, im Kunsthandel (nach Stöhr). 42: Feuchtwangen, Volkskunstmuseum. 43, 44: Hamburg, Mus. f. K. u. G. 45: Sèvres, Mus. 46: Jaennicke (Coll. Demmin). 47: Nürnberg, Germ. Mus.
109. 48: Würzburg, im Kunsthandel (nach Stöhr). 49: Sèvres, Mus. 50: Jacquemart. 51: Jaennicke, Frankfurt a. M. (Coll. Seibt). 52: Würzburg,

Seite

im Kunsthandel (nach Stöhr). 53: Würzburg, Luitpold Mus. 54: Jaennicke (Coll. Reynolds). 55, 56: Würzburg, Luitpold Mus.

110—114. **Hanau.**

1—101: E. Zeh, Hanauer Fayence, Marburg 1913. 6: *Konr. Köhler?* 7: *Simon Herrmann?* 8: *J. Dönch?* 11: *Abrah. Butz?* 12: *S. Weiss?* 14: *Joh. Helferich Auer?* 15: *Joh. Ad. Schmidt?* 16: *J. H. Auer?* 18: *Joh. Georg Duscheer?* 21: *Joh. Carle?* 22: *Joh. Georg Duscheer?* 24: *Joh. Dönch?* 25: *Heinr. Eissermann?* 28: *Joh. Helfrich Auer?* 35: *Simon Herrmann?* 39: *Jak. Schilles* oder *Joh. Schütz?* 40 *Joh. Dom. Gelberich?* 44: *Leonh. Weber?* 54: *(Dreher) J. P. Schütz?* 57: *Pet. Frickels?* 58: *Joh. Polts?* 60, 61: *Joh. Casp. Ripp?* 61: *Wenz. Schreiber?* 64, 65: *Siemon? (Frankfurt?)* 72: *Wenz. Schreiber?* 73: *Joh. Wilh. Zörkel?* 77: *van Alphen.* 79, 80: *Hieronym. van Alphen* (und *Carl Christ. Fischer?).* 81—84: *Hieronym. van Alphen?* 90: *Joh. Leonh. Preiss?* 94: (Dreher) *Phil. Ant. Horn?* 95, 96: *Carl Heinr. Bläuer* oder *Joh. Berner* oder *Joh. Bonnet* oder *Hamburger?* 100: *Joh. Heinr. Hoffmann?*

Frankfurt.

1—5: Zeh, Hanauer Fayence, Marburg 1913. 6: Stöhr, Hanauer u. Frankfurter Fayencen (Cicerone IV).

115. 7, 8: Stöhr, Hanauer u. Frankfurter Fayencen (Cicerone IV). 9: E. Zeh, Hanauer Fayence, Marburg 1913. 10—11: Stöhr, Hanauer u. Frankfurter Fayencen (Cicerone IV). 12: E. Zeh, Hanauer Fayencen Marburg 1913. 13 bis 19: Stöhr, Hanauer u. Frankfurter Fayencen (Cicerone IV).

116. **Ansbach.**

1: Hamburg, Mus. f. K. u. G. 2: Würzburg, Luitpold-Mus. 3: Würzburg, im Kunsthandel (nach Stöhr) 4: Würzburg, im Privatbesitz (nach Stöhr). 5, 8: Würzburg, Luitpold-Mus 9: Nürnberg, Germ. Mus. 10, 11: Würzburg, Luitpold-Mus.

117. 12: Würzburg, Luitpold-Mus. 13: Hamburg, Mus. f. K. u. G. 14: Würzburg, Luitpold-Mus.: *Wolfgang Meyerhöfer*, 1724—1726. 15: Würzburg, Luitpold-Mus. 16: Braun, Über eine Gruppe von süddeutschen Fayencen mit Blaumalerei (Kunst u. Künstler XII. 1909). 17, 18: Würzburg, Luitpold-Mus. 19 u. 22: (zusammengehörig) Würzburg, Luitpold-Mus., Braun, Über eine Gruppe von süddeutschen Fayencen (Kunst u. Künstler XII, 1909). 20: Würzburg, Luitpold-Mus. 21: Braun, Über eine Gruppe von süddeutschen Fayencen (Kunst u. Künstler XII, 1909). 22 siehe 19, 23, 24: Würzburg, Luitpold-Mus. 25: Nürnberg, Germ. Mus. 26: Jacquemart (Paris, Coll. Pascal). 27: Würzburg, Luitpold-Mus.

Schretzheim.

1: Oldenburg, Slg. Riesebieter. 2: Jacquemart. 3: ähnlich in Würzburg, Luitpold-Mus.

118. **Frankenthal.**

1: Garnier. 2, 3: Kraus.

Ludwigsburg.

1, 2: Würzburg, Luitpold-Mus.

Seite

Zerbst.

1: Hannover, Kestner-Mus. 2: Hannover, Slg. Frau Senator Laporte: *Zerbst, Langendorf (Maler Christian Langendorf).* 3, 4, 5: Oldenburg, Slg. Riesebieter. 6: O. Riesebieter, Zerbster Fayence, Cicerone II: *Johann Christian Langendorf (Maler).* 7: Mitteilungen der Galerie Helbing I. 8—10: Oldenburg, Slg. Riesebieter. 11, 12: Mitteilungen der Galerie Helbing I. 13: Stieda, Die keram. Industrie im Herzogtum Anhalt (Mitt. des Vereins für Anhaltische Geschichte und Altertumskunde, Bd. X).

119. **Mosbach.**

1—4: Würzburg, Luitpold-Mus. (1: seit 1818?; 2: *List* 1782—1786; 3: seit 1806). 5: Stöhr, Hanauer u. Frankfurter Fayencen (Cicerone IV, 4, 5: seit 1778). 7—10: Mitteilungen der Galerie Helbing, München, Bd. I (10: *Täennich* 1774—1778, 1779—1781). 11—16: Würzburg.

Amberg.

1, 2: Würzburg, Mus.

Friedberg.

1: Hamburg, Mus. f. K. u. G. 2—4: Mitteilungen der Galerie Helbing, Bd. I.

120. **Offenbach.**

1, 2: Würzburg, Mus. 3: Braunschweig, Mus. vaterländ. Altertümer. 4: Würzburg, im Kunsthandel (nach Stöhr). 5: Frankfurt, Histor. Mus. 6: Klingenberg, Privatbesitz (nach Stöhr).

Donauwörth.

Hamburg, Mus. f. K. u. G.

Villingen.

1: Wien, Hofburg. 2: Jaennicke (Peterkloster bei Burg).

Oettingen.

1: Würzburg, Luitpold-Mus. 2: Berlin, Kgw.-Mus.

121. **Höchst.**

1: g. M. 2, 3: Jacquemart. 4, 5: Jaennicke. 6: Stuttgart, Landesgewerbemus. 9: Jaennicke. 10, 11: Katalog der Versteigerung, Lana I, Berlin, Lepke 1909, I. 12, 13: Braun, Die beiden Höchster Fayencemaler Friedrich Hess und Ignatius Hess (Cicerone V). 14: Würzburg, Luitpold-Mus.

Höchst-Damm: g. M.

Glienitz.

1—3: Oldenburg (Slg. Riesebieter).

Groß-Stieten.

Schlie, Alte mecklenburgische Fayencen aus der Zeit der Arcanisten (Kunstgewerbeblatt N. F. V.).

Kelsterbach.

1, 2: Drach, Die Fayence- und Porzellanfabrik zu Kelsterbach a. M. (Kunstgewerbeblatt II).

Limbach.

1, 2: Mitteilungen der Galerie Helbing I, München.

Seite

122. **Flörsheim.**

1—4: Würzburg, Luitpold-Mus. 5: München, National-Mus. 6: Würzburg, Luitpold-Mus. 7: Mainz, Histor. Mus. 9: *nicht Flörsheim.* 10: E. Heuser, Die alten Manufakturen für Fayence und für Steingut zu Flörsheim am Main (Cicerone II): *Matthias Joseph Weingärtner.*

Dirmstein.

Zais, Die bischöfl. Wormsische Fayencefabrik zu Dirmstein 1875.

Schrattenhofen.

Hamburg, Mus. f. K. u. G.

123. **Crailsheim.**

1: Hamburg, Mus. f. K. u. G. 2, 3: Würzburg, Luitpold-Mus.

Göggingen.

2: Jacquemart. 3: Würzburg, Luitpold-Mus.

Göppingen.

1—4: Fr. Hofmann, Fayencen von Göppingen (Cicerone IV, S. 807).

124. **Durlach.**

1: Mitteilungen der Galerie Helbing, München, Bd. I. 2: Würzburg, Luitpold-Mus. 3, 4: Gutmann, Die Kunsttöpferei des 18. Jahrhunderts im Großherzogtum Baden 1906 (3: *Joh. Friedr. Gottlieb Löwer;* 4: *Joh. Jak. Keim*). 5: Gutmann, Die Kunsttöpferei des 18. Jahrhunderts im Großherzogtum Baden 1906. 6: A. Stöhr, Ein Frühwerk der Durlacher Fayencefabrik (Cicerone II). 8: Gutmann, Die Kunsttöpferei im Großherzogtum Baden 1906.

Fulda.

3: Oldenburg, Slg. Riesebieter. 4, 5: Hamburg, Mus. f. K. u. G. 6, 7: Würzburg, Luitpold-Mus.

125. **Künnersberg.**

1: g. M. 2: Hamburg, Mus f. K. u. G. 3, 4: Würzburg, Luitpold-Mus. 6: Versteigerung Gasser. München. Helbing 1912. 7—11: Braun, Über eine Gruppe süddeutscher Fayencen mit Blaumalerei (Kunst u. Kunsthandwerk XII), nach Stöhr: *Künnersberg??*

Cassel.

1: *meist in anderer Stilisierung.* 2: H. C.: *häufige Marke.* 3: *häufige Marke.* 4: *Cassel??* 6: Hamburg, Mus. f. K. u. G. *Cassel?* 7. *Fulda?*

Münden.

1: Brinckmann, Mündener Fayence (Kunstgewerbeblatt Bd. I). 2: nach Angaben von Herrn Staatsanwalt Riesebieter in Oldenburg. 3, 4, 9: Brinckmann, Mündener Fayence (Kunstgewerbeblatt Bd. I).

Magdeburg.

Hamburg, Mus. f. K. u. G.

126. **Gera.**

1—3: Sauerlandt, Fabrikmarken.

Coburg.

1: R. Schmidt, Fayencen auf der Veste Coburg (Cicerone II, S. 667). 2: Oldenburg, Slg. Riesebieter. 3: Schmidt, Fayencen auf der Veste Coburg (Cicerone II, S. 667). 4: Oldenburg, Slg. Riesebieter.

Seite

Bernburg.

1, 2: Sauerlandt, Fabrikmarken. 3, 4: Sauerlandt, Bernburger Fayencen (Cicerone II).

127. **Abtsbessingen.**

1—5: Sauerlandt, Die Fayencemanufaktur von Abtsbessingen (Cicerone III). 6: Sauerlandt, Fabrikmarken. 7, 8: Sauerlandt, Die Fayencemanufaktur von Abtsbessingen (Cicerone III).

Dorotheenthal (Arnstadt).

1: Sauerlandt, Die Fayencemanufaktur im Dorotheenthal bei Arnstadt (Cicerone II).

128. 2: Sauerlandt, Die Fayencemanufaktur im Dorotheenthal bei Arnstadt (Cicerone II). 3—15: M. Sauerlandt, Dorotheenthaler Fayence (Cicerone IV).

Erfurt.

1—8: O. Riesebieter, Erfurter Fayencen (Cicerone V).

129. 9—35: Sauerlandt, Erfurter Fayencen (Cicerone V).

130. **Rudolstadt.**

1: Slg. d. Freiherrn von Riedesel-Eisenbach auf Schloß Eisenbach in Hessen. 2, 3: Sauerlandt, Fabrikmarken.

Saalfeld.

1: Sauerlandt, Fabrikmarken. 2: Sauerlandt, Fabrikmarken: *Saalfeld?*

Halle?

Sauerlandt, Fabrikmarken.

131. **Braunschweig.**

1—10: Mitteilungen der Galerie Helbing, Bd. I.

Braunschweig, Chelius.

11: Scherer, Die Chelysche Fayencefabrik zu Braunschweig (Quellen u. Forschungen zur Braunschweigischen Geschichte, Bd. VI, 1914). 12—14: Oldenburg, Slg. Riesebieter.

Königsberg.

Brinckmann, Beiträge zur Geschichte der Töpferkunst in Deutschland. 1: Königsberg. 2: Durlach in Baden (Jahrbuch der Hamburgischen Wissenschaftlichen Anstalten XIII).

132. **Dresden.**

1: Dresden, P. S.: *Dresden, C. G. Hörisch.* 2—6: Oldenburg, Slg. Riesebieter (vgl. Cicerone V).

Potsdam.

1: Berlin, Kgw.-Mus. 2: O. Riesebieter, Die Fayencefabriken zu Berlin und Potsdam (Cicerone IV). 3: Hamburg, Mus. f. K. u. G. 4, 5: O. Riesebieter, Die Fayencefabriken zu Berlin und Potsdam (Cicerone IV). 6: nach Angaben von Herrn Staatsanwalt Riesebieter, Oldenburg.

Aumund (Vegesack).

1: Oldenburg (Slg. Riesebieter). 2: Hamburg, Mus. f. K. u. G. 3: Oldenburg (Slg. Riesebieter).

Seite

133. **Schwerin.**

1, 2: Pabst, Schweriner Fayencen (Kunstgewerbeblatt I). 3: Hamburg, Mus. f. K. u. G.

Hamburg.

1: Hamburg, Mus. f. K. u. G. 2: Katalog der Versteigerung. Lana I. Berlin 1909. I.

Osnabrück.

1—3: Riesebieter, Die Fayencefabrik in Osnabrück (Cicerone IV).

Deutsche Krugmaler.

1, 2: Hamburg, Mus. f. K. u. G. 3: Nürnberg, German. Museum: *Johannes Schaper.* 4: Jaennicke. 5: München, National-Museum.

134. **Lesum.**

1—2, 4—11: Focke, Fayencefabrik von Vegesack und Lesum (Kunstgewerbeblatt III). 12: Hamburg, Mus. f. K. u. G. 14, 15: Mitteilungen der Galerie Helbing, München, Bd. I.

Schleswig.

7, 12, 14: Hamburg, M. f. K. u. G.

135. **Kiel.**

1—7: Hamburg, Mus. f. K. u. G. 8, 9: Jacquemart. 10: Hamburg, Mus. f. K. u. G. 11: Chaffers. 12, 13: Jacquemart. 14: Chaffers (Slg. Reynolds): ähnlich: Hamburg, Mus. f. K. u. G.

Jever.

1—4: Riesebieter, Beiträge zur Gesch. d. Fayence-Fabrikation in Jeverland und Ostfriesland (Schriften des Oldenburger Vereins für Altertumskunde und Landesgeschichte, Bd. XXXIII).

136. **Eckernförde.**

1—4: Hamburg, Mus. f. K. u. G.

Kellinghusen.

1—4: Hamburg, Mus. f. K. u. G.

Stockelsdorf.

1—5: Hamburg, Mus. f. K. u. G.

137. **Rendsburg.**

3—4, 6: Hamburg, Mus. f. K. u. G.

Stralsund.

1, 2: Sèvres Mus. 3: Jaennicke (Slg. Gasnault). 4: Garnier. 5: Oldenburg, Mus.: *Stralsund?*

Oldesloe.

Hamburg, Mus. f. K. u. G.

Rheinsberg.

Ähnlich: Berlin, Kgw.-Mus.

Wrisbergholzen.

Riesebieter, Fayencefabrik zu Wrisbergholzen (Cicerone III).

Seite

Weißkirchen.

Hamburg, Mus. f. K. u. G.

138. **Proskau.**

1—18: Hintze, Die Proskauer Fayence- und Steingutfabrik (Schlesiens Vorzeit in Wort u. Bild, Bd. IV) (seit 1783 nach Weißkirchen in Mähren verlegt, seit Anfang des 19. Jahrhunderts Steingutfabrik).

139. **Bayreuth** (braune glasierte Tonwaren).

1, 2: Hamburg, Mus. f. K. u. G.: *J. A. Fichthorn.* 3: München, Nat. Mus.: *Johann Clarner?* 4: Stuttgart, Landesgewerbemuseum. 5: München, Nat. Mus.: *Clemens Wanderer?*

Tetschen (rote Tonwaren).

1: Gotha, Herzogl. Mus. 2: Dresden, im Besitz des Herrn Grafen Hardenberg.

Hubertusburg.

1: Berling, Die Fayence- und Steingutfabrik Hubertusburg. 2: W. Roch, Hubertusburger Steinzeug (Cicerone I). 3: Dresden, P. S. 4: Berling, Die Fayence- und Steingutfabrik Hubertusburg.

140. **Wiesbaden** (Steingut?).

1: Hamburg, Slg. Blohm. 2: Wiesbaden, Museum.

142. **Siegburg.**

Alle Marken nach Falke, Das rheinische Steinzeug. Berlin-Schöneberg 1908.

1: *Monogrammist F. T.* 2: *Peter Knütgen.* 3: *Christian Knütgen.* 4: *Monogrammist L. W.* 5: *Hans Hilgers.*

Raeren.

Alle Marken nach Falke, Das rheinische Steinzeug. Berlin-Schöneberg 1908.

1: *Jan Emens.* 2: *Peter Emens.* 4: *Monogrammist G. E.* 6: *Baldem Mennicken.* 7: *Jan Mennicken und andere Meister.* 8: *Jan Baldem Mennicken.* 9: *Jan Baldem Mennicken?* 10: *Tilman Wolf?* 11: *Johann Mennicken.* 12: *Edmonds Mennicken (auch auf Westerwälder Steinzeug).*

Höhr und Grenzhausen. Nach Falke a. a. O.

1: *Johann Mennicken u. andere.* 3: *Lenhardt Blum?* 7: *Johann Edmond Mennicken.* 8: *Leonhardt Mennicken.* 9: *Wilhelm Remy?* 10: *Johannes Kalb.*

Dresden und Meißen (rotgebrann es Steinzeug).

1—14: Dresden, P. S. Zimmermann. Die Erfindung und Frühzeit des Meißner Porzellans. Berlin 1908.

144. **Salzburg.**

4: Katalog der Auktion Lanna I. Berlin 1909.

Hollitsch.

Kunst u. Kunsthandwerk.

6, 7: Katalog der Auktion Lanna I. Berlin 1909.

Auspitz.

Jaennicke.

146—162. **Delft, Haarlem, Rotterdam.**

1—276: Havard, La céramique hollandaise, Amsterdam 1909.

Seite

163. **Arnheim.**
Havard.
Schiedam.
Havard.

164. **Delft** (Rote Tonwaren).
1—4: Dresden, P. S. 5: Havard. 6—11: Dresden, P. S

165. **Brüssel.**
17: *Schretzheim?* 27: Garnier.

166. **Tervueren.**
Garnier.
Mecheln (Malines).
Jaennicke.
Tournay.
2: Garnier. 3: Garnier.
Lüttich (Liège).
1, 2: Garnier.
Septfontaines.
1: Jaennicke. 2: Garnier: *ähnlich.* 5: Jaennicke?
Brügge.
1, 2: Garnier: *Brügge?* 3: Jacquemart.
Andenne.
1, 2: Jaennicke.

167, 168. **Schweiz.**
Nach Mitteilung von Dr. Lenz, Direktor des Züricher Landesmuseums. Fast alle: Zürich, Landesmuseum.

169. **Solothurn.**
Lill, Fayencemarken (Mitteilung der Galerie Helbing I).
Unbekannte Fabrikationsorte in der Schweiz.
2: Stuttgart, Landesgewerbemus. 3—8: Lill, Fayencemarken (Mitteilungen der Galerie Helbing I).

170. **Staffordshire.**
1, 2: Hodgkin. 3: Chaffers (Coll. Reynolds). 4, 5: London (Mus. of Geology). 6: Hodgkin (Coll. Solon). 7: Hodgkin (Coll. Westwood). 9: London, Mus. of Geology. 10: Chaffers (Coll. Hodgkin). 11: Hodgkin (Burslem, Institute Wegdwood). 12: London, Brit. Mus. 13: Hodgkin (Coll. Solon).

171. 14: Chaffers (Coll. Sheldon). 15: Liverpool, Mus. 16, 17: Hodgkin. 18: Hodgkin (Coll. Hodgkin). 19: London, Brit. Mus.

172. **Kent** (Wrotham).
1: Hodgkin (Coll. Lord d'Isle et Dudley). 2: Hodgkin (Coll. Willet). 4: London, Brit. Mus. 5: Hodgkin (Maidstone Mus.). 6: Liverpool, Mus. 7: London, Mus. of Geology. 8, 9: London, Brit. Mus. 10: London, Mus. of Geology. 11, 12: Hodgkin.

173. 1: Hodgkin (Coll. Nottingham). 2, 3: London, Brit. Mus.

Seite

Staffordshire, rotes Steinzeug (Elersware).

1: Hobson. 2, 3: (Brit. Mus.) A. Guide to the English Pottery and Porcelain. 4, 5: Hobson.

Twyford.

1: (Brit. Mus.) A. Guide to the English Pottery and Porcelain. 2: Hobson.

174. **Burslem.**

1—13: Chaffers.

175. **Etruria (Wedgwood).**

1—9: Rathbone, Old Wedgwood, London 1898. 10, 11: Meteyard, The Wedgwood Handbook, London 1875. 12, 13: Rathbone, Old Wegdwood, London 1898. 14: Meteyard, The Wedgwood Handbook: *Arbeitermarken, außerdem viele andere.* 15, 16: Jewitt, The Wedgwoods, London 1865 (vgl. Tafel 183).

176. **Tunstall.**

1—11: Chaffers.

Longport.

Chaffers.

Cobridge.

177. 1—6: Chaffers.

Hanley.

1—12: Chaffers.

178. 13: Chaffers. 14: Hobson. 15—22: Chaffers.

Shelton.

1—9: Chaffers.

179. **Stocke upon Trent. Minton.**

1—4: Hobson. 5—8: Chaffers.

Fenton.

1—3: Chaffers.

Lane End (Longton).

1—5: Chaffers.

180. 6—12: Chaffers.

Lane Delph.

1—3: Chaffers.
Foley: Chaffers.
Elkin, Knight & Bridgwood: Chaffers.
Hall & Sons: Chaffers.

Burslem.

Chaffers.

181. **Liverpool.**

1—9: Chaffers.

Leeds.

1—7: Chaffers.

Swinton.

1—4: Chaffers.

Seite

Castleford.

1—3: Chaffers.

182. Ferrybridge.

1, 2: Chaffers.

Mexborough.

Chaffers.

Rockingham.

1—3: Chaffers.

Sunderland.

1—6: Chaffers.

New Castle upon Tyne.

1—6: Chaffers.

Southwick.

Chaffers.

183. Stockton on Tees.

1—3: Chaffers.

Bristol.

1—4: Hobson. 5: Chaffers 6, 7: Hobson. 8, 9: Chaffers.

Lambeth.

1—3: Chaffers.

Fulham.

Chaffers.

184. Lowesby.

Chaffers.

Mortlake.

1, 2: Chaffers.

Isleworth.

1, 2: Chaffers.

Yarmouth.

Chaffers.

Nottingham.

Chaffers.

Essex.

Chaffers.

Swansea.

1—3: Chaffers.

Wales? (Lane End?)

Chaffers.

185. Porto bello.

1, 2: Chaffers.

Dublin.

1, 2: Chaffers.

Seite

186. **Kopenhagen.**

4: Nach Mitteilung von Architekt Frohne, Kopenhagen. 5: Hamburg, M. f. K. u. G. 6—8: Nach Mitteilung von Architekt Frohne, Kopenhagen. 10: Hamburg, M. f. K. u. G. 13, 15: Nach Mitteilung von Architekt Frohne, Kopenhagen.

187. 16: Nach Mitteilung von Architekt Frohne, Kopenhagen. 17: Hamburg, M. f. K. u. G.

17: Hamburg, M. f. K. u. G.

Kopenhagen, Aluminia.

g. M.

188. **Roerstrand.**

1: Jacquemart. 2: Jaennicke. 3: Hamburg, M. f. K. u. G. 4—7: Stråle Rörstrands, Historia och Tilverkningar 1726—1850. Stockholm 1879. 8: g. M.: *modern.*

189. **Stockholm.**

1: Garnier. 2: Sèvres Mus. 3, 4: Jaennicke.

Marieberg.

1: Stråle, Mariebergs Historia och Tillverkningar 1758—1788. Stockholm 1880. 2: Chaffers. 3: Hamburg, M. f. K. u. G. 4, 5: Jaennicke.

190. 7: Chaffers. 8: Stråle (vgl. Nr. 1).

Gustafsberg.

1: Chaffers.

Herreböe.

1—6: Grosch, Herreböe-Fayencen. Kristiania 1901.

191. **Kiew.**

1: Chaffers.

Warschau.

Panietnik Wystawy.

Telechany.

Panietnik Wystawy.

192. **Cmielow.**

Panietnik Wystawy.

Reval.

Zoege Manteuffel, eine Fayencefabrik des 18. Jahrhunderts in Reval (Cicerone Bd. VI).

Porzellan.

Seite

193. **Meißen.**

Um 1720 bis um 1725:

1—9: Dresden, P. S.: *außerdem viele ähnliche.*

Von um 1725 an:

10—13: Dresden, P. S.: *Namenszug König August (II.) des Starken (1694—1733), Kurfürsten von Sachsen, Königs von Polen, seltener: König III. von Polen (1733—1763).* 14: Dresden, P. S.: *wahrscheinlich: Namenszug des Kurfürsten Friedrich August III. (1733—1763) vor seiner Wahl zum König von Polen 1733.*

Von um 1725 an und noch in den nächsten Jahren.

15: Berling, *kgl. Porzellanmanufaktur.* 16: siehe 15.

194. 17: h. M.: *Meißner Porzellanmanufaktur.* 18: Dresden, P. S.: *Königl. Porzellanmanufaktur.* 19: Dresden, P. S. 20: Dresden, Kgw.-Mus. 21: Dresden, P. S. 22: Berlin, Slg. von Dallwitz. 23, 24: Dresden, Kgw.-Mus. 25: Berling (Dresden, ehem. Slg. Fischer). 26—30: Dresden, P. S. 31: Berling (Dresden, ehem. Slg. Fischer).

195. 32: Berling (Dresden, ehem. Slg. Fischer). 33—35: Dresden, P. S. 36: Berling (Slg. Graf Vitztum). 37, 38, 39: Dresden, P. S. 40: h. M. 41—44: Dresden, P. S. 45—54: Dresden, P. S.

196. 55—57: *wichtigste und so gut wie einzige Fabrikmarke dieser Zeit (ganz selten auch Schwerter mit zwei Parierstangen).* 58—63: *dieselbe Marke mit Beispielen von Malermarken.* 64: *Beispiele der sogenannten „Punktmarke" der nach ihr benannten „Punktzeit".* 65: *Beispiele der „Schwertermarke mit Stern" (sogenannte „Marcolinizeit", in der der Graf Marcolini der Manufaktur vorstand).* 66—68: Dresden, P. S. 69, 70: *einzige Fabrikmarke dieser Zeit.*

Häufig findet sich bei der Schwertermarke ein Strich durchgeschliffen. Dies geschah (wahrscheinlich von der Zeit um 1760) an), um das betreffende Stück Porzellan als Ausschuß, als nicht ganz geglücktes zu bezeichnen (in unserer Zeit daneben auch oft zwei durchgeschliffene Striche, für noch geringwertigeren Ausschuß).

197. 71: Dresden, Kgw.-Mus. 72: London, Bethnalgreen Mus. (Slg. Franks). 73: Dresden, Kgw.-Mus. 74, 75: London, Bethnalgreen Mus. (Slg. Franks). 76: Dresden, Kgw.-Mus. 77—81: Dresden, P. S. 82—91: Dresden, P. S. 92: Dresden, Kgw.-Mus. 93: London, Bethnalgreen Mus. (Slg. Franks). 94: Dresden, Kgl. Hofsilberkammer. 95: London, Bethnalgreen Mus. (Slg. Franks). 96: Hamburg, Mus. f. K. u. G.

Seite

198. 97, 98: Schwerin (Slg. d. Großherzogl. Palais). 99: Dresden, P. S., *fälschlich „Koselmarke" genannt.* 100: Karlsruhe, Zähringer Mus. 101, 103: Dresden, P. S., *fälschlich „Koselmarke" genannt.*

199. **Berlin.**

Wegely-Periode (1750—1757).

1: g. M. 2, 3: Chaffers.

Gotzkowsky-Periode (1761—1763).

5: Chaffers. 6: g. M.

Königliche Porzellanmanufaktur (1763 bis jetzt).

7—20: Nach der von der Kgl. Porzellanmanufaktur zu Charlottenburg herausgegebenen Markentafel. 19: *Seger-Porzellan (seit 1882).* 20: *Steingut.*

200. 17—19: Nach der von der Kgl. Porzellanmanufaktur herausgegebenen Markentafel.

Höchst.

1—3: Hauptmarke. 5, 6: *Nachbildungen von Höchster Figuren des 18. Jahrh. in Fayence v. Damm.* 11: Chaffers. 12, 13: Hofmann. 14, 15: London, Bethnagreen Mus. (Slg. Franks).

Fulda.

1—5: h. M. (2: *frühe Periode*).

201. **Frankenthal.**

1—7: Fr. Hofmann, Frankenthaler Porzellan, 1911. 8—17: Joh. Kraus, Die Marken (Fabrikzeichen) der Porzellanmanufaktur in Frankenthal, 1899. 14: Hofmann, Frankenthaler Porzellan: *Peter von Recum,* 1795. 18—20: Kraus, Die Marken (Fabrikzeichen) der Porzellanmanufaktur in Frankenthal, 1899. 21—32: Hofmann, Frankenthaler Porzellan, 1911.

202. 33—79: Hofmann, Frankenthaler Porzellan, 1911.

Nassau-Saarbrücken.

1, 2: Hamburg, Mus. f. K. u. G.

Baden.

Heuser, Eine Markgräfl. Badische Porzellanmanufaktur (Mannheimer Geschichtsblätter, Bd. X).

203. **Ludwigsburg.**

1—23: Wanner-Brandt, Album der Erzeugnisse der ehemaligen Württembergischen Manufaktur Alt-Ludwigsburg, Stuttgart. 1—5: *18. Jahrh. bis 1806.* 15: *seit 1806.* 16: *seit 1818.*

204. **Nymphenburg.**

1—20: München, Bayrisches Nationalmuseum (vgl. F. H. Hofmann, Das europäische Porzellan d. Bayr. Nationalmuseums, X. Bd., München 1909): 1, 2: *ca. 1747—1760;* 3, 4: *ca.* 1756; 5, 6: *ca. 1756—1765;* 7: *1766—1780;* 8, 9: *um 1800;* 10: *um 1800;* 11: *ca. 1810—1850;* 12: *um 1800;* 13: *um 1840;* 14: *18. Jahrhundert, auf für den Export nach der Türkei bestimmten Tassen;* 18: *Adam Clair, seit 1799 in Nymphenburg;* 19: *Modelleur Schmaus;* 20: *Porzellanmaler Ludwig Sebbers;* 21, 22: London, Bethnalgreen Mus. (Slg. Franks); 23: Stuttgart, Landesgewerbemuseum.

Wilde Porzellanmaler.

1—14: Fr. Hofmann, Die „Pfuscherei" in Nymphenburg (Cicerone V).

Seite

205. **Ansbach.**

1: Hofmann. 3: Marryat. 4: Chaffers. 5—7: Marryat. 8. Chaffers. 9: Hofmann. 11: Jaennicke. 12: Brüning. 13: Marryat. 14: Brüning. 15, 16: Chaffers. 17: Marryat. 18: Hofmann.

Kelsterbach.

2—5: v. Drach, Die Porzellan- u. Fayencefabrik zu Kelsterbach a. M. (Bayr. Gewerbezeitschrift 1891).

Pfalz-Zweibrücken.

1, 2: Heuser, Die Pfalz-Zweibrückener Pozellanmanufaktur, 1904.

Kassel.

g. M.

206. **Fürstenberg.**

1: Chaffers (Brogniart): *Fürstenberg?* 2, 3: g. M. 4: London, Vict. u. Alb. Mus. 8: London, Bethnalgreen Mus. (Slg. Franks) *meist auf Biskuitporzellanen (W = Wegener, G = Günter, J = Jürgens).*

Volkstädt-Rudolstadt.

1—17: Graul u. Kurzwelly. 18: Eisenach, Thüringer Museum. 19: Rudolstadt, Gewerbeverein.

Kloster-Veilsdorf.

1—10: Graul u. Kurzwelly.

207. 11—19: Graul u. Kurzwelly.

Wallendorf.

1—13: Graul u. Kurzwelly.

Gotha.

1—15: Graul u. Kurzwelly.

Gera.

1—8: Graul u. Kurzwelly.

208. 9—15: Graul u. Kurzwelly.

Limbach.

1—17: Graul u. Kurzwelly.

Rauenstein.

1—10: Graul u. Kurzwelly.

Ilmenau.

1—3: Graul u. Kurzwelly. 4: Hamburg, Mus. f. K. u. G.: *Ilmenau.*

Schney.

1—3: Eisenach, Thüringer Museum.

209. **Tettau.**

1—4: Eisenach, Thüringer Museum.

Eisenberg.

1, 2: Eisenach, Thüringer Museum.

Straßburg.

Nach Mitteilungen von Dir. Pollazek, Direktor des Hohenlohe-Mus. in Straßburg.

210. Nach Mitteilungen von Dir. Pollazek.

Seite

Niederweiler.

1—16: Nach Mitteilungen von Dir. Pollazek, Direktor des Hohenlohe-Mus. in Straßburg. 14: *Steingut.*

211. **Wilde Porzellanmaler.**

1: Wien, Slg. Figdor. 2: Wien, Österr. Mus. f. Kunst u. Industrie. 3: London, Bethnalgreen Mus. (Slg. Franks: *A. Bottengruber*). 4: London, Bethnalgreen Mus. (Slg. Franks). 5: Dresden, P. S. 6: ehem. Slg. Lanna (in Prag). 7: Stuttgart, Landesgewerbemuseum: *J. Metzsch, Bayreuth.* 8: London, Bethnalgreen Mus. (Slg. Franks: *Auffenwerth*). 9, 10: London, Bethnalgreen Mus. (Slg. Franks).

212. **Basdorf.**

1: Hamburg, Mus. f. K. u. G 2: Darmstadt, Slg. Dr. Ostermann.

216. **Wien.**

1—20: Folnesics u. Braun, Geschichte d. k. k. Wiener Porzellanmanufaktur. Wien 1907.

217. 21—34: Folnesics u. Braun. 35: Braun, Signierte Porzellangruppen von Niedermeyer (Kunst u. Künstler, Bd. XIII, 1910). 36—45: Folnesics u. Braun, Geschichte der k. k. Wiener Porzellanmanufaktur, Wien 1907, daselbst weitere Arbeitermarken, Malerzeichen usw.

218. **Klösterle.**

1—5: Pazaurek.

Prag.

1, 2: Pazaurek.

Gießhübel.

1, 2: Pazaurek.

Dallwitz.

1, 2: Pazaurek.

Pirkhammer.

1—4: Pazaurek.

Tannova.

Pazaurek.

Elnbogen.

1, 2: Pazaurek.

219. **Schlaggenwald.**

1—4: Pazaurek.

220. **Weesp.**

1, 2: Havard.

Amstel.

1: Havard. 2: Chaffers.

Haag.

1: Chaffers (Slg. Langford). 2: London, Vict. u. Alb. Mus. 4: Slg. Chaffers. 5, 6: Havard.

Loosdrecht.

1: Chaffers (Slg. Rücker). 2, 3: Havard.

Seite

Brüssel.

1: London, Bethnalgreen Mus. (Slg. Franks. 2: Chaffers (Slg. Staniforth). 3: Chaffers. 4: Chaffers (Slg. Reynold). 5: Chaffers (Slg. Willett). 6: Chaffers.

221. **Tournay.**

1—3: Jaennicke. 4: Chaffers (Slg. Staniforth). 5: London, Bethnalgreen Mus. (Slg. Franks). 6: Chaffers (Slg. Huth). 7: Chaffers (Slg. Crowe). 9, 10: Chaffers (?).

Septfontaines.

1: Jaennicke. 2: Chaffers. 4: Jaennicke (?).

Zürich.

1—3: Chaffers. 4: Chaffers: *Zürich? (Monogramme von Pierre Mulhouser.)* 5: Chaffers (?).

222. **Nyon.**

2, 4: Hauptmarken.

Kopenhagen.

Alle Marken nach A. Hayden, Royal Copenhagen Porcelain. London 1912.

1, 2: *König Frederik V.* 3—15: Fabrikmarken mit Maler-, Bildhauer- und Modelleurmarken. 14: *Hans Clio.* 15: *Maler P. H. P. Lehmann.* 16—18: *Bildhauer Andreas Hald.* 19, 20: *Maler Hans Christopher Ondrup.* 21: *Bildhauer Anton Luplau.* 22: *Maler Joh. Christoph Bayer.* 25: *Bildhauer Jacob Schmidt.* 26: *Bildhauer Jesper Johansen Holm.* 28: *Modelleur Hans Meehl.* 30: *Maler L. Lyngbe.* 31: *Maler Jensen.* 35: *Arnold Krog,* künstlerischer Direktor seit 1885.

224. **Bing & Groendahl.**

Nach Mitteilung von Architekt Frohne in Kopenhagen. 1: 1880—1898.

Marieberg.

1: Jaennicke. 2: London, S. K. M. 3: Jaennicke. 4: Chaffers (Coll. Huth): *Decorateur Frantzen?* 5: Chaffers (Coll. Huth): *Directeur Sten?* 6: London, S. K. M. 7: Chaffers (Coll. Marryat). 8 ff.: Stråle.

Roerstrand.

modern.

Gustafsberg.

g. h. *modern.*

225. **Rouen.**

1: Ch. u. Gr. (Slg. Chavagnac). 2—3: Sèvres (Slg. Grollier). 3: Ch. u. Gr. (Slg. le Breton).

St. Cloud.

1, 2: Ch. u. Gr. 3: Sèvres (Slg. Grollier): 1696. 4: Ch. u. Gr.

Lille (1711—1730).

1: Ch. u. Gr. (Slg. Chavagnac). 2: Sèvres (Slg. Grollier). 3: Ch. u. Gr. (Sgl. Jacquemart). 4, 5: Sèvres (Slg. Grollier).

Lille (1784—1817).

1: Ch. u. Gr. (Slg. Charles). 2: Ch. u. Gr. (Slg. Delaherche). 3: Ch. u. Gr. (Slg. Harbaville de Boulogne). 4: Sèvres. 5, 6: Sèvres (Slg. Grollier).

226. 7: Chaffers: *modern.* 8: Sèvres. 9: Ch. u. Gr.

Seite

Chantilly.

1, 2, 3: Ch. u. Gr. (Slg. Chavagnac). 4: Ch. u. Gr. 5: Ch. u. Gr. (Slg. Chavagnac). 6: Ch. u. Gr. (Slg. Chasles). 7: Ch. u. Gr. 8: Sèvres (Slg. Grollier).

Rue de Charonne.

1: Sèvres (Slg. Grollier). 2, 3: Ch. u. Gr. (Slg. Chavagnac). 4: Sèvres (Slg. Grollier). 5: Sèvres. 6: Ch. u. Gr. (Slg. Darblay). 7: Sèvres. 8: Sèvres (Slg. Grollier).

Bourg-la-Reine.

1: Sèvres (Slg. Grollier). 2: Ch. u. Gr. (Slg. Chavagnac).

Vincennes.

1—11: Ch. u. Gr.

227—234. **Sèvres.**

Sämtliche Marken nach: Chavagnac u. Grollier, Histoire des Manufactures Françaises de Porcelaine. Paris 1906 und Vogt, La Porcelaine. Paris.

23—26: *Marken auf den für die königlichen Schlösser bestimmten Stücken.* 27—44: *Die Zahlen je nach dem Jahr der Anfertigung.* 38—42: *Marken für Biskuitporzellan.* 39: *Durch Balken entwertete Marken für die Ausschußware.*

230—234. Maler- und Vergoldermarken von Sèvres.

I. Periode. (1753—1800.)

1. *Aloncle*, Vögel, Tiere, Attribute.
2. *Antheaume*, Landschaften und Tiere.
3. *Armand*, Vögel, Blumen usw.
4. *Asselin*, Porträts, Miniaturen usw.
5. *Aubert der Ältere*, Blumen.
6. *Bailly (Sohn)*, Blumen.
7. *Bardet*, Blumen.
8. *Barré*, Streublumen.
9. *Barrat*, Blumenzweige, Buketts.
10. *Baudoin*, Verzierungen, Borten usw.
11. *Becquet*, Blumen usw.
12. *Bertrand*, Streublumen.
13. *Bienfait*, Vergoldung.
14. *Binet*, Streublumen.
15. *Binet* (Frau, geb. *Sophie Chanou*), Blumen.
16. *Boucher*, Blumen, Zweige usw.
17. *Bouchet*, Landschaften, Figuren, Verzierungen.
18. *Bouillat*, Blumen, Landschaften.
19. *Boulanger*, Streublumen.
20. *Boulanger (Sohn)*, Schäferszenen, Kinder.
21. *Bulidon*, Streublumen.
22. *Bunel* (Frau, geb. *Manon Buteux*), Blumen.
23. *Buteux (Vater)*, Blumen, Attribute usw.
24. *Buteux (älterer Sohn)*, Streublumen usw.
25. *Buteux (jüngerer Sohn)*, Schäferszenen, Kinder.
26. *Capelle*, Verschiedene Borten.
27. *Carrin*, Streublumen.
28. *Carrier (Carrié)*, Blumen.
29. *Castel*, Landschaften, Jagden, Vögel.
30. *Caton*, Schäferszenen, Kinder, Porträts.
31. *Catrice*, Blumen, Streublumen.
32. *Chabry*, Miniaturbilder, Schäferszenen.
33. *Chanou* (Frau, geb. *Julie Durosey*), Blumen.
34. *Chapuis (der Ältere)*, Blumen, Vögel usw.

35. *Chapuis (der Jüngere)*, Streublumen.
36. *Chauvaux (Vater)*, Vergoldung.
37. *Chauvaux (Sohn)*, Streublumen, Vergoldung.
38. *Chevalier*, Blumen, Buketts usw.
39. *Choisy, de*, Blumen, Arabesken.
40. *Chulot*, Attribute, Blumen, Arabesken.
41. *Commelin*, Streublumen, Zweige, Girlanden.
42. *Cornaille*, Blumen, Streublumen.
43. *Couturier*, Vergoldung.
44. *Dieu*, Chinesischer Geschmack, chinesische Blumen, Vergoldung.
45. *Dodin*, Figuren, Personen, Porträts.
46. *Drand*, Chinesischer Geschmack, Vergoldung.
47. *Dubois*, Blumen, Girlanden usw.
48. *Dusolle*, Streublumen.
49. *Dutanda*, Streublumen, Girlanden.
50. *Evans*, Vögel, Schmetterlinge, Landschaften.
51. *Falot*, Arabesken, Vögel, Schmetterlinge.
52. *Fontaine*, Attribute, Miniaturbilder.
53. *Fontelliau*, Vergoldung usw.
54. *Fouré*, Blumen, Buketts usw.
55. *Fritsch*, Figuren, Kindergestalten usw.
56. *Fumez*, Streublumen, Vergolder.
57. *Gauthier*, Landschaften und Tiere.
58. *Genest*, Gestalten und Genreszenen.
59. *Genin*, Blumen, Girlanden, Borten.
60. *Gérard*, Schäferszenen, Miniaturbilder.
61. *Gérard* (Frau, geb. *Vautrin*), Blumen.
62. *Girard*, Arabesken, chinesischer Geschmack usw.
63. *Gomery*, Blumen und Vögel.
64. *Gremont*, Girlanden und Buketts.
65. *Grison*, Vergoldung.
66. *Henrion*, Girlanden, Streublumen.
67. *Héricourt*, Girlanden, Streublumen.
68. *Hilken*, Figuren, Schäferszenen usw.
69. *Houry*, Blumen usw.
70. *Huny*, Blumen, Streublumen usw.
71. *Joyau*, Streublumen usw.
72. *Jubin*, Vergoldung.
73. *La Roche*, Blumen, Girlanden, Attribute.
74. *Le Bel (der Ältere)*, Gestalten und Blumen.
75. *Le Bel (der Jüngere)*, Girlanden, Buketts usw.
76. *Léandre*, Schäferszenen, Miniaturbilder.
77. *Lecot*, Chinageschmack usw.
78. *Ledoux*, Landschaften und Vögel.
79. *Le Guay*, Vergoldung.
80. *Le Guay*, Miniaturbilder, Kinder, Chinesischer Geschmack.
81. *Levé (Vater)*, Blumen, Vögel, Arabesken.
82. *Levé, Félix*, Blumen, Chinageschmack.
83. *Maqueret* (Frau, geb. *Rachel Bouillat*), Blumen.
84. *Massy*, Blumenarrangements, Girlanden.
85. *Mérault (der Ältere)*, Verschiedene Bordüren, Blumen.
86. *Mérault (der Jüngere)*, Blumen, Vergolder.
87. *Micaud*, Blumen, Buketts, Uhren.
88. *Michel*, Streublumen.
89. *Moiron*, Streublumen.
90. *Monginot*, Blumen, Buketts.
91. *Morin*, Militärische und Marineszenen.
92. *Mutel*, Landschaften.
93. *Nicquet*, Streublumen usw.
94. *Noel*, Blumen, Ornamente.
95. *Nouailhier* (Frau, geb. *Sophie Durosey*), Blumen.
96. *Parpette, Philippe*, Blumen, Streublumen.

97. *Parpette* (Frl.), Blumen.
98. *Pajou*, Figuren.
99. *Petit*, Blumen.
100. *Pfeiffer*, Streublumen.
101. *Pierre (der Ältere)*, Blumen, Streublumen.
102. *Pierre (der Jüngere)*, Buketts, Girlanden.
103. *Philippine (der Ältere)*, Schäferszenen, Kinder usw.
104. *Pithou (der Ältere)*, Porträts, Historische Szenen.
105. *Pithou (der Jüngere)*, Figuren, Blumen und Ornamente.
106. *Pouillot*, Streublumen.
107. *Prévost*, Vergoldung.
108. *Raux*, Streublumen.
109. *Rocher*, Figuren, Miniaturen usw.
110. *Rosset*, Landschaften usw.
111. *Roussel*, Streublumen.
112. *Schradre*, Vögel, Landschaften.
113. *Sisson* (Simpson oder Sisson), Blumen, Girlanden, Gruppenbilder.
114. *Sioux (der Ältere)*, Streublumen, Girlanden.
115. *Sioux (der Jüngere)*, Blumen und Girlanden.
116. *Tabary*, Vögel usw.
117. *Taillandier*, Streublumen, Buketts.
118. *Tandart*, Blumengruppen, Girlanden.
119. *Tardy*, Streublumen usw.
120. *Théodore*, Vergoldung.
121. *Thevenet (Vater)*, Blumen, Uhren, Gruppen.
122. *Thevenet (Sohn)*, Ornamente, Borten usw.
123. *Vandé*, Vergoldung, Blumen.
124. *Vavasseur*, Arabesken.
125. *Vieillard*, Attribute, Ornamente.
126. *Vincent (der Ältere)*, Vergoldung.
127. *Xrowet (Xhouuet)*, Arabesken, Blumen usw.
128. *Yvarnel*, Landschaften, Vögel.

II. Periode. Seit 1800—1874.

129. *André, Jules*, Landschaften.
130. *Apoil*, Figuren, Personen usw.
131. *Apoil (Frau)*, Figuren.
132. *Archelais*, Dekorateur (Pâtes sur pâtes-Malerei).
133. *Avisse, Saul*, Dekorateur.
134. *Barbin, Franç.*, Ornamente.
135. *Barré*, Blumen.
136. *Barriat*, Figuren.
137. *Béranger, Ant.*, Figuren.
138. *Blanchard, L.*, Dekorateur.
139. *Blanchard, Alex.*, Ornamentenmaler.
140. *Boitel, Ch.*, Vergoldung.
141. *Bonnuit*, Dekorateur.
142. *Boullemier, Ant.*, Vergoldung.
143. *Boullemier, Fr. (der Ältere)*, Vergoldung.
144. *Boullemier, H. (Sohn)*, Vergoldung.
145. *Buteux, Eug.*, Blumen.
146. *Cabau*, Blumen.
147. *Capronnier*, Vergoldung.
148. *Célos*, Ornamentenmaler (Pâtes sur pâtes).
149. *Charpentier*, Dekorateur.
150. *Charrin* (Frl. *Fanny*), Figuren, Personen, Porträts.
151. *Constant*, Vergoldung.
152. *Constantin*, Figuren.
153. *Dammouse*, Figuren und Ornamente (Pâtes sur pâtes).
154. *David, Alex.*, Dekorateur.
155. *Davignon*, Landschaften.
156. *Delafosse*, Figuren.
157. *Desperais*, Verzierungen.
158. *Derichsweiler*, Dekorateur.
159. *Develly, Charles*, Landschaften und Genreszenen.
160. *Deutsch*, Verzierungen.
161. *Didier*, Verzierungen.
162. *Drouet*, Blumen.
163. *Ducluseau (Frau)*, Figuren, Personen, Porträts.
164. *Durosey*, Vergoldung.

165. *Faraguet (Frau)*, Figuren, Personen usw.
166. *Ficquenet*, Blumen und Verzierungen (Pâtes sur pâtes).
167. *Fontaine, J.*, Blumen.
168. *Fragonard*, Figuren, Genreszenen usw.
169. *Ganeau (Sohn)*, Vergoldung.
170. *Gély*, Ornamentenmaler (pâtes sur pâtes).
171. *Georget*, Figuren, Porträts usw.
172. *Gobert*, Figuren in Email- und sur pâtes-Manier.
173. *Godin, L., V.*, Vergoldung.
174. *Goupil*, Figuren.
175. *Guillemain*, Dekorateur.
176. *Hallion, Eugène*, Landschaften.
177. *Hallion, François*, Vergolder und Dekorateur.
178. *Huard*, Ornamente verschiedener Art.
179. *Humbert*, Figuren.
180. *Julienne, Eugène*, Ornamente im Renaissancestil.
181. *Lambert*, Blumen.
182. *Langlace*, Landschaften.
183. *Latache* Vergoldung.
184. *Le Bel (der Jüngere)*, Landschaften.
185. *Legay*, Ornamentenmaler (Pâtes sur pâtes).
186. *Le Guay (Et. Charl.)*, Figuren, Porträts und andere Stoffe
187. *Legrand*, Vergoldung.
188. *Leroy, Eugène*, Vergoldung.
189. *Martinet*, Blumen.
190. *Maussion* (Frl. *von*), Figuren
191. *Mérigot*, Ornamente usw.
192. *Meyer, Alfred*, Figuren usw.
193. *Micaud*, Vergoldung.
194. *Milet (Felix Optat)*, Dekorateur (Fayence- und Pâtes sur pâtes-Arbeiten).
195. *Moreau, L.*, Vergoldung.
196. *Moriot, N.*, Figuren usw.
197. *Parpette*, Frl., Blumen.
198. *Philippine*, Blumen und Ornamente.
199. *Pline*, Vergolder und Dekorateur.
200. *Poupart (Achille)*, Landschaften.
201. *Regnier, Ferd.*, Figuren verschiedener Stoffe.
202. *Regnier, Hyacinthe*, Figuren usw.
203. *Réjoux, Emile*, Dekorateur.
204. *Renard, Emile*, Dekorateur.
205. *Richard, Emile*, Blumen.
206. *Troyon, J.*, Ornamente, Vergoldungen.
207. *Walter*, Blumen.
209. *Bonnuit*, Vergoldungen, Ornamente.
210. *Belet, E.*, Blumen, Vögel.
211. *Belet, A.*, Ornamente.
212. *Bieuville*, Ornamente.
213. *Brecy*, Ornamente.
214. *Briffaut*, Ornamente.
215. *Richard, E.*, Blumen.
216. *Richard, Fr.*, Vergoldungen, Blumen.
217. *Richard, J.*, Ornamente.
218. *Richard, P.*, Vergoldungen, Ornamente usw.
219. *Riocreux, J.*, Landschaften.
220. *Drouet, E.*, Figuren, Ornamente.
221. *Bulot, E.*, Blumen, Vögel.
222. *Courcy, A.*, Figuren.
224. *Doat, T.*, Kleine plastische Arbeiten.
225. *Escallier, Marie*, Blumen.
226. *Fournier, A.*, Ornamente.
227. *Froment, E.*, Figuren, Genre.
228. *Gébleux, G.*, Ornamente.
229. *Riocreux, D.*, Blumen.
230. *Robert, Pierre*, Landschaften.
231. *Robert, Frau*, Blumen und Landschaften.
232. *Robert, J. Fr.*, Landschaften.
233. *Roussel, P. M.*, Figuren.
234. *Maugendre, Ch.*, Plastische Arbeiten.
235. *Ligné, D.*, Ornamente.
236. *Lucas, Ch.*, Ornamente, Modelleur.
237. *Moriot, Frl.*, Figuren, Genre.

238. *Paillet, F.*, Ornamente, Figuren.
239. *Pihan*, Ornamente.
240. *Porchon*, Ornamente.
241. *Roger, Th.*, Plastische Ornamente.
242. *Sandoz, A.*, Plastische Arbeiten.
243. *Schilt, L.*, Blumen.
244. *Sinsson (Simpson)*, Blumen.
245. *Solon*, Plastische Arbeiten.
246. *Swebach*, Landschaften, Genre.
247. *Trager, J.*, Blumen, Vögel.
248. *Sieffert, L'*, Figuren, Genre.

Mit vollständigem Namen zeichneten

Baldisseroni, Figuren.
Brunel, Figuren.
Bulot, Blumen.
Cool (Frau *von*), Figuren.
Courcy, Fréd. de, Figuren und Emailarbeiten.
Degault, Figuren.
Froment, Figuren.
Gallois, Frau, geb. *Durand*, Figuren.
Garneray, Landschaften.
Goddé, Dekorateur, Emailarbeiten und Reliefs.
Hamon, Figuren.
Jaccob (Jaccober), Blumen und Früchte.
Jacquotot (Frau *M. Victoire*), Figuren, Personen, Porträts.
Jadelot, Frau, Figuren.
Langlois, Polyclès, Landschaften.
Laurent (Frau *Pauline*), Figuren, Personen usw.
Lessore, Figuren.
Meyer-Heyne, Figuren und Ornamente auf Glasur.
Parant, Figuren.
Philip, J. B. C., Dekorateur auf Glasur.
Schilt, Abel, Figuren, Personen, Porträts.
Solon, Frl., Figuren, Personen.
Treverret, Frl. *von*, Figuren.
Van Os, Blumen und Früchte.
Van Marck, Landschaften.

Seite

235. **Sceaux.**

1: Ch. u. Gr. (Slg. Gasnault). 2: Ch. et Gr. (Slg. Chavagnac). 3: Ch. u. Gr. (Slg. Chavagnac). 4: Ris-Paquot. 5: Chaffers.

Orleans.

Frittenporzellan. 1, 2: Sèvres, Mus. (Slg. Grollier). 3: Sèvres, Mus. 4: Sèvres, Mus. (Slg. Grollier). 5: Sèvres, Mus. (Slg. Gasnault). *Hartporzellan.* 6: Ch. u. Gr. (Slg. Jacquemart). 7: Sèvres, Mus. (Slg. Grollier). 8: Sèvres, Mus.

Marken von Benoist le Brun.

1, 2: Orleans, Mus. 3: Ch. u. Gr.

Marken von Molinier-Bardin.

1: Orleans, Mus. 2: Orleans (Slg. Gasnault). 3: Orleans, Mus.

La Seynie.

1: Ch. u. Gr. (Slg. Jacquemart). 2, 3: Sèvres, Mus. 4, 5: Ch. u. Gr. (Slg. Gasnault).

236. **Paris. La Ville d'évèque.**

Ch. u. Gr.

Rue Taranne.

Sèvres, Mus. (Slg. Grollier).

Rue de la Roquette.

1, 2: Sèvres, Mus. (Slg. Grollier).

Seite

Faubourg Saint-Denis.

Marken von Hannong.

1, 2: Ch. u. Gr. 3: Sèvres, Mus. (Slg. Grollier). 4: Ch. u. Gr. (Slg. Gasnault). 5: Sèvres, Mus.

Marken der Patrone der Fabrik.

6, 7: Sèvres, Mus. (Slg. Grollier).

Rue Fontaine-au-Roy.

Marken von Locré oder von Russinger.

1, 2: Ch. u. Gr. 3, 4: Sèvres, Mus. (Slg. Grollier).

Marken von Russinger u. Pouyat.

5: Sèvres, Mus. (Slg. Grollier). 6: Chaffers. 7: Limoges, Mus.

Rue de Reuilly.

1—3: Sèvres, Mus. (Slg. Grollier).

Barrière de Reuilly.

1: Sèvres, Mus. 2: Sèvres, Mus. (Slg. Grollier).

237. **Rue Thiroux.**

Marken von Leboeuf.

1—3: Sèvres, Mus. (Slg. Grollier).

Marken der Nachfolger Leboeufs.

1: Sèvres, Mus. (Slg. Grollier). 2: Ris-Paquot. 3: Ch. u. Gr.

Rue de Bondy.

1—3: Sèvres, Mus. (Slg. Grollier). 4: Ch. u. Gr. (Slg. Protat). 5: Ch. u. Gr. (Slg. Jacquemart). 6: Sèvres, Mus.

Rue de Popincourt.

1, 2: Ch. u. Gr. (Slg. Nast). 3, 4: Sèvres, Mus. (Slg. Grollier).

238. **Pont-aux-choux.**

1—5: Sèvres, Mus. (Slg. Grollier). 6: Chaffers. 7: Sèvres, Mus.

Petit-Carrousel.

1: Ch. u. Gr. 2: Sèvres, Mus. (Slg. Grollier).

Rue St. Gilles.

1—3: Sèvres, Mus. (Slg. Grollier). 4: Sèvres, Mus. 5: Ris-Paquot — Sèvres, Mus. (Slg. Grollier).

Rue de Crussol (1789—1807).

1—4: Sèvres, Mus. (Slg. Grollier). 5: Chaffers.

239. **Rue de Crussol** (1800).

Sèvres, Mus. (Slg. Grollier).

Rue des Recollets.

Ch. u. Gr.

Rue des Charonnes.

1: Sèvres, Mus. 2: Sèvres, Mus. (Slg. Grollier). 3: Ch. u. Gr.

Rue Montmartre.

1, 2: Sèvres, Mus. (Slg. Grollier).

Palais Royal.

Ch. u. Gr.

Seite

Brancas-Lauraguais (Brancas, Graf von Lauraguais).

1, 2: Sèvres, Mus.

Clignancourt.

240. 1: Ch. u. Gr. (Slg. Chavagnac). 2: Sèvres, Mus. (Slg. Grollier). 3: London, Bethnalgreen Mus. (Slg. Franks). 4: Sèvres, Mus.

Marken der Patrone der Fabrik.

5: Sèvres, Mus. (Slg. Grollier). 6: London, Bethnalgreen Mus. (Slg. Franks). 7: Sèvres, Mus.

Vincennes.

1: London, Bethnalgreen Mus. (Slg. Franks). 2: Sèvres, Mus. (Slg. Grollier). 3: Ch. u. Gr. (Slg. Chavagnac).

Bordeaux.

1, 2: Sèvres, Mus. 3, 4: Sèvres, Mus. (Slg. Grollier).

Lunéville.

1: Nancy, Mus. Lorrain. 2: Ch. u. Gr. 3: Nancy, Mus. Lorrain.

Chatillon.

Sèvres, Mus.

Marseille.

1: Ch. u. Gr. (Slg. Chavagnac). 2—4: Sèvres, Mus. (Slg. Grollier).

241. **Valenciennes.**

1—4: Sèvres, Mus. (Slg. Grollier). 5: Ch. u. Gr.

Bayeux.

1, 2: Sèvres, Mus.

Caen.

Sèvres, Mus.

Boisette.

1, 2: Sèvres, Mus. (Slg. Grollier). 3: Sèvres, Mus.

Fontainebleau.

1, 2: Sèvres, Mus. (Slg. Grollier).

Saint Maurice.

1: Sèvres, Mus. 2: Ch. u. Gr.

Crépy-en-Valois.

1, 2: Ch. u. Gr.

Saint-Amand-les-Eaux.

1: Sèvres, Mus. (Slg. Grollier). 2, 3: Sèvres, Mus.

Weitere Marken der französischen Porzellanfabriken bei Chavagnac et M. de Grollier. Histoire des Manufactures françaises de Porcelaine. Paris 1906.

242. **Chelsea.**

1—3: Chaffers. 4: Hobson. 5—8: Chaffers. 9, 10: Hobson.

Chelsea-Derby.

10, 11: Chaffers. 12: Jewitt. 13, 14: Chaffers.

Seite

Derby.

1: Jewitt. 2: Hobson. 3. Jewitt. 4: Chaffers. 5. Hobson.

243. 6, 7: Hobson: *Nummern der Muster oder Arbeiter.* 8, 9: Jaennicke. 10: Hobson. 11—17: Chaffers. 18: Hobson: *auf Sèvres-Nachahmungen.* 19: Chaffers. 20: Chaffers: *Stevenson u. S. Hancock.* 21: Chaffers: *Royal Crown Derby Porcelainworks in Osmaston, Rd. 1876.*

244. **Bow.**

1: Hobson. 2—11: Chaffers. 12: Hobson. 13: Hobson. 14—18: Hobson. 19: Chaffers: *Maler Thomas Fry.* 21, 22: Hobson: *Former Tebo?* 23: Chaffers.

Lowestoft.

1: Chaffers. 2—4: Hobson: *Nachahmungen von Worcester-Marken.* 5: Hobson: *Arbeitermarken.*

245. **Worcester.**

1—5: Chaffers. 6: Hobson. 7: Chaffers. 10—13: Chaffers. 15, 16: Chaffers. 17: Hobson: *Worcester Porcelain Company.* 18: Hobson. 19—30: Chaffers: *Nachbildungen chinesischer Marken.*

246. 31—33: Chaffers: *Nachbildungen chinesischer Marken.* 34, 36, 37: Chaffers: *Nachahmung Meißner Marken.* 35: Chaffers: *Nachahmung der Marke von Fürstenberg.* 38: Hobson: *Nachahmung der Marke von Tournay.* 39: Chaffers: *Nachahmung der Sèvresmarke.* 40: Chaffers: *daneben viele andere* (siehe Chaffers und Hobson).

247. 41: Chaffers. 42: Chaffers: *Richard Holdship?* 43: Chaffers: *John Donaldson.* 44: Hobson: *R. Hancock (auf bedruckten Porzellanen).* 45, 46: Hobson: *auf bedruckten Porzellanen.* 46: Hobson. 47—51: Chaffers. 52: Hobson: *Bar.* 53: Chaffers. 54, 55: Kerr & Binns: (Chamberlains) Hobson. 1, 2: Chaffers.

Worcester (Chamberlains).

1, 2: Chaffers.

248. 3, 4: Chaffers.

Plymouth.

1—4: Chaffers.

Bristol.

2: Chaffers: 1772—1774. 3: Hobson. 4, 5: Chaffers. 6—8: Hobson. 9: Chaffers. 10: Hobson. 11: Chaffers: *Former Tebo.*

249. 12: Jewitt. 13—16: Chaffers.

Caughley.

1: Hobson. 2—5: Chaffers. 6: Chaffers: *Salopian.* 7: Hobson. 8, 8*a*: Chaffers. 9—17: Chaffers. 18—21: Hobson.

Coalport.

250. 1—3: Hobson. 4—6: Chaffers. 7: Chaffers: *Colebrook Dale (in dem Coalport liegt).* 8—10: Hobson: *siehe 7.* 11: Chaffers: *siehe 7.* 12: Hobson: *siehe 7.* 13: Hobson: *seit 1860 Monogramm C. S. u. C. (= Caughley), S (= Swansea), N (= Nantgarw).*

Longton Hall.

1—3: Chaffers: *Lister & Longton.* 4—6: Hobson. 7: Chaffers.

22*

Seite

Shelton, New Hall.

1: Chaffers. 2: Hobson.

Isleworth.

3: Hobson: *Shore & Goulding* (1760 bis ca. 1800). 4: Hobson.

Nantgarw.

1—2: Chaffers. 3: Chaffers: *C W = China works?* 4: Hobson.

Swansea.

1—3: Hobson. 4, 5: Chaffers.

251. Pinxton.

1: (Brit. Mus.) A Guide to the British Pottery and Porcelain. 4—2: Hobson.

Mansfield.

Hobson: *Marke eines Malers, 1801, der Porzellane verschiedener Fabriken bemalte.*

Rockingham.

1—2: Chaffers: *nach 1800.*

Wedgwood.

(Brit. Mus.) A Guide to the British Pottery and Porcelain.

Stoke upon Trent.

Spode 1797—1833.
1—3: Hobson.
Spode u. Copeland.
4: Hobson. 5: Hobson: *seit 1833 C. alleiniger Inhaber.*
Copeland u. Garett.
6: Hobson: 1835—1847.

Minton.

1: Chaffers. 2: Chaffers: *seit 1851.*

Longton, Davenport.

1, 2: Chaffers.

252. Belleck.

Chaffers.

Donovan.

1, 2: Hobson: *Donovan, aus Poolbeg Street Dublin, bemalte Porzellane von Minton und anderen Fabriken.*

253. Florenz.

2: Davillier (Slg. G. de Rothschild). 3: Davillier (Slg. Leroux). 4: Davillier (Slg. G. de Rothschild). 5: Davillier. 6: Davillier (Slg. G. de Rothschild).

254. Venedig.

1, 2: London, Bethnalgreen Mus. (Slg. Franks). 3: Jaennicke. 4: Jacquemart. 6: Chaffers (Slg. Reynolds). 8: Chaffers (Slg. Davillier). 9: Chaffers. 10: Chaffers. 11: Chaffers: *Venedig?* 12: Chaffers (Davillier). 13: Jaennicke. 14: Chaffers (Slg. Preston): *Venedig?* 15: Chaffers (Slg. d'Azeglio).

1: Chaffers. 2, 3: Jaennicke. 9: Chaffers: *Maler Giovanni Marconi.*

Seite

255. **Capo di Monte.**

1: Chaffers. 2: Jacquemart.

Neapel.

1, 3: Chaffers. 4: London, Bethnalgreen Mus. (Slg. Franks): *König Ferdinand.* 6: Chaffers: *König Ferdinand.* 7: Chaffers.

Doccia.

1, 2: Chaffers (Slg. d'Azeglio). 3: Chaffers (Slg. Bohn u. Bethnalgreen Mus. Slg. Franks). 4—6: Chaffers. 7: Chaffers (Slg. d'Azeglio). 8: Jaennicke. 9: Chaffers.

256. **Vinovo.**

1: London, Bethnalgreen Mus. (Slg. Franks). 2: Chaffers. 3, 4: Chaffers (Slg. Davillier). 6, 7: London, Bethnalgreen Mus. (Slg. Franks).

Nove.

1: Fortnum, London, Vict. u. Alb. Mus. 2: Jaennicke. 3, 4: London, Vict. u. Alb. Mus. 5, 6: Chaffers. 7: Chaffers (Slg. Gladstone). 8, 9: Chaffers (Slg. Davillier): *Giov. Ant. Antonibon.* 10, 11: Chaffers. 12: Chaffers (Slg. Verschoyle). 13: Chaffers: *Venedig.* 14: Chaffers (Slg. Chaffers).

Treviso.

1: London, Bethnalgreen Mus. (Slg. Franks). 2: Chaffers.

Este.

Chaffers (Slg. Schreiber).

Vincenza.

Chaffers: *Vicenza?*

257. **Buen Retiro.**

1—15: M. Pérez-Villamil. Artes é industrias del Buen Retiro. Madrid 1904.

258. 16—33: M. Pérez-Villamil. Artes é industrias del Buen Retiro. Madrid 1904.

259. **Gerona.**

Chaffers.

Vista Allegre.

2, 3: Chaffers.

260. **St. Petersburg.**

1—17: La manufacture impériale à St. Petersbourg 1909.

Moskau.

1: Panietnik Wystawy.

261. **Baranowka.**

Panietnik Wystawy.

Korzec.

Panietnik Wystawy.

Proszowice.

Panietnik Wystawy.

262. **Tomaszow.**

Panietnik Wystawy.

Seite

263. **Chinesisches Steinzeug.**

1—13: Dresden, P. S. 14: Hobson: *Chiting = Sesam-Pavillon.* 15: Chaffers: *(Töpfer) Ching-Yüan-yu.* 16: Chaffers: *(Töpfer) Mengch'en und Hui.*

264. 1: Chaffers: *T'ien Ch'i i ch'ou nien chin shih chi = angefertigt von Chin-shih in i ch'ou-Jahre von T'ien Ch'i (d. h. 1625).* 2: Chaffers: *Huang yün chi = registriert von Huang-yün.* 3: Chaffers: *Li Ta-lai (Töpfer, um 1800).* 5: Chaffers: *(Töpfer) Yüeh-ch'ang.* 6: Chaffers: *Ko ming hsiang chih = angefertigt von Ko Ming-hsiang.* 7: Chaffers: *Ko yüan hsiang chih = angefertigt von Ko Yüan-hsiang.* 8: Hobson: *Ko Ming hsiang chih = angefertigt von Ko Ming-hsiang.*

9: Chaffers: *Wan li ting yu ch'en wen ching su — Ch'en Wen-ching bildete es in Ton in dem ting-yu-Jahre von Wan-Li (d. h. 1597).*

Chinesisches Porzellan.

265—267. **Kaisermarken** (Nien-haos).

Zimmermann, Chinesisches Porzellan, seine Geschichte und Technik. Leipzig 1913.

Seit der Zeit der Ming-Dynastie (1368—1643) bis in die unsrige hinein wird es vielfach Sitte, die Porzellane (meist am Boden, seltener an versteckten Teilen der Wandungen) mit Marken zu versehen, die den Namen des chinesischen Kaisers enthalten, unter dem sie hergestellt worden sind. Diese Marken bestehen fast immer aus sechs, seltener aus vier chinesischen Schriftzeichen, die für gewöhnlich in zwei Kolonnen senkrecht, viel seltener in wagerechter Richtung angeordnet sind. Sie sind von rechts-oben nach unten, dann weiter von links-oben nach unten zu lesen und lauten z. B. für Marke Tafel 265, Nr. 3:

4 Tê	1 ta
5 nien	2 Ming
6 tschih	3 Süan

ta Ming Süan Tê nien tschih, d. h.; groß Ming Süan Tê Periode gemacht = hergestellt in der Süan-Tê-Periode der großen Ming(dynastie).

Bewegt sich die Marke in wagerechter Linie, dann ist sie in obiger Weise von rechts nach links zu lesen, enthält sie nur vier Schriftzeichen, dann fehlen immer die beiden ersten.

Um aus diesen Marken die Zeit eines Stückes, die eine solche trägt, zu bestimmen, braucht man demnach nur die Bedeutung des 3. und 4. (resp. 1. und 2.) Schriftzeichens festzustellen.

267. Mit der Ts'ing-Dynastie (1644—1912) kommen neben den oben angegebenen Marken noch Marken in Siegelschrift auf, die in gleicher Weise zu lesen sind wie jene.

Alle Marken dieser Art vor dieser Zeit (z. B. die die Regierungszeit des Mingskaisers Süan-Tê enthaltene Marke auf Tafel 267, rechts unten) gehören

Seite

nicht der Zeit, die sie vorgeben, an; sie sind, einer sehr verbreiteten chinesischen Unsitte folgend, erst auf spätere, d. h. Porzellane der Ts'ing-Dynastie gesetzt worden.

Unten, Mitte: Marke des Kaisers Yung-Lo (1403—1424) in altertümlicher Schrift (London, Brit. Mus.), aber nicht aus der Zeit.

Keine der Kaisermarken gibt volle Sicherheit, daß das mit einer solchen versehene Stück Porzellan wirklich aus der Zeit, die die betreffende Kaisermarke angibt, noch auch überhaupt aus China stammt. Zu allen Zeiten sind in China ältere Kaisermarken auf spätere Stücke gesetzt worden. Daneben sind sie sehr viel in Japan (siehe Seite 346), ja auch in Europa nachgemacht worden (siehe Tafel 194, 216, 245 u. 246).

268. Periodenmarken.

Außer den Kaisermarken kommen auf den chinesischen keramischen Erzeugnissen auch bisweilen die sogenannten Periodenmarken vor, so benannt, weil sie als Datierung ein Jahr jener Perioden von jedesmal sechzig Jahren enthalten, nach denen der Chinese seit dem Jahre 2637 v. Chr. G. seine Zeit zu berechnen pflegt. Diese Jahre werden immer (siehe Tafel 268) durch zwei Schriftzeichen angegeben, die zwischen den übrigen Schriftzeichen der betreffenden Marken (vgl. Tafel 269, Nr. 1—3) stehen. Zur Datierung können diese Marken naturgemäß nur dienen, wenn man schon aus dem Stil der sie tragenden Gegenstände die ungefähre Zeit ihrer Entstehung festzustellen vermag.

269. Beispiele bestimmter Marken.

1: Franks: *Yew Sin-chow nien chi = in dem wiederkehrenden Sinchow-Jahre hergestellt.* 2: Chaffers: *Ping hsü nien chi = angefertigt im ping-hsü-Jahre (d. h. 1886 oder 1826 oder 1766 usw.).* 3: Chaffers: *Ta ming ch'eng hua yüan nien i yu = i yu (d. h. erstes) Jahr der Tschêng-Hu-(Periode) (1465—1487) der großen Ming-(Dynastie).*

Marken bestimmter Zeiten.

Sungdynastie.

1—4: Chaffers: *Schriftzeichen für die Zahlen 1—4, neben denen sich auch die diesen folgenden finden.*

3: Hobson: *Pao yung = kostbar für den Gebrauch.* 6: Hobson: *Kao = hoch.* 7: Hobson: *Jen ho kuan = Haus der wohlwollenden Harmonie.*

Yüandynastie.

Hobson: *Shu-fu = kaiserlicher Palast.*

Mingdynastie.

270. 1: Hobson: *T'ien ch'i i ch'ou nien chin shih = angefertigt von Chin-shih im i-ch'ou-Jahre des (Kaisers) T'ien-K'i (d. h. 1625).* 2: Hobson: *Wan li ting yu chen wen ching su = Ch'en Wen ching bildete es in dem tin-yu-Jahre des Kaisers Wan-Li (d. h. 1597).* 3 vgl. 2, 4: Hobson: *Chia ching pa nien tsao chih hui kuo hsiu she = angefertigt im 8. Jahre des (Kaisers) Kia-Tsing, d. h.*

Seite

1529. Der Anführer Kuo Hsiu-she. 5: Hobson: *Shan jen ch'en wei = der Eremit Ch'en-wei (17. Jahrh.?).* 6: Hobson: *Te hsing t'ang = angefertigt für die Halle der wohlriechenden Tugend (1573—1620).* 7: Hobson: *Chang chia tsao = angefertigt von Chang-chia (18. Jahrh.).* 8: Bushell: *Yü t'ang chia ch'i = schönes Gefäß aus der Jade-Halle (um 1600).* 9: Hobson: *Wang shih ch'ih ming = Herr Wang Ch'ih-ming (späte Mingzeit).* 10: Hobson *Ts'ang lang lü shiu = grünes Wasser des grenzenlosen Ozeans (16. Jahrh.).* 11: Hobson: *Wan fu yu t'ung = möge unendliches Glück allen deinen Angelegenheiten zuteil werden! (16. Jahrh.).* 12: Hobson: in der Mitte: *Te hua ch'ang ch'un = Tugend, Bildung und dauernder Frühling;* ringsum: *Wan-Li (1573—1619).* 13: Hobson: *Fu kuei chia ch'i = schöne Vase für den Reichen und Ehrenhaften (16. Jahrh.).* 14: Bushell: *Yü t'ang chia ch'i = schönes Gefäß aus der Jadehalle.* 15: Dresden, P. S.: 16. Jahrh. 16: Chaffers: *Fu fan chih tsao = angefertigt an den Grenzen (der Provinz) Fukien (16. Jahrh.).* 17, 18: Dresden, P. S.

271. 1: Dresden, P. S. 2: Hobson: *Wang shih ch'ih ming = Herr Wang Ch'ih-ming.*

Fabrik- oder Bestimmungsmarken (Hallmarken).

Ts'ingdynastie.

Über diese Marken herrscht im einzelnen noch keine volle Klarheit: sie bezeichnen teils Werkstätten, teils Läden von Porzellanhändlern, teils aber auch die Orte, für die die Porzellane bestimmt waren, so z. B. die Halle eines Mandarinen, den Pavillon eines Kaisers u. dgl. m.

Die hier gegebenen Marken können nur als einzelne charakteristische Beispiele angesehen werden:

1: Bushell: *Haus des Wohlwollens und der Harmonie.* 2: Bushell: *gemacht in der Halle der höchsten Ehrfurcht (Zeit des Kaisers Kien-Lung, 1735 bis 1795?).* 3: Bushell: *gemacht in der Halle der Shun-tih (Tugendübung). [Zeit des Kaisers Tao-Kuang 1821—1850?].* 4: Franks: *Alt gemacht in der Shun-tih- (Tugendübung) Halle (Zeit des Kaisers Tao-Kuang 1821—1850?).* 5: Bushell: *Wohnstätte großer Kultur.* 6: Bushell: *gemacht in der geschmeidigen Jadehalle (Zeit des Kaisers K'ang-Hi 1662—1722?).* 7: Bushell: *gemacht in der (oder für die) Halle des Hsieh-Bambus.* 8: Bushell: *gemacht in der Halle des vom Himmel gesandten Glücks.* 9: Franks: *gemacht in der Halle Ki-yuh (des seltenen Jade).* 10: Franks: *gemacht in der Lin-yuh (reiche Jade), Halle.* 11: Bushell: *schönes Gefäß der Jadehalle.* 12: Bushell: *Die Halle, wo ich von meinen Übertretungen hören möchte.* 13: Bushell: wie Nr. 11.

272. Marken mit Widmungen oder Glückwünschen.

Die hier gegebenen Marken sind wieder nur Beispiele von vielen.

1: Bushell: *gemacht für Shun-ch'ang (Universität der Hanlin Jouen in Peking).* 2: Franks: *Für den öffentlichen Gebrauch in der Generalshalle.* 3: Bushell: *für den feinen Kreis verehrter Freunde.* 4: Bushell: *für kommende Freunde.* 5: Bushell: *Wolkige Dufthalle (ein Laden für wohlriechend gemachte Waren und präparierte Drogen am westlichen Ende von Ta-shan-lan, an der Nordseite der Straße, außerhalb des großen Südtors der Stadt).* 6: Bushell: *zweifache Freude!* 7: Franks: *Langes Leben, Reichtum und Ehre!* 8: Bushell: *Reichtum, Ehre und dauernder Frühling!* 9, 10: Bushell: *Glückseligkeit, Rang, langes Leben!* 11: Bushell: *Rang!* 12: Bushell: *Mögen die Lenker des Himmels*

Seite

Glück bringen! 13: Bushell: *Großes Glück!* 14: Bushell: *Myriaden von Jahren, niemals endend!* 15: Franks: *glücklich!* 16: Franks: *sichtbares Glück!* 17: Franks: *langes Leben!* 18: Franks. 19: Franks: *sichtbares Glück.* 20: Franks: *Glück (?).*

Weitere Marken dieser Art bei Franks, Catalogue of a collection of Oriental Porcelain and Pottery. London 1879, Bushell, Oriental ceramic Art. New York 1897. Burton und Hobson, Marks on pottery and Porcelain. 1912.

273. **Marken mit Empfehlungen.**

Die hier angegebenen Marken sind wieder nur Beispiele unter vielen. Sie empfehlen und preisen die Porzellane, auf denen sie sich befinden.

1: Bushell: *Edelstein unter köstlichen Gefäßen aus seltenem Gestein.* 2: Bushell: *ein Edelstein unter köstlichen Gefäßen aus seltenem Jade.* 3: Bushell: *ein Edelstein selten wie Jade.* 4: Bushell: *ein Flitter selten wie Jade.* 5: Bushell: *westlicher Jade.* 6: Bushell: *köstlicher Jade.* 7: Bushell: *Flitter-Jade.* 8: Bushell: *echter Jade.* 9: Bushell: *Jade-Juwel.* 10: Bushell: *köstlicher Flitter.* 11: Bushell: *künstlerischer Flitter.* 12: Bushell: *von einzigem Wert.* 13: Bushell: *vollkommen.* 14: Bushell: *alter Edelstein.* 15: Bushell: *innen glücklich.* 16, 17: Bushell: *Ich weiß, daß sie sich in Wasser freuen.* 18: Bushell: *Roter duftender Olea.* 19: Bushell: *Zufluchtsort von Myriaden von Felsen.* 20: Bushell: *Zufluchtsort des roten Felsens.* 21: Bushell: *Goldenes Tal.* 22: Bushell: Marke links: *Ta (Name des Künstlers);* Marke rechts: *kostbar (?).*

Weitere Marken dieser Art bei *Franks, Catalogue of a collection of Oriental Porcelain and Pottery. London 1879; Bushell, Oriental ceramic Art. New York 1897 und Burton und Hobson, Marks on pottery and porcelain. 1912.*

Verzierungsmarken.

Sehr häufig in dieser oder verwandter Form vorkommende, lediglich zur Verzierung des Bodens der Porzellane dienende Marken, die aber auch auf europäischen Porzellanen des 18. Jahrhunderts (vgl. Tafel 194, 195, 243 u. 245) vielfach nachgeahmt worden sind.

1: Bushell: *stilisierte Lotosblume (vgl. Tafel 275 Nr. 6).* 2, 3: Bushell. 4: Franks: *Knoten (vgl. Tafel 276 Nr. 9).*

5: Franks: *Bedeutung unbekannt (auf für Siam angefertigten Porzellanen).* 6: Hobson II: *Nachahmung* eines europäischen Buchstabens.

274. **Künstlerbezeichnungen.**

1: Chaffers: *Chang chia tsao = hergestellt von Chang-chia.* 2: Chaffers: *Hu yin tao yên = der in einem Topf verborgene Taoist (Hao Shih-chiu) um 1600.* 5: Hobson III: *Wang shih ming (späte Mingzeit).* 4: im Kunsthandel: *Chen Tsung Tsin Kuo nien Chi = Im Chang-Tsung (erste Jahr des Kaisers Wan-Li d. i. 1573 von Tsin Kuo gemacht).* 5: Chaffers: *Shang su.* 6: Hobson: *Chêng ku shih = Familie des Chêng-ku (18. Jahrh.).* 7: Hobson: *Ch'ên-kuo-chih (1662—1722).* 8: Hobson II: *Yüan Sin-hsing tsao (19. Jahrh.?).* 9: *Kung-liang chi tsao (um 1700).* 10: *Ch'en t'ien sui tao = angefertigt von Chen T'ien-sui (1662—1722).* 11: Chaffers: *Chia ch'ing san nien ssu ming chi jiih wang sheng kao chih = angefertigt durch Wang Sheng-kao am Ende des 4. Monats des 3. Jahres des Kaisers Kia-K'ing (d. i. 1798).* 12: Hobson: *Ling nan hui*

Seite

che (= des 5. Monats des dritten Jahres von Kia-K'ing, d. h. 1798; Lingnan = Kantongemälde) und *Pai shih (Name eines Malers).* 13: Hobson: *Chang Ming kao tsao = hergestellt von Chang Ming-kao (1662—1722).* 14: Hobson: *Chao-chin? Anfang d. 18. Jahrh.* 15: Hobson: *Lai? (1662—1722).* 16: Chaffers: *Wu shen nien liang chi shu = Gemälde von Liang-chi in the wu shen year (d. h. 1808).* 17: Chaffers: *Chiang ming kao tsao = angefertigt von Kuang Liang-chi Ende des 17. Jahrh.* 18: Chaffers: *Lin ch'ang fa tsao = angefertigt von Lin Ch'ang-fa, Anfang des 19. Jahrh.* 19: Chaffers: *Wang pu t'ing tso = angefertigt von Wan Pu-t'ing um 1800.* 20: Hobson: *Lai Knan (17. Jahrh.).* 21: Hobson: *Yu-chai (um 1725).* 22: Hobson: *Li-chih (18. Jahrh.).* 23: Chaffers: *Wang pu t'ing tso = angefertigt von Wang Pu-t'ing, um 1800.*

275—277. Die auf diesen Tafeln wiedergegebenen Marken finden sich sehr häufig in dieser oder ähnlicher Gestalt als Verzierungen des Bodens der Porzellane.

277. 1: *Räuchergefäß.* 2: *Der hl. Hase des Mondes, des Symbols des langen Lebens.* 3: Franks: *Pinsel, Tusche und das Szepter des langen Lebens, bedeutend: mögen die Dinge fest bleiben, wie du es wünschest.*

Japan.

278. **Porzellan.**

Die Marken des älteren japanischen Porzellans lehnen sich eng an die des chinesischen an. Vielfach finden sich unmittelbar Kopien der „Kaisermarken" desselben, besonders von dem aus dem Ende der Mingzeit (vgl. Tafel 265), im übrigen Marken mit Empfehlungen, Widmungen usw. (vgl. Tafel 270—273). Künstlerbezeichnungen sind in älterer Zeit auf japanischem Porzellan noch selten. Hier können nur Beispiele der zahllosen, meist ziemlich bedeutungslosen japanischen Porzellanmarken gegeben werden.

Arita (Provinz Hizen).

1: Hobson: *Gorodayu Go Shonsui tsukuru = angefertigt von Gorodayu Go Shonsui tsukuru.* 2: Hobson: *Narau waga zosen Shonsui Gorodayu tokoro sei = angefertigt in Nachahmung meines Vorfahren Shonsui Gorodayu.* 3: Dresden, P. S. 4: Hobson: *Hô tei no takara = ein Edelstein unter kostbaren Gefäßen.* 5: Dresden: P. S. 6: Hobson: *Hô = kostbar.* 7: Dresden, P. S.: *Fuku = Glück.* 8: Dresden, P. S.: *Ka = Glück.* 9: Dresden, P. S.: *Kui = Gold.* 10: Dresden, P. S.: *Ka = Glück.* 11—18: Dresden, P. S.

Kutani (Provinz Kaga).

1: Hobson: *Dosuke chin gwan = kostbarer Tand von Dosuke.* 2: Chaffers: *Kutani.* 3: Dresden, P. S. 4: Hobson: *Fuku = Glück.* 5: Hobson: *Fuku = Glück.* 6: Hobson: *Sei = gemacht.*

279. 7: Dresden, P. S.: *Kutani.* 8: Chaffers: *Fuku = Glück.* 9: Dresden, P. S.: *Fuku = Glück.*

Kameyama.

Chaffers: *Kameyama tsukura = zu Kameyama gemacht.*

Seite

280. **Japanische Töpfereien.**

Die Zahl der auf japanischen Töpfereien vorkommenden Marken ist Legion, wie auch die Zahl der Herstellungsorte dieser Produkte ungemein groß ist. Es können daher hier nur besonders wichtige und charakteristische Beispiele gegeben werden. Die größte Sammlung von Marken auf japanischen Töpfereien findet sich in *Edw. S. Morse, Catalogue of the Morse collection of Japanese pottery. Cambridge 1901.* Diese Marken geben entweder den Namen des Fabrikationsortes oder des Herstellers an, im letzteren Falle oft auch seinen Künstlernamen, der bisweilen mehrfach gewechselt wurde. Geschrieben sind sie meist mit chinesischen Buchstaben.

Provinz Hizen.

1—3: *Kameyama (E).* 4: *Bogasaki (O). Shoto.* 5: *Shohaku.*

Provinz Bizen.

1: *Cho.* 2: *Imbe: Yei.* 3: *Tera?* 6: *Ka-ichi, um 1680.* 7: *Kaku-ichi.* 8: *Yotsune.* 9: *Maru-ichi.* 10: *Ichi.* 12: *Maru-ji.* 13: *Marusan.* 16: *Yama-maru.* 17: *Maru-san.* 19: *Ka-ichi, um 1680.* 20: *Cho.* 21: *Kimura-nji (1780 bis 1830).* 22: *Riku (1780—1830).* 23: *To-i.* 24: *Okayama (O).* 25: *Mushi-age (O).* Hobson: *Naoyoshi (O).*

281. **Provinz Tushima.**

1, 2: *Shiga (O).* 3: *Sen Saku (O).*

Provinz Tosa.

1: *Asa.* 2: *Odo.* 3: *Sokœn tsukuru.*

Provinz Yamato.

1, 2: *Akahada (O).*

Provinz Settsu.

1: *Naniwa (O).* 2: *Kosobe.* 3: *Kikko (T).* 4: *Sakurai (O) no Sato.*

Provinz Omi.

1: *Baizan.* 2: *Mompeizan (Mompei, O).* 3: *Otsu (O) Meisan.* 4: *Yorodzu tei.* 5: *Bairin (= Pflaumenblüte).* 6: *Koto.* 7: *Ubagamochi.* 8: *Kameyama.* 11: Hobson: *Shigaraki Uichu (17. Jahrh.).*

282. **Provinz Higo.**

1: *Chubei.* 2: *Higo.* 3: Hobson: *A Higo Amidayama.* 4: *Shodai (Sho-daijama, O).*

Provinz Nagato.

6: *Saji.* 7: *Setsuzan.*

Provinz Kaga.

1: *Yamamoto (T).* 2: *Ohi.* 3: *Choju.* 4: *Masakichi (T).* 5: *Ono Zenroku.* 6, 7: *Yeiraku (T).* 8: *Kinju.* 9: *Shotei.*

Provinz Ise.

1, 2: *Anto.* 3: *Banko (T).* 4: *Akogi (O).* 5: *Sahei (T).* 6, 7: *Banko (T).*
283. 8: *Yusetsu (T).* 9: *Banko (T), Yusetsu (T).* 10: *Banko (T), Fueki.*
11: *Isawa (O).* 12: *Tamagaki (O) tsukuru.*

Seite

Provinz Echizen.

1—3: *Setosuke.* 4: *Fukui.*

Provinz Chikugo.

Yanagawa (O).

Provinz Hidachi.

Kairaku.

Provinz Iyo.

Yoshu Matsuyama.

Provinz Suo.

1: *Iwakuni Tada (O).* 2: *Iusan-ken.*

Provinz Sado.

1: *Sa Kin saku (Kintaro, O).* 2: *Sado Iozan (T).*

Provinz Awajo.

1. 2: *Mimpei (T).*

Provinz Buzen.

1: *Iozan (T).* 2: *Ho.*

284. **Provinz Izumi.**

1: *Minato.* 2: *Mina'o yaki.* 3: *Kikko (T).*

Provinz Suruga.

Shizuhata (O).

Provinz Kii.

1: *Kairakuyen (O).* 2: *Zuishi.* 3: *Nanki Otokoyama (O).*

Provinz Iga.

1: *Iga.* 2: *Iga (O) Iwa.* 3: *Tokuhin.* 4: *Shinziro (T).*

Provinz Totomi.

1, 2: *Shidoro (O).*

Provinz Harima.

1: *Akashi.* 2: *Akashi-ura.* 3: *Ryushi.* 4: *Asagiri.* 5, 6: *Wafuken, Maiko.*
7: *Höyen (T).* 8: *Maiko.*
285. 9: *Sohei (T).* 10: *Suma (O).* 11: *Tozan* (Name des Bergs, von dem der Ton kam).

Provinz Izumo.

1: *Unzen (von T. Zenshiro).* 2: *Raku.* 3: *Rakuzan* (Name eines Teehauses bei der Töpferei).

Provinz Aki.

1, 2: *Miyajima (O) yaki.*

Provinz Chikuzen.

1, 2: *Sen.* 3: *Ki.* 4: Hobson: *Taka (Takatori, O).* 5: *Yo.* 6. *Ki.* 7: *Ka.* 8: *Yama Ka.* 9: *Taka (Takatori O) Yoshiwa.* 10: *Takatori yo.* 11: Hobson: *Soshichi (T) (i. Hakata 1827).*

Seite

286. **Provinz Sanuki.**

1, 2: *Taka (Takamatsu, O)*. 3, 5: *Nishiki (Kasugi?)*. 4: *Shido (O) Shunmin*. 5 siehe 3, 6: *Min*. 7, 8: *Minzan (T)*. 9: *Yashima*. 10: *Tomikawa*. 11: *Yohachi (T)*.

Provinz Tamba.

1: *Naosaku (T)*. 2: *To*.

Provinz Owari.

1: *Shinzan*. 2: *Bunro*. 3: *Densho*. 4: *Hachi-ju-ichi-o*. 5: *Rikishin*. 6: *Yamaguchi*. 7: *Akebono*. 8: *Saigenori*. 9: *Sei*. 10: *Sakusuke sei*. 11: *Hanji*. 12: *Bunshi*. 13: *Bakesuke*. 14: *Bizan*. 15: *Fuke*. 16: *Sobokai*. 17: *Shunzan (T)*. 18: *Shuntan (T)*. 19: *Shunkozan*. 20: *Shuntai (T)*. 21: *Shurin*. 22: *Makusa*. 23: *Atakayama*. 24: *Choza (T)*. 25: *Tozen (T)*.

287. 26: *Ikko (T)*. 27: *Sanko (T)*. 28: *Gempin (T)*. 29, 30: *Inuyama*. 31: *R. (Risokuan T)*. 32: *Shozo*. 33: *Masa (T)*. 34: *Matsu*. 35: *Suisetsu*. 36: *Kanriu*. 37: *Kenshin*. 38: *Masaki (T)*. 39: *Masa*. 40: *Ichigo*. 41: *Hagiyama yaki*. 42: *Yoshitoyo*. 43: *Toyo (Toyosuke O)*. 44: *Toyohachi*. 45, 46: *Fuji (Fujimi, T)*. 47, 48: *Sasahima*.

288. **Provinz Yamashiro.**

1: *Kuchu*. 2, 3: *Ninsei (Töpfer Ende d. 17. Jahrh.)*. 4: *Akashi*. 5: *Seikanji*. 6: *Harima (T)*. 7: *Tsuja Harima (T)*. 8: *Fuji*. 9: *Yamake*. 10: *Yamada*. 11, 12: *Awata* (Distrikt). 13: *Awata Guchi*. 14: *Rakuto*. 15, 16: *Iwakura*. 17, 18: *Hozan (T)*. 19: *Gobasatsu*. 20: *Taizan (T)*. 22: *Kinkozan (T)*. 23: *Giozan*. 24: *Bizan (T)*. 25: *Rakutozan* (Name für das östliche Kioto). 26: *Kiomizu* (Distrikt). 28: *Komatsu (O) kichi*. 29: *Kichibei (T)*. 30: *Yeisen (T)*. 31: *Kyuta (T)*. 32: *Kasuke (T)*. 33: *Kiomizu (T)*. 34: *Sei*. 35: *Dohachi (T)*. 36, 37: *Dohachi sei*. 38: *Nin-am*. 39: *Dohachi (T)*.

289. 40: *Shuhei (T)*. 41: *Yoso (Yosobei T)*. 42: *Kitei (T)*. 44, 45: *Ki*. 46: *Taisa*. 47: *Zoroku*. 48: *Seifu (T)*. 49: *Tsuyen (T)*. 50: *Arashiyama (O)*. 51: *Asahitei*. 52: *Asashimine*. 53: *Seizan*. 54: *Shonsui*. *Gorosuke (T)*. 55: *Kinsei*. 56: *Kosai*. 57: *Ko*. 58: *Kasei nensei*. 59: *Gohonzan onaratame*.

290. 60—62: *Raku* (= Glück). 63: *Kanraku*. 64: *Saburo*. 65—67: *Kenzan (T)*. 67: Hobson: *Sandai Kenzan* (T, Anf. d. 19. Jahrh.). 68—70: *Mokubei (T)*. 71: *Kokikwan Mokubei (T) tsukuru*. 72, 73: *Asahi*. 74: *Ryozen (T)*. 75: *Yeiraku (T)*. 76: Hobson: *Yeiraku (T)*. 77: *Kakin Shiriu*. 78: *Tenka-ichi Soshiro (T)*. 79: *Yokuro*. 80: *Sosaburo (T)*. 81: *Otawa*. 82, 83: *Makudsu (T)*. 84: *Sumizone*.

291. 85: *Rengetsu* (Töpferei). 86: *Fukuroyama*.

Provinz Iwaki.

1: *Sei (Seiziyemon T)*. 2: *Komaru (T)*. 3: *Rakuzan*.

Provinz Musashi.

1: *Kenzan (T)*. 2: Hobson: *Kenzan (T) sho (Kenzan schrieb dies)*. 3: *Kenya*. 4: *Kaseizan*. 5: *Tokuzan*. 6: *Teizan (T)*. 7: *Rakurakuyen (O) sei*. 9: *Korakuyen (O) sei*. 10: *Sumidagawa (O)*. 11: *Sanrakuyen sei*. 12: *Benjiro (T)*. 13: *Tama, Tamagawa-shisui*.

Seite

292. Provinz Satsuma.

1, 2: Hobson: *Satsuma.* 1: *Huju (T).* 2: *Hohei.* 3: *Hoyei (T).* 4: *Hoyu (T).* 5: *Satsuma no Kuni Keiden sei.* 6: *Seikozan.* 7: *Satsuma Kawauchi.* 8: *Gengo.* 9: *Gioku Ho sei (Gioku Hozan) T.* 10: *Satsu sei.* 11: *Yamahara tsukuru.* 12: *Naye.*

Provinz Ugo.

Akita (O).

Provinz Mikawa.

Kakitsubata.

Provinz Echigo.

Hoshina, Beikoku.

Alphabetisches Verzeichnis
der in vorstehenden Marken vorkommenden einzelnen Buchstaben.

Verzeichnis der Fabrikationsorte.

Verzeichnis
der Künstler, Maler, Dekorateure usw.

Verzeichnis
der auf Marken vorkommenden bildlichen Darstellungen.

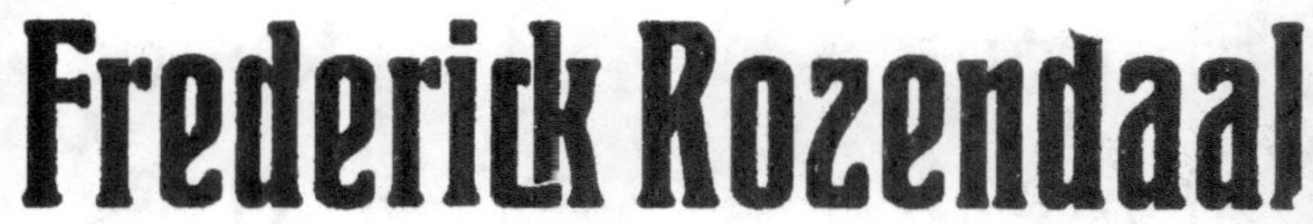

Ankauf von

Gobelins

Antiquitäten

Gemälden

Berlin W 66, Wilhelmstr. 48

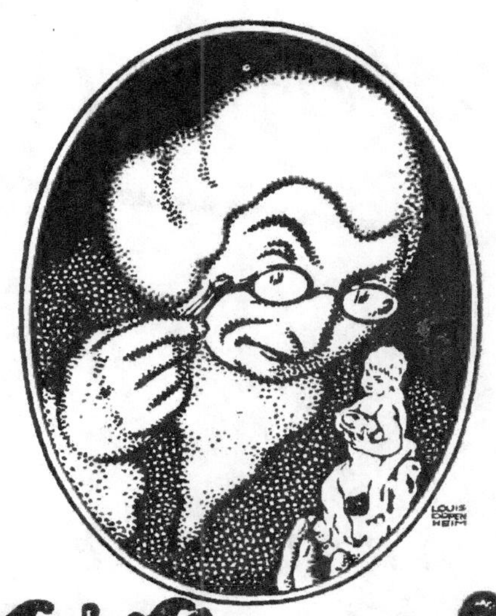
LOUIS OPPENHEIM

Reprint Publishing

Für Menschen, Die Auf Originale Stehen.

Bei diesem Buch handelt es sich um einen Faksimile-Nachdruck der Originalausgabe. Unter einem Faksimile versteht man die mit einem Original in Größe und Ausführung genau übereinstimmende Nachbildung als fotografische oder gescannte Reproduktion.

Faksimile-Ausgaben eröffnen uns die Möglichkeit, in die Bibliothek der geschichtlichen, kulturellen und wissenschaftlichen Vergangenheit der Menschheit einzutreten und neu zu entdecken.

Die Bücher der Faksimile-Edition können Gebrauchsspuren, Anmerkungen, Marginalien und andere Randbemerkungen aufweisen sowie fehlerhafte Seiten, die im Originalband enthalten sind. Diese Spuren der Vergangenheit verweisen auf die historische Reise, die das Buch zurückgelegt hat.

ISBN 978-3-95940-162-3

Faksimile-Nachdruck der Originalausgabe

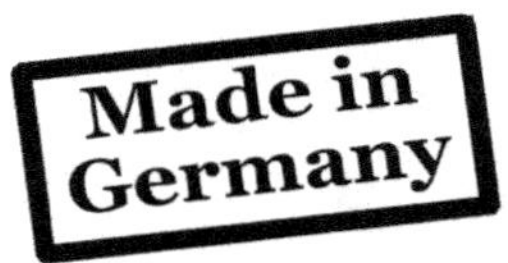

www.reprintpublishing.com

www.ingramcontent.com/pod-product-compliance
Lightning Source LLC
LaVergne TN
LVHW020651110826
845149LV00012B/1961